試験攻略

新 経済学入門塾

Ⅰ マクロ編

石川秀樹 著

中央経済社

講義をはじめる前に

1　本書の特徴

　本書の目的は「ゼロからはじめて経済学がわかる」ことです。

　残念なことに，色々な参考書を読んだり，授業を受けたり「一生懸命勉強しても経済学がわからない」という人がたくさんいます。そこで，本書では，**なぜ多くの人が経済学を理解できないのかという5つの原因（病原菌）を考え，その病原菌を予防する6つの対策を考えました**。その6つの対策こそ，今までの経済学の本とは異なる本書の特徴といえます。

　詳しくは「第Ⅰ部第1章　経済学の効率的勉強法」でお話ししますが，概要を図で描くと**図表　序-1**のようになります。

●図表　序-1●
本書の目的と特徴

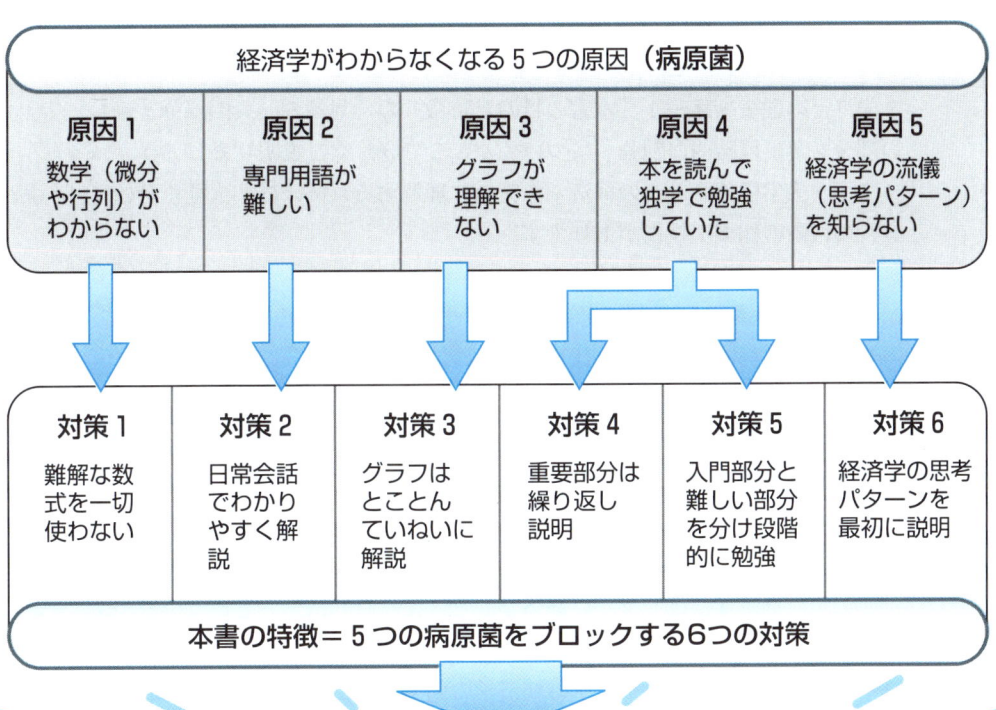

● マクロ編

　本書を使って，公務員試験，中小企業診断士試験，不動産鑑定士試験，公認会計士試験，証券アナリスト試験，学部試験，大学院入試などを突破してほしいとの思いが強く「試験攻略　新・経済学入門塾」と「試験攻略」をつけました。

　しかしながら，**本書は「試験攻略」という名前がついているからといって，試験のテクニックを身につけることが第一目標ではなく，経済学を表面的にではなく，「なるほど！」と実感できるレベルで理解することを第一目標としています**。なぜなら，それが，経済学で合格点を取る近道だからです。

　試験のための経済学といっても，試験向けに特別な経済学が存在するわけではなく，大学で習う経済学の内容と同じです。ただ，試験によって若干出題傾向が異なるだけです。ですから，本書は，大学で教えている経済学の内容を試験の出題傾向も織り込みながら，6つの特徴を活かしてわかりやすく説明したものです。そのためか，実際に，いくつかの大学の講義テキストとしても利用されてきました。

　その意味では，試験を受ける人も，受けない人も，経済学を効率的に勉強したいと考える皆さんに愛用いただき，「入門塾で勉強して，よくわかった！」と思っていただければ，これに勝る歓びはありません。

2　新・経済学入門塾シリーズの構成

　先ほどの図表　序－1「本書の目的と特徴」の「対策5　入門部分と難しい部分を分け段階的に勉強」について，ここで詳しくご説明しましょう。

　まず，大学学部レベルの経済学を完全に理解するためには，大きく分けて5つの段階の知識や技術があります。

＜経済学の理解に必要な知識・技術の5つのレベル＞

レベルⅠ　経済学の勉強をはじめる前に知る必要があること
レベルⅡ　はじめて勉強するときに理解が不可欠な論点
レベルⅢ　難易度が高く，レベルⅡを理解した上でないと理解できない論点
レベルⅣ　試験問題を解く上で必要となる技術
レベルⅤ　難易度が非常に高く，多くの受験生が捨ててしまう論点

　そして，経済学には「マクロ経済学」と「ミクロ経済学」という分野があります（これらについては，第Ⅰ部第3章で詳しく説明します）が，通常の経済学のテキストは，レベルⅠの経済学の勉強法についての説明がないことが多く，また，レベルⅡからⅤを混ぜこぜにして勉強するという問題点があります。

　これでは，はじめて勉強する人は経済学をどのように勉強したらよいかわ

図表 序-2
経済学で必要な知識と技術──入門塾と通常のテキストの違い

〈Ⅰ〉マクロ編（本書）
〈Ⅱ〉ミクロ編
通常の経済学のテキストの範囲

	経済学がわかるコツ	マクロ経済学	ミクロ経済学
レベルⅠ 経済学の勉強をはじめる前に知る必要があること	経済学とは何か 経済学の効率的勉強法（経済学の思考パターン） グラフの読み方 経済学の全体像（古典派とケインズ派）		経済学とは何か 経済学の効率的勉強法（経済学の思考パターン） グラフの読み方 ミクロ経済学とは？
レベルⅡ はじめて勉強するときに理解が不可欠な論点		国民経済計算 財市場の分析 資産市場の分析 財市場と資産市場の同時分析	消費の理論 生産の理論 市場均衡 不完全競争市場Ⅰ 効率性Ⅰ
レベルⅢ 難易度が高く，レベルⅡを理解した上でないと理解できない論点	〈Ⅲ〉上級マクロ編	労働市場の分析 財市場，資産市場，労働市場の同時分析 国際収支，為替レート 財市場，資産市場，海外の同時分析 景気循環 インフレと失業 経済成長 資産・負債の経済効果	不完全競争市場Ⅱ 効率性Ⅱ （費用逓減産業，公共財，外部効果） 貿易の理論 不確実性の経済学 〈Ⅳ〉上級ミクロ編
レベルⅣ 試験問題を解く上で必要となる技術	〈Ⅴ〉論文マスター編 〈Ⅵ〉計算マスター編	論文問題を解く上で必要な技術 計算問題を解くために必要な数学的知識と技術	
レベルⅤ 難易度が非常に高く，多くの受験生が捨ててしまう論点	〈Ⅶ〉難関論点クリア編	新古典派の経済成長理論 インフレ需要・供給分析	パレート最適の複雑な問題

> ●マクロ編

からないまま具体的な内容に入ってしまい戸惑ってしまいます。特に経済学はグラフや数式を用いることが多く，他の文科系の科目とは性質が違いますから，**はじめに，経済学の勉強方法をしっかりと知っておく必要があるのです**。これは，スポーツでスキーやゴルフを習うとき，あるいは，音楽でピアノやバイオリンを習うときに，上手い人に型を教えてもらうのと同じです。**最初にきちんとした型を身につけずに，自己流でやってしまうと，なかなか上達することはできないのです**。

そこで，**本書では，『〈Ⅰ〉マクロ編』の「第Ⅰ部　経済学がわかるコツ」において，経済学の思考パターンや経済学の勉強方法を詳しく説明します**。そして，第Ⅱ部以降では，その勉強方法に沿って効率的に勉強していくという方法を採っていきます。

3　タイプ別合格プラン　あなたはどのタイプ？

それでは，次に，タイプ別に，この入門塾シリーズを活用して，どのような計画で勉強すればよいかということについて説明しましょう。資格試験や公務員試験では，合格者の多くは資格学校の講座に通っていますが，私が資格学校の講座を担当していることもあり，公平性の観点から，資格学校の講座については紹介を控えたいと思います。

私の担当する講義にご興味のある方は，私のホームページ（http://www.hideki123.com/）をご覧ください。

タイプ1　学部試験あるいは大学院入試合格を目指す人

大学によって出題内容も，出題形式（論文式か，計算問題もあるか）も違いますので，まずは，過去の問題を集めて大まかなイメージをつかむことが重要です。

学部試験の場合，多くの大学では時間の関係もあり，『〈Ⅰ〉マクロ編』『〈Ⅱ〉ミクロ編』の内容で終わることが多いようです。そして，試験問題は穴埋めや論文式が多いようです。その場合には，以下のようなプランがよいでしょう。

ただし，計算問題が多く出題されたり，上級論点も出題されたりするようであれば，『〈Ⅵ〉計算マスター編』『〈Ⅲ〉上級マクロ編』『〈Ⅳ〉上級ミクロ編』も勉強してください。

＜合格プラン例＞

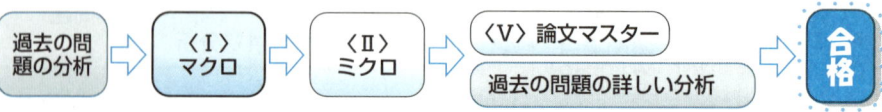

講義をはじめる前に●

タイプ2　公務員試験（国家公務員Ⅱ種，国税専門官，地方上級公務員，市役所職員，裁判所事務官Ⅰ種，Ⅱ種，労働基準監督官A，衆議院・参議院事務職職員Ⅰ種，Ⅱ種など）の試験合格を目指す人

　入門塾シリーズを活用することによって，上位合格レベルを実現することができます。時間がないので，効率的に合格レベルを目指す人と，時間をかけて経済学を得点源にしたいという人がいると思いますので，2つの合格プランを提示しておきます。

＜合格プラン例―1＞　最短の時間で，経済学は合格ラインに届けばよいという人

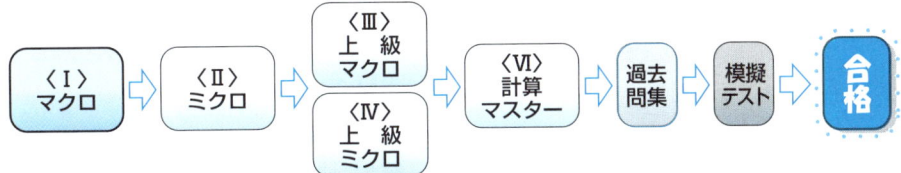

＜合格プラン例―2＞　時間をかけて，経済学を得点源にして差をつけたい人

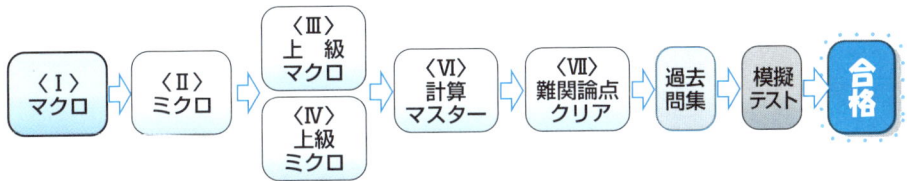

タイプ3　中小企業診断士第1次試験合格を目指す人

　中小企業診断士第1次試験の「経済学・経済政策」は択一式ですので，論文対策は不要ですし，細かな計算問題も少ないので，計算対策として『〈Ⅵ〉計算マスター編』をやる必要性も低いと思います。『〈Ⅰ〉マクロ編』『〈Ⅱ〉ミクロ編』『〈Ⅲ〉上級マクロ編』『〈Ⅳ〉上級ミクロ編』でしっかり基本を身につけて，過去の問題や予想問題を繰り返し解くことによって完成度を上げていけばよいでしょう。

＜合格プラン例＞

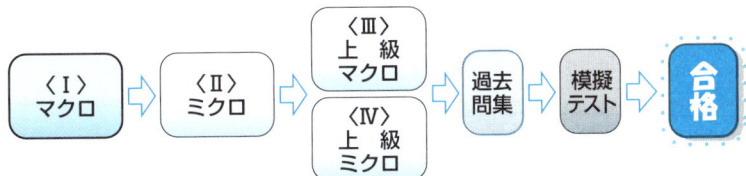

5

●マクロ編

タイプ4　不動産鑑定士試験第2次試験合格を目指す人

　不動産鑑定士第2次試験は，上級論点が頻繁に出題される論文試験ですので，『〈Ⅰ〉マクロ編』『〈Ⅱ〉ミクロ編』『〈Ⅲ〉上級マクロ編』『〈Ⅳ〉上級ミクロ編』で知識を固めて，『〈Ⅴ〉論文マスター編』で論文作成能力を向上させます。論文の場合には，自分ではよく書けていると思っても，専門家から見ると問題点が多いということがよくありますから，可能な限り資格学校の主催する答案練習会に参加して，添削をしてもらうことをお薦めします。

　また，近年，2問中1問は計算問題というパターンが定着しつつあるので，経済学で合格者の平均以上を目指そうとする人は，『〈Ⅵ〉計算マスター編』による計算対策もしておく必要があります。

＜合格プラン例＞

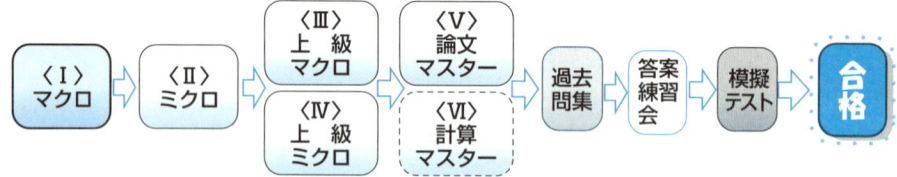

タイプ5　外務公務員専門職試験合格を目指す人

　外務公務員専門職試験は，上級論点が頻繁に出題される論文試験ですので，『〈Ⅰ〉マクロ編』『〈Ⅱ〉ミクロ編』『〈Ⅲ〉上級マクロ編』『〈Ⅳ〉上級ミクロ編』で知識を固めて，『〈Ⅴ〉論文マスター編』で論文作成能力を向上させます。論文の場合には，自分ではよく書けていると思っても，専門家から見ると問題点が多いということがよくありますから，可能な限り資格学校の主催する答案練習会に参加して，添削をしてもらうことをお薦めします。

　なお，外務公務員専門職試験は受験人数が少ないことから，あまり問題集などが出版されていません。2時間で2問解く論文試験という点で不動産鑑定士第2次試験と同じであり，不動産鑑定士第2次試験の過去問集の基本的な問題なども参考にしてみてください。時々，基本的な計算問題が出題されるので，経済学を得点源としたい人は『〈Ⅵ〉計算マスター編』の基本的な問題もやっておいた方がよいでしょう。

＜合格プラン例＞

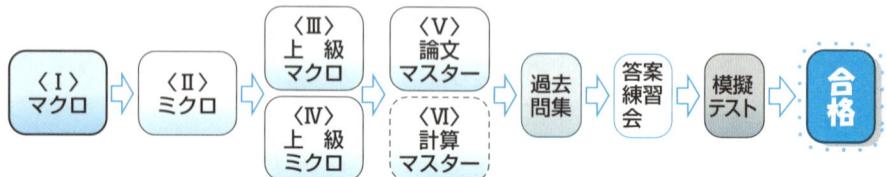

タイプ6　証券アナリスト試験（1次・2次）合格を目指す人

　証券アナリスト試験は主にマクロ経済学から出題されますが，2007年より，ミクロ経済学からも出題されるようになりました。『〈Ⅰ〉マクロ編』と『〈Ⅲ〉上級マクロ編』を中心に勉強し，『〈Ⅱ〉ミクロ編』『〈Ⅳ〉上級ミクロ編』も一度目を通した後で，過去問集を解いて傾向をつかむとよいでしょう。この試験は経済統計などについて細かい知識が問われますので，その部分は入門塾シリーズとは別に，しっかりと補う必要があります。

＜合格プラン例＞

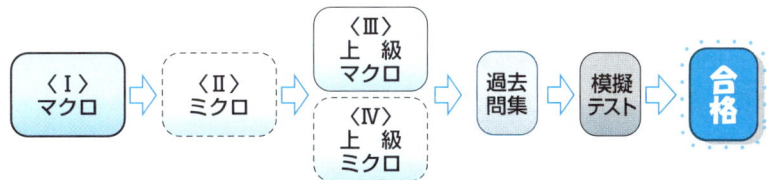

タイプ7　国家公務員Ⅰ種（法律区分，行政区分）の試験合格を目指す人

　非常に難易度が高い問題が出題されることもありますが，合格レベルを確保するということであれば，タイプ2の人と同じ勉強方法でよいでしょう。

＜合格プラン例＞

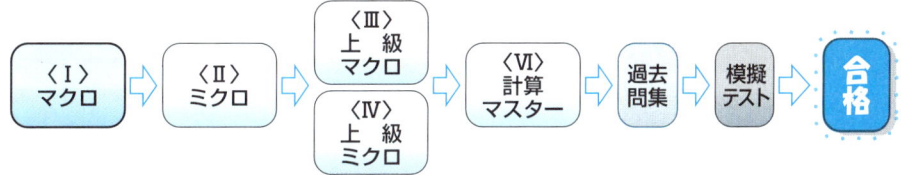

タイプ8　国家公務員Ⅰ種（経済区分），公認会計士試験第2次試験の試験合格を目指す人

　入門塾シリーズで合格の基礎作りを行うことはできますが，合格レベルに達するには，さらに上級のテキストを読む必要があります。お薦めする上級テキストについては，『〈Ⅶ〉難関論点クリア編』の巻末の推薦図書や私のホームページ（http://www.hideki123.com/）をご覧ください。

＜合格プラン例＞

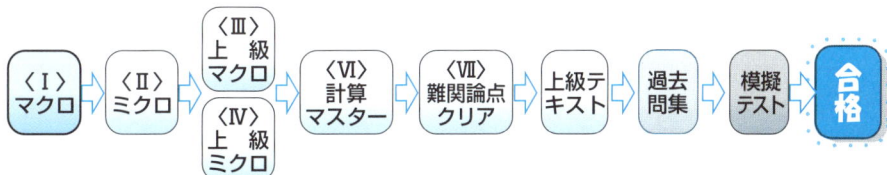

●マクロ編

タイプ9　教養として経済学を身につけたい人

『〈Ⅰ〉マクロ編』『〈Ⅱ〉ミクロ編』『〈Ⅲ〉上級マクロ編』『〈Ⅳ〉上級ミクロ編』を読んでいただければ，大学学部レベルの経済学の知識と経済学の思考パターンが身につきます。

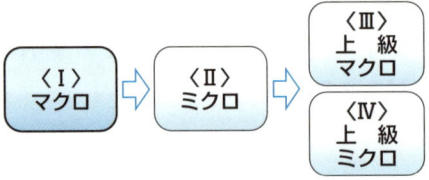

次に，今回の改訂にあたっての9つの改善点について説明しますが，今回はじめて本書を手にされた多くの読者の方にも是非読んでいただきたいと思います。読んでいただくことによって，本書の構成，レイアウトや内容がどのような理由でこのようになっているかがわかりますので，より効率的に本書を活用することができると思います。

4　9つの改善点（旧版と新版との違い）

旧版は15万人以上の読者の方にご利用いただき，「わかりやすい」「助かった」「おかげ様で合格できました！」という意見を多数いただくと同時に，「こうしてほしい」という要望も多数いただきました。今回の新版に際して，「ゼロからはじめて経済学がよくわかる」という目的をより効率的に実現するために，読者の方々のご意見・ご要望も踏まえて，以下の9点を改善しました。

<新版の9つの改善点>
1．出題傾向・重要性を各章および節のはじめに解説
2．各部の最後に確認テストを追加
3．誤解しやすい点を「落とし穴」として解説
4．7つの論点を補充
5．経済理論に即した日本の経済データを掲載
6．基本用語や数学の入門・超入門知識をていねいに解説
7．アダム・スミス（古典派）とケインズの時代背景を詳しく説明
8．本文の重要部分はゴシック体で目立つように表記
9．見やすい2色刷り

では，それぞれの改善点について，詳しく説明したいと思います。

講義をはじめる前に●

1．出題傾向・重要性を各章および節のはじめに解説

各章および節のはじめに，この章の「どの部分が，論文試験や択一試験（いくつかの選択肢から正解を選ぶ試験）でそのように出題されるか」という出題傾向と，「この章および節の知識が今後の展開でどのように必要となるか」という点を解説しました。

これにより，読者の皆さんは，**特にどの部分に集中しなくてはならないかが，勉強する前にわかりますので，メリハリをつけて勉強する**ことができます。

（例）第8章の出題傾向・重要性

> 📩 *出題傾向・重要性* 📩
>
> 乗数理論は択一式試験，論文試験ともに頻出なのでしっかりと乗数の計算の仕方をマスターしてください。国民所得決定の理論は，国民所得の計算をさせる択一式試験で必要となります。財市場の均衡の安定性は，それ自体はあまり出題されませんが，論文試験の場合，国民所得決定の理由付けとして必要となることがあります。

2．各部の最後に確認テストを追加

各部の最後に要約問題を設け，その部の理解度をチェックし，復習できるようにしました。この確認テストは，【要約問題】と【実戦問題】から成ります。【要約問題】は，その部の内容の9割以上について質問していますから，この問題をクリアできれば，大体の理解はできたと判断することができます。そして，【実戦問題】では，実際に公務員試験や資格試験で出題された問題を解き，どのような形式で問われるのかを体験してもらいます。

（例）第Ⅲ部の確認テスト

【要約問題】

1．マクロ経済では大きく（①　　）市場，（②　　）市場，（③　　）市場の3つの市場がありますが，（④　　）の考案した45度線分析では（①　　）市場だけを分析し，（⑤　　）と（⑥　　）を一定と仮定することによって，（②　　）市場と（③　　）市場は分析対象外とします。

……（以下省略）

【実戦問題】

ある経済において，マクロ経済モデルが次式で示され，投資が30兆円，政府支出が20兆円であるとすると，均衡国民所得の大きさとして，正しいのはどれか。

$Y = C + I + G$
$C = 0.5(Y - T) + 10$
$T = 0.2Y$

Y：国民所得	
C：消費	
I：投資	
G：政府支出	
T：租税	

1. 60兆円
2. 70兆円
3. 80兆円
4. 90兆円
5. 100兆円

（国家公務員Ⅱ種）

●マクロ編

3．誤解しやすい点を「落とし穴」として解説

経済学をはじめて勉強する人が誤解しやすい，あるいは，混同してしまいわからなくなりやすい部分を，「落とし穴」として，コラムで解説しました。

(例) 第3章の落とし穴

落とし穴　株式投資は有効需要としての「投資」か？

投資とは，将来の利益を目的に現在支出することです。ですから，企業が現在，工場の設備を購入し将来の生産能力を増やして将来の利益を増やそうという行動は設備投資と呼ばれます。また，企業が，お客さんの注文に備えて倉庫に在庫として商品を持っておくことも，将来の利益に備えて現在支出するので在庫投資と呼ばれます。……（以下省略）

落とし穴　「新古典派」と「新しい古典派」？？

「新古典派」は，1870年代に，限界という概念を用いることによってより古典派経済学をミクロ経済学を中心により精緻な理論へと発展させていきました。これに対し，「新しい古典派経済学」は合理的期待形成学派などを指し，価格（物価）の調整機能を重視した新古典派のミクロ経済理論をマクロ経済学に発展させた，1970年代にケインズ派のマクロ経済理論を批判し論争を展開しました。似た名前ですが，内容は違いますので，違いを共通点と整理しておきましょう。……（以下省略）

4．7つの論点を補充

次の7つの論点を加えました。（1）は試験対策という狭い視野を越えて，知的経済への変革期という時代において知っておくべきであろうとの観点から追加し，（4）以下は試験対策として重要論点として追加しました。（2）（3）については，経済学の試験で直接問題になることは少なく，多くの本でも違いを明確にしていません。ですから，多くの人はそれらの違いを知らないのですが，そのまま放置しておくと「もやもや」がたまってしまい，理解が不十分となってしまうおそれがありますので，きちんと違いを説明しました。

講義をはじめる前に

＜新版で追加された7つの論点＞

（1）知識という視点から見た経済の変遷
（2）古典派と新古典派の違い
（3）ケインズ理論とケインズ派の違い
（4）ISバランス論
（5）物価指数の計算方法（パーシェ指数とラスパイレス指数）
（6）デフレ・ギャップとインフレ・ギャップ
（7）ビルト・イン・スタビライザー

5．経済理論に即した日本の経済データを掲載

　経済理論の説明に関連する日本経済のデータを掲載し，現実経済をイメージしながら経済理論の理解ができるように配慮しました。

（例）●図表2－10●　消費者物価指数，国内企業物価指数，GDPデフレータの推移

	消費者物価指数	国内企業物価指数	GDPデフレータ
1994	98.6	104.9	103.8
1995	98.5	104.1	103.3
1996	98.6	102.4	102.6
1997	100.4	103	103.1
1998	101	101.5	103.1
1999	100.7	100	101.7
2000	100	100	100
2001	99.3	97.7	98.7
2002	98.4	95.7	97.2
2003	98.1	94.9	95.7
2004	98.1	96.1	94.6
2005			93.3

（例）●図表4－2●　日本のマネーサプライ

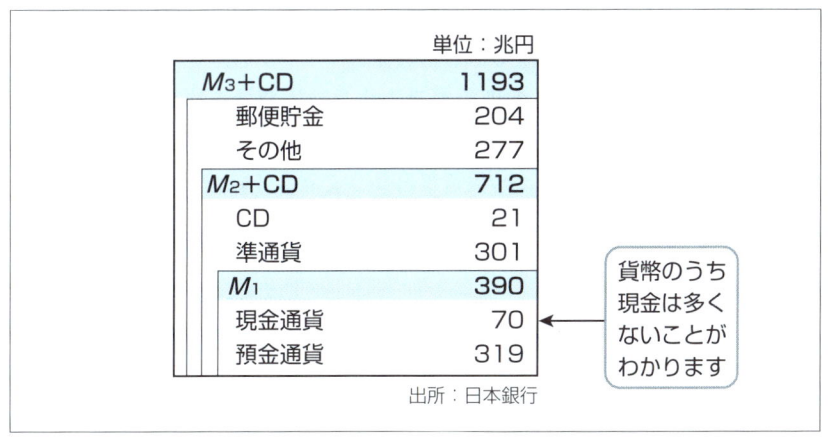

●マクロ編

6．基本用語や数学の入門・超入門知識をていねいに解説

ノルマ，賃金率，逆説など，一般的な教科書では何の説明もなく使われることが多い言葉も初学者のため，「ベーシック・ワード」として解説し，用語でつまずくことがないよう配慮しました。

（例）第3章のベーシック・ワード

> 📘 **ベーシック・ワード　賃金と賃金率** 📘
>
> 賃金とは労働により得た金額をいい，**賃金率**とは1時間とか1ヵ月というように**単位時間当たりの賃金**です。たとえば，時給1000円で5時間働けば5000円もらえます。この5000円という総額が賃金であり，時給1000円は賃金率にあたります。
>
> 択一試験では，ときどき時給を賃金率ではなく賃金と呼んでいる問題もあり，あまり厳密には区別されない場合もありますが，論文試験で自分が書くときにはきちんと区別したほうが無難です。

また，数学についても，かなり苦手な読者もいるとの前提で，「数学入門」「超入門・数学ワンポイント解説」のコラムを本文とは別に設けて解説しました。そのような数学の解説が不要な読者はコラムを読み飛ばして先に進めるように配慮しました。

（例）第8章の超入門・数学ワンポイント解説

> 📘 **超入門・数学ワンポイント解説** 📘
>
> なぜなら，分母（下）が $1-b$ から $1-b+b_t$ と $+b_t$ 分だけ増加しています。分母（下）が大きければ分数（乗数）自体は小さくなります。たとえば，$\frac{1}{2}$ より $\frac{1}{3}$ の方が分母が2から3へと大きくなったことによって分数自体は小さくなります。

7．アダム・スミス（古典派）とケインズの時代背景を詳しく説明

現代経済学を2分する学派である古典派とケインズ派—その創始者であるアダム・スミスとケインズの理論が誕生する時代背景を詳しく説明しました。これは，現代経済学の理論は，その時代の経済が抱える問題を解決するために誕生することが多く，時代背景という文脈なく経済理論を勉強しても深い理解はできないと考えたからです。

8．本文の重要部分はゴシック体で目立つように表記

　私が大学時代に経済学を勉強しはじめたとき，経済学の本のどの部分が重要なのかがよくわからず，たとえ話以外のほとんどの部分（7割くらい）に線を引いてしまいました。つまり，当時の初学者としての悩みは，勉強した以上は重要ポイントに線を引くことによって，次回以降，効率的に勉強できるようにしたかったのですが，どこが重要だかわからなかったということだったのです。おそらく，多くの読者も同じ状況に直面したことがあるのではないでしょうか。

　そこで，私の方で，**重要ポイントをゴシック表記し**，読者の皆さんにお知らせするようにしました。これで，**どこに線を引いたらよいかわからないという悩みを解消**するようにしました。

　また，ゴシック表記した**重要ポイントをラインマーカーで色分けするときには，第1章の本文P14の経済学の思考パターンによる色分け**を試してみてください。本書を読みながら，経済学の思考パターンが身につくようになり，経済学の理解が早くなります。

9．見やすい2色刷り

　旧版は1色でしたが，新版は2色刷りとし，見やすいレイアウトになるように工夫しました。

　以上で，前置きは終わりです。では，一緒に頑張りましょう。

● マクロ編／目　　次

目　　次

講義をはじめる前に

第Ⅰ部　経済学がわかるコツ　　2

まず勉強のコツを伝授しよう

第1章◆経済学の効率的勉強法　　4
 1　効率的勉強法とは何か？　　4
  【1】「効率的」の言葉の意味　　4
  【2】効率的勉強には，効率的勉強法が不可欠　　4
 2　経済学がわからなくなる原因を考え，対策を練る
  　——数多くの失敗例から教訓を学ぼう！　　5
  【1】経済学がわからなくなる原因を考えよう！　　5
  【2】経済学がわからなくなる原因（病原菌）とは？　　5
  【3】経済学がわからなくなる原因（病原菌）の分析
  　　と撃退策　　5
 3　効率的勉強法
  　——経済学の思考パターンを身につけよう　　8
  【1】はじめに，全体像を理解する　　8
  【2】実証経済学と規範経済学をはっきり分ける　　8
  【3】経済学の思考パターンを習得する　　9
  【4】経済学の思考パターンと色分け　　14

第2章◆グラフの読み方　　15
 1　グラフとは何か？　　15
 2　グラフの読み方　　17
 3　曲線上の移動と曲線自体の移動（シフト）　　20

第3章◆経済学の全体像　　22
 1　現代（近代）経済学とマルクス経済学　　23
  【1】経済の基本問題　　23
  【2】市場経済，資本主義　　25
  【3】計画経済，社会主義，共産主義　　27
  【4】修正資本主義（20世紀的資本主義）　　29
  【5】資本主義の勝利——社会主義・共産主義の終焉　　30
  【6】21世紀の資本主義（展望）　　31
 2　知識という視点から見た経済の変遷　　33
 3　ミクロ経済学とマクロ経済学　　34
 4　古典派とケインズ派　　37
  【1】古　典　派　　38
  【2】ケインズ理論　　44

【3】ケインズ派　49
　　　【4】ケインズ派はケインズ理論と同じなのか？　53
　　　【5】古典派とケインズ派の「経済政策論争」
　　　　　――どちらが正しいのか？　54
　　　【6】古典派はミクロ経済学で，
　　　　　ケインズ派はマクロ経済学？　58
　　　【7】どうしてケインズ派は物価が下がらないのか？
　　　　　――ケインズ経済学のミクロ的基礎　58
　　5　経済学の全体像と具体的項目　62
　　　【1】マクロ編（本書）　62
　　　【2】ミクロ編　63

　　第Ⅰ部の確認テスト　65

第Ⅱ部　国民経済計算　68

正確な計算ルールが土台となる

第4章◆国民所得の諸概念　70
　　1　意義　70
　　2　国内総生産（GDP：Gross Domestic Product）　70
　　　【1】「一定期間に」　71
　　　【2】「国内で」――Domesticの意味　72
　　　【3】「生産された」――Productの意味　72
　　　【4】「固定資本減耗(減価償却)を差し引いていない(含んでいる)」
　　　　　――Grossの意味　73
　　　【5】「原則として市場価格で表示した」　74
　　　【6】「付加価値の合計」　76
　　3　国民総生産（GNP：Gross National Product）　77
　　4　NNIとNDP　80
　　5　国民所得（NI：National Income）　80
　　6　GDPの問題点――真の国民所得（豊かさ）の計算　83
　　　【1】「日本は経済大国だが豊かさを実感できない！」
　　　　　というセリフ　83
　　　【2】真の豊かさを計算する試み　83

第5章◆三面等価の原則　85
　　1　生産面の国民所得　85
　　2　分配面の国民所得　85
　　3　支出面の国民所得　86
　　4　ISバランス論　88

第6章◆物価の計算　91
　　1　物価の計算　91
　　2　名目と実質　92

●マクロ編／目　次

　　3　物価指数のより正確な説明　　93

　第Ⅱ部の確認テスト　　99

第Ⅲ部　財市場の分析（45度線分析）　　102

45度線分析をマスターしよう

第7章◆ 45度線分析への準備 …… 104
1　財市場の分析　　104
2　財の総供給（Y^S）　　105
3　財の総需要（Y^D）　　106
　【1】財の総需要　　106
　【2】消費の理論——ケインズ型消費関数　　107
　【3】投資の理論——ケインズの限界効率理論　　111
　【4】政府支出（G）　　111
　【5】輸出と輸入　　111

第8章◆国民所得の決定—— 45度線分析 …… 113
1　財市場の均衡（$Y^S = Y^D$）　　113
　【1】政府部門・海外部門がない単純なケース　　113
　【2】政府部門は考えるが，海外部門は考えないケース　　115
　【3】政府部門・海外部門を考えたケース　　116
2　財市場の均衡の安定性　　117
　【1】現実の国民所得（GDP：Y）が
　　　Y_1でY_Eより大きい場合　　117
　【2】現実の国民所得（GDP：Y）が
　　　Y_0でY_Eより小さい場合　　118
3　デフレ・ギャップとインフレ・ギャップ　　119
4　投資増加の効果——投資乗数　　123
　【1】定　　義　　123
　【2】投資乗数の求め方　　123
　【3】乗数効果の波及プロセス　　124
5　政府支出増加の効果——政府支出乗数　　127
　【1】定　　義　　127
　【2】政府支出乗数の求め方　　127
　【3】乗数効果の波及プロセス　　128
6　租税政策の効果——租税乗数　　130
　【1】定　　義　　130
　【2】租税乗数の求め方　　131
　【3】乗数効果の波及プロセス　　132
　【4】いろいろな租税関数　　134
7　均衡予算乗数　　135
8　租税・輸出入を考慮した乗数　　136

CONTENTS

　　9 ビルトイン・スタビライザー　　137

　第Ⅲ部の確認テスト　　141

第Ⅳ部　資産市場の分析（利子率の決定）　144

**資産市場登場
利子率が動き出す**

第9章◆ケインズの利子論への準備　146

　1 資産市場の分析　　146
　2 貨幣とは？　　147
　　【1】貨幣の定義　　147
　　【2】貨幣の範囲　　149
　3 債券とは？　　152
　4 債券価格と利子率　　153
　5 ワルラスの法則　　155

第10章◆ケインズ派の利子理論
　　　　　──流動性選好理論　156

　1 ケインズ派とは？　　156
　2 流動性選好理論　　156
　3 貨幣供給　　157
　4 貨幣需要（L）　　158
　　【1】貨幣需要の動機　　158
　　【2】取引需要（L_1）　　158
　　【3】資産需要（L_2）　　159
　　【4】貨幣需要（L）　　161
　5 利子率の決定　　162
　6 貨幣供給量増加による利子率の下落　　163
　7 利子率と国民所得（GDP：Y）の関係　　164

第11章◆投資の理論
　　　　　──ケインズの限界効率理論　166

　1 分析の重要性　　166
　2 投資の限界効率　　166
　　【1】投資分析の複雑さ──時間差をどうする！　　166
　　【2】投資案件ごとの利益率を比較できる　　167
　3 投資の決定　　170
　4 アニマル・スピリッツ　　173
　5 45度線分析における投資の取り扱い　　175

第12章◆金融政策　176

　1 中央銀行とは？　　176
　2 貨幣供給の仕組み　　179

● マクロ編／目次

　　【1】貨幣供給の現金とは　179
　　【2】法定準備率（支払準備率）　179
　　【3】ハイパワード・マネー
　　　　（マネタリー・ベース，ベースマネー）　180
　　【4】貨幣供給の仕組み　180
　　【5】ハイパワード・マネーは何倍の貨幣を作り出すか？
　　　　＜貨幣乗数＞　183
　3　金融政策の手段　185
　　【1】公開市場操作　185
　　【2】日銀貸付　185
　　【3】法定準備率操作（支払準備率操作）　185
　　【4】公定歩合操作（基準貸付利率操作）　186
　4　金融政策の有効性　188
　　【1】景気過熱の抑制　188
　　【2】不況期の景気拡大策　190

第13章◆古典派とケインズ派の利子論・貨幣論　……196
　1　古典派の利子理論　196
　　【1】古典派の定義　196
　　【2】利子の意義・利子率の決定　196
　　【3】貨幣経済　198
　　【4】古典派の貨幣市場　198
　　【5】古典派の金融政策の効果についての見解　198
　2　古典派とケインズ派の利子論・貨幣論　199

　　第Ⅳ部の確認テスト　200

いよいよマクロの最重要事項，*IS-LM*分析

第Ⅴ部　財市場と資産市場の同時分析　204

第14章◆財市場・資産市場の同時分析への準備　……206

第15章◆財市場の分析──*IS*曲線　……208
　1　*IS*曲線の定義および導出　208
　2　*IS*曲線の特殊ケース　211
　3　財政政策（政府支出）の効果　214
　　【1】投資曲線が右下がりのケース　214
　　【2】投資曲線が垂直なケース　216

第16章◆貨幣市場の分析──*LM*曲線　……219
　1　*LM*曲線の定義および導出　219
　2　*LM*曲線の特殊ケース　222
　3　金融政策の効果　224

【1】貨幣需要曲線が右下がりのところで，
　　　　均衡しているケース　225
　　【2】貨幣需要曲線が水平なところで均衡
　　　　しているケース　226

第17章◆財市場と貨幣市場の同時均衡　230
　1　財市場と貨幣市場の同時均衡　230
　2　財政政策の効果　231
　　【1】通常のケース　231
　　【2】流動性の罠のケース　232
　　【3】投資が利子非弾力的なケース　232
　3　金融政策の効果　234
　　【1】通常のケース　234
　　【2】流動性の罠のケース　235
　　【3】投資が利子非弾力的なケース　236

　第Ⅴ部の確認テスト　237

確認テスト解答　240

おわりに　249

索　引 ……………………………………………… 251

試験攻略
新・経済学入門塾
〈Ⅰ〉マクロ編
講義スタート

第Ⅰ部 経済学がわかるコツ

LIVE講義

〈第Ⅰ部の構成〉

第1章◆経済学の効率的勉強法
 1 効率的勉強法とは何か？
 2 経済学がわからなくなる原因を考え，対策を練る
   ──数多くの失敗例から教訓を学ぼう！
 3 効率的勉強法
   ──経済学の思考パターンを身につけよう

第2章◆グラフの読み方
 1 グラフとは何か？
 2 グラフの読み方
 3 曲線上の移動と曲線自体の移動（シフト）

第3章◆経済学の全体像
 1 現代（近代）経済学とマルクス経済学
 2 知識という視点から見た経済の変遷
 3 ミクロ経済学とマクロ経済学
 4 古典派とケインズ派
 5 経済学の全体像と具体的項目

具体的な項目の勉強にはいる前に，
勉強のコツを
身につけよう。
勉強のコツを身につけた人と，
そうでない人とでは，
理解に大きな差がでてくる。
最初が肝心，
しっかり基礎をたたき込もう。

●マクロ編／第Ⅰ部　経済学がわかるコツ

第1章　経済学の効率的勉強法

> - 勉強をはじめるには，まず，勉強方法を知ることが重要です。そして，その方法は，効率的であるべきです。
> - この章では，まず，「効率」の意味を理解します。そして，今まで勉強してきた多くの人々が経済学につまずいてしまった原因について分析します。みなさんは，「人のふり見てわがふり直せ」で，わからなくなる原因があらかじめわかれば，そのような方法を避ければよいのです。
> - その次に，効率的勉強法について考えていきます。
> - なお，すでに経済学を勉強したがよくわからないという人には，わからなくなる原因について，この章で思い当たるところが必ずあると思います。そのような人は，自分の勉強方法を見直して，私の提案する方法を試してください。きっと，すぐに効果が出てくるはずです。

1　効率的勉強法とは何か？

【1】「効率的」の言葉の意味

　国語辞典（岩波書店『広辞苑（第5版）』）によると，「効率的」とは，「効率のよいこと。手間ひまを無駄なく使うこと」とあります。要するに，

　効率をあげる＝無駄を省く！

　この講義の目的は，少ない時間で経済学を十分に理解してもらうことですから，「効率的」，すなわち「無駄を省いて」勉強する方法をマスターしてください。

【2】効率的勉強には，効率的勉強法が不可欠

　効率的勉強がよいことは誰でもわかっています。ところが，経済学に関していえば，多くの人が，多くの時間を費やしたにもかかわらずよくわからな

い，つまり，理解度が低い（小さい）のが現実です。これは，結果的に，無駄な勉強をたくさんしていて，「非効率」な勉強方法をとっているということになります。

では，なぜ，非効率な勉強方法をとってしまうのでしょうか。それは，効率的に勉強する方法を知らないからです。ほとんどの本や大学の講義では，勉強方法を教えないで，いきなり内容に入ってしまうからです。この点は，前にも何度も言っていることですが繰り返し強調しておきます。

みなさんの中には，同じことを何度も言って，しつこいと思われる方もいるかもしれません。しかし，本書は，「大事なことは繰り返し解説し，頭の中に徹底的にたたき込んでもらう」という考えで進めていきますので，そのつもりで聞いてください。

2 経済学がわからなくなる原因を考え，対策を練る ——数多くの失敗例から教訓を学ぼう！

【1】経済学がわからなくなる原因を考えよう！

無駄を省いた「効率的な」勉強方法を考えるには，省くべき「無駄な」勉強方法を知る必要があります。

そこで，多くの人が経済学をわからなくなる原因を分析し，「無駄」を引き起こす病原菌を探り当てます。そして，みなさんは，病原菌に感染しない対策案を考え，対策案の中で，最適と思われるものを採用すればよいのです。

すでに，経済学の勉強をしていてわからない人は，自分がどの病原菌のために病気になっているか自己診断し，その病原菌を追い払ってください。そうすれば，病気は治り，経済学はわかるようになるはずです。

【2】経済学がわからなくなる原因（病原菌）とは？

主な原因としては，以下の5つが考えられます。
① 数学（微分や行列）がわからない
② 専門用語が難しい
③ グラフが理解できない
④ 本を読んで，独学で勉強していた
⑤ 経済学の流儀（思考パターン）を知らない

【3】経済学がわからなくなる原因（病原菌）の分析と撃退策

それでは，以上の5つの原因（病原菌）を分析し，感染しないための対応策を考えます。そして，もっとも効果的と思われる対応策を判断し，採用します。5つの原因それぞれにつき，「原因→対応案→判断」という形で解説

したいと思います。

> **原因①　数学（微分や行列）がわからない**

　　　A案　数学を得意にする。
　　　B案　数学抜きで，経済学の大半を理解する。
　　☆難しい数学（微分や行列）を用いなくても，経済学の大半は，「言葉」と「グラフ（図）」で理解できます。
　　☆公務員試験や会計士試験の計算問題は，数式が必要ですが，いきなり，数式を見てもわかりません。まずは，「言葉」と「グラフ（図）」で理解してから，数式を利用する方が理解が早まります。「急がば回れ」です。

対応案　A案ができるくらいなら苦労はない。B案しか，選択の余地はなさそう。

> **判断　まずは，数学抜きで，経済学の大半を理解する**

> **原因②　専門用語が難しい**

　　☆これは，私たちにとって不慣れな，漢字の多い文語体で書かれているからです。

対応案　私たちがもっとも理解しやすい日常会話で実感を持って理解する。

> **判断　日常会話で，実感を持って理解しよう！**

> **原因③　グラフが理解できない**

　　☆グラフがわからない人の多くは，グラフをていねいに読んでいません。グラフを読むためには，数学などの知識は不要ですが，縦軸と横軸は何を表し，縦軸と横軸がどのような関係なのかを，きちんとチェックしなければなりません。

対応案　グラフをていねいに読む。

> **判断　グラフの読み方をマスターし，ていねいに読もう！**

　　☆本書では第2章の「グラフの読み方」で読む方法を解説し，それぞれのグラフのところでも，読み方をていねいに解説しています。

> **原因④　本を読んで，独学で勉強していた**

　　☆多くの本は，重複を避けている，最初に知っておくべき勉強方法が書いていない，全体像がわからないなどの欠点があります。また，入門レベルの内容と高度な内容を区別せずに説明することがほとん

第1章 経済学の効率的勉強法

どです。ですから，本を読んだだけで，わかる人はほとんどいません。

| 判断 | ・重要な点は何度も繰り返し説明している本を選ぼう
・レベルに応じて内容を分けて，わかりやすく説明している本を選ぼう |

☆本書は，講義スタイルで進みますので，重要ポイントは繰り返し説明します。

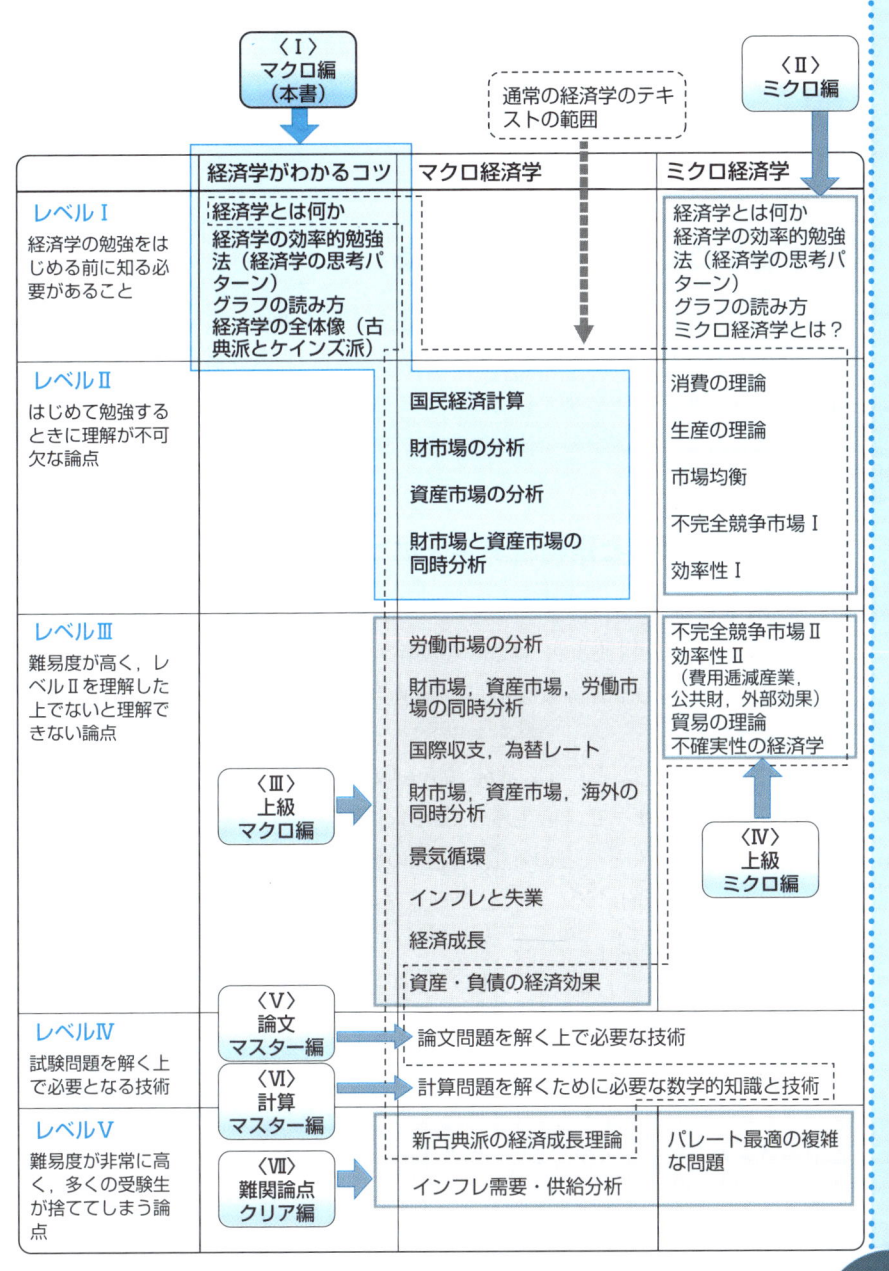

	経済学がわかるコツ〈I〉マクロ編（本書）	マクロ経済学（通常の経済学のテキストの範囲）	ミクロ経済学〈II〉ミクロ編
レベルI 経済学の勉強をはじめる前に知る必要があること	経済学とは何か 経済学の効率的勉強法（経済学の思考パターン） グラフの読み方 経済学の全体像（古典派とケインズ派）		経済学とは何か 経済学の効率的勉強法（経済学の思考パターン） グラフの読み方 ミクロ経済学とは？
レベルII はじめて勉強するときに理解が不可欠な論点		国民経済計算 財市場の分析 資産市場の分析 財市場と資産市場の同時分析	消費の理論 生産の理論 市場均衡 不完全競争市場I 効率性I
レベルIII 難易度が高く，レベルIIを理解した上でないと理解できない論点	〈III〉上級マクロ編	労働市場の分析 財市場，資産市場，労働市場の同時分析 国際収支，為替レート 財市場，資産市場，海外の同時分析 景気循環 インフレと失業 経済成長 資産・負債の経済効果	不完全競争市場II 効率性II （費用逓減産業，公共財，外部効果） 貿易の理論 不確実性の経済学 〈IV〉上級ミクロ編
レベルIV 試験問題を解く上で必要となる技術	〈V〉論文マスター編 〈VI〉計算マスター編	論文問題を解く上で必要な技術 計算問題を解くために必要な数学的知識と技術	
レベルV 難易度が非常に高く，多くの受験生が捨ててしまう論点	〈VII〉難関論点クリア編	新古典派の経済成長理論 インフレ需要・供給分析	パレート最適の複雑な問題

●図表 序－2（再掲）●
経済学で必要な知識と技術―入門塾と通常のテキストの違い

●マクロ編／第Ⅰ部　経済学がわかるコツ

原因⑤　経済学の流儀（思考パターン）を知らない

☆入門塾シリーズは経済学を5つのレベルに分け，レベルごとに本を分けて，入門から効率的に経済学がわかるようにデザインされています。

☆多くの人が自己流で経済学の本を読んでいるので理解できません。

判断　まずは経済学の思考パターンをマスターしよう

☆経済学の思考パターンは次節で説明します。

3　効率的勉強法
──経済学の思考パターンを身につけよう

【1】はじめに，全体像を理解する

　はじめに全体像がわかっていないと，自分が何を勉強しているのかわからなくなったり，「木もわからず，森もわからない」という最悪の事態に陥るなどのトラブルが発生します。そこで，そのようなトラブルを未然に防ぐために，はじめに，経済学の全体像を勉強します。

【2】実証経済学と規範経済学をはっきり分ける

① 経済学とは？

経済学➡　「経済学」とは，岩波書店『広辞苑（第5版）』によると，「経済事象を研究する学問」とあります。要するに，経済学とは，現実の経済を分析する学問なのです。

　では，「経済」とは？　『広辞苑（第5版）』によると，「人間の共同生活の基礎をなす財・サービスの生産・分配・消費の行為・過程，並びにそれを通じて形成される人と人との社会的関係の総体。転じて，金銭のやりくり」とあります。「経済的に苦しい」という意味の「経済」は，「転じて，金銭のやりくり」の意味です。

　「経済学」の「経済」とは，「人間の共同生活の基礎をなす財・サービスの生産・分配・消費の行為・過程，並びにそれを通じて形成される人と人との社会的関係の総体」の方の意味です。わかりやすくいえば，私たちが物を買ったり，会社で働いて給料をもらったりするような行為すべてのことをいうわけです。

② 「実証経済学」と「規範経済学」

具体的には，経済学とは，身近な例でいえば「私がお昼に，カレーライスではなく，スパゲッティーを選んだのはなぜか」とか，より大きな視点では「どうして日本の景気が良くなったり悪くなったりするのか」という問題などを分析する学問です。これは，**「現実の経済は，……である」**と現実の仕組みを分析するもので，**実証経済学**といいます。

← 実証経済学

そして，さらに，現実の経済の仕組みを理解した上で，私たちがより豊かになるには，どうしたらよいのかまで考えていきます。これは，**「より豊かになるには，……すべき」**と，望ましい経済を考えるもので，**規範経済学**といいます。

← 規範経済学

この実証経済学と規範経済学ははっきりと分けて考えなければいけません。たとえば，みなさんが，成績が悪くて悩んでいるとします。「現実に成績が悪いのはなぜか」と原因を考えていくのは，現実の仕組みを考えていくわけですから，「実証経済学」です。これに対し，「成績を良くするには，どうすべきか」を考えていくのが「規範経済学」です。

【3】 経済学の思考パターンを習得する

現実の経済を分析する「実証経済学」においては，現実が複雑であることが分析の最大の壁となります。いくら経済学者に頭の良い人が多いといっても，複雑な現実経済をそのまま分析することはできません。

そこで，経済学者は，**複雑な経済を，分析できる程度に単純化し，単純化された世界（これをモデルといいます）を分析して結論を導く**のです。モデルは，プラモデルやモデルガンのモデルで，模型という意味です。つまり，現実経済を単純化した模型ということです。

← モデル

経済学における思考パターンは，これから詳しく説明しますが，

```
1．定義の明確化
   → 2．仮定の設定
      → 3．モデルの分析
         → 4．結　論
            → 5．現実妥当性の確認
```

となります。

一般論だけではよくわからないでしょうから，具体的に消費の理論で説明しましょう。消費の理論とは，私たちが，120円で缶コーヒーを買ったり，30万円でワイドテレビを買ったりするのはなぜかというようなことを分析します。

① ＜定義の明確化＞言葉の意味をはっきりさせる

まず，「消費」の意味をはっきりさせる必要があります。物を買えば何で

も「消費」というわけではありません。住宅を買えば,「消費」ではなく,「投資」といいます。

　同じように,物を買うためにお金を支出するのに,どうして「消費」と「投資」の2つに分けられるのでしょうか。

　理論的には,**消費**とは,**現在の満足を得るための支出**であり,**投資**とは,**将来の利益や満足を得るための支出**です。レストランでご飯を食べるのは,現在の満足を得るためですから「消費」です。

　これに対し,住宅は,将来何十年もその家に住む満足を得るために支出するわけですから,「投資」となります。企業が工場の機械を買った場合,機械は,将来にわたり,製品の生産を行い,その製品を売って将来利益を得ることを目的としますので,「投資」です。

　これから,「投資」という場合,皆さんは,工場の機械を買うあるいは借りるケースをイメージしてください。

　では,自動車や家電製品はどちらでしょう？　これらは,買ったときに満足が得られるのではなく,将来にわたって自動車や家電製品を利用することによる満足を得るために支出するものです。

　その意味では,理論的には,「消費」ではなく,「投資」のような気がします。しかし,世間では,自動車や家電製品は,「耐久消費財」といって,消費に分類されています。そもそも,「耐久消費財」という言葉が,理論的には矛盾しています。

　なぜなら,消費とは,現在の満足を得るためですから,旅行や食べ物のようにすぐになくなってしまい,将来に残らない,つまり,「耐久」しないはずなのです。「消費財」が「耐久」するということ自体がおかしいのです。「耐久」し,将来も満足が得られるのであれば,「消費」ではなく「投資」となるはずです。

　では,なぜ,世間では,住宅は投資なのに,自動車や家電製品は,消費なのでしょうか？　これは,耐久期間が10年ぐらいを基準に投資と消費を分けているからと思われます。つまり,10年を超えて耐久し,満足を与え続ける物を投資といい,耐久期間が10年未満の物を消費と分類しているのでしょう。

　新築の住宅は,通常30〜40年は耐久しますので,投資,自動車や家電は,通常10年も使わないので,消費と決めているのだと思います。これは,決めごとですから,あれこれ悩んでも仕方がありません。そのようなものなんだと思っておいてください。

② ＜仮定の設定＞複雑な現実を分析可能な世界に単純化

　消費の言葉の意味がわかったところで,いよいよ,現実の消費についての分析です。一口に消費といっても,いろいろな消費パターンがあります。今,私が思いつくだけでも,以下の4つがあります。

ⓐパターン1

　120円の缶コーヒーを買うのは，缶コーヒーに120円以上の価値があるから買うという場合。物を買うのは，支払う金額以上の満足が得られるからというもっともな動機です。冷静かつ合理的な消費パターンです。

ⓑパターン2

　お隣の田中さんの家がワイドテレビを買ったので，田中さんに対抗して，それほど欲しいとも思っていなかったワイドテレビを買った鈴木さん。自分の好みというより，お隣に対抗するために消費を行なうパターンです。

ⓒパターン3

　ポケモン（ポケットモンスターという人気アニメキャラクターの略）のシールがおまけでついてくるスナック菓子を，そんなに食べられないのに，3つも買ってしまった青木家の和雄君。

　製品の中身より，おまけが重要というパターンです。ちなみに，私の子供の頃は，ポケモンではなく，カルビー仮面ライダースナックを，仮面ライダーのカードが欲しいがために，3つも4つも買っていました。

ⓓパターン4

　ブームに乗って思い切って健康器具を買ったが，三日坊主で物置きにしまった主婦の静子さん。これは製品からどの程度満足が得られるかよくわからないまま，ブームにのせられて買ってしまうパターンです。

　みなさんも，いままでの自分の消費行動を考えてみると，いろいろなパターンが思い起こされるのではないでしょうか。

　私たちは，周りの人に対抗して物を買ったり（**パターン2**），おまけにつられて物を買ったり（**パターン3**），ブームに乗って買ったりする（**パターン4**）こともありますが，やはり，物をある金額で買うのは，そのものに支払う金額以上の価値があるから買うという場合が多いでしょう（**パターン1**）。

　パターン1からパターン4までのそれぞれの消費行動のパターンは，まったく違うものです。これらすべてを統一的に説明する理論を作ることは不可能です。そこで，**経済学者は，消費行動の分析に際して，パターン2から4まではないと仮定し，多いと思われるパターン1だけしかない世界（現実を単純化した「モデル」）を作り，そのモデルを考えます。**

③　＜モデルの分析＞

　パターン1だけであれば，頭の良い経済学者は，いろいろと分析をして，理論を作り出すことができるわけです。

④　＜結　　論＞

　モデルの分析により，「消費行動はこのような仕組みで行われるのだ！」という結論が導かれます。これで，1つの理論の誕生です。

⑤ ＜現実妥当性の確認＞
　作り出された理論がよい理論かどうかは，**現実経済を説明できるかどうかによって決まります**。どんなにかっこいい理論でも，現実経済を説明できなければ意味がありません。なぜなら，経済学は，現実経済を分析する学問だからです。
　理論が現実経済を説明できるか，つまり，現実の世界に通用するかどうか

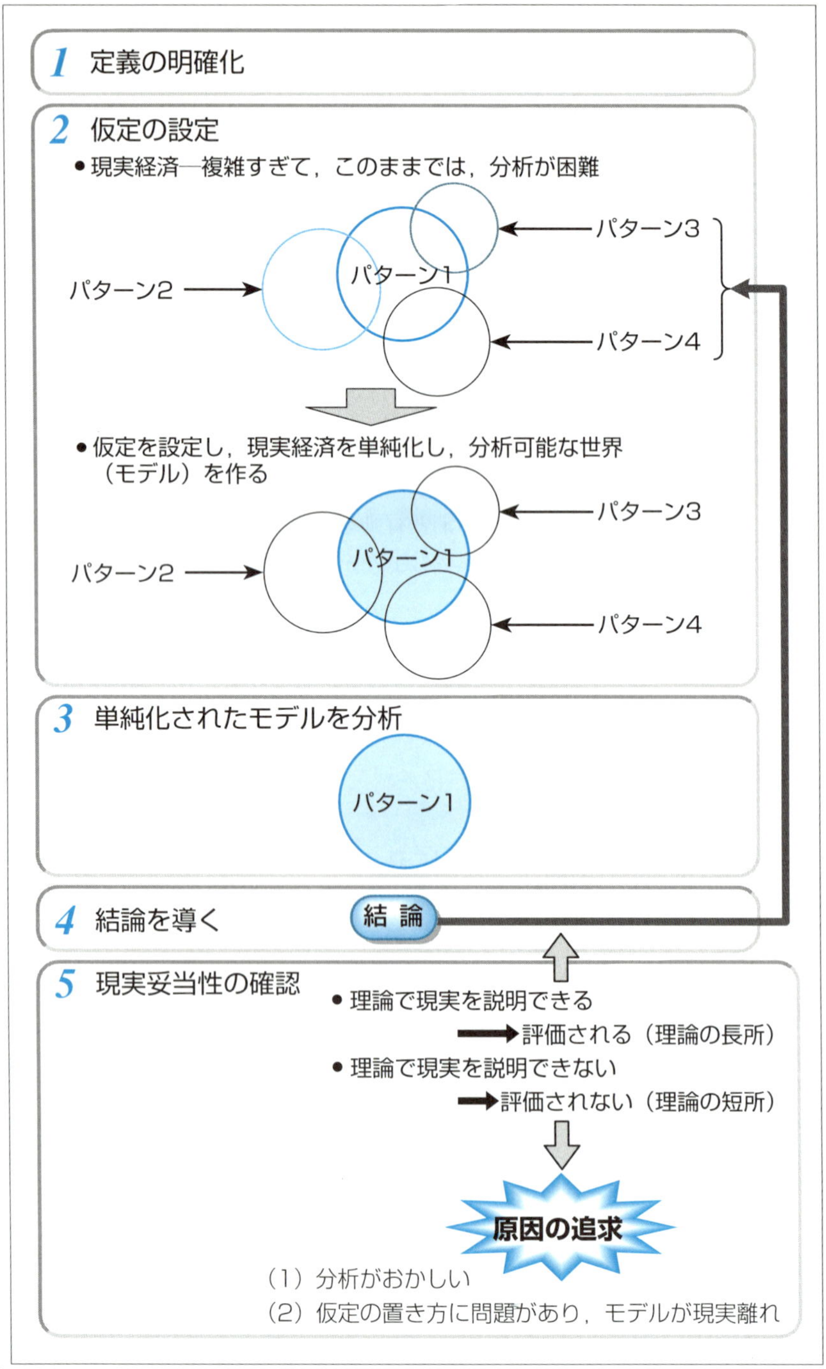

```
┌─────────────────────────────────────────┐
│ 1  定義の明確化                          │
├─────────────────────────────────────────┤
│ 2  仮定の設定                            │
│  ●現実経済─複雑すぎて，このままでは，分析が困難　　　　　　　パターン3
│            パターン2 → パターン1  ← パターン4
│                    ↓
│  ●仮定を設定し，現実経済を単純化し，分析可能な世界
│   （モデル）を作る　　　　　　　　　　　　　パターン3
│            パターン2 → パターン1  ← パターン4
├─────────────────────────────────────────┤
│ 3  単純化されたモデルを分析              │
│                 パターン1                │
├─────────────────────────────────────────┤
│ 4  結論を導く           　結 論          │
├─────────────────────────────────────────┤
│ 5  現実妥当性の確認                      │
│     ●理論で現実を説明できる              │
│        → 評価される（理論の長所）        │
│     ●理論で現実を説明できない            │
│        → 評価されない（理論の短所）      │
│                    ↓                     │
│               原因の追求                 │
│     (1) 分析がおかしい                   │
│     (2) 仮定の置き方に問題があり，モデルが現実離れ │
└─────────────────────────────────────────┘
```

●図表１−１●
経済学の思考パターン

ということを,「現実妥当性」といいます。理論についての評価は,現実経済をうまく説明できている,つまり,現実妥当性があれば,よい理論ということになります。

反対に,現実妥当性がなければ,よい理論ではないということになります。現実妥当性がない場合は,どうして現実を説明できなくなったのかという見直しを行う必要があります。

現実妥当性がない原因は,仮定の設定がおかしくて,現実離れしたモデルを作ってしまったか,分析自体がおかしかったかのどちらかです。**通常の経済学の本にある理論や試験にでる理論には,分析自体がおかしいという理論はありません。ですから,現実妥当性がないのは,仮定の設定に問題があり,分析するモデルが現実離れしていることが原因となります。**

たとえば,先ほどの消費の理論でいえば,もし,おまけで買うというパターン3だけを分析対象とするモデルにすると,分析の結論は,「商品の内容はどうでもよく,おまけが魅力的な商品を買う」ということになります。

このような結論は,パターン3だけを分析対象としているのですから間違ってはいませんが,現実のごく一部にしか妥当せず,現実の大半は説明できないので,理論としてはあまり意味のないものとなってしまいます。

ですから,これからいろいろな理論がでてきますが,**どの理論が正しいかは,常に,どの理論が現実経済をうまく説明できるかという視点で考えてください。**

以上,消費の理論で具体的に説明した経済学の思考パターンを整理すると図表1-1のようになります。

なお,**この思考パターンでもっとも重要なステップが「仮定」です。「仮定」をおくことによって,複雑な現実経済を単純化して分析しやすくするのですが,同時に,分析対象である理論モデルが現実離れしてしまうリスクもあるのです。**ですから,経済学においては,いかにセンスのいい仮定をおくかが勝負なのです。

長い間,経済学の勉強しているが苦手だという人の中には「経済学は前置きが多く,なかなか本論に入らないから好きになれない」という人がいます。どうも話をきくと「前置き」とは「仮定」のことを意味しているようなのですが,「仮定」を単なる「前置き」としか考えていないことこそ,経済学が苦手になる原因であると思います。

読者の皆さんは,「仮定」とくれば,前置きではなく,理論の善し悪しを左右する重要なものであり,「この仮定をおくことにより,どのように単純化し,分析しやすくなるだろうか」と考えるのと同時に,「この仮定による単純化で現実離れしてしまわないだろうか」と警戒しなくてはならないのです。

【4】経済学の思考パターンと色分け

　私は講義の最中に，受講生の皆さんに経済学の思考パターンに沿ってテキストを色分けしてもらっています。この入門塾シリーズを経済学の思考パターンに沿って色分けしておけば，復習する時に，自己流に戻ってしまうおそれはかなり減少するはずです。

```
経済学のパターンと色分け
    1．定義    ピンク
    2．仮定    水色
    3．分析    黄色
    4．結論    オレンジ
    5．長所    緑
    6．問題点  紫
```

　色分け勉強法の詳細に興味がある人は拙著『6色蛍光ペンでわかる経済』（ダイヤモンド社）をご覧ください。

第 2 章 グラフの読み方

- この章では，経済学を理解する上でとても重要なグラフの読み方をマスターします。
- 経済学ができない主な原因の1つに，グラフをきちんと読んでいないことがあげられます。ですから，皆さんは，細かい内容に入る前に，しっかりとグラフの読み方を理解してください。

1 グラフとは何か？

　表といえば，図表1－2のAのようなものをいい，グラフといえば，図表1－2のBのようなものをいうことはご存じでしょう。しかし，表・グラフとは何か正確に述べなさいといわれると困る人も多いのではないでしょうか。

●マクロ編／第Ⅰ部　経済学がわかるコツ

表 ➡　　　**表**とは，複雑な事柄を，見やすいように組織的に整理・配列して書き表したものです。

グラフ ➡　　　**グラフ**とは，互いに関係ある2つ以上の数量を直線や曲線などの図で表したものです。

　　　ここでは，グラフについて説明をします。

　　　ちなみに，学部や公務員試験・資格試験レベルでのグラフは，2つの数量の関係が中心で，3つ以上の数量の関係はあまり扱いません。なぜなら，3つ以上の数量を取り扱うと，3つ以上の軸が必要となり，グラフが立体的になり複雑になってしまうからです。みなさんがこれから利用するグラフは2つの数量の関係ですから，縦軸と横軸の2つで足り，平面にきちんと書くことができます。

　　　次に，2つの数量の関係であるグラフを**図表1－2**で，具体的に説明しましょう。

　　　図表1－2のA，Bは，1個100円のキャンディーの個数と支払額の関係を，それぞれ表とグラフで表現したものです。「支払額＝個数×100円」の関係であることはいうまでもありません。

関数 ➡　　　この式は，支払額と個数の「**関数**」といわれます。関数と聞くと，数学を思い出して頭が痛くなるかもしれませんが，要するに，**ある数とある数の関係**のことです。だから，略して，「関数」と呼んでいるだけです。

　　　ここでは，互いに関係のある2つの数量とは，個数と支払額です。この2つの数量を，個数が0から増えていくにつれて，支払額がどうなるかを，整

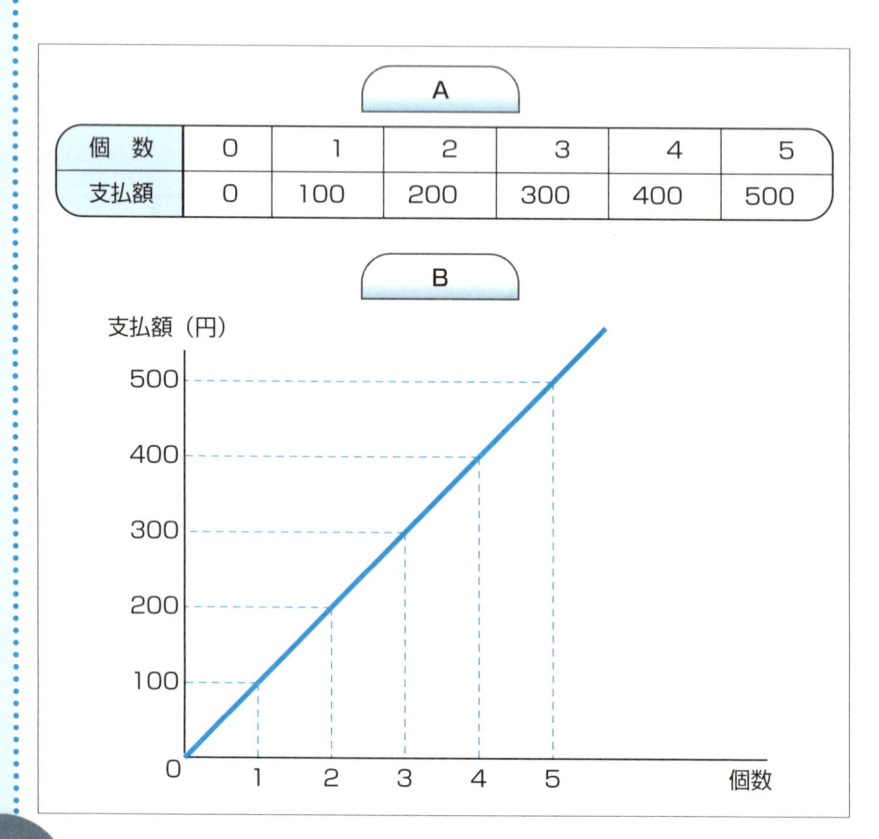

●図表1－2●
1個100円のキャンディーの個数と支払額の関係

A

個　数	0	1	2	3	4	5
支払額	0	100	200	300	400	500

B

支払額（円）

500
400
300
200
100
0　　1　2　3　4　5　　個数

理して配列したのがAの表であり，それを，図で表したのが，Bのグラフです。

図表1-2のBのグラフでは，横軸に個数，縦軸に支払額を取っています。横軸の個数が0個のときは，支払額も0円，1個のとき100円，2個のとき200円となっていくことを表しています。

つまり，グラフとは，横軸の数量と縦軸の数量の関係を表しています。ですから，グラフを読みとるには，

① まず，横軸と縦軸が何の数量なのかを理解し，

② 一方の数量が変化するにつれて，他方の数量がどのように変化するかを理解しなくてはなりません。

「そんなことは，中学で習ったから知ってるよ」とおっしゃるかもしれません。しかし，知っていても，実行できなければ，経済学は理解できません。当たり前のことのようですが，その当たり前のことが実行できずに経済学が苦手となる人が多いのです。

経済学は，少なくとも，学部試験，公務員試験や資格試験レベルでは，センスや才能ではなく，当たり前のことをきちんと行う能力が問われていると思ってください。

2 グラフの読み方

それでは，経済学のグラフを読んでいきましょう。

図表1-3は，ある商品の需要と供給の関係を表しています。経済学では，もっとも有名なグラフですので，ご存じの方も多いかもしれません。ここでは，「知っている」だけではなく，グラフを読み込み，理解していきます。

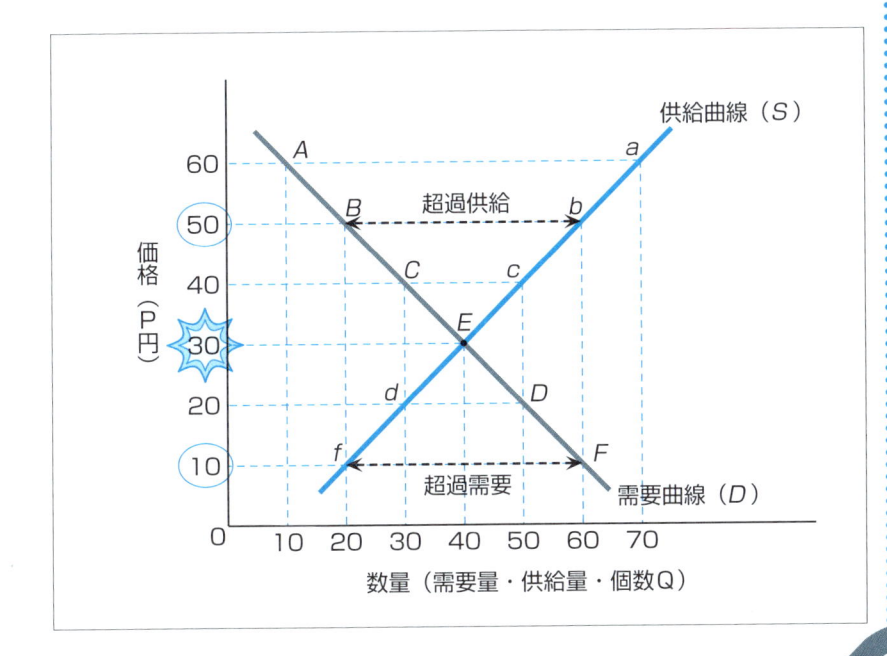

●図表1-3●
ある商品の需要と供給の関係のグラフ

なお，需要と供給の関係は，経済学の基本であると同時に，もっとも重要なことですので，「知っている」だけではだめで，「完全に理解」してください。

> **手順1　横軸，縦軸を確認する**

横軸は数量（個数），縦軸は価格（円）です。

> **手順2　曲線が何と何の関係なのかを確認する**

需要曲線 ➡　　需要曲線（D）の場合，横軸の数量は，需要量（買いたい量，ほしい量）を意味し，縦軸は価格ですから，**需要量と価格の関係**を表しています。つまり，需要曲線（D）のグラフは，横軸に数量（需要量），縦軸に価格をとって，価格と数量（需要量）という2つの数の関係を表したものです。

供給曲線 ➡　　供給曲線（S）の場合，横軸の数量は，供給量（売る量）を意味し，縦軸は価格ですから，**供給量と価格の関係**を表しています。つまり，供給曲線（S）のグラフは，横軸に数量（供給量），縦軸に価格をとって，価格と数量（供給量）という2つの数の関係を表したものです。

なお，需要曲線（D），供給曲線（S）ともに，直線で描かれていますが，「曲線」と呼んでいます。これは，**図表1－3**では，たまたま直線に書きましたが，曲がった線になることもあるからです。

なお，曲線のカーブがたまたままっすぐな線を直線と呼んでいますので，直線は曲線の特殊なケースであり，まっすぐな直線であっても「曲線」と呼んでもよいのです。

それから，需要曲線をDとすることが多いのは，需要は英語でDemandというからです。また，供給曲線をSとすることが多いのは，供給は英語でSupplyというからです。

> **手順3　曲線が表す関係とはどのような関係なのかを理解する**

需要量と価格の関係を表した曲線である需要曲線（D）が右下がりになっています。右下がりということは，縦軸の価格が下落するにつれて，需要量が増えるという関係にあることがわかります。

また，供給量と価格の関係を表した曲線である供給曲線（S）が右上がりになっています。右上がりということは，縦軸の価格が上昇するにつれて，供給量が増えるという関係にあることがわかります。

> **手順4　どうして手順3の関係になるのか考える**

右下がりの需要曲線は，価格が下落すると需要量が増えるということを意味しますが，それはなぜでしょう。これは，正確には，『〈Ⅱ〉ミクロ編』（別冊）の第Ⅱ部「消費の理論」の中で，無差別曲線理論という考えで詳しく説明されますが，大ざっぱに考えれば，**価格が下がれば，お買い得になるので需要量が増える**ということです。このことは，私たちの生活から納得できるところではないでしょうか。

また、**右上がりの供給曲線**は、価格が上昇すると供給量が増えるということを意味しますが、それはなぜでしょう。これも、正確には、『〈Ⅱ〉ミクロ編』の第Ⅲ部「生産の理論」の中で説明されますが、大ざっぱに考えれば、皆さんが、工場を持つ企業の社長だとしたら、**作っている商品の価格が上昇すれば、もうかるので、たくさん供給**しようとするだろうということです。ここでは、その程度の納得で結構です。

> 手順5　グラフからわかることを理解する

右下がりの需要曲線と右上がりの供給曲線のグラフ**図表1－3**から、価格は、需要量と供給量が等しくなる価格、**図表1－3**でいえば、需要曲線と供給曲線の交点 E の価格30円に決まることがわかるのです。

では、どうして、30円に決まるのかを考えましょう。

図表1－3より、価格が30円の時は、需要量も供給量も40個で等しくなっています。

もし、価格が30円よりも高い50円であると、需要量は点 B の20個に対し、供給量は点 b で60個です。供給量が需要量を60－20＝40個超過しています。このように、**供給量が需要量を上回ることを超過供給**といいます。 ← 超過供給

超過供給が生じていると、50円のままでは、供給者は、物が売れ残ってしまいますので、価格は下がっていきます。需要者も、物が売れ残っているわけですから、50円より安く買おうとするでしょう。

その結果、価格は、どこまで下落するかというと、超過供給（売れ残り、物余り）があるかぎり下がりますから、結局、超過供給がなくなる、つまり、需要量と供給量が等しくなる点 E の価格30円まで下がります。

反対に、価格が30円より低い10円であるときには、需要量は点 F で60個ですが、供給量は点 f で20個しかありません。今度は、**需要量が供給量を超過しており、これを超過需要**といいます。 ← 超過需要

これは、価格が低すぎるので、欲しいという人は多いが、供給したいという人は少ないという状態です。いわゆる「物不足」です。これは人気ゲーム機やゲームソフトがなかなか手に入らず、どこのお店に行っても長蛇の列となっている状態です。

なお、ゲーム機やゲームソフトは超過需要が生じても、製造元は値上げをしない場合がほとんどです。これは、製造元が需要者の足元を見て値上げをすると、社会的批判を浴びると考えているからに他なりません。しかし、経済原則は生きています。ゲーム機やゲームソフトを買い占めた人が、インターネットオークションなどで定価の2倍や3倍もの高値で売っています。つまり、正規ではない販売ルートでは経済原則が働いているということです。

供給者は、いくらでも買い手がいるので、価格を上げようとしますし、需要者（買い手）は、商品が少ないので、価格が上がっても買おうとします。その結果、価格は上昇することになります。

結局、超過需要がある限り、価格は上昇しますので、超過需要がなくなる、つまり、**図表1－3**に戻ると需要と供給が等しくなる点 E の価格30円まで

> 🔑 **キーワード　均衡** 🔑
>
> 複数の力がバランスしてその状態から変化しないこと。

上昇することになります。

　なお，この需要曲線（D）と供給曲線（S）の交点をEと名付けるのが通常です。なぜなら，このEとは，「Equilibrium（均衡）」の"E"で，Equal（イコール，等しい）という意味を含んでおり，この点Eの価格30円では，需要量＝供給量となるからです。

　以上より，**30円より価格が高いと超過供給が存在し，超過供給がなくなる30円まで下がっていき，30円より価格が低いと超過需要が発生し超過需要がなくなる30円まで上がっていく**ことがわかります。このようにして，価格は，需要量と供給量が等しい30円という価格に決まります。

　これは，「なぜ30円に決まるのか？」という問いに直接答えるのではなく，「30円でない場合には，30円に戻っていく」ことから説明していく方法です。

　この説明方法は，これからも頻繁に用いられます。重要な方法ですので，しっかり慣れておきましょう。

> 「なぜAになるのか？」を答える場合に，
> **「Aでない場合，Aに戻っていく。だから，Aになるのだ！」**
> と答える方法がある

3　曲線上の移動と曲線自体の移動（シフト）

曲線上の移動 ➡
曲線のシフト ➡

　グラフを読むときに，間違えやすいのが，**曲線上の移動**と曲線そのものの移動です。曲線そのものの移動は，**曲線のシフト**といいます。

　それでは，先ほどの**図表1－3**の需要曲線だけを取り出して，**図表1－4**で，これを説明しましょう。

　この需要曲線（D）は，右下がりですから，価格が下落すると需要量が増えるということを表しています。ですから，価格の下落による需要量の増加は，需要曲線が表す関係ですから，点$A→B→C→E→D→F$と需要曲線上の移動です。

　ここで重要なことは，グラフとは，縦軸の数量と横軸の数量の関係，すなわち，縦軸の数量の変化によって横軸の数量がどう変化するかを表したものですから，縦軸の価格の変化による横軸の需要量の変化は，曲線そのものです。つまり，**曲線上の移動**ですから，曲線自体が移動（シフト）することはありません。

第2章 グラフの読み方

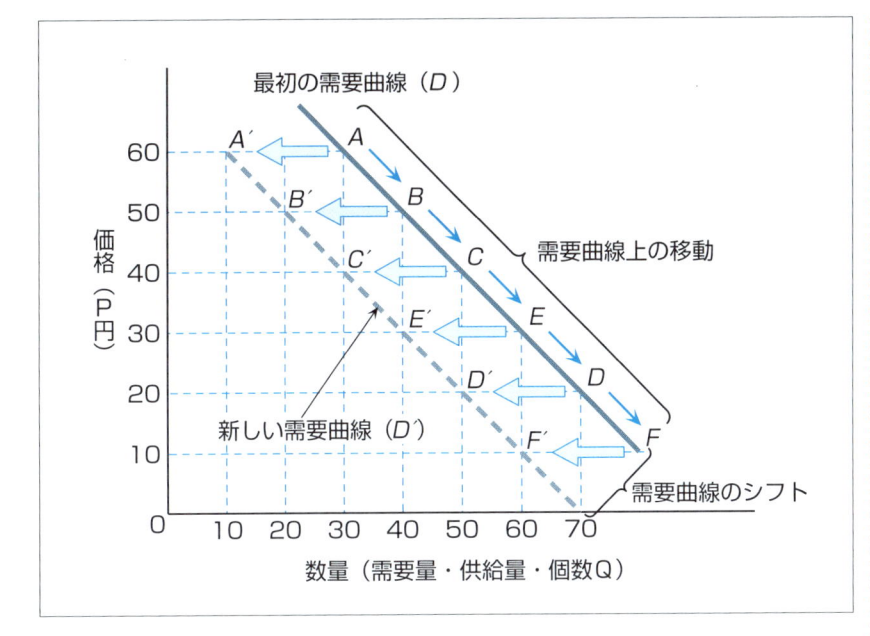

●図表1－4●
需要曲線上の移動と需要曲線のシフト

> 縦軸，横軸のうち，一方の数量の変化による他方の数量の変化は，曲線上の移動である

　これに対し，縦軸・横軸とは関係ない数（量），たとえば，不況で所得が減った場合を考えましょう。所得が減れば，一般に，同じ価格であっても，需要量が減少するでしょう。

　いま，所得が減ったことにより，価格60円の時の需要量が30個から10個に減り，価格50円の時の需要量は，40個から20個に減るとします。すると，価格と需要量の関係は，AではなくA′，BではなくB′と左に移動します。

　同様に，CはC′へ，EはE′へ，DはD′へ，FはF′へと移動します。したがって，所得が減った後の需要曲線，すなわち，価格と需要量の関係は，ABCEDFではなく，A′B′C′E′D′F′となり，需要曲線そのものがDからD′へと左に移動します。これを「左にシフトした」といいます。

　このように，縦軸，横軸以外の数量の変化により，横軸が変化するとき，グラフ（曲線）はシフトするのです。

> 縦軸，横軸以外の数量の変化により，縦軸や横軸の数量が変化するとき，曲線自体がシフトする

〈入門塾シリーズのグラフで使う矢印の意味〉
①線のシフト　⇨ ⇩　⇨ ⇩　　需要曲線，IS曲線など
②点の移動　　→ ⇢　→ ⇢　　均衡点，曲線上の点など
③数値の変化　→ ⇢　→ ⇢　　利子率，価格，生産量，国民所得など
④数値量　　　↔ ⇔ ⌒　↔ ⇔ ⌒　　③の量を表わしたもの

●マクロ編／第Ⅰ部　経済学がわかるコツ

第3章　経済学の全体像

- これより，経済学の全体像の説明に入ります。まず，はじめに，経済学は大きく現代（近代）経済学とマルクス経済学に分かれます。ですから，現代（近代）経済学とマルクス経済学の違いについて「1　現代（近代）経済学とマルクス経済学」で説明します。

- このうち，マルクス経済学は社会主義の経済学であり，資本主義体制の中，市場経済を原則とする私たちにはあまり必要ではありません（社会主義，資本主義，市場経済の意味については後ほど説明します）。

- 私たちの世界は，市場経済を原則としているので，市場経済を中心に分析する現代経済学を勉強します。資格試験や公務員試験も「経済学」とか「経済原論」といえば，現代経済学です。ですから，本書でも，マルクス経済学は，全体像で少し扱うだけで，残りはすべて現代経済学です。

- これら現代経済学は，ミクロ経済学とマクロ経済学という2つの分野に大きく分けられます。「3　ミクロ経済学とマクロ経済学」では，この2つの分野がどのようなものなのかを説明します。

- 次に，現代経済学の中での2つの大きい学派である古典派とケインズ派について「4　古典派とケインズ派」で勉強します。そして，最後に，経済学の全体像と具体的項目のつながりを「5　経済学の全体像と具体的項目」で説明します。

- 経済学の全体像を理解していないと，全体の中でどこを勉強しているかわからず，「木を見て森を見ず」になってしまいます。

　まずは，この章で，全体のイメージをしっかり理解しましょう。

第 3 章　経済学の全体像

1 現代（近代）経済学とマルクス経済学

> 🔺 *出題傾向・重要性* 🔺
>
> 　経済の基本問題，資本主義の変遷や社会主義，マルクス経済学が**経済学や経済原論で出題されることはきわめて稀**です。しかし，これから勉強する経済学が歴史的にどのような位置づけにあるのかを知っておくことは，今後の理解におおいに役だちますので，細かなことは気にせず，大きな流れをつかんでください。
> 　なお，この部分は，**一般教養の政治経済や経済学史，経済史では出題**されますので注意が必要です。

　経済学を大きく分けると，マルクス経済学と現代（近代）経済学に分けることができます。

　大ざっぱにいって，マルクス経済学は社会主義や共産主義の経済学，現代（近代）経済学は，資本主義の経済学といえます。日本は，資本主義の国ですから，現代（近代）経済学が主流ですが，ソ連をはじめとする共産主義陣営が元気であった頃（1950～70 年）は，マルクス経済学もかなり盛んでした。しかし，1989 年にベルリンの壁が崩壊し，1991 年にソ連が崩壊すると，次々と社会主義諸国が資本主義へと移行し，社会主義・共産主義体制とそれを支えるマルクス経済学は，低調となってきました。

　したがって，現在では，資格試験や公務員試験でマルクス経済学が問われることはほとんどありません。皆さんがこれから勉強するのは，現代（近代）経済学と呼ばれる経済学です。

　では，はじめに，マルクス経済学と現代（近代）経済学の説明をします。この 2 つの経済学は，経済の基本問題の解決方法が違うのです。まず，経済の基本問題の説明から入りましょう。

【1】経済の基本問題

　経済の基本問題とは，経済学の問題意識の中核となるものです。経済学は，いろいろとややこしい分析を行いますが，これらの経済の分析の根本を突き詰めると経済の基本問題に行き着くというものです。

　この経済の基本問題とは，　　　　　　　　　　　　　　　　　　　← 経済の基本問題

1．何を，どれだけ，	
2．どのような方法で，	生産するのか
3．誰のために，	

という問題です。

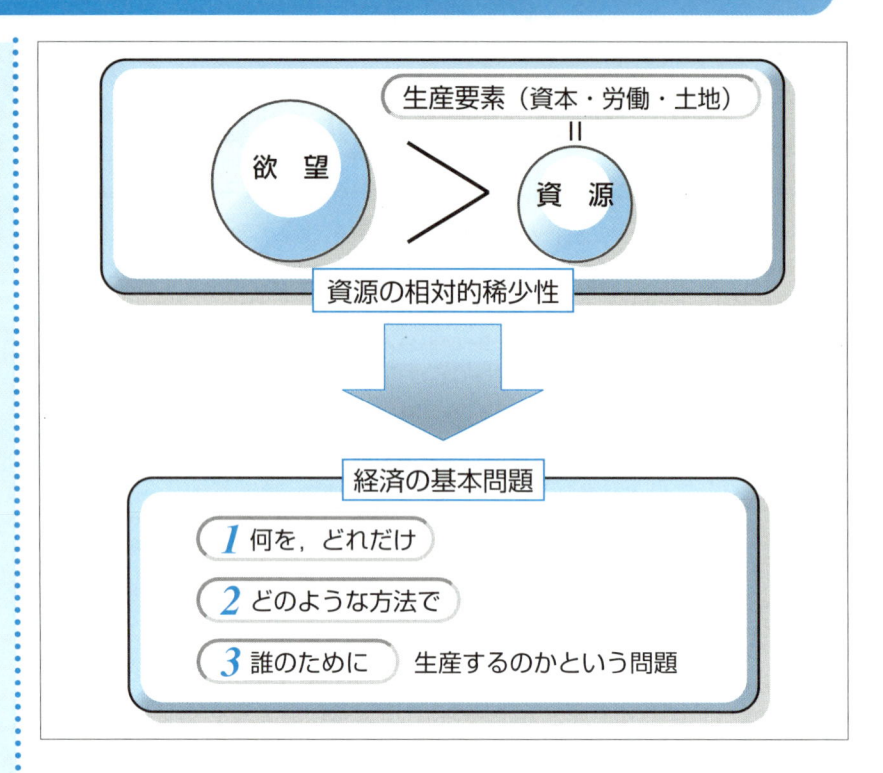

●図表1－5●
資源の相対的稀少性と
経済の基本問題

```
生産要素（資本・労働・土地）
               ‖
 欲望    ＞    資源
     資源の相対的稀少性
           ↓
       経済の基本問題
    1 何を，どれだけ
    2 どのような方法で
    3 誰のために　　生産するのかという問題
```

　では経済の基本問題がなぜ生じるかというと，**図表1－5**に示したように，無限の欲望があるのに対して，その欲望を満たすための資源が限られている（資源の相対的稀少性といいます）からです。

　もし，資源が欲望を満たし，あり余るほど十分にあれば，これらの問題を考える必要はありません。なぜなら，あり余るほど資源があれば，何に使おうが，効率的ではない方法で資源を無駄にしようが問題にはならないからです。

　また，あり余るほどあれば，誰のためになどと考えなくても，全員が欲しいだけ消費すればよいのです。そのような世界では，経済の基本問題は発生せず，経済学を勉強する必要もないのです。

　しかし，現実の世界は違います。欲求に対して資源が少ない（資源が相対的に稀少である）現実の私たちの世界では，資源の相対的稀少性が経済の基本問題を発生させ，経済学を作り出しているのです。

資源 ➡
生産要素 ➡
資本 ➡
労働 ➡
土地 ➡

　ところで，**資源**とは，経済学では生産要素のことを意味します。**生産要素**とは，**欲望を満たす商品の生産に必要なもの**で，資本・労働・土地があります。**資本**とは，物的生産手段のことで人間の生産した生産要素で，具体的には工場の機械や農具などをイメージしてください。**労働**は人手で，**土地**とは，自然から与えられた生産要素を意味します。ですから，経済学で生産要素の土地とは，通常の土地だけではなく，石油や鉄鉱石などの天然資源も含みます。

【2】市場経済，資本主義

① 市場──「いちば」ではなく「しじょう」

「市場」とは，「いちば」ではなく「しじょう」と読みます。「市場」も「市場」も商品の取引が行われる場なのですが，「市場」は，具体的な売場があるのですが，「市場」の場合は，商品の取引が行われていれば，具体的な売場はなくてもよいという違いがあります。

ですから，普通のお店は，そのお店という具体的な売場がありますので，「市場」であるとともに「市場」でもあります。しかし，たとえば，銀行間の外国為替（ドルや円）の売買やインターネット取引などは，具体的な売場はなく，電話やネット上だけで取引を行うので，「市場」ですが，「市場」ではありません。

要するに，「市場」とは，商品の取引が行われる状況を意味し，具体的に売場がある「市場」をも含んだ広い意味となります。経済学では，売場があろうがなかろうが，取引が行われればそれを分析対象としますので，「市場」とは，「市場」と読んで，広い意味に用います。

← 市場

② 市場経済

資本主義は**経済の基本的問題の解決を市場に任せています**。これを**市場経済体制**といいます。市場に任せるとは，人々の自発的取引を通じて，解決するということです。

たとえば，人々が必要としている物は，市場において需要量が多いので，価格が上昇し，価格が上昇することにより，企業はもうかるので，たくさん

← 市場経済体制

> 📘 **ベーシック・ワード　財，財貨，商品** 📘
>
> 財とは消費者の欲求を満たす手段をいい，車や食べ物のように形がはっきりとモノというかたちで見ることができる有形財と，旅行や英会話スクールのようにモノとして手にとって見ることはできない無形財とに分類されます。有形財は通常，財貨，あるいはモノ，無形財は通常サービスと呼びます。ですから，財＝財貨（モノ）＋サービスという関係になります。ただし，財を財貨（モノ）だけの意味で使うこともあります。
>
> これに対し商品とは，販売を目的とした財のことを意味します。ただ，通常，財は販売を目的としていますので商品であり，財と商品は同じことを意味します。ミクロ経済学では市場による売り買いを中心に学習するので商品という言葉をよく用いますが，マクロ経済学では財という言葉を頻繁に用います。財や商品は「モノだけではなくサービスも含む」という点がポイントで，企業にしてみれば，モノへの注文であっても，サービスへの注文であっても，どちらも注文であり，生産を行い，国内総生産を増やし景気を良くするからです。
>
> また，財貨・サービスを意味する**財**は**生産物**と呼ばれることもあります。

← 財

← 財貨，サービス

← 商品

← 生産物

生産され供給されます。ということは、稀少な資源は人々が多く必要としている物に多く利用されることになります。

逆に、人々が必要としていない物は、市場において需要量が少ないので、価格が下落し、価格が下落することにより、企業はもうからないので、生産量を減らします。ということは、稀少な資源は人々があまり必要としていない物にはあまり利用されないことになります。

このようにして、**価格をシグナル（信号）として、人々の需要に応じた生産が行われ、需要に応じた供給がなされ、稀少な資源は人々が必要な物に多く使われる**のです。これを**価格の調整機能**といいます。

⇒ 価格の調整機能

③ 資本主義（19世紀的資本主義）

⇒ 資本主義

資本主義とは、資本（物的生産手段）の私有を認める考えです。資本（物的生産手段）とは、先に説明しましたが、工場の機械とか、農具とか、生産の道具のことです。

日本のような資本主義諸国では、資本は、企業が所有しています。その企業は株主が所有していますので、資本は、最終的には株主の所有といえます。そして、お金を払って株を買えば、誰でも株主になれます。また、資本主義諸国は市場経済を採用しています。

⇒ 資本家
⇒ 労働者

なお、物的生産手段は資本と呼ばれるので、その所有者である株主のことを資本家といいます。また、生産には、物的生産手段の他に、労働力も必要です。労働力を提供する人を労働者といいます。

市場経済体制では、**経済問題は市場の価格の調整機能で解決されるので、政府の役割は、国防・警察・必要最小限の行政に限るべきで、経済問題には介入すべきではない**と考えられていました。

⇒ 小さな政府
⇒ 安価な政府
⇒ 夜警国家観

このような考えを「**小さな政府**」とか、「**安価な政府**」と呼びます。このように、**国家の役割を、国防・警察・必要最小限の行政に限るべきだという考えを「夜警国家観」**とも呼びます。これは、政府は、夜警（ガードマン）だけやっていればよく、経済問題に介入すべきではないという意味の言葉です。国家は、経済に介入せず、経済は市場に任せ、自由に放任しておけばよいという考えにもなりますので、「**自由放任主義（レッセ・フェール）**」ともいいます。

⇒ 自由放任主義
（レッセ・フェール）

④ 資本主義・市場経済の問題点

19世紀になると、産業革命によって、資本主義は飛躍的に成長しました。そして、資本主義列強は原材料供給および市場確保のため、競って、外国を占領し、植民地にしていきました（帝国主義の時代）。

一方、資本主義列強の国内では、労働者は低賃金で長時間働かされ、生活は悲惨でした。また、老人や病人への国家の支援もなく、いわゆる社会的弱者の生活も悲惨なものでした。

そのような社会状況において、労働者は待遇改善を求める行動を頻繁に行い、時には暴動も起こし、社会不安が増していました。

第3章　経済学の全体像

【3】計画経済，社会主義，共産主義

① 資本主義に対するマルクスの分析

　そのような19世紀の資本主義の時代に登場するのがマルクスです。マルクスは，労働者が搾取され，低い生活水準にあり，労働者と資本家の階級闘争が生じるのは，労働者階級と資本家階級が存在することに原因があるので，資本家階級をなくしてしまえばよいと考えたのです（図表1－6）。

　ここで，このマルクスの考えを，簡単に説明します。マルクスは，物的生産手段（資本）の私有を禁止し，公有にすべきと主張します。つまり，物的生産手段（資本）は企業の所有ですので，その企業の私有を禁止し，公有とするのです。

　公有とは，労働者全体で所有するという意味です。したがって，企業の株主は，個人ではなく，労働者全体となるのです。こうすれば，実際に生産により得た利益は，労働力を提供した労働者と株主である労働者全体で分けることになります。

　つまり，すべての利益を労働者だけで分けることになります。こうすれば，資本家がいないので，労働者と資本家の階級闘争がなくなるだけでなく，労働者の生活水準も向上するはずだと考えました。

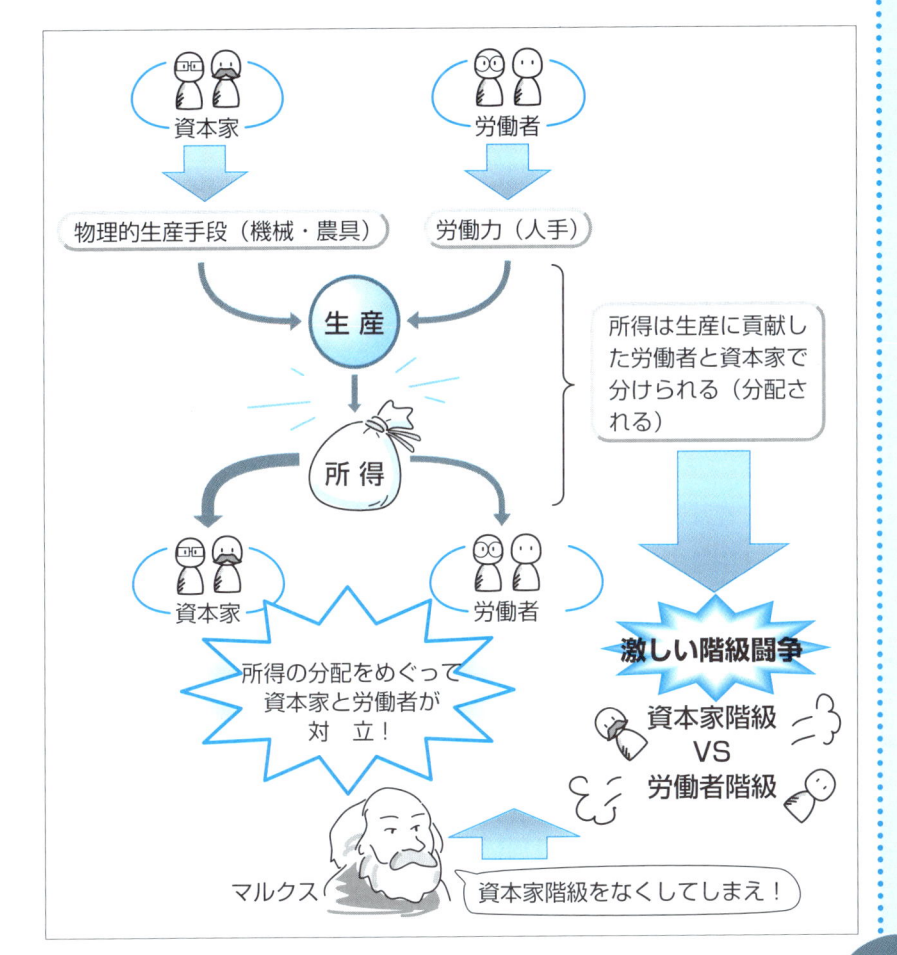

⬅ マルクス
⬅ 階級闘争

●図表1－6●
資本主義に対するマルクスの分析の図解

② 計画経済（マルクス経済学）

　また，マルクスは，資本主義の発展について解明し，資本主義は行き詰ると考えました。その考えを支持する人々の間で，経済の基本問題の解決は市場ではなく，国家が行うべきとの考えが生まれ支持されるようになりました。

　具体的には，国家が必要な物を調べ，必要な物の生産計画を立て，実際に生産するのです。つまり，**経済は，国家が計画を立て，計画通りに運営されていくのです**。このような経済体制を「**計画経済**」といいます。自由放任主義では，国家が経済へ介入しないのとは対照的です。

計画経済 ➡

　このようにマルクス経済学では，幅広い問題を扱い，非常に難解なものですが，現在では，試験や仕事で使われることはあまりありませんので，マルクス経済学は，市場経済ではなく，国家による計画経済をすべきと考えたという点だけ知っていれば十分でしょう。

③ 社会主義と共産主義の違い

　以上がマルクスの考えた社会主義と共産主義およびマルクス経済学のあらましですが，次に，社会主義と共産主義の違いをお話ししましょう。

　市場経済では，所得の分配（所得の分け前）は能力に応じて行われます。だからこそ，みんなさぼらずに，一生懸命働き，高い能力を発揮して，多くの所得を得ようとするのです。労働は不満足を与えるものであり，給料がもらえなければ進んで働く人はいないという前提があります。人々を働かせるには，労働による不満足を穴埋めするものとして所得（給料）が必要になるわけです。

　ところが，共産主義では，能力ではなく，必要に応じて所得は分配されます。これは，たくさん仕事をしたから給料が高いわけではなく，多くのお金を必要とする人の給料が高くなります。したがって，病気で働けず，多額の医療費を必要としている人には，必要な所得が国から与えられることになります。これは，一見，理想的に思えます。

　しかし，たくさん働いても，給料が増えないなら，一生懸命働く人は少なくなるでしょう。そうなると，全体の所得が減り，全員が貧しくなるおそれがあります。

　ところが，共産主義の社会は非常に進歩していて，人々は，給料を目当てに働くのではなく，仕事を通じて社会に貢献できることを生き甲斐に働くと考えるのです。つまり，労働は満足感を与えるものであるので，給料がもらえなくても進んで働くという考えです。

　しかし，残念ながら現実社会は，「労働は満足感を与えるものであり，給料がもらえなくても進んで働く」という状況ではありません。

　そこで，マルクスは，資本主義の世界からいきなり，共産主義に進むのではなく，まず，社会主義に移行し，社会主義が進歩すると共産主義になると考えました。社会主義とは，物的生産手段は公有とするが，所得は能力に応じて分配するという考えです。

　つまり，社会主義は共産主義へと向かう通過点（移行期）なのです。です

から，社会主義国を共産主義国と呼んだり，社会主義と共産主義は同じように用いられることがあるのも，納得いただけると思います。

【4】修正資本主義（20世紀的資本主義）

19世紀的資本主義の問題点，すなわち，労働者の生活水準の低下，それを原因とする労働紛争多発による社会不安，および社会的弱者の悲惨な生活などを解決する方法として，社会主義・共産主義の他に，資本主義を修正することにより解決しようという方法も考えられました（修正資本主義）。

修正資本主義とは，**資本主義と市場経済を中心としつつも，そのような社会問題を解決するために，政府が経済問題に介入していくべきだという考え**です。

労働者が貢献に見合った所得を得て，生活水準を向上させるために，労働者に団結して企業に交渉する権利を与え，社会的弱者（老人，病人，失業者など）には政府が救済を行うのです。政府が，老人・医療・失業対策などの社会福祉政策を行うことにより，国民の福祉（幸せの度合い）を積極的に向上させるべきと考えるのです。

その結果，政府の役割は大きくなり，「小さな政府」ではなくなります。

← 修正資本主義

欲望 ＞ 資源

資源の相対的稀少性
↓
経済の基本問題
1 何を，どれだけ　*2* どのような方法で　*3* 誰のために
生産するのかという問題

経済の基本問題の解決を

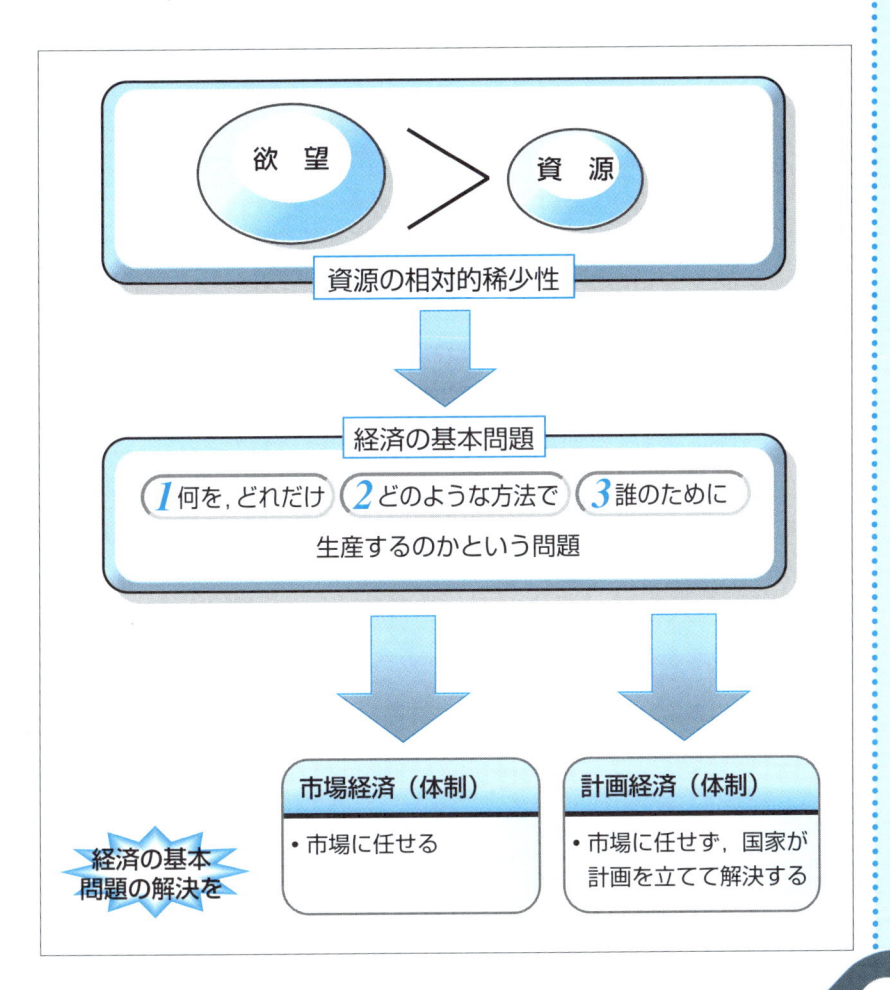

市場経済（体制）
・市場に任せる

計画経済（体制）
・市場に任せず，国家が計画を立てて解決する

●図表1-7●
市場経済と計画経済

しかしながら、経済の基本問題の解決は、あくまでも、市場経済が中心に解決するので、国家が計画を作り解決する社会主義・共産主義に比べれば、政府は小さいものです。

このようにして、経済は民間部門による運営を基本としつつ、部分的に国が介入し、公的部門が運営することになります。このように、**経済に民間部門と公的部門が混在することを混合経済**といいます。修正資本主義は、混合経済体制となります。

➡混合経済

現在、ほとんどの資本主義諸国では、市場経済を中心としつつも、国家により老人福祉・医療保険・失業対策などが行われていますから、修正資本主義です。ですから、修正資本主義を20世紀的資本主義と呼ぶこともあります。私達が勉強する現代経済学は、この混合経済を前提にしています。すなわち、市場経済を中心としつつも、国家による経済への公的介入がある世界を分析するのです。

➡20世紀的資本主義

【5】資本主義の勝利──社会主義・共産主義の終焉

19世紀的資本主義の問題点を解決するため、世界は、修正資本主義と社会主義・共産主義という2つの道を歩みました。

結局、社会主義諸国の経済が行き詰まり、資本主義化したことにより、修正資本主義の方が優れていたことが歴史的に証明されました。では、なぜ、社会主義諸国は経済的に行き詰まったのでしょうか。

それは、社会主義は主に国家による計画経済により運営されてきましたが、国家が経済情報を集めて適切に経済を運営することができなかったことに原因があります。国家が国民の需要を正確に把握することなど無理だということは、日本政府を見ても明らかでしょう。限られた予算なのに、国民の必要としない道路や施設の建設に使っているのが現実です。

計画経済では、国家予算だけでなく、経済全部を国が計画を立てて運営しますから、車や洋服などの生産も国家が計画するのです。国民の需要とかけ離れたものがたくさんできることは容易に想像できるところでしょう。

それに対し、コンビニは、季節や天気に応じ、なんと的確に需要を把握していることか。コンビニは、需要者のためにやっているのではありません。需要者のために行えば、たくさん買ってもらえるので、自分たちがよりもうかるためにそうしているのです。これが市場経済のすばらしいところです。やはり、自分たちがもうからないと頑張らない、人間は現金なものだということでしょう。

他にも、勤労意欲を刺激することができなかったという問題があります。つまり、社会主義では、ノルマさえ果たせば、それ以上働いても働かなくても給料は変わりませんから、ノルマの数だけ作ればよく、良い品質のものを作ろうという意欲も、ノルマを超えて作ろうという意欲もわきません。

ところが、市場経済では、良い商品でなければ消費者に買ってもらえませんし、給料ももらえません。逆に、良い商品を作り、消費者に支持され、た

> 📘 **ベーシック・ワード　ノルマ** 📘
>
> 　ソ連などの共産主義諸国において，労働時間内に行うべき労働量をいいます。たとえば，机であれば，重さで目標が設定されていたので，ものすごく重い鉄製の机を作り簡単にノルマを達成するようなことが横行しました。数量目標であるノルマを達成するために生産しただけで，品質や消費者の使い良さはあまり考えていませんでした。
>
> 　ちなみに，日本でも「営業のノルマ」などとして，仕事の目標としてノルマという言葉を用いることがありますが，これは共産主義諸国の「ノルマ」から転じたものなのです。

くさん売れれば，給料も増えます。このように市場経済では，がんばれば見返りも増えるという構造になっていることから，勤労意欲を刺激するシステムが内蔵されているのです。

　要するに，**計画経済の問題点は，国家が十分な情報を集中的に収集することができなかったという点と，人々の勤労意欲を刺激できなかったという点**にあったのです。

【6】 21世紀の資本主義（展望）

　社会主義との競争に勝利した（修正）資本主義ですが，問題がないわけではありません。修正資本主義の抱える問題点と，今後の動向についてお話ししましょう。

　20世紀も後半になると（第2次世界大戦後），自由貿易が盛んになりました。貿易とは，「もの」の国際化です。そして，1980年代より，「資本（かね）」の国際化も急激に進みました。資本の国際化により，日本企業は，日本の人件費が高いと思えば，人件費の低い中国などへお金を投資し工場を作るようになりました。

　企業が国を選べる時代がやってきたわけです。こうなると，企業は，税金や物価の高い国では活動せず，税金や物価の低い国で活動を行うようになります。ですから，積極的に福祉を充実させるため，高い税金や高い物価がかかる国からは，企業が外国へ逃げ出し，その国の産業は空っぽになってしまいます。これが，「産業の空洞化」です。

←産業の空洞化

　この産業の空洞化を防ぐためには，税金を安くするなどの方策が必要なのですが，税金が少なくなれば，今までのように，老人福祉や弱者救済などの福祉政策を行う元手が減ることになります。

　しかし，老人福祉や弱者救済などの福祉政策の充実してきた現在，老人福祉や弱者救済などの福祉政策の水準を引き下げるというのは，国民的合意を得られないでしょう。

　ですから，現在の資本主義諸国は，社会福祉を充実させると同時に，税金などをあまり高くしないことが求められています。そのためには，社会福祉

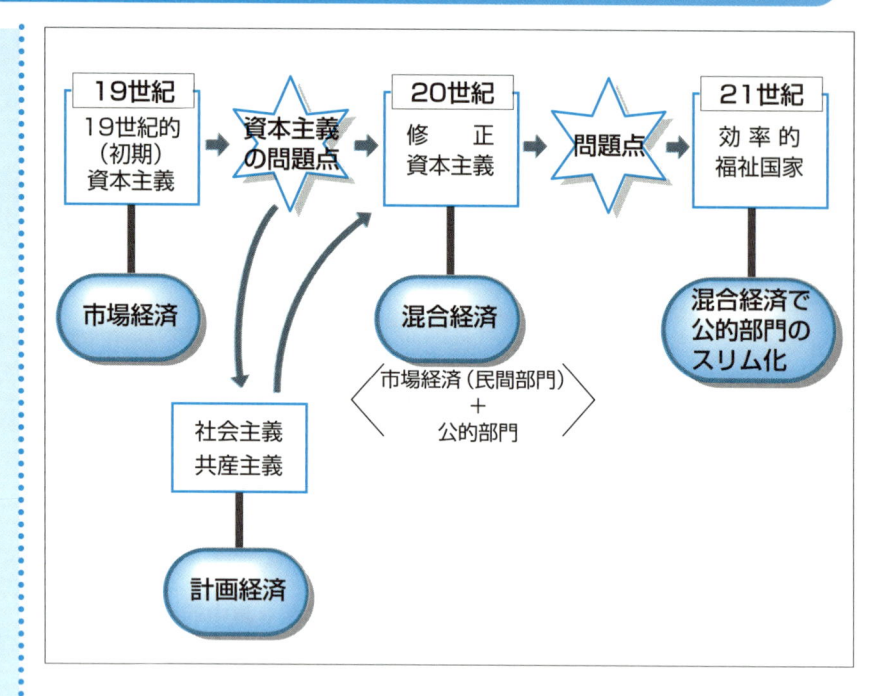

●マクロ編／第Ⅰ部　経済学がわかるコツ

●図表1－8●
資本主義の変遷

```
19世紀          20世紀           21世紀
19世紀的  資本主義  修正    問題点  効率的
(初期)   の問題点  資本主義        福祉国家
資本主義

市場経済          混合経済         混合経済で
                                公的部門の
          社会主義  市場経済(民間部門) スリム化
          共産主義       ＋
                    公的部門
          計画経済
```

効率的福祉国家➡　　などの公的活動を効率的に（サービスなどの質は落とさずに，少ない費用で）行うことが求められています（「効率的福祉国家」とでも呼べるでしょう）。

　以上のように，21世紀に向けては，国家の公的サービスの質は落とさず，費用を削減し税金を下げるという効率的福祉国家を建設すべきだというのが，私の意見です。

　「『国家の公的サービスの質は落とさず，費用を削減し税金を下げる』などという都合の良いことができるのか？」という批判もあるでしょう。しかし，国家は民間企業のように倒産の危機的状況にさらされながらの真剣なコスト削減は一度も行っていないのではないでしょうか。そうであれば，コスト削減の余地は非常に大きいはずです。しかも，日本には，コスト削減と品質の良さを両立させた大先輩である製造業があります。2度のオイルショック，円高不況と何度も，日本の製造業はもうだめだといわれる中，驚異的なコスト削減を実現した製造業のノウハウを国家の公的サービスにも生かすような方策を考えるべきだと思います。

　以上，資本主義の変遷を整理すると**図表1－8**のようになります。

　ただ図表1－8にまとめられた**資本主義の変遷には大きな問題点**があります。それは，知識経済や情報化社会という最近のトレンド（傾向）を考慮していないという点です。この点については次の節で考えることにしましょう。

第3章 経済学の全体像

2 知識という視点から見た経済の変遷

> 📩 *出題傾向・重要性* 📩
>
> 知識の視点から見た経済の変遷は，**経済学や経済原論で出題されることはきわめて稀**です。しかし，現実経済を理解する上で非常に役立つ考え方を提供してくれます。試験という意味では，**時事論文や総合試験の論文や集団討論で活用**できます。**経営学では要注意**です。

　知識経済とは，知識（**本格的な技術開発だけではなく，ちょっとしたアイデアなども含みます**）の創造が経済発展の中心となる社会のことをいいます。情報化社会とは，情報の生産や伝達が社会発展の中心的役割を果たす社会のことをいいます。

⬅ 知識経済

⬅ 情報化社会

　現実経済を眺めると，日本のような先進国は，賃金の安い中国とは違う製品を作っている例が多数あります。たとえば，最新式のＤＶＤや液晶テレビは技術や製造ノウハウなどの知識をもった日本で製造されます。中国などの賃金の安い国では，一昔前の型のテレビや，製造が困難ではない部品を作っています。これは，**賃金が高くても，知識（技術やノウハウ）を活用して，他の国では出来ない製品を作ったり，サービスを提供したりすればよいこと**を示しています。

　また，中国と同じような製品を作る場合でも，技術力や製造ノウハウを活用して工場を無人化して人件費を抑えている企業もあります。無人の最新鋭工場であれば，人件費の安い中国よりも低いコストで生産できることもあるのです。ここでも，キーワードは無人化工場を作る技術力や生産ノウハウなどの知識です。

　このように現代の経済においては知識や情報というものが非常に重要な要素になっています。しかし，これから私たちが勉強するマクロ経済学やミク

> 👤 **人物　ピーター・ドラッカー（1909 - 2005）** 👤
>
> 　戦後日本の驚異的な経済成長の要因は長期的視点で物事を考え従業員を大切にする日本的経営にあるとして，日本的経営を早くから高く評価したアメリカの経営学者。学者としてだけではなくコンサルタントとしても活躍し，『ポスト資本主義社会』において，**図表１－９**のように知識を軸に経済を分類しました。
>
> 　なお，経営学では頻繁に出題されますが，**経済学ではほとんど出題されません**。ですから，このコラムのタイトルは「キー・パーソン」とはせずに，「人物」としました。しかし，日本の企業経営者やビジネスマンの間では支持者が多く，「ドラッカーの名前も聞いたことがないのかね，君は」と上司にいわれるかもしれませんから，ビジネス常識として知っておきたい人物です。

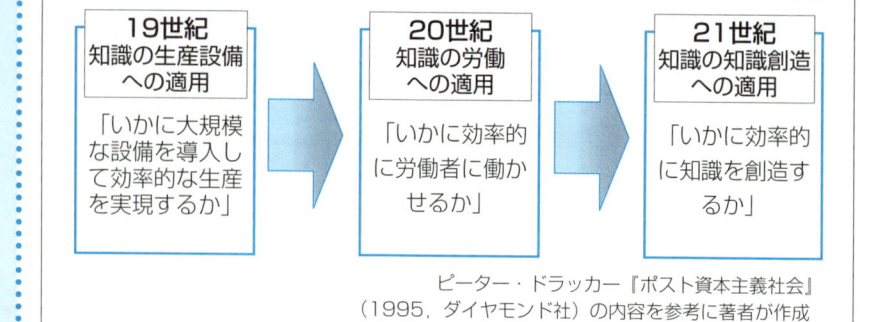

●マクロ編／第Ⅰ部　経済学がわかるコツ

```
┌──────────────┐   ┌──────────────┐   ┌──────────────┐
│   19世紀      │   │   20世紀      │   │   21世紀      │
│ 知識の生産設備 │ ⇒ │  知識の労働   │ ⇒ │ 知識の知識創造 │
│  への適用     │   │   への適用    │   │   への適用    │
├──────────────┤   ├──────────────┤   ├──────────────┤
│「いかに大規模 │   │「いかに効率的 │   │「いかに効率的 │
│ な設備を導入し│   │ に労働者に働か│   │ に知識を創造す│
│ て効率的な生産│   │ せるか」      │   │ るか」        │
│ を実現するか」│   │               │   │               │
└──────────────┘   └──────────────┘   └──────────────┘
```

ピーター・ドラッカー『ポスト資本主義社会』
（1995，ダイヤモンド社）の内容を参考に著者が作成

●図表1－9●
「知識」という視点から見た経済の変遷

ロ経済学では，あまり知識や情報については勉強しません。それは，知識や情報が量として把握しづらく，知識や情報がどれだけ生産などに影響を与えたかを観察することが難しいということが原因の1つと考えられます。

　ここでは，知識をキー・ワードとして，経済を大きく分類した経営学（経済学ではありません！）の大御所ドラッカーの意見を紹介しましょう。

　19世紀は大規模な生産設備（機械）によって大量生産が可能となり生産性が高まりました。これは，**知識を生産設備のために活用**した時代です。20世紀になると，単純労働をいかにして効率的に行うかということについての工夫がなされます。これは，**知識を労働の生産性向上に活用**した時代です。そして，21世紀になると「いかにして新たな製品やサービスを提供するか」「いかにして（生産設備だけではなく企業全体の）新しい生産の仕組みを考えるか」ということが重要課題となり，いかに効率的に知識（新しい技術やアイデア）を創造するかが決定的に重要な時代となりました。これは，**知識を知識創造のために活用**する時代となったといえるのです。つまり，知識を創造するための知識が重要となったということで，「アイデアがどんどん出てくる」「発想法」などの本が人気を集めているのも，その傾向の1つと考えることができそうです。これを整理すると図表1－9のようになります。

3　ミクロ経済学とマクロ経済学

> 📧 *出題傾向・重要性* 📧
> 合成の誤謬の例としての「貯蓄のパラドックス」は論文試験でも択一試験でも出題されるので注意が必要です。

　「ミクロ」とは，MICROと綴り，マイクロとも呼びます。「細かい」とか「小さい」という意味です。小さいフィルムをマイクロフィルムと呼び，小さいバスをマイクロバスと呼ぶときの「マイクロ」です。

　これに対し，「マクロ」とは，反対に，「全体的な」「大きい」という意味

です。マクロは日常の日本語ではあまり使わないようです。ですが，仕事では，「ミクロの議論ばかりではなく，もっと，マクロに考えてみなさい」といったように使われます。これは，細かいことばかり議論するのではなく，もっと，物事を全体的に広い視野でとらえなさいという意味です。

したがって，**ミクロ経済学**とは，細かいことを分析する経済学で，**個々の企業や家計の行動や，ある財・サービスの市場を分析**します。 ← ミクロ経済

これに対し，**マクロ経済学**は大きなことを分析する経済学で，具体的には**国全体の経済**を分析します。ミクロ経済学が，自動車とかリンゴといった特定の財の需要量・供給量と価格の関係やある企業の生産行動やある家計の消費行動などを分析するのに対して，マクロ経済学は，一国経済全体の物価・総需要・総供給や国民所得といったものの関係を考えることになります。 ← マクロ経済

なお，ミクロ経済学では，ある財の需要量と供給量といいますが，マクロ経済では，一国経済のすべての財・サービスの供給量の合計を金額で足し合わせたものを総供給（量），すべての財・サービスの需要量の合計を金額で足し合わせたものを総需要（量）と呼びます。

またミクロ経済学とマクロ経済学は，それぞれの分析方法によって，用語や単位が次のように変わってきます。

ミクロ経済学は，たとえば，自動車産業の分析では，数量の単位は，何台となりますし，価格は，何円とわかります。ところが，マクロ経済学（日本経済全体の分析）は，それほど簡単ではありません。日本経済全体の生産量や需要量の単位はどうなるでしょうか。

自動車は何台，リンゴは何個，ブドウは何房，鉄は何トン，液体は何リットルとなるのです。ですから，これらを単純に足して，日本経済全体の生産量を計算することなどできません。

そこで，マクロ経済学では，いろいろなものの数量の単位が違うので，金額に直してから足すことになります。こうして生産量を金額になおして足し合わせられたものが国内総生産（GDP）とか，国民所得と呼ばれるものです。

ここでは，国内総生産（GDP）や国民所得とは，1年間にある国の国民の作り出した（生産した）ものの金額の合計と理解してください。正確には，「第Ⅱ部 国民経済計算」でお話しします。また，供給量を金額になおして足し合わせたものを総供給，需要量を金額になおして足し合わせたものを総需要といいます。

また，価格についても，ミクロ経済学では，自動車の価格は100万円というようにはっきりわかります。しかし，マクロ経済学では，一国経済全体を分析するわけですから，いろいろなものがあるので，それらの価格を平均したものを用いなくてはなりません。

このように，いろいろな財やサービスの価格の平均値を物価と呼んでいます。価格がある特定の物の値段であるのに対して，いろいろな物の平均値が物価です。ですから，自動車の「価格」といいますが，日本の「いろいろなものの価格が平均」して高いことは，日本の「価格」が高いとはいわずに， ← 物価

● マクロ編／第Ⅰ部　経済学がわかるコツ

📘 ベーシック・ワード　**誤謬（ごびゅう）** 📘

「あやまり。まちがい」（広辞苑第5版，岩波書店）「誤」も「謬」もあやまり，間違いの意味です。

日本の「物価」が高いといいます。

　以上のように，マクロ経済学は，一国経済全体を分析対象とするため，数量を金額になおして合計するとか，価格を平均して物価を計算するなどの手間がかかります。このような，数量の合計や価格の平均などの計算の仕方（ルール）は，「第Ⅱ部　国民経済計算」で勉強します。

　以上，ミクロ経済学とマクロ経済学についてお話しましたが，もし，個々のミクロ経済を足し合わせてマクロ経済になるのであれば，わざわざミクロ経済学とは別にマクロ経済学という学問を作る必要もないようにも思えます。ところが，個々のミクロ経済を足し合わせても全体のマクロ経済にはならないという事態があるので，ミクロ経済学とは別にマクロ経済学が必要なのだともいわれます。この「**個々のミクロ経済を足し合わせても全体のマクロ経済にはならないという事態**」は合成の誤謬と呼ばれます。個々の経済活動（ミクロ経済）の結論が国全体の経済（マクロ経済）での結論にも通用すると考えてしまうと間違いとなってしまうので，「合成の誤謬」と呼ばれるのです。

合成の誤謬➡

　簡単な具体例として時差出勤（混雑する時間帯を避けて通勤すること）があげられます。朝8時半は最も混雑する時間帯だとしましょう。佐藤さん1人が通勤時間を1時間早めて7時半に通勤すると，すいた電車で座って通勤できるかもしれません。つまり，佐藤さん1人という個別のミクロの世界では，「時差出勤→すいた電車で座って通勤→快適！」という結論になります。ところが，この結論は経済全体のマクロの世界では通用しません。なぜなら，「全員が7時半に通勤→ラッシュアワーが8時半から7時半に変わっただけ→ぜんぜん快適になっていない！」という結論になってしまうからです。

　ケインズ（次の章で詳しく説明する最重要人物です）は，この合成の誤謬の例として「貯蓄のパラドックス」をあげます。貯蓄とは毎月の給料（所得）から使わずに残しておいた部分ですので，貯蓄＝所得－消費という関係があります。ですから，貯蓄を増やそうと思えば，消費を減らせばよいのです。これは，わざわざ貯蓄＝所得－消費という式を持ち出すまでもなく，消費を減らして節約すれば，貯蓄は増えるだろうということは直感的にも理解できるのではないかと思います。ところで，この「消費を減らす（節約）→貯蓄の増加」という結論は，所得が一定であればという暗黙の前提があります。ですから，正確には「所得が変わらないという前提（仮定）で消費を減らす（節約）→貯蓄の増加」という論理の流れにあります。

　しかし，この結論はマクロ経済では通用しないとケインズは考えます。ある国民全員が消費を減らし（節約し）貯蓄を増やそうとしたとしましょう。そうすると，その国の消費が落込みますから，店では商品が売れなくなり，

36

> **📘 ベーシック・ワード　パラドックス（逆説）📘**
>
> 　逆説とは広辞苑第5版によれば「衆人の受容している通説，一般に真理と認められるものに反する説。……また，真理に反対しているようであるが，よく吟味すれば真理である説」とあります。ケインズの貯蓄のパラドックスは，「消費を抑えて節約すれば貯蓄は増える」という通説（常識）に対して，マクロ的視点で考えれば必ずしもそうはならないという違う結論を導いたので，まさしく逆説（パラドックス）と呼ぶにふさわしいものといえるでしょう。

工場では注文量が減ってしまいます。その結果，その国の経済状態は悪化し，企業の利益は減少，あるいは赤字となり，従業員の給料やボーナスも削減されるでしょう。つまり，所得が減少してしまうのです。こうなると，「所得が変わらないという前提（仮定）で消費を減らす（節約）→貯蓄の増加」という論理はもはや通用しません。すべての国民が消費を減らした結果，経済が悪化し所得が減少すると，消費を減らしても所得が減ってしまっては貯蓄が増えるかどうかはわからなくなってしまいます。場合によっては，消費を減らしても，景気悪化による所得減少の方がおおきく，かえって貯蓄が減ってしまうかもしれません。

　このように，ミクロの視点では，1個人が貯蓄の増加を目的に消費を減らしても景気は悪くなりませんから，所得は変わらず，貯蓄は増加するでしょうが，マクロの視点で，国民全員が貯蓄の増加を目的に消費を減らすと景気が悪化し所得が減少してしまい，必ずしも貯蓄が増加するかどうかわからなくなります。これは「貯蓄のパラドックス」とか「節約の逆説」と呼ばれます。

← 貯蓄のパラドックス，節約の逆説

4　古典派とケインズ派

> **🏠 出題傾向・重要性 🏠**
>
> 　これからの経済学の勉強の全体像を把握できますから，きわめて重要です。
> 　古典派とケインズ派は論文試験でも択一試験でも出題されます。また，択一試験で細かな論点が出題されたときに，「古典派の学者はこういう考えはしないだろうから，この選択肢はたぶん間違っているだろう」というように類推できるようにもなります。

　次に，現代（近代）経済学において，2つの大きな考え（学派）である，古典派とケインズ派について考えてみましょう。ミクロ経済学では，ほとんど古典派の理論しか勉強しませんが，マクロ経済学では，主にケインズ派の理論を勉強することになります。そこで，まずは，古典派とケインズ派の違いをはっきり理解することが求められます。

← 古典派

> **キーパーソン　アダム・スミス（1723-1790）**
>
> 　『**国富論（諸国民の富）**』において，**経済循環**（消費と生産の循環）を解明し，自由な経済活動が市場価格の機能によって社会的利益を最大化させると主張し，「経済学の父」と呼ばれるイギリスの経済学者。経済を「**自由放任（レッセ・フェール）**」にしておいても「**見えざる手**」によって調和するのだというキーワードは特に有名です。
>
> 　ただ，彼の「自由放任」はあくまでも「同感」すなわち，「自分がやられていやなことは自分でもしない」という自制心を前提としており，「何でも勝手にやってよい」ということではないという事実は，今日においてもっと強調されるべきかもしれません。
>
> 　**経済学よりもむしろ，経済学史や一般教養**の政治経済で出題される傾向があります。

【1】古 典 派

① 古典派とは？

　アダム・スミスといえば経済学の父としてご存知の方もいらっしゃるかもしれません。古典派はこのアダム・スミスにはじまりますので，スミスの経済理論について，その背景を含めてお話ししましょう。

　スミス以前の国を繁栄させる理論は重商主義でした。重商主義とは，貿易による差額を最大にしようという考えです。具体的には，輸出金額を最大にし，輸入金額を最小にすればよいので，輸出奨励と輸入の制限が行われます。もちろん，それ以外にも，軍事力を背景に自国に有利な貿易条件を強制することもあります。このように外国や植民地との取引（貿易）を通じて，その差額が国の富となるという考えは，その差額が金や銀として残りますので直感的にも非常にわかりやすいものです。

　しかし，スミスは国の富は貿易の差額ではなく，消費，生産，所得という経済循環によってもたらされると考えました。つまり，人々が沢山消費すれば，企業の注文量が増え，企業の生産量も増加します。そうなれば，企業はもうかり，従業員の給料も増えます。従業員の給料が多ければ，消費も増えるでしょうから企業の注文も増え……と好循環を繰り返し，その国は豊かになっていくのです。そのような経済は国が規制をすべきではなく，企業や消費者は自分の利益だけを追求していても，「見えざる手」によって社会全体の利益が実現すると考えます。

　さて，このようなスミスの考えには，3つの重要な時代背景があります。第一に，重商主義によって，ポルトガル，スペイン，オランダが一時期は世界の覇権を握りますが，その後，衰退してしまい，代わりにイギリスとフランスが覇権を競うようになります。イギリスとフランスは，おもに貿易の仲介に専念したスペインやオランダと異なり，輸出する商品を自国で生産したため，自国の産業が育っていったという点があります。第二に，スミスの出

第3章　経済学の全体像

> **キーパーソン　デイビット・リカード（1772-1823）**
>
> **古典派経済学**の体系を**完成**させたイギリスの経済学者。貿易におけるリカードの**比較生産費説**（『〈Ⅳ〉上級ミクロ編』で説明），公債発行における**リカードの等価定理**（『〈Ⅲ〉上級マクロ編』で説明）は試験でも頻出です。

身地スコットランドでは，すでに，産業として工業が発展しつつあり，自由な経済活動を求めていました。第三に，経済への規制が最も少ない地域であるアメリカ（当時はイギリスの植民地）で経済が発展していました。

このような時代背景を基に，スミスは国の繁栄の基礎は国内の経済活動にあり，その経済活動を活発にするためには自由な経済システムが必要だと考えたのです。また，スミスは，貿易とは国富を増やす中心的なものではなく，お互いの足りないところを補い合うものだと考えます。ですから，『国富論』は厳密には「諸国民の富」であり，重商主義のように貿易で繁栄する国と犠牲になる国があるのではなく，諸国民が同時に繁栄できる理論なのです。また，『国富論』は1776年，アメリカ独立の年に発行されますが，まさに，アメリカの独立を支持し，アメリカの独立は長い眼で見ればイギリスにも利益をもたらすことが書かれています。

以上のように，スミスは国の繁栄の基礎は国内の経済活動にあり，その経済活動を活発にするためには自由な経済システムが必要だとしたのです。そして，自由な経済活動は市場の「見えざる手」によってうまく社会的利益を実現できると考えるのです。このようなスミスの考えをリカードが発展させ，古典派を完成させました。

このような古典派の理論を，さらに企業の生産理論や家計の消費行動などのミクロ的な分野を中心に，限界費用，限界効用など「限界」という概念を用いて精緻に分析するようになりました。この動きは限界革命と呼ばれますが，古典派の新しいものという意味で新古典派と呼ばれています。新古典派は，価格が需要と供給により決定する理論も構築しました。ケインズは新古典派も含めて古典派と呼びましたので，本書では，古典派，新古典派を含めて古典派と呼ぶことにします。

古典派	スミスに始まり，リカードが完成 自由な価格による市場の調整機能を重視する
新古典派	古典派の考えを継承しつつ，さらに，限界という概念でミクロ経済を精緻に分析

ケインズは両方を含め「古典派」と呼んだ

●図表1－10●
古典派・新古典派とケインズのいう「古典派」

② 古典派の基本的な考え

古典派経済学は，主にミクロ経済学を分析しており，価格が伸縮的に動くため，需要と供給は一致すると考えました（**図表1－11A**）。

●マクロ編／第Ⅰ部　経済学がわかるコツ

> 🗝 **キーワード　限界費用，限界効用など「限界」という概念** 🗝
>
> 　限界費用，限界効用，限界収入など限界を用いる用語はミクロ経済学では非常に重要です（『〈Ⅱ〉ミクロ編』で詳しく説明）。『〈Ⅱ〉ミクロ編』では新古典派が築いた理論を中心に学習します。

　図表1－11Aにおいて，価格がP_0の水準の時は，供給したいという量はQ_2で，需要したいという量はQ_0しかなく，供給量が需要量を上回っています。このように，供給量が需要量を上回っていることを超過供給といいました。超過供給のままでは，供給量が需要量を上回るため，現実に売れ残り（物余り）が生じます。

超過供給 ➡

　すると，供給者は，売れ残るよりは価格を下げてでも売ろうとするでしょうし，需要者も値切って買おうとするでしょう。供給者不利，需要者有利な状況です。その結果，価格は下がります。この価格下落は，超過供給がある限り続きますから，結局，超過供給がなくなる，つまり，需要と供給が一致する価格P_Eの水準まで下がります。

　逆に，価格がP_1の場合は，価格がP_Eより低（安）く，需要量の方が供給量よりも多く，超過需要（物不足）が生じています。これは，価格が低（安）いので，買いたいという人は多いが，売りたいという人は少ない状況です。

　このような状況では，物が不足しているのですから，供給者は，もっと値上げしても売れるので価格を上げるでしょうし，需要者は，値上げされても買わざるを得ないでしょう。その結果，価格は上昇します。

　この価格上昇は，超過需要がある限り続きますから，結局，超過需要がなくなる，つまり，需要量と供給量が一致する価格P_Eの水準まで上がります。

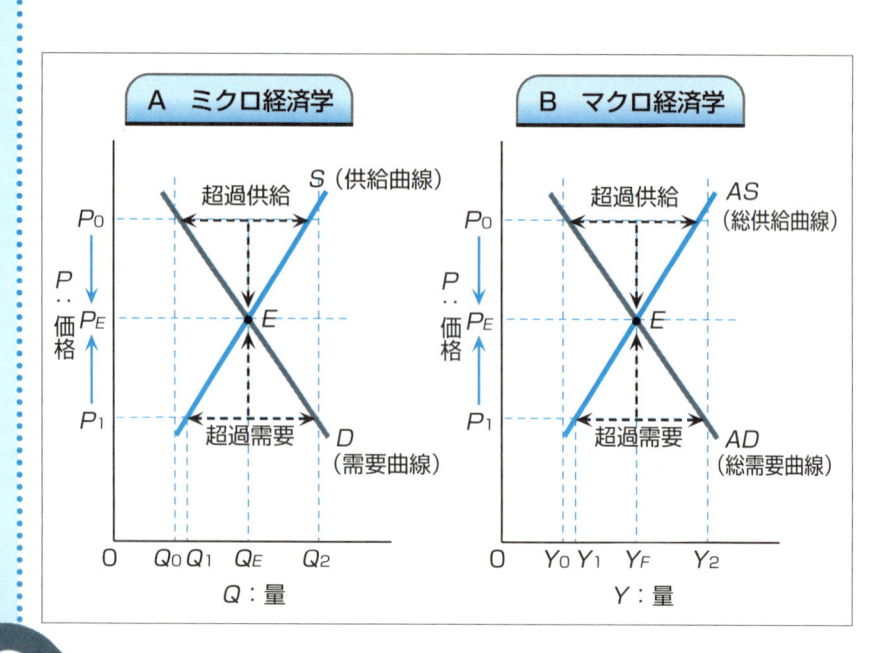

●**図表1－11**●
古典派の世界

> **📘 ベーシック・ワード　賃金と賃金率 📘**
>
> 　賃金とは労働により得た金額をいい，**賃金率**とは1時間とか1ヵ月というように単位時間当たりの賃金です。たとえば，時給1000円で5時間働けば5000円もらえます。この5000円という総額が賃金であり，時給1000円は賃金率にあたります。
> 　択一試験では，ときどき時給を賃金率ではなく賃金と呼んでいる問題もあり，あまり厳密には区別されない場合もありますが，論文試験で自分が書くときにはきちんと区別したほうが無難です。

　このように価格の上下により需要量と供給量が調整され，一致すると考えました。

　このように，古典派は，すべての財や労働などの生産要素の市場は，価格調整により，需要と供給は自動的に一致すると考えます。ですから，供給したいという量と需要したいという量は，すべての財や労働の市場で一致するので，財を売りたいけれど売れないということはありません。売れ残りがなくなるまで価格を下げるので，最終的には売れ残りはなくなり，需要量と供給量は等しくなるわけです。

　これを，労働市場で考えてみましょう。労働市場で需要量とは，労働を雇いたいという企業の採用数です。これに対し，労働の供給量とは，自分の労働力を提供したいという就職希望者数です。そして，労働市場における価格は賃金率です。賃金率とは，時間当たりの賃金のことをいい，時給とか，日給，月給，年収などを指します。古典派の考えによれば，労働市場においても，価格である賃金率の上下により，労働市場において供給量と需要量が等しくなります。

　これは，就職希望者数と採用人数が同じことを意味します。ということは，働きたいのに働けないという失業（これを「非自発的失業」といいます）はありません。　　　　　　　　　　　　　　　　　　　　　　　　← 非自発的失業

　このように，働きたいのに働けないという非自発的失業が存在しない状態を「完全雇用」の状態といいます。完全雇用とは，労働市場の需要量と供給　← 完全雇用
量が一致している状態ですから，働きたい人はすべて働くことができるハッピーな状態です。

　もっとも，古典派も完全雇用だからといって，現実の経済において失業がまったくないといっているわけではありません。ここでケインズの失業の分類に沿って話をしましょう。ケインズは失業を自発的失業，摩擦的失業，非自発的失業の3種類に分類しました。**自発的失業**とは，**現行の労働条件で働　　← 自発的失業
く意思がない失業**を意味し，**もっと良い条件を探している状態**といえるでしょう。**摩擦的失業**とは，**労働市場の不完全や産業構造の転換などによって一　← 摩擦的失業
時的に失業している状態**です。労働市場の不完全とは，職場をやめて次の職場を探すまでは時間がかかるので失業状態となるということを意味し，産業構造の転換とは，石炭産業が衰退し，代わりにインターネット産業が成長し

ても、石炭産業の労働者がすぐにインターネットの技術者になれるわけではありませんから、産業の変わり目においてはある程度の失業が生じてしまいます。最後に、**非自発的失業とは、働く意思があるにもかかわらず、景気が悪いために職に就くことができない状態**です。

　古典派もこの自発的失業と摩擦的失業は認めており、失業がまったくないと主張しているわけではありません。古典派の失業は、より良い条件を求めての失業（自発的失業）や、新しい職場や産業構造に適応するための準備期間としての失業（摩擦的失業）であり、非常に前向きな、より良い状態へ到達するための失業といえるでしょう。

　以上のように、古典派の考えでは、財が売れ残れば（超過供給）、価格を下げて売るはずですし、労働が売れ残る（超過供給）、つまり、非自発的失業があれば、労働の価格である賃金率が需要と供給が等しくなり非自発的失業がなくなるまで低下するはずです。

　ですから、経済は、価格の調整により常に需要量＝供給量でハッピーな状態であるはずで、ことさら、一国経済全体を考える必要もなかったといえます。古典派がマクロ経済をあまり分析しなかった理由はここにあります。

セイの法則 ➡

　したがって、古典派は「**供給は自ら需要を作り出す**」という「**セイの法則**」を支持しています（セイという経済学者の考えた法則です）。この法則は、供給量と需要量は価格調整により自動的に一致するので、作りさえすれば、売れ残りがつづくことはなく、必ず売れるということです。供給量を増やし過ぎて超過供給（売れ残り）が生じても、超過供給（売れ残り）がなくなるまで価格が下がるのですから、必ず売れ残りがなくなり、需要されるわけです。

　以上は古典派のミクロ経済学の分析ですが、これを経済全体のマクロ経済学で考えると、需要はすべての物への需要量を足し合わせた総需要（量）となり、供給は、すべての供給量を足し合わせた総供給（量）となります。そして、すべての市場において、価格が動くことにより需要量と供給量が等しくなるので、合計である総需要と総供給も等しくなります。

　また、マクロ経済では、価格ではなく、すべての財・サービスの価格の平均値である物価で考えます。「価格が動くことにより需要量と供給量が等しくなる」とは、それぞれの価格が動くということは、それらの平均である物価も動くので、一国経済全体のマクロ経済では、「物価が動くことにより総需要量と総供給量が等しくなる」ということができます。

　図表１－11Bのように、総需要と総供給も物価が動くことにより一致します（等しくなります）。総需要と総供給が一致するとは、経済全体で買いたいという量と売りたいという量が等しく、売れ残り（超過供給）がなくハッピーだということです。

　また、労働市場においても需要量と供給量は等しいので、失業が存在しない完全雇用の状態になっています。完全雇用はFull Employmentというので、完全雇用の時の量を図表１－11BではY_Fとしています。横軸の量（Y）とは国内総生産（GDP）のことですので、Y_Fは完全雇用GDPとも呼ばれます。

完全雇用GDP ➡

経済全体のマクロ経済で，物価の変動により，総需要と総供給が一致し，完全雇用なのですから，政府が，総需要と総供給の調整（経済安定化政策）をする必要がないと主張します。

なお，図表1－11BのAS（総供給曲線），AD（総需要曲線）のAはAggregate（集計された）の略です。ASはAggregate Supply（集計された供給量）の略で総供給を意味し，ADはAggregate Demand（集計された需要量）の略で総需要を意味します。

③ 古典派の問題点——ケインズによる指摘

古典派の考えでは，賃金という価格の調整によって，雇いたいという労働需要量と働きたいという労働供給量は常に等しくなるので，働きたいのに働けないという非自発的失業は存在しませんでした。より正確には，古典派には「非自発的失業」という言葉すらなく，「非自発的失業」という言葉は前述のようにケインズが考えたものです。

しかし，1929年のウォール街株価の大暴落に端を発した世界大恐慌は，アメリカにおいて，国民総生産を1929年より4年連続で大きく減少させ，1929年には3.2％であった失業率を1933年には24.9％にまでしてしまいました。

失業率24.9％，すなわち，4人に1人が失業するという悲惨な状態において，失業とは前向きなものだけで，働きたいのに働けないという非自発的失業は存在しないという古典派の考えは受け入れがたいものでした。明らかに，大恐慌という景気の悪さによって，働きたいのに職に就けないという非自発的失業が大量に発生したのです。ケインズは「非自発的失業」という概念を作ることによって古典派理論が世界大恐慌を説明できないことを1936年『雇用・利子および貨幣の一般理論』において説明したのです。経済学で

← ケインズ
← 世界大恐慌

	実質GNP成長率	失業率	消費者物価指数
1929	−9.8%	3.2%	100
1930	−7.6%	8.7%	97.4
1931	−14.7%	15.9%	88.8
1932	−1.8%	23.6%	79.7
1933	9.1%	24.9%	75.6
1934	9.9%	21.7%	78.1
1935	13.9%	20.1%	80.1
1936	5.3%	16.9%	80.9
1937	−5.0%	14.3%	83.8
1938	8.6%	19.0%	83.2
1939	8.5%	17.2%	81.0
1940	16.1%	14.6%	81.8
1941	12.9%	9.9%	85.9
1942	13.2%	4.7%	95.1

出所：アメリカ合衆国商務省長期統計

景気が悪化するとき，生産の減少（実質GNPの成長率がマイナス）が起こり，続いて失業率の上昇，物価の下落が起こっていることがわかります

●図表1－12●
世界大恐慌時のアメリカ経済

『一般理論』といえば，このケインズの著作を意味します。「一般」という言葉に，古典派理論は完全雇用という特殊な状態の経済を分析しているに過ぎず，不況を含めたより包括的な一般理論を構築しようという，ケインズの思いがこめられているのです。

【2】ケインズ理論

① 有効需要の減少と名目賃金率の下方硬直性が失業の原因

大量失業という事態に直面し，ケインズは，有効需要不足と名目賃金率の下方硬直性が原因であると考えました。

有効需要 ➡

有効需要とは，財（モノとサービス）への貨幣的裏づけのある需要のことをいいます。「貨幣的裏づけがある」とは，単に，「買えたらいいなあ」という願望ではなく，実際に「買いたいと思ったら買うだけの貨幣を持っている」ということです。そして，世界大恐慌は，この有効需要の減少によって引き起こされたと考えます。要するに，企業の生産する財への注文（有効需要）が減少したから，企業は生産量を減らさざるを得ない状況となり，企業の労働需要（雇いたいという人数）が減少する結果，今までの従業員の一部を解雇することとなり，大量失業が生じると考えたのです。

そして，有効需要として消費と投資を考えます。特に，世界大恐慌におい

⛳落とし穴　株式投資は有効需要としての「投資」か？⛳

投資とは，将来の利益を目的に現在支出することです。ですから，企業が現在，工場の設備を購入し将来の生産能力を増やして将来の利益を増やそうという行動は設備投資と呼ばれます。また，企業が，お客さんの注文に備えて倉庫に在庫として商品を持っておくことも，将来の利益に備えて現在支出するので在庫投資と呼ばれます。企業だけではなく個人が住宅を購入するのも，将来住宅に住み続けることで利益（満足）を受けますから住宅投資と呼ばれます。**以上の設備投資，在庫投資，住宅投資はいずれも企業への注文となり企業の生産量を増加させ国内総生産を増加させるので，有効需要**（モノ・サービスへの貨幣的裏づけのある需要）**としての投資**ということができます。

他にも株式投資のように，株式やその他の金融商品に投資する場合にも投資という言葉を用いることがあります。これは，現在株式を購入し，将来値上がりから利益を得ようとする行動ですから，「将来の利益を目的に現在金銭を支出すること」という通常の投資の定義にあてはまります。しかし，株式を買っても，それ自体は企業に対する財やサービスの注文とはならず，企業の生産を増やすわけではありません。たとえば，ホンダの株式を購入してもホンダの自動車を買ったわけではありませんからホンダの生産量は増えないので，ホンダに対する有効需要にはならないということです。このように，**金融商品への投資は「有効需要としての投資」には含まれない**ので注意が必要です。

> ## 🔑 キーワード　名目賃金率と実質賃金率 🔑
>
> 「名目」とは「金額表示」，「実質」とは，「もの何個分か」という意味です。ですから，**名目賃金率**とは時給1000円とか時給500円など**金額で表した賃金率**のことをいい，**貨幣賃金率**ともいいます。そして，時給が1000円から500円になれば，名目賃金率が半分になったといいます。これに対し，**実質賃金率**とは，「**もの何個買える分の賃金率か**」ということですから，名目賃金率が時給1000円から500円に半減しても，同時にすべてのモノ・サービスの価格も半分となり物価が半分となれば，今までと買えるモノの量は変わらないので，実質的には何も変わりません。ですから，このようなときには，実質賃金率は変わっていないといいます。

ては，1929年のニューヨークの株価の大暴落以来，人々の世界経済の先行きへの不安感が増大し，企業が将来の生産力増強のための設備投資を控えるようになったことが投資を減少させ，有効需要（企業の生産する財への注文量）を減少させる結果，国内総生産（企業の生産量）を減少させます。国内総生産が少なければ労働者を沢山雇う必要はありませんから，労働需要量は減少し，労働者の一部は解雇され，大量の失業が発生するのです。

　以上，「有効需要」の視点から考えましたが，これだけでは十分ではありません。なぜなら，仮に有効需要が減少し，それに伴い労働市場において労働需要量が減少して労働市場において超過供給（失業）が生じたとしても，労働市場における価格である賃金率が下落すれば超過供給（失業）は解消するはずです。そこで，ケインズは，名目賃金率が現実には古典派が主張するように伸縮的ではなく，下落しにくい（下方硬直的である）という前提に立ちます。たしかに**名目賃金率が下方硬直的で下がらないのであれば，労働市場における超過供給（失業）は解消せず，継続する**ことを説明できます。

② なぜ，名目賃金率は下方硬直的か？

　古典派は労働者が名目賃金率の下落を受け入れると考えます。なぜなら，経済全体で見れば，仮に名目賃金率が半分になったとしても，おそらくその影響で物価も半分になるでしょうから，所得が半分になっても色々なものの価格が半分になれば，結局今までと生活は変わらないと考えます。経済学では，もの何個買うことが出来るかという意味での賃金率は実質賃金率と呼び

> ## 👤 キーパーソン　ジョン・メイナード・ケインズ（1883-1946）👤
>
> 1936年に『雇用・利子および貨幣の一般理論』を発表し，マクロ経済の基礎を創り上げました。本書の内容の9割はケインズの理論，あるいはケインズの考えを他の学者がわかりやすく説明するために考案した枠組み（フレームワーク）です。
>
> ケインズの考え方，および時代背景については本文でじっくり説明します。

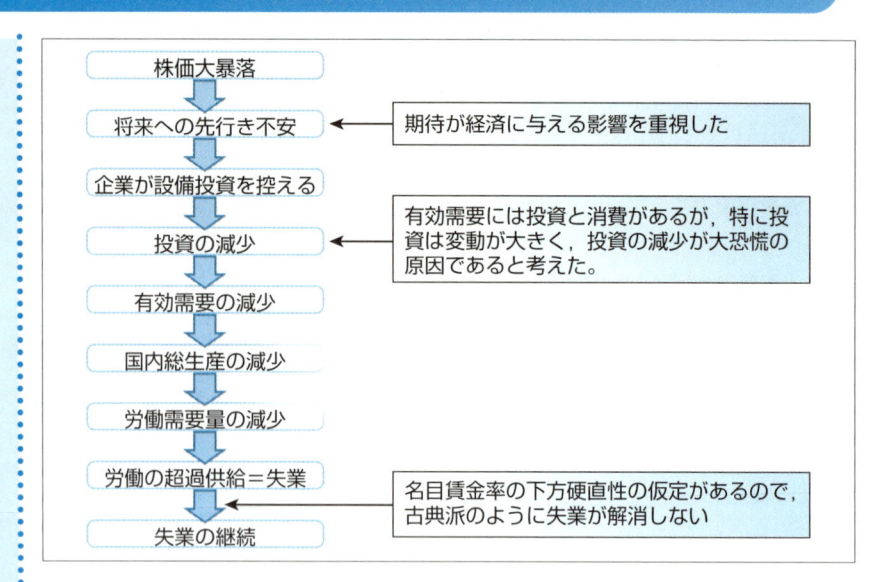

●マクロ編／第Ⅰ部　経済学がわかるコツ

●図表１－13●
大量失業発生・継続に関するケインズの理論

```
株価大暴落
   ↓
将来への先行き不安 ← 期待が経済に与える影響を重視した
   ↓
企業が設備投資を控える
   ↓
投資の減少 ← 有効需要には投資と消費があるが，特に投資は変動が大きく，投資の減少が大恐慌の原因であると考えた。
   ↓
有効需要の減少
   ↓
国内総生産の減少
   ↓
労働需要量の減少
   ↓
労働の超過供給＝失業 ← 名目賃金率の下方硬直性の仮定があるので，古典派のように失業が解消しない
   ↓
失業の継続
```

ますので，「実質賃金率は変わらない」という言い方をします。

ところが，ケインズはそのような古典派の考えは間違っていると主張します。ケインズは限界不効用という言葉を使って議論を展開しますが，これはミクロ経済学を勉強した後でないと理解できませんので，『〈Ⅲ〉上級マクロ編』でお話しします。ここでは，ケインズが直感的に説明したものを説明します。

ケインズは実際には，すべての人の賃金率が同時に下落するのではなく，誰かの名目賃金率が先に下落することになるという事実に着目します。一番はじめに名目賃金率の下落に同意した労働者は，まだ，他の労働者の名目賃金率は下落していませんから，物価も下落していないという状況で，自分の名目賃金率の減少に直面します。当然，買えるものの量は減少し，実質賃金率も下落してしまいます。ですから，**誰も最初に名目賃金率の下落に応じようとする労働者はいない**と考えます。要するに，**経済全体というマクロ的視点で全員が名目賃金率を下げた場合には経済全体の物価も下がるので実質賃金率は変わりませんが，１人だけというミクロ的視点で，最初に名目賃金率の下落を受け入れると，物価は下落していないので実質賃金率は下落し，１人だけ損をしてしまう**ということです。これも，ミクロの視点での議論とマクロの視点での議論で結論が異なることから，合成の誤謬といえます。

合成の誤謬 ➡

しかし，このケインズの考えはあまり説得的ではありません。名目賃金率が下方硬直的である理由を労働者が嫌がるからだという方向から議論していますが，名目賃金率は企業と労働者の双方の合意で決めるわけですから，どうして企業側も名目賃金率を下げないことに合意するのかが説明されなければならないからです。特に，大恐慌期には，失業者が溢れているのですから，賃金率交渉の場において，企業の方が労働者に対して強い交渉力をもち，労働交渉をリードしている可能性が高いでしょうから，企業サイドの原因を解明する必要は大きいはずです。この課題は後ほど，「ケインズ経済学のミクロ的基礎」というテーマで説明します。

第3章 経済学の全体像

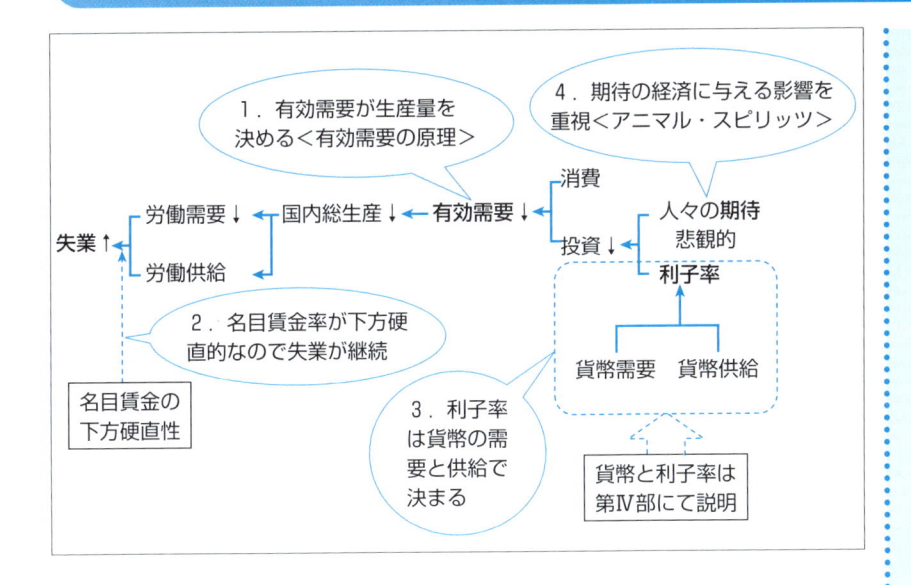

```
    1. 有効需要が生産量を      4. 期待の経済に与える影響を
       決める<有効需要の原理>       重視<アニマル・スピリッツ>

            ┌労働需要↓←─国内総生産↓←有効需要←消費      人々の期待
    失業↑←┤                              ↑  投資↓    悲観的
            └労働供給                                    利子率
                                                          ↑
        2. 名目賃金率が下方硬            ┌────┴────┐
           直的なので失業が継続          貨幣需要  貨幣供給
    ┌────────┐
    │名目賃金の  │        3. 利子率      └──────────┘
    │下方硬直性  │           は貨幣の需
    └────────┘           要と供給で    ┌─────────┐
                              決まる        │貨幣と利子率は│
                                            │第Ⅳ部にて説明│
                                            └─────────┘
```

●図表1－14●
ケインズ理論の全体像
（4つの画期的な点）

③ 画期的なケインズの貨幣理論（利子理論）

さらに，**ケインズは，利子率は貨幣の需要と供給によって決まり，貨幣は実物経済に影響を与えるという理論**を展開します。従来の古典派が貨幣は経済に影響を与えないと考えていたので，画期的な理論だったのですが，貨幣市場の話をこの段階で持ち出すと，難しくなってしまいますので，図表1－14ではケインズ理論の全体像だけ図示し，貨幣市場についてはここでは説明せず，第Ⅳ部にて説明します。

④ 大恐慌を脱出する処方箋

以上，ケインズの一般理論による大恐慌発生のメカニズムを説明しましたが，それでは，どうすれば，大恐慌を脱出できるのでしょう？ ケインズは，有効需要の減少が大恐慌の原因であるのだから，有効需要を増加させればよいと考えました。そうはいっても，大恐慌時には企業は投資を控えますし，個人だって消費を増やしたりはしないでしょう。つまり，有効需要を構成する投資と消費は増えそうもありません。そこで，ケインズは投資，消費に続く，第3の有効需要として政府支出に注目します。モノやサービスへの需要という意味では，企業にしてみればお客が民間であろうが政府であろうが関係ありません。モノやサービスをそれなりの価格で購入しお金を払ってくれればよいのです。

ケインズは，公共工事などの政府支出の増加によって，有効需要（モノ・サービスへの需要）が増加し，企業の生産量が増加する結果，国内総生産が増加し，労働需要が増加するので失業を減少させることができると考えました。

しかし，不況時には企業の利益は減り，個人の所得も減りますから，企業の利益や個人の所得から税金を得て収入としている政府の収入は減少しています。それにもかかわらずケインズが主張するように政府支出を増加させれば財政赤字（政府支出が政府収入を上回ってしまうこと）が発生します。財

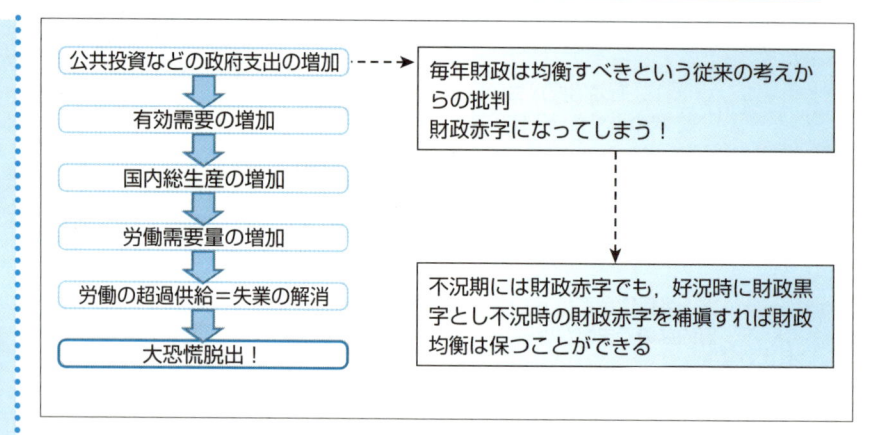

●図表1－15●
ケインズによる
大恐慌脱出の処方箋

```
公共投資などの政府支出の増加 ----> 毎年財政は均衡すべきという従来の考えか
        ↓                      らの批判
     有効需要の増加              財政赤字になってしまう！
        ↓
     国内総生産の増加
        ↓
     労働需要量の増加
        ↓                  不況期には財政赤字でも，好況時に財政黒
  労働の超過供給＝失業の解消    字とし不況時の財政赤字を補填すれば財政
        ↓                  均衡は保つことができる
     大恐慌脱出！
```

政赤字が続けば政府は借金だらけになって困難な状況に陥るはずなのですが，ケインズはその心配はないと考えます。なぜなら，不況期に財政赤字になっても反対に好況期には財政黒字になるので，長い眼で見れば財政収支は均衡するからです。好況期には景気対策として政府支出を増やす必要はありませんから政府支出は少なく，好況で企業の利益や個人の所得は大きいので税収は多くなる結果，財政黒字となるというわけです。

　実はここにもケインズ理論の画期的な側面があります。なぜなら，**ケインズ以前の経済学者や政策担当者は「毎年財政は均衡させるべきだ」という財政均衡主義が主流であったからです。ケインズは，健全な財政状態を保つため財政均衡は重要と考えましたが，毎年ではなく，不況と好況を含んだ長い期間で見て均衡すればよいと考えたわけです。**

財政均衡主義 ➡

⑤　ケインズ理論の背景

　世界大恐慌については，アメリカのデータを基に詳しく説明しましたが，アメリカ以外の資本主義諸国（イギリス，フランス，ドイツ，イタリアなどの欧州諸国や日本）などもアメリカと似た悲惨な経済状態（大量失業，国内総生産激減）に襲われました。しかし，この時期に，世界大恐慌の影響を受けずに着実に経済成長を実現している国がありました。それは社会主義経済のソ連です。ソ連は社会主義経済ですので，国家が経済計画を立て，その計画にそって経済は運営されます。ケインズは不況期には政府支出を増やすという形で政府による経済への介入を主張しますが，ソ連経済の成功がヒントになった可能性はあります。ケインズ理論を「政府による経済への介入はひいては個人をも抑圧してしまうものだ」と厳しく批判したハイエクという経済学者は，まさしく，ケインズの政策にソ連の計画経済のにおいを感じたのです。

　もう1つの背景としてケインズの育った生活環境についてお話ししましょう。ケインズ家は，父親はケンブリッジ大学の著名な論理学・経済学の教授，母親はケンブリッジ市長という名門です。ケインズは名門の師弟として幼少よりエリート教育を受けて育ちます。そのような環境で育ったことから，政策担当者はエリートとして国家利益を考えて行動できるのだという考えがケ

インズの中で生まれたのかもしれません。このように「一部のエリートが国家利益を考えて国を導くことができる」という前提を「ハーベイ・ロードの前提」といいます（ハーベイ・ロードとはケインズの生家の面する通りの名前です）。つまり，エリートなら，不況期に財政赤字であっても，好況期に黒字にできるので，長期的には財政をバランスさせることができるとケインズは考えたのです。**ところが，実際には，第2次世界大戦後ケインズ政策を採用した国々の政治家は，好況期も選挙民の歓心をかうために政府支出は削減せず，財政赤字をどんどん増やしてしまいました。**現実には「ハーベイ・ロードの前提」は通用しなかったのです。

← ハーベイ・ロードの前提

【3】ケインズ派

　以上のようなケインズの考えを引き継いだ学派（学者のグループ）をケインズ派と呼びます。本書の第Ⅲ部で勉強する45度線分析，第Ⅴ部の$IS-LM$分析はケインズ派（ケインズ自身ではありません）理論の代表的なものです。45度線分析も$IS-LM$分析も物価一定という仮定で議論を進めていますので，物価一定という前提でケインズ派の理論を用いて世界大恐慌を考えてみたいと思います。ケインズやケインズ派の関心は世界大恐慌の原因の解明とそれへの対策の考案にあるのですから，一国経済，すなわち，マクロ経済が関心事項なのですが，一国では，イメージがわきにくいので，まず，ここではある企業を具体例に，つまり，ミクロ経済に置きかえて説明をします。

　図表1－16はある企業が，好況期には，需要量が100あり，供給量100とバランスしていましたが，不況期になって，需要量が80に減少した状況を示しています。

　このとき，売りたいという供給量は100で変わらないでしょう。なぜならば，好況時の供給量が100であったので，この企業は100生産するだけの資本（工場）や労働力を抱えているからです。すると，供給量100に対し，需要量は80に減少しているので，このままでは，20だけ超過供給（売れ残り）が生じます。

　このとき，企業にはA，B 2つの選択肢があります。

　ⓐ**選択A**

　　超過供給（売れ残り）を解消するために，価格を引き下げます。価格をどんどん引き下げていけば，需要量が80から増加して超過供給（売れ残り）は解消するでしょう。これは，価格が下落することにより，最終的に需要量と供給量が等しくなるという古典派の想定するケースです。

　ⓑ**選択B**

　　企業が何らかの理由で価格は引き下げず，価格維持するケースです。この場合には，価格を引き下げないので需要量は80から増加せず，超過供給（売れ残り）は解消しません。

　　そこで，企業は，本当は100供給したいのですが，100生産してしまうと20だけ売れ残るので，泣く泣く生産量を80に減産します。本来，企業

は100生産するだけの資本（工場）や労働を抱えているのに，80しか生産しないということになると，当然，工場閉鎖，雇用削減などのリストラが起こります。その結果，失業が発生します。これが，ケインズの想定した不況の分析です。

以上，**図表1－16**ではある企業についてのミクロ経済でお話ししましたが，ケインズ派は一国経済を分析するマクロ経済が中心です。ですから，このケインズ派の考えをマクロ経済でいうと，**図表1－17**のように整理できます。

今度は，マクロ経済ですから，供給量は総供給（量），需要量は総需要（量），価格は物価と置き換えます。

図表1－17はある国が，好況期には，総需要量が100あり供給量とバランスしていましたが，不況になって，総需要量が80に減少した状況を示しています。このとき，売りたいという総供給量は100で変わりません。

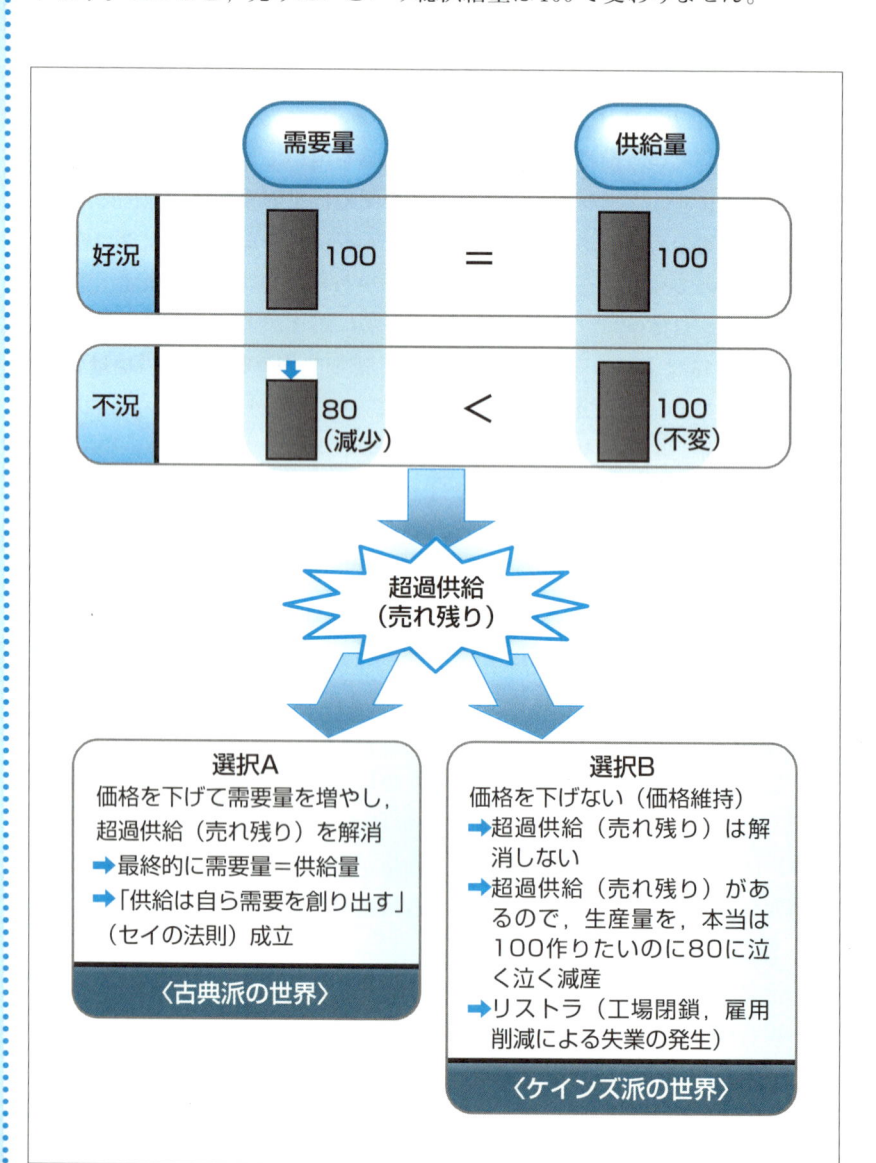

●図表1－16●
古典派とケインズ派

	需要量		供給量
好況	100	=	100
不況	80（減少）	<	100（不変）

↓
超過供給
（売れ残り）

選択A
価格を下げて需要量を増やし，超過供給（売れ残り）を解消
➡最終的に需要量＝供給量
➡「供給は自ら需要を創り出す」（セイの法則）成立
〈古典派の世界〉

選択B
価格を下げない（価格維持）
➡超過供給（売れ残り）は解消しない
➡超過供給（売れ残り）があるので，生産量を，本当は100作りたいのに80に泣く泣く減産
➡リストラ（工場閉鎖，雇用削減による失業の発生）
〈ケインズ派の世界〉

第3章　経済学の全体像

なぜならば，好況時の総供給量が100であったので，この国の企業は100生産するだけの資本（工場）や労働力を抱えているからです。すると，総供給量100に対し，総需要量は80に減少しているので，このままでは，20だけ超過供給（売れ残り）が生じます。

このとき，経済の調整方法にはA，Bの2つがあります。

ⓐ選択A

企業が超過供給（売れ残り）を解消するために価格を引き下げること。その結果，価格の平均値である物価が下落し，総需要量が80から増加して超過供給（売れ残り）が解消する。これは，物価が下落することにより，最終的に総需要量と総供給量が等しくなるという古典派の想定するケースです。

ⓑ選択B

企業が価格は引き下げず，価格の平均である物価も下方硬直的。物価が

（国内総生産GDP）
＝
総需要量　総供給量

好況　100 ＝ 100

不況　80（減少） ＜ 100（不変）

超過供給（売れ残り）

選択A
物価が下落し総需要量が増加し，超過供給（売れ残り）を解消
➡ 最終的に総需要＝総供給量
➡「供給は自ら需要を創り出す」（セイの法則）成立
〈古典派の世界〉

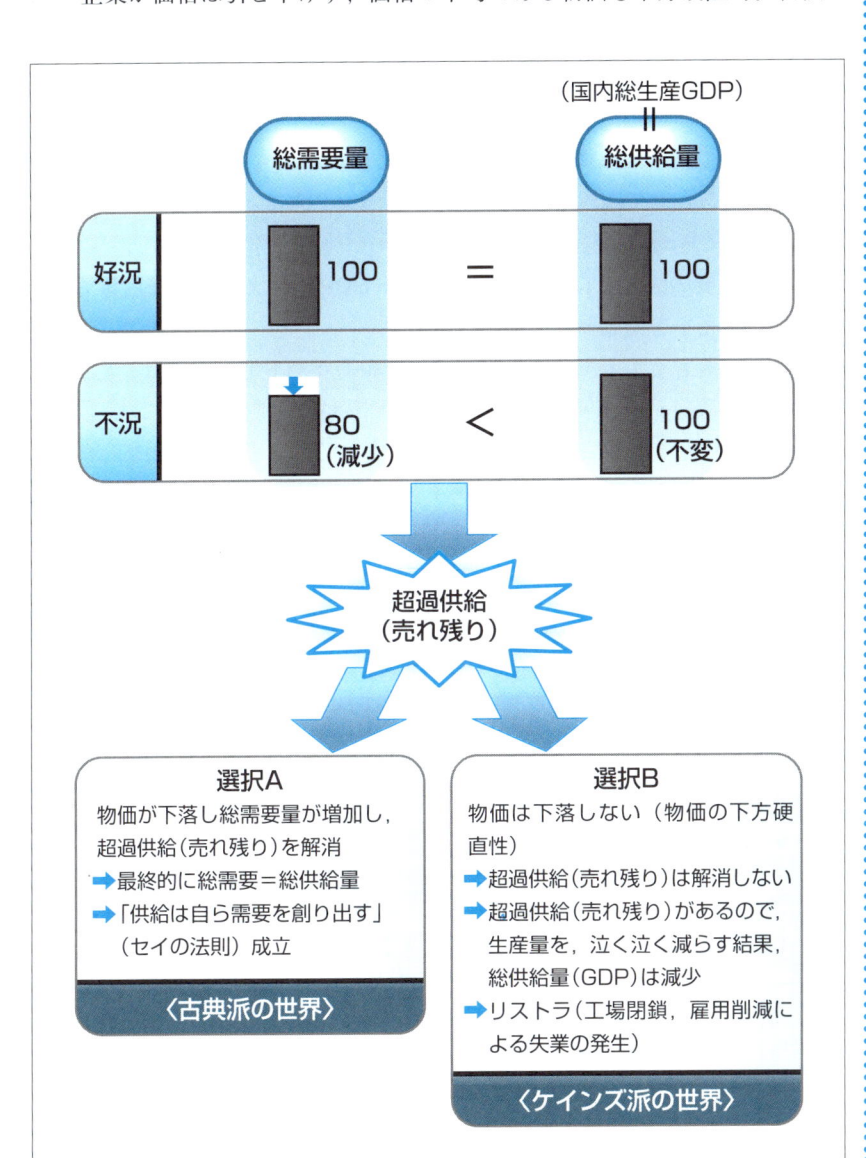

選択B
物価は下落しない（物価の下方硬直性）
➡ 超過供給（売れ残り）は解消しない
➡ 超過供給（売れ残り）があるので，生産量を，泣く泣く減らす結果，総供給量（GDP）は減少
➡ リストラ（工場閉鎖，雇用削減による失業の発生）
〈ケインズ派の世界〉

●図表1－17●
古典派とケインズ派（マクロ経済）

下落しないので，総需要は80から増加せず，超過供給（売れ残り）は解消しません。そこで，経済全体では，本当は100供給したいのですが，100生産してしまうと20だけ売れ残るので，泣く泣く生産量を80に減産します。

本来，経済全体で100生産するだけの資本（工場）や労働力を抱えていたのに，80しか生産しないということになると，当然，工場閉鎖，雇用削減などのリストラが起こります。その結果，失業が発生します。これが，ケインズの想定した不況の分析です。

以上より，ケインズ派の考えによると，総需要が減少すれば，少ない総需要量に合わせて総供給量も減少します。その結果，失業などの問題が生じます。

総供給量は経済全体の供給量の合計ですが，これは国内総生産（GDP）と同じです。なぜなら，国内総生産は経済全体の生産量であり，供給する（売る）ために生産しているのですから，生産した量と供給する量は同じだからです。

したがって，「少ない総需要量に合わせて総供給量も減少」とは，「少ない総需要量に合わせて国内総生産（GDP）も減少」すると言い換えることができます。

この総需要の大きさにより国内総生産（GDP）が決まり，雇用量も決まるという考えを有効需要の原理といいます。

← 有効需要の原理

そして，そもそも不況は総供給に対して総需要が不足していることが原因ですので，政府が総需要が不足している分だけ総需要を増やすことにより，総需要と総供給を一致させ，経済を安定化させるべきだと主張しました。

確かに，図表1－17で選択B（ケインズ派の世界）の場合，総需要は100から80に落ち込んだときにも，物価は下方硬直的で下落しないので，総需

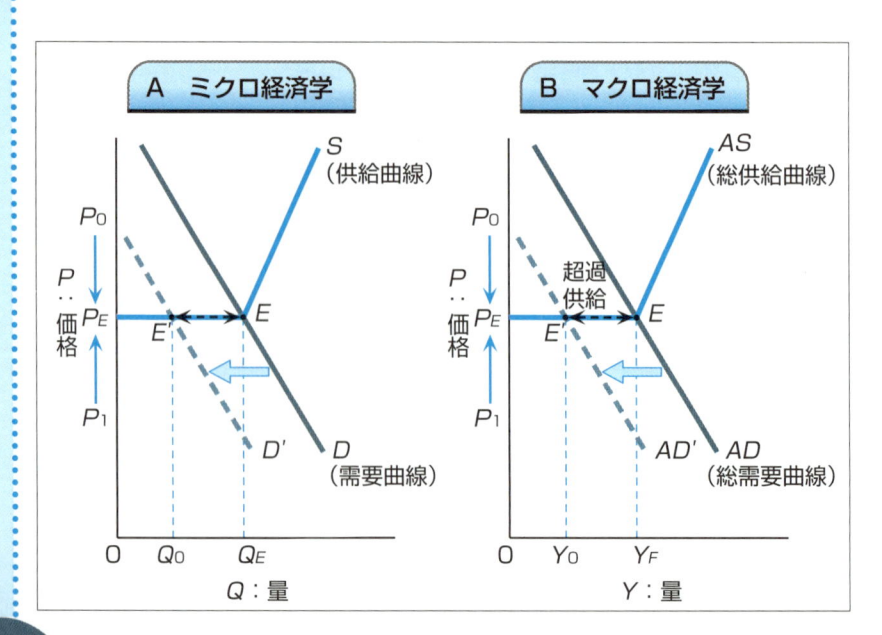

●図表1－18●
ケインズ派の世界

A　ミクロ経済学

S（供給曲線）
P_0
P：価格
P_E
E'　E
P_1
D'　D（需要曲線）
O　Q_0　Q_E
Q：量

B　マクロ経済学

AS（総供給曲線）
P_0
P：価格
P_E　超過供給　E
E'
P_1
AD'　AD（総需要曲線）
O　Y_0　Y_F
Y：量

要量は80に落ち込んだままで，総供給量100に対し20不足しています。そこで，政府の経済対策で20だけ総需要を増やしてやれば，総需要は100に戻り，総需要と総供給は一致し，好況に回復するという主張です。

日本に限らず，どこの国でも，不況期になると政府が景気対策として政府支出を増やしたりしますが，これは，不況期には総需要が不足しているので，政府自らの需要を増やすことにより総需要不足を解消し，国内総生産（GDP）を増やそうというケインズ経済学を基礎とする考えです。

以上で，古典派とケインズ派の基本的な違いが直感的にわかればしめたものです。

では，次にその直感をグラフで説明しましょう。以上のケインズ派の考えをグラフに表したものが図表1-18です。超過供給があるのに物価が下がらないのは，古典派のように右上がりの総供給曲線（図表1-11BのAS）を考えず，図表1-18Bのような水平な総供給曲線（AS曲線）を考えたからです。

図表1-18Bのように，総供給曲線（AS曲線）が水平な場合，不況になり総需要が減少し，AD曲線がAD′曲線に左シフトすると，ASと新しいAD′との交点はE′となります。このとき，物価はP_Eのまま不変ですが，国民総生産はY_FからY_0の水準へ減少してしまいます。

ところが，物価P_Eの水準では，供給したいという量は，AS曲線よりY_Fであることがわかります。これに対し，物価P_Eの水準で，需要したいという量は，AD′曲線に変化したので，Y_0とわかりますから，（$Y_F - Y_0$）分だけ総供給が総需要を上回っている（超過供給）ことになります。

この超過供給は，AS曲線が水平のため物価は下落せず，解消されません。そこで，政府が需要を作り出し，総需要曲線をAD′からADに増やすことによって，超過供給を解消し，総需要と総供給を一致させるべきだと主張します。

このように，ケインズ派はマクロ経済学を中心に議論を進めましたが，社会全体が水平な総供給曲線（AS曲線）をもつということは，それぞれの財市場（ミクロ経済学）においても水平な供給曲線（S曲線）をもっていると考えられます（図表1-18A）。

【4】ケインズ派はケインズ理論と同じなのか？

> 🏔 *出題傾向・重要性* 🏔
> 経済学あるいは経済原論の試験ではケインズ自身の理論とケインズ派の理論の違いが問われることは稀ですのであまり気にする必要はありません。ただし，経済学史では明確に分ける必要があります。

以上，物価を一定としたケインズ派の理論を説明しましたが，ケインズ派の理論がケインズ自身の理論とは本質的に異なるのではないかという批判も

あります。なぜなら，ケインズ自身は経済における期待の役割を重視し，賃金率の下方硬直性を仮定しますが，以上説明したケインズ派の理論では期待については触れられていませんし，賃金率ではなく物価の下方硬直性が仮定されています。本書で勉強するのはケインズ自身の理論もありますが，多くはケインズ派の理論であるという点は注意してください。

【5】 古典派とケインズ派の「経済政策論争」 ——どちらが正しいのか？

① 「経済政策論争」とは？

　古典派の立場に立てば，価格は上下に動き伸縮的であり，需要と供給の不一致は，速やかな価格の上下により解消されると考えます。

　したがって，経済は価格機能により常に需要と供給は一致しており，これは，国全体で見たマクロ経済でも，総需要と総供給は一致しており，失業もないと考えます。この立場に立てば，政府の経済安定化策は不要ということになります。

　これに対し，ケインズ派は，不況期には，価格（マクロでは物価）は硬直的で下落せず，超過供給（過少需要）は解消されないと考えます。したがって，超過供給（過少需要）を解消すべく，政府が支出を行い，総需要を拡大させるべきだという意見になります。

　結局，「古典派とケインズ派のどちらが正しいか？」という問題は，「政府は，経済安定化策を行うべきか？」というところに行き着くので，「古典派とケインズ派の経済政策論争」といわれます。

経済政策論争➡

② 評価の視点——現実妥当性

　経済学の論争は，今回のテーマ以外にもいくつもありますが，評価の視点は以下のようにしっかりと持ってください。

　経済学とは，現実の経済の仕組みを明らかにする学問です。そうであるならば，どの学説が正しいかは，どの学説が現実経済をより説得的に説明しうるか（現実妥当性があるか）という視点で，評価すべきなのです。

③ 評　　価

　では，現実の経済をどちらが説明しうるかという視点で考えてみましょう。ここで重要なことは，現実の経済は，刻一刻と変わっているということです。たとえば，バブル景気の絶頂期と，バブル崩壊による平成不況をみれば，その違いは一目瞭然です。

　ⓐ 現実の経済が不況期のとき

　　不況のときには，物が売れなくなり，失業が発生します。古典派が言うように，物が売れなくなり，売れ残り（超過供給＝過少需要）が発生しても，売れ残りがなくなるまで，価格が下がるということは，あまりみられません。企業は，むしろ，値崩れをおそれ，価格を維持するために，生産量を減らします。

第3章 経済学の全体像

> **キーパーソン　ポール・サミュエルソン（1915-）**
>
> 経済学の多方面で活躍したアメリカの経済学者。1970年に**ノーベル経済学賞**受賞。**不況期はケインズ派の理論，好況期には新古典派の理論と使い分ける新古典派総合**という考えを創始。ケインズ理論をわかりやすく説明するため**45度線分析**を考案し（本書の第Ⅲ部にて学習します），また，**物価が硬直的という前提の下での景気循環論**を考えだしました（『〈Ⅲ〉上級マクロ編』でヒックス＝サミュエルソンの景気循環モデルとして学習します）。
>
> サミュエルソンは新古典派総合という学派ですが，不況期にはケインズ派理論を採用しているので**ケインズ派**と考えてよいでしょう。サミュエルソンは高度な数学を駆使して精緻な理論モデルを構築し経済学に多大な貢献をしましたが，経済学を勉強する側からすると，経済学で高度な数学が必要になった原因を作った人だともいえそうです。

不況時に，新聞を見ると，「○○企業，××工場閉鎖し生産調整」「△△業界は本格的な生産量削減で価格維持に乗り出す」など，価格は下げずに，生産量を減らして，売れ残り（超過供給）をなくそうという企業の記事が目につきます。これは，ケインズ派の考えた世界です。古典派の世界が現実であれば，新聞には，「○○企業，大量売れ残りに対し，値下げ。工場はフル稼働を維持」という記事があふれるはずです。

したがって，経済が不況時には，ケインズ経済学の方が説得力があります。これは，当然といえば当然の帰結です。なぜなら，ケインズ経済学は，大恐慌の大量失業・大量売れ残り（超過供給＝過少需要）を説明できない古典派を打ち破る学説として登場したからです。

ⓑ　経済が好況期のとき

経済が好況とは，個々の生産量がかなり多く，国民総生産もかなり大きい状況のあるときです。**図表1－11A，1－18Aの生産量 Q_E，図表1－11B，1－18Bの Y_F** あたりにあるときです。実は，このときは，ケインズ派の供給曲線も水平ではなく，古典派同様右上がりです。したがって，「古典派対ケインズ派」の論争はなく，古典派の世界となります。

以上のように，**不況期にはケインズ派の理論，好況期には古典派の理論と使い分けるという考えを新古典派総合と呼び**，サミュエルソンが考え出しました。しかし，ケインズ自身が古典派理論は完全雇用という特殊な状況を説明した理論であり，不況の状態も含めたより一般的な理論を構築することを目的に『一般理論』を書いたわけですから，ケインズ自身がサミュエルソンと同じような考えを持っていたと考えることも出来ます。ただし，ケインズは古典派（新古典派）は特殊な状況に過ぎないと考えたのに対し，新古典派総合は新古典派を中心としつつケインズ理論を特殊な状況における理論として統合したという点が大きく異なります（古典派と新古典派の違いはP39参照）。

← 新古典派総合

④ 1970～80年代の「経済政策論争」

1970年代になると，アメリカでは財政赤字が慢性化し，財政支出を増加させても国内総生産増加や失業減少の効果がない，つまり，ケインズの理論が妥当ではないのではないかと思われる状況になってきました。こうなると，マクロ経済学においても古典派に近い考え方をするマネタリストや合理的期待形成学派というグループが形成されケインズ派への攻撃をはじめました。マネタリストや合理的期待形成学派は詳しくは『〈Ⅲ〉上級マクロ編』で学習しますが，ここでは，古典派同様に，価格や物価による調整によって経済が安定する力を持っており，政府が経済安定化のために介入すべきではないと考えます。特に合理的期待形成学派は新古典派のミクロ経済理論をマクロ経済学に発展させたものですから，「新しい古典派」と呼ばれます。

この「新しい古典派経済学」である合理的期待形成学派の中心人物であるルーカスとケインズ派の大御所であるトービンの興味深いやり取り（名場面）が吉川洋著『ケインズ―時代と経済学』（1995年，筑摩書房）にありますので，少々長いのですが，ご紹介しましょう。

> そうしたある日シカゴからルーカスがイェールにやって来た。セミナーの途中で一人の助教授がルーカスに「非自発的失業」について質問した。ルーカスは「イェールでは未だに非自発的失業などとわけのわからぬ言葉を使う人が，教授の中にすら居るのか。シカゴではそんな馬鹿な言葉を使う者は学部の学生の中にも居ない」と答えたものだ。やがて話は1930年代の大不況へと移っていった。大不況時のアメリ

マネタリスト ➡
合理的期待形成学派 ➡

⛳ 落とし穴　「新古典派」と「新しい古典派」？？ ⛳

「新古典派」は，1870年代に，限界という概念を用いることによって，古典派経済学をミクロ経済学を中心に，より精緻な理論へと発展させていきました（P39）。これに対し，「新しい古典派経済学」は合理的期待形成学派などを指し，価格（物価）の調整機能を重視した新古典派のミクロ経済理論をマクロ経済学に発展させ，1970年代にケインズ派のマクロ経済理論を批判し論争を展開しました。似たような名前ですが，内容は違いますので，違いと共通点を整理しておきましょう。

	新古典派 (neo-classical school)	新しい古典派経済学 (new classical economics)
共通点	価格（物価）の調整により経済は安定化する 政府による経済安定のための介入は不要	
違い	主にミクロ経済 1870年代（ケインズ以前）	主にマクロ経済 1970年代（ケインズ以降）

なお，新しい古典派経済学も新古典派と呼ぶ経済学者もいますので注意が必要です。その場合には，文脈から，ケインズ以前か以降か，ミクロかマクロかなどから判断するしかありません。

第3章 経済学の全体像

	実質GNP成長率	物価上昇率*1	失業率
1970	0.2%	5.3%	4.9%
1971	3.4%	0.5%	5.9%
1972	5.3%	4.3%	5.6%
1973	5.8%	5.6%	4.9%
1974	−0.5%	9.0%	5.6%
1975	−0.2%	9.5%	8.5%
1976	5.3%	5.8%	7.7%
1977	4.6%	6.4%	7.1%
1978	5.6%	7.0%	6.1%
1979	3.2%	8.3%	5.8%
1980	−0.2%	9.1%	7.2%
1981	2.5%	9.4%	7.7%
1982	−1.9%	6.1%	9.7%
1983	4.5%	3.9%	9.6%
1984	7.2%	3.8%	7.5%
1985	4.1%	3.0%	7.2%

第一次オイルショック → 1973
第二次オイルショック → 1979

継続的な物価上昇（インフレーション）

高いとはいえ，世界大恐慌時（20％台）ほど高くない失業率

*1 GNPデフレータという物価指数の上昇率　　出所：アメリカ合衆国商務省長期統計

●図表1−19●
1970年—1985年の
アメリカ経済

カの失業率は最悪時で25％に達した。しかし，ルーカスによれば「非自発的」失業は全く存在しなかった。多くの人がただ職探しという「投資」を行っていたのである。最後にトービンが少し興奮した口調でルーカスに言った。「なるほどあなたは非常に鋭い理論家だが，一つだけ私にかなわないことがある。若いあなたは大不況を見ていない。しかし，私は大不況をこの目で見たことがある。大不況の悲惨さはあなた方の理論では説明できない。」（同書191-192ページ）

私は経済学を学ぶ1人として，最後のトービンの言葉にずしりと重みを感じました。皆さんはどう感じられたでしょうか？　経済学の勉強が一通り終わってから，是非，読んでいただきたいと思います。なお，トービンもルーカスもキーパーソンなのですが，『〈Ⅲ〉上級マクロ編』において，トービンは「トービンのq理論」という箇所で，ルーカスは「合理的期待形成学派」の箇所で説明しますので，ここでの説明は割愛します。

この「新しい古典派経済学」とケインズ派の論争は，「経済安定のための政策を行うべきかどうか」という点をめぐるものですので「経済政策論争」と呼ばれます。どうも，この時期にはケインズ派の旗色が悪く，「新しい古典派」の勢いが盛んであったように思います。それは，本来，ケインズ理論は世界大恐慌，つまり，国内総生産大幅減少，大量失業，物価下落，という状況下で作られたもので，1970年，80年はアメリカ経済はそこまで深刻な不況ではなく，また，物価についても世界大恐慌時の物価の継続的下落（デフレーション）とは反対に物価は上昇しており，経済状況はかなり異なって

いたからだと思います。

実は1970年代，80年代は，**失業率の上昇と物価の持続的上昇（インフレーション）が同時に起こっています**。このような経済状態をスタグフレーションと言い，マクロ経済における重要なテーマですが，難易度が高いため，『〈Ⅲ〉上級マクロ編』にて説明します。

← スタグフレーション

【6】古典派はミクロ経済学で，ケインズ派はマクロ経済学？

すでにお話ししましたように，古典派，ケインズ派ともに，ミクロ経済学・マクロ経済学があります。

ところが，経済学のテキストを見ると，ミクロ経済学の部分には古典派（正確には新古典派）の考え方が多く記述してあり，マクロ経済学の部分にはケインズ派の考え方がたくさん書いてあります。これは，古典派が，ミクロ経済学を中心に議論をし，ケインズ派はマクロ経済学を中心に議論をしてきたという以下のような歴史的経緯と関係があります。

古典派は，ミクロ経済（図表1－20A）を中心に分析し，価格調整によりすべての個々の財の市場における需要と供給は一致するので，一国経済全体，すなわちマクロ経済（図表1－20B）でも，総需要と総供給は当然一致すると考えました。ですから，ことさらマクロ経済を考える必要もなかったといえます。

これに対し，ケインズは，1930年代の大不況に失業を解消するためには一国経済をどうすればよいのかという問題意識を強く持っていましたので，マクロ経済学（図表1－20D）中心に議論を進めました。

【7】どうしてケインズ派は物価が下がらないのか？ ──ケインズ経済学のミクロ的基礎

① 古典派のケインズ批判──ケインズ経済学のミクロ的基礎

ケインズ派はマクロ経済（図表1－20D）を中心に議論し，総供給曲線の一部が水平なので物価が不況時にも下がらないと主張したことは，すでに説明したとおりです。

では，総供給曲線が水平になるのはなぜでしょうか。供給者がどのように行動すると，総供給曲線は水平になるのでしょうか。

← ケインズ経済学の
　ミクロ的基礎

この問題は，「ケインズ経済学のミクロ的基礎」と呼ばれ，ケインズは十分に説明しておらず，ミクロ経済学に熱心な古典派より批判を受けました。この批判を受けて，ケインズ経済学のミクロ的基礎（総供給曲線 AS が水平なのは，個々の供給者がどのように行動するからなのか）について，いろいろな理論が生まれました。これは，図表1－20Cの部分になります。

まず，総供給曲線 AS が水平（図表1－20D）なのは，個々の企業の供給曲線 S（図表1－20C）が水平だからだ，と考えます。ではなぜ，個々の企業の供給曲線が水平なのかについて考えてみましょう。

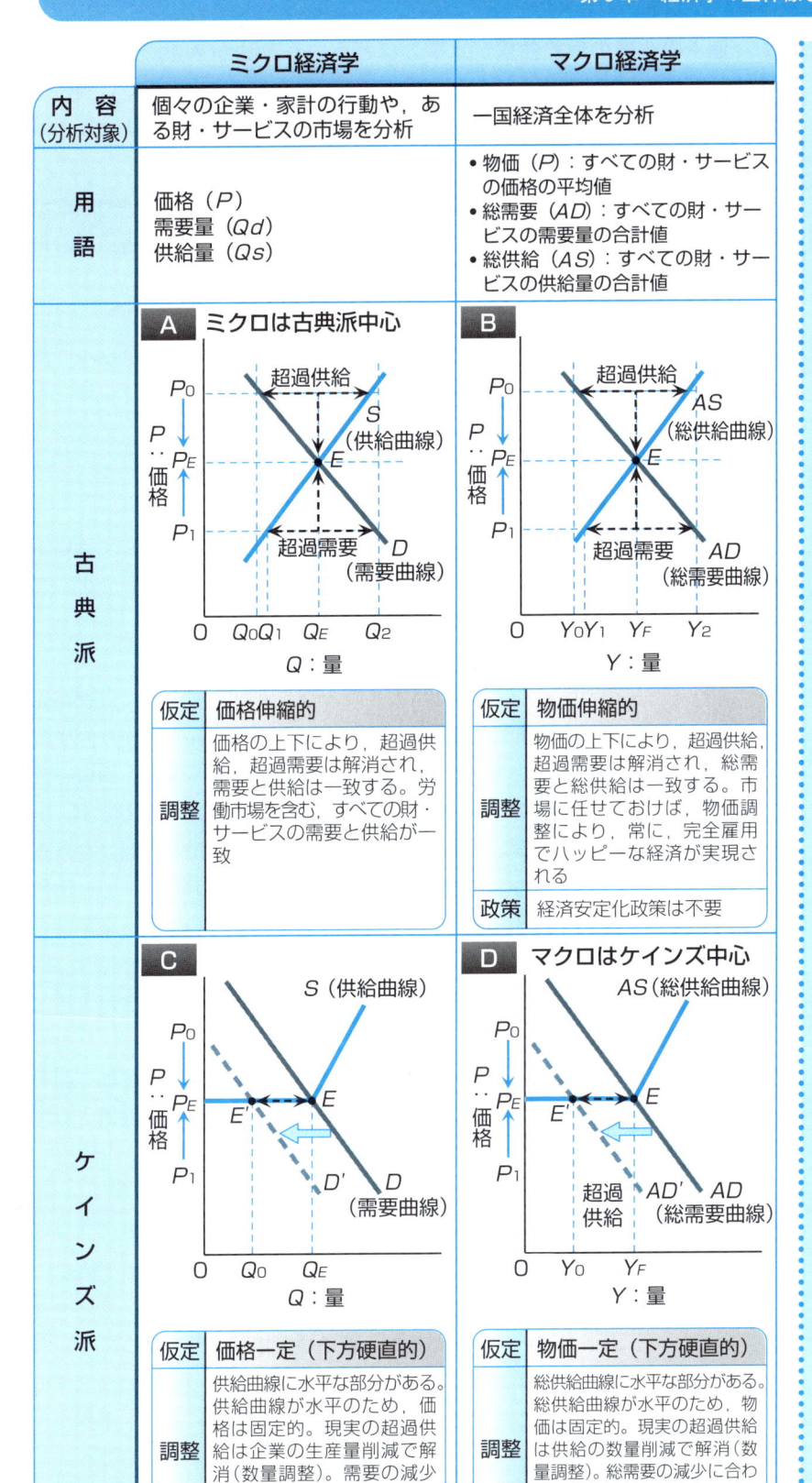

第3章　経済学の全体像

	ミクロ経済学	マクロ経済学
内容（分析対象）	個々の企業・家計の行動や、ある財・サービスの市場を分析	一国経済全体を分析
用語	価格（P） 需要量（Qd） 供給量（Qs）	・物価（P）：すべての財・サービスの価格の平均値 ・総需要（AD）：すべての財・サービスの需要量の合計値 ・総供給（AS）：すべての財・サービスの供給量の合計値

古典派

A　ミクロは古典派中心

（グラフ：縦軸 P：価格、横軸 Q：量。P_0で超過供給、P_Eで均衡点E、P_1で超過需要。S（供給曲線）、D（需要曲線）。$Q_0 Q_1 Q_E Q_2$）

仮定	価格伸縮的
調整	価格の上下により、超過供給、超過需要は解消され、需要と供給は一致する。労働市場を含む、すべての財・サービスの需要と供給が一致

B

（グラフ：縦軸 P：価格、横軸 Y：量。P_0で超過供給、P_Eで均衡点E、P_1で超過需要。AS（総供給曲線）、AD（総需要曲線）。$Y_0 Y_1 Y_F Y_2$）

仮定	物価伸縮的
調整	物価の上下により、超過供給、超過需要は解消され、総需要と総供給は一致する。市場に任せておけば、物価調整により、常に、完全雇用でハッピーな経済が実現される
政策	経済安定化政策は不要

ケインズ派

C

（グラフ：縦軸 P：価格、横軸 Q：量。S（供給曲線）、D（需要曲線）、D'へシフト。EからE'へ。$Q_0 Q_E$）

仮定	価格一定（下方硬直的）
調整	供給曲線に水平な部分がある。供給曲線が水平のため、価格は固定的。現実の超過供給は企業の生産量削減で解消（数量調整）。需要の減少に合わせて供給量も減少し、リストラが行われ、失業発生

D　マクロはケインズ中心

（グラフ：縦軸 P：価格、横軸 Y：量。AS（総供給曲線）、AD（総需要曲線）、AD'へシフト。EからE'へ。超過供給。$Y_0 Y_F$）

仮定	物価一定（下方硬直的）
調整	総供給曲線に水平な部分がある。総供給曲線が水平のため、物価は固定的。現実の超過供給は供給の数量削減で解消（数量調整）。総需要の減少に合わせて総供給量も減少し、リストラが行われ、失業発生
政策	経済安定化政策が必要

重要

●図表1−20●
経済学の全体像
＜整理表＞

② 個々の企業の供給曲線が水平とはどういう意味か？

供給曲線が水平（図表1－20C）とは，不況時になっても，企業は価格をP_Eから下げず，その結果，超過供給は解消せず，製品が余ってしまいますので，供給量を削減するということです。

価格は下げずに，供給量を削減するという行動をとることが，供給曲線が水平ということなのです。企業が，そのような行動をとるのは，古典派の世界のように，不況で売れ残りが生じたら価格を下げて処分するやり方よりも利益があると考えるからに他なりません。

したがって，どうして，企業は，価格を下げて製品を売るのではなく，価格を維持し供給量を削減した方が利益になるのかが，分析すべきテーマとなります。

③ 供給曲線が水平となる理由──いろいろな理論

価格は下げずに，供給量を削減するという行動をとることに関しては以下のようにいろいろな理論がありますが，どれも今ひとつという感じです。この部分がケインズ派経済学の理論的な弱みです。

メニューコスト理論 ➡

ⓐ メニューコスト理論

メニューとは，レストランのお品書きのあの"メニュー"です。「物が売れないからといって，頻繁に価格を下げていては，メニューを作り直す費用がかかりすぎて得策ではない。だったら，物が売れなくても，価格を変えずにメニューの作り直し費用を節約した方がよい」という考えです。工業製品の場合，立派なパンフレットがあり，その作成費用も馬鹿になりません。もちろん，"メニュー"とは，たとえであって，それ以外にも，関係者（社員やお客）に価格の改定を知らせなければならない手間，事務がコンピューター化していれば，システムの変更等の事務コストも含みます。

ⓑ 寡占企業──自社の価格引き下げが泥沼の値引き合戦を引き起こすという恐怖

供給者が数社に限られる寡占企業の場合，自社の価格引き下げは，競合他社の価格引き下げを引き起こし，面子をかけた値下げ合戦が展開されてしまうかもしれません。だったら，物が売れなくても，価格を下げずに，供給量を削減した方がまだましだと考えるかもしれません。

ⓒ どの理論が正しいか──現実経済は？

以上2つの考え以外にも，現実経済では，価格が硬直的である要因はいろいろありそうです。

たとえば，価格がころころ変わると，買い手が値下がりを待ってなかなか買わなくなってしまうとか，価格が上下すると，取引の時に価格交渉の途中で価格が変わりまた交渉をやり直さなくてはならなくなり，手間がかかるなどです。

④ 名目賃金率が下がらないのはなぜ？

以上，物価が下がらないという理由をいくつか紹介しましたが，ケインズ自身は物価ではなく名目賃金率の下方硬直性を前提としました。そして，す

第3章 経済学の全体像

でにお話ししたように，その理由として，最初に名目賃金率の下落を受け入れた労働者は損をしてしまうから誰も最初に名目賃金率の引き下げを受け入れないので，下方硬直的になるという議論を展開しますが，企業がなぜ名目賃金率を下げずに維持するのかについての説明がありませんでした。

この企業サイドの説明をするのが**効率的賃金仮説**です。効率的賃金仮説とは，失業者があるからとって賃金率を下げたのでは，労働者の勤労意欲がそがれ，生産効率が低下する結果，企業に損失を与えるという考えです。

←効率的賃金仮説

逆にいえば，**大量失業が発生している状況であっても賃金率を引き下げなければ**，労働者は自分の会社に感謝し，今まで以上に一生懸命働くため，生産効率は良くなり，企業にとって得策なので，だからこそ企業は賃金率を下げないということです。

	経済学がわかるコツ	マクロ経済学	ミクロ経済学
レベルI 経済学の勉強をはじめる前に知る必要があること	経済学とは何か 経済学の効率的勉強法（経済学の思考パターン） グラフの読み方 経済学の全体像（古典派とケインズ派）		経済学とは何か 経済学の効率的勉強法（経済学の思考パターン） グラフの読み方 ミクロ経済学とは？
レベルII はじめて勉強するときに理解が不可欠な論点		国民経済計算 財市場の分析 資産市場の分析 財市場と資産市場の同時分析	消費の理論 生産の理論 市場均衡 不完全競争市場I 効率性I
レベルIII 難易度が高く，レベルIIを理解した上でないと理解できない論点	〈III〉上級マクロ編	労働市場の分析 財市場，資産市場，労働市場の同時分析 国際収支，為替レート 財市場，資産市場，海外の同時分析 景気循環 インフレと失業 経済成長 資産・負債の経済効果	不完全競争市場II 効率性II （費用逓減産業，公共財，外部効果） 貿易の理論 不確実性の経済学 〈IV〉上級ミクロ編
レベルIV 試験問題を解く上で必要となる技術	〈V〉論文マスター編 〈VI〉計算マスター編	論文問題を解く上で必要な技術 計算問題を解くために必要な数学的知識と技術	
レベルV 難易度が非常に高く，多くの受験生が捨ててしまう論点	〈VII〉難関論点クリア編	新古典派の経済成長理論 インフレ需要・供給分析	パレート最適の複雑な問題

〈I〉マクロ編（本書）　通常の経済学のテキストの範囲　〈II〉ミクロ編

●図表 序-2（再掲）●
経済学で必要な知識と技術——入門塾と通常のテキストの違い

●マクロ編／第Ⅰ部　経済学がわかるコツ

5　経済学の全体像と具体的項目

　以上で経済学の全体像の説明は終わりです。それでは，最後に，経済学の全体像とこれから本書で勉強する具体的項目の関係をお話しします。

　まず，本書で勉強する具体的項目は**図表序－2**にありますので，再掲します。これで「経済学がわかるコツ」は終わり，これから，マクロ経済学を勉強します。本書ではマクロ経済学からはじめていますが，この第Ⅰ部の後にすぐに『〈Ⅱ〉ミクロ編』を読んでいただいてもかまいません。どちらからはじめても，まったく問題のない内容構成になっています。

【1】マクロ編（本書）

　『〈Ⅰ〉マクロ編』では，一国経済全体を分析したケインズおよびケインズ派の考えを中心に勉強します。

① 「第Ⅱ部　国民経済計算」

　まず，マクロ経済学では，一国経済全体を分析するのですから，生産量などの数量をどのように足し合わせるのか，また，個々の財の価格を平均して物価を計算する際に，どのように平均するのかという問題があります。このような「合計」や「平均」のルールを「第Ⅱ部　国民経済計算」で勉強します。この部の勉強で，私たちは，国内総生産（GDP）の正確な意味を理解します。

② 「第Ⅲ部　財市場の分析」「第Ⅳ部　資産市場の分析」

　一国経済において，市場を大きく分けると，財市場，資産市場，生産要素

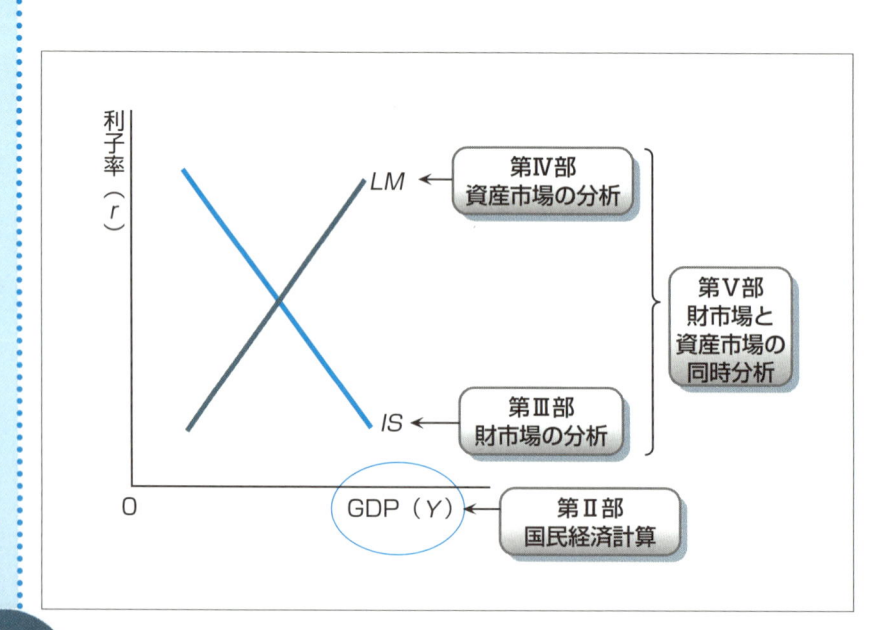

●図表1－21●
『〈Ⅰ〉マクロ編』の構成と全体像

市場に分けられます。財市場とは生産されたものの市場で私たちが日頃買い物をしているものの市場です。資産市場とは，株式，現金や定期預金など資産運用を行う市場です。生産要素市場とは，生産要素である労働，資本，土地の市場をいいますが，特にマクロ経済学では，労働市場を指します。このうち本書では財市場と資産市場を分析します。

なお，労働市場は上級論点ですので，『〈Ⅲ〉上級マクロ編』で勉強します。

③　「第Ⅴ部　財市場と資産市場の同時分析」

「第Ⅲ部　財市場の分析」では財市場のみを分析し，「第Ⅳ部　資産市場の分析」では，資産市場のみを分析します。そして，「第Ⅴ部　財市場と資産市場の同時分析」において，財市場と資産市場を同時に分析し，お互いの市場がどのように影響を及ぼし合うかについても考えます。財市場と資産市場を同時に分析する方法として，IS-LM分析という重要な分析方法を勉強します。IS-LM分析とは，財市場の均衡を表すIS曲線と，貨幣市場の均衡を表すLM曲線を用いて財市場と貨幣市場を同時分析する方法です。

なお，財市場と資産市場を同時に分析するIS-LM分析をさらに発展させて，生産要素（労働）市場をも考慮する分析方法をAD-AS分析（総需要－総供給分析）といいます。この分析方法は上級論点ですので，ここでは扱いません。『〈Ⅲ〉上級マクロ編』にゆだねたいと思います。

【2】ミクロ編

『〈Ⅱ〉ミクロ編』では，価格が変動することにより需要と供給は等しくなるという（新）古典派の考えを勉強します。

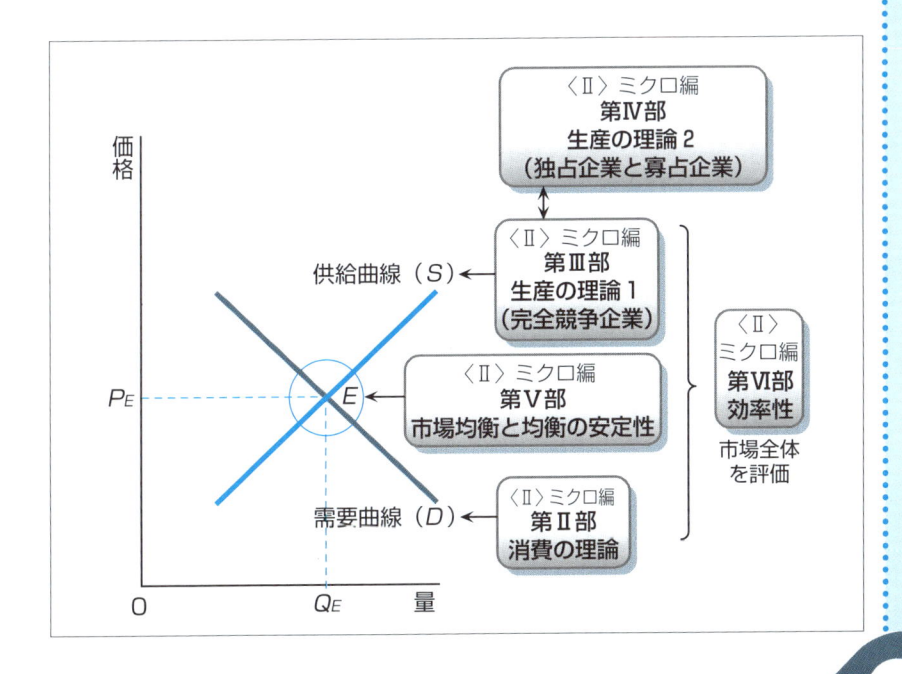

●図表１－22●
『〈Ⅱ〉ミクロ編』の構成と全体像

① 「第Ⅱ部　消費の理論」

　右下がりの需要曲線（D）は価格が下がれば需要量が増加することを意味します。なぜ価格が下がると需要量が増加するのかを理論的に考え，需要曲線を導き出すのが「第Ⅱ部　消費の理論」です。

② 「第Ⅲ部　生産の理論1（完全競争企業）」

　右上がりの供給曲線（S）は価格が上がれば供給量が増加することを意味します。なぜ価格が上がると供給量が増加するのかを理論的に考え，供給曲線を導き出すのが「第Ⅲ部　生産の理論」です。

③ 「第Ⅳ部　生産の理論2（独占企業と寡占企業）」

　第Ⅳ部では，独占企業と寡占企業の生産の理論について勉強します。独占企業というと，売り惜しみして価格をつり上げて暴利をむさぼるという悪いイメージがありますが，そのイメージが理論的に考えて的を射ていることを勉強します。

④ 「第Ⅴ部　市場均衡と均衡の安定性」

　完全競争市場であれば，需要曲線（D）と供給曲線（S）の交点で市場は均衡します。経済がその均衡からはずれたときに，均衡に戻ってくるかどうかを分析します。

⑤ 「第Ⅵ部　効率性」

　どのような経済が効率的で望ましい経済かを評価する方法として「余剰分析」という方法をマスターします。そして，余剰分析という評価方法を用いて，完全競争市場，独占市場や政府の介入の経済効果などを分析します。

第Ⅰ部の確認テスト

　確認テストは，答えが合っていたかどうかということよりも，確実に理解することが重要ですから，以下の手順で行ってください。

> 1．まず，問題を解いてください。
> 2．わからない部分，あるいは自信がない部分の本文を参照して復習してください。
> 3．答えをチェックしてください。（→P240）
> 4．間違いがあれば，本文を参照し，なぜ間違えたかをチェックしてください。
> 5．間違えた部分を本文の余白に記入しておき，次回以降は間違えないようにしてください。こうしておけば本書があなたのサブノートになります。

【要約問題】

1．経済学の思考パターンは，まず（①　）を明確にし，次に，（②　）を置くことによって複雑な現実経済を単純化した（③　）を作り，その（③　）を分析し結論を導きます。その結論が現実に当てはまれば経済理論の長所となり，現実に当てはまらなければ短所となります。結論が現実に当てはまらない場合には，理論自体が間違っているという場合と，単純化した（③　）が現実離れしている場合が原因として考えられます。

2．（④　）とはある数とある数の関係を表したもので，それを直線や曲線で図示したものを（⑤　）と呼びます。需要関数とは（⑥　）と（⑦　）の関係を表したもので，その関係を図示したものを（⑧　）と呼びます。供給関数とは（⑥　）と（⑨　）の関係を表したもので，その関係を図示したものを（⑩　）と呼びます。経済学では，通常，縦軸を（⑥　），横軸を（⑦　）と（⑨　）とした平面に，右下がりの（⑧　）と右上がりの（⑩　）を描きます。そして，（⑥　）は（⑧　）と（⑩　）の交点の水準に決まります。なぜなら，もしその価格より価格が高い水準であれば（⑨　）が（⑦　）を上回り（⑪　）が生じているので，価格は下落し（⑧　）と（⑩　）の交点の水準まで下がり，逆に，もし価格が低い水準であれば（⑦　）が（⑨　）を上回り（⑫　）が生じているので，価格は上昇し（⑧　）と（⑩　）の交点の水準まで上がるからです。

　以上のように，（⑥　）は（⑧　）と（⑩　）の交点の水準に決まるのですが，言い換えれば，（⑥　）が動くことによって（⑦　）と（⑨　）は常に等しくなるということを意味します。これを（⑥　）の調整機能といいます。

3．何をどれだけ，どのような方法で，誰のために生産するのかという問題を（⑬　）といい，この（⑬　）の解決を（⑭　）に任せようという経済体制を（⑭　）経済体制といい，国家の計画により解決しようという体制を（⑮　）体制といいます。（⑮　）は社会主義諸国が採用していましたが，国家が十分な（⑯　）を集めることができなかったことと，働く人々の（⑰　）を刺激することができなかったことからうまく機能しませんでした。

4．新古典派は主に（⑱　）経済を分析し（⑲　）による調整機能によって経済は安定化すると考えました。たとえば，労働市場においても（⑳　）が動くことによって常に（㉑　）と（㉒　）は等しく（㉓　）的失業は生じないと考えました。なぜなら，（㉓　）的失業とは，労働市場における（⑪　）であり，（⑪　）がなくなるまで労働市場における価格である（⑳　）が下落するからです。

　これに対し，ケインズは（㉔　）経済を中心に議論を展開し，（⑳　）は古典派が主張するように伸縮的ではないとし，（⑳　）は下方硬直性であるので，（㉓　）的失業は解消しないと考えました。そして，ケインズは失業発生の原因を（㉕　）の不足だとしました。（㉕　）には消費と投資がありますが，特に人々の（㉖　）に影響され大きく変動する（㉗　）が不況の原因と考えました。つまり，人々の（㉖　）が悲観的になると（㉗　）が大きく減少し（㉕　）も減少する結果，国内総生産も減少してしまい（㉑　）も減少し（㉓　）的失業が発生すると考えたのです。そして，（㉓　）的失業を解消するためには，その原因となった（㉕　）を増加させればよいのであり，具体的には（㉘　）の増加が有効であるとします。

【実戦問題】
　需要曲線がシフトする場合（A図）と，シフトせず同一需要曲線上を点が移動する場合（B図）とを区別しなければならない。B図に該当するものを下記の解答群から選べ。

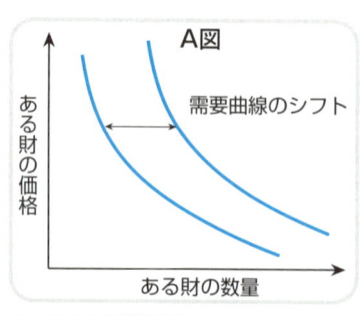

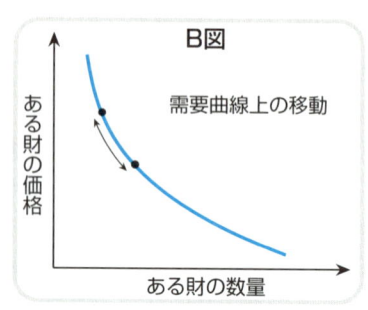

[解答群]
ア　他の財の価格が変化した時
イ　財に対する好みが変化した時
ウ　所得が増加した時
エ　所得が減少した時
オ　その財の価格が変化した時

（中小企業診断士一次一部修正）

MEMO

第Ⅱ部 国民経済計算

LIVE講義

〈第Ⅱ部の構成〉

第 4 章 ◆ 国民所得の諸概念
　1　意　　義
　2　国内総生産（GDP：Gross Domestic Product）
　3　国民総生産（GNP：Gross National Product）
　4　NNI と NDP
　5　国民所得（NI：National Income）
　6　GDP の問題点──真の国民所得（豊かさ）の計算

第 5 章 ◆ 三面等価の原則
　1　生産面の国民所得
　2　分配面の国民所得
　3　支出面の国民所得
　4　IS バランス論

第 6 章 ◆ 物価の計算
　1　物価の計算
　2　名目と実質
　3　物価指数のより正確な説明

ミクロ経済学は，ある特定の財を分析するので，
価格も数量もはっきりわかる。
ところがマクロ経済学では，国全体の経済を考えるので，
価格ではなくすべての財の価格の平均値である物価が指標
となる。
数量については，単位が異なるので，
金額で足し合わせた国民所得で考えていく。
この部では，まず物価や国民所得の計算の仕方を
中心に，計算のルールを勉強する。
マクロ経済学では，一国全体の経済を分析するので，
自動車や米などのさまざまな財の数量を
どのように足し合わせるのか，
価格の平均をどのように計算するのか
という問題に直面するからである。

●マクロ編／第Ⅱ部　国民経済計算

第4章　国民所得の諸概念

📘 出題傾向・重要性 📘

　景気が良いとか経済成長などのマクロ経済学のテーマは，GDPの大きさを基に議論されます。ですから，GDPがどのように計算され，どのような特徴を持ち，どのような問題点を持っているかを理解することは非常に重要です。だからこそ，GDPの定義は論文試験でも択一試験でも出題される重要論点なのです。論文試験だけの人であれば，フローとストックの概念，GDPとGNI（GNP）の違い，GDPの問題点を押さえておきましょう。択一試験では，GDP，GNI，NIの計算も出題されますから，試験前にはGDP，GNI，NI相互の関係式を暗記しておく必要があります。

1　意　義

➡広義の国民所得

　広い意味での国民所得（「広義の国民所得」といいます）とは，大ざっぱに言えば，「ある国の国民が1年間に得る所得の合計」です。したがって，国民所得が多い方が所得が多いので豊かになると言うことができます。つまり，**国民所得は，国民の豊かさをはかる指標として重要な意義**を持っているのです。

　ところで，所得を得ることができるのはなぜでしょうか。それは，その分の価値を生み出したからです。たとえば，100万円の所得を得ることができるのは，100万円分の価値を生産したからに他なりません。ですから，広い意味での国民所得には，これから説明する国内総生産（GDP）や国民総生産（GNP）も含まれるのです。

➡国内総生産
➡国民総生産

2　国内総生産（GDP：Gross Domestic Product）

➡GDP
➡国内総生産

　一国の経済活動の規模を表す指標としてもっとも有名なものがGDPです。GDPとは，Gross Domestic Productの略で，国内総生産と呼ばれます。Grossは「総」，Domesticは「国内」，Productは「生産」を意味します。

　国内総生産（GDP）を正確に定義すれば，

① 一定期間に
② 国内で
③ 生産された
④ 固定資本減耗（減価償却）を差し引いていない（＝含んでいる）
⑤ 原則として市場価格で表示した
⑥ 付加価値の合計

と定義できます。①から⑥は，国内総生産を計算する上で重要な意味がありますので，以下，順に説明していきましょう。

【1】「一定期間に」

通常は1年間です。「1年間にどれだけ生産したか」というのは，フローの概念であることを意味します。

フローとは，FLOWで，「流れ」という意味です。フローチャート（流れ図）のフローです。つまり，一定期間における変化を意味します。たとえば，1年間のGDPが500兆円の場合，この500兆円は，年のはじめにはなかったのですが，年末には，500兆円分作ったので，変化したことになります。　　← フロー

これに対する概念は，ストックという概念です。ストックとは，STOCKで，「貯める，蓄積」という意味です。ストックとは，ある時点における存在量を意味します。　　← ストック

図表2－1の水道の例でいえば，水道から一定期間流れる水の量は，一定期間における変化量ですからフローです。これに対し，水がたまった量は，ある一時点での存在量ですから，ストックになります。

●図表2－1●
フローとストック

71

次に，貯蓄の例で考えてみましょう。たとえば，今月1万円貯金したというのは，フローです（図表2－2）。なぜなら，今月はじめの貯蓄残高10万円に比べ，今月末で貯金残高が11万円と1万円増えている，つまり変化しているからです。

これに対し，今月はじめの貯蓄残高や今月末の貯金残高というのは，ストックの概念です。なぜなら，今月はじめとか今月末という時点での貯金の存在量を意味するからです。

このことから，一定期間の変化であるフローとは，ある期間の終わりの時点（期末といいます）のストックとその期間の始まりの時点（期首といいます）のストックとの差であることがわかります。

【2】「国内で」── Domestic の意味

文字通り，国内で生産されたものを計算します。日本人の生産であっても日本国外での生産は計算に入れません。

【3】「生産された」── Product の意味

GDPは生産されたものを足し合わせますので，生産によらない儲けは，GDPには含みません。

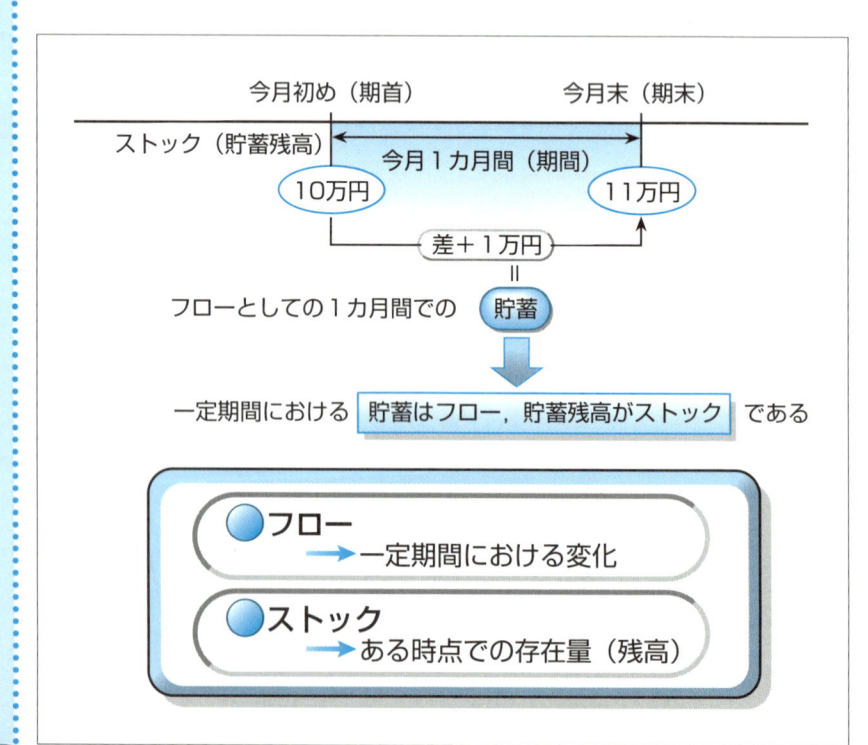

●図表2－2●
フロー（貯蓄）とストック（貯蓄残高）

```
ストック（貯蓄残高）
今月初め（期首）         今月末（期末）
       今月1カ月間（期間）
   10万円              11万円
        差＋1万円
           ＝
フローとしての1カ月間での  貯蓄

一定期間における  貯蓄はフロー，貯蓄残高がストック  である

● フロー → 一定期間における変化
● ストック → ある時点での存在量（残高）
```

① 株や土地などの資産価格の変化

バブル期には，株や土地の値上がりで大儲けした人がたくさんいました。しかし，**この儲け自体は，生産によるものではありませんので，GDPには計算されません**。株や土地の値上がりで大儲けした人が，高級車や洋服などを消費すると，自動車メーカーや洋服メーカーはたくさん生産するようになりますので，その時点で，GDPは増加することになります。

なお，株や土地の取引の仲介手数料は仲介サービスという付加価値を生産しているので，GDPの計算に加えます。

② 中古市場の取引

中古市場での取引も，過去の生産されたものの所有者が変わるだけであり，新しく生産したわけではありませんので，**GDPの計算には入れません**。

なお，中古市場の取引の仲介手数料は仲介サービスという付加価値を生産しているので，GDPの計算に加えます。

【4】「固定資本減耗（減価償却）を差し引いていない（含んでいる）」── Grossの意味

GDPのGは，Grossで，「総」とか，「粗」という意味です。これは，あるものを差し引いていないということを意味します。反対に，あるもの（不純物）を差し引いたものはNetで「純」という意味です。

たとえば，消費税込みで，105円のものは，消費税抜きの価格は，100円です。このとき，消費税込みをグロス価格105円，消費税抜き（消費税を差し引いてある）価格をネット価格100円ということができます。また，貿易などで，手数料込みの価格をグロス価格，手数料を差し引いた価格をネット価格などといいます。

さて，GDPは何を差し引いていないかというと，固定資本減耗を差し引いていないのです。固定資本とは，機械などのことをいいます。減耗とは，すり減ってしまうことをいいます。したがって，**固定資本減耗**とは，生産により，機械などがすり減って，機械などの価値が減少することをいいます。固定資本減耗は，会計学では**減価償却**とも呼ばれます。 ← 固定資本減耗

← 減価償却

たとえば，100万円の機械で，1年間に50万円の価値を生産した結果，機械がすり減り5万円価値が減少し，95万円の価値しかなくなったとしましょう。この場合の，1年間での価値は，50万円生産していますが，機械の価値が5万円下がっていますので，豊かさという意味では，50万円－5万円＝45万円分しか豊かになっていないはずです。しかし，**GDPの計算ではこの機械の価値の減少，すなわち，固定資本減耗は差し引いていないのです**。

ちなみに，GDPから，この固定資本減耗を差し引いたものを国内純生産（NDP）といいます。これについては後ほど説明します。 ← 国内純生産

【5】「原則として市場価格で表示した」

物の価値の表し方には，2通りあります。たとえば，ある財を生産し，100万円に消費税5％を加えた105万円で売ったとします。また，この生産に関し，国より2万円の補助金をもらっていたとします。このときの財の価値は，105万円で売れたのだから，105万円の価値があると表現することができます。これを，市場価格で価値を表示するので，市場価格表示といいます。ここでの市場価格は税込みで消費税なども含んでいます。

市場価格表示 ➡

これに対し，かかった費用で価値を表示する方法を要素費用表示といいます。要素とは，生産要素の略で，生産要素とは，生産に必要な物をいいます。

要素費用表示 ➡

経済学では，生産に必要な物は，資本（機械など），労働，土地の3種類です。したがって，要素費用表示とは，生産された物の価値を，生産に必要な資本，労働，土地にかかった費用の合計で表すということです。

ところで，企業は生産した価値を土地を提供してくれた地主，資本を提供してくれた資本家と労働を提供してくれた労働者で分配します。すると，資本家・地主と労働者で分配する金額は，105万円のうち5万円は消費税ですから，政府に持っていかれるので，引かなくてはなりません。また，2万円は政府より補助金がもらえていますので，結局，資本家・地主と労働者で分配する金額は，105万円－5万円（政府にとられる部分）＋2万円（政府からもらう部分）＝102万円となります。これが，要素費用表示の価値で，市場価格表示の105万円とはずれがでてきます。

このように，価格表示には2つの方法があるのですが，GDPは市場で取引されるものの計算を行うので，市場価格表示を原則とします。

また，市場価格表示と要素費用表示の価値の関係を一般的な式で表すと，

> 要素費用表示 ≡ 市場価格表示 －（消費税などの）間接税 ＋ 補助金
> 　　　　　　　↑　　　　　　　　↑　　　　　　　　　　　↑
> 　　　　　　市場でもらう分　　市場価格表示の内，　　政府から
> 　　　　　　　　　　　　　　政府にとられる分　　　もらう分

となります。

なお，「≡」とは，恒等式といい，「常に等しい」ことを表します。「＝」は「等しいとき」を意味し，常に等しいとは限りません。

GDPでは，生産したものの価値の計算方法には，以下の原則と例外があります。

原　　則

GDPは市場で取引されるものの計算を行い，市場価格表示を原則とします。なぜなら，ある人にとって100万円の価値があるものも，他の人には100円の価値すらないというように，ものの価値は人によってさまざまですが，とりあえず，ある市場価格で売買されていれば，その価格の価値があると考えることに誰も反対しないからです。つまり，市場価格には，客観性，

納得性があるのです。

したがって，原則として，市場で取引されないもの，以下に述べる公害や主婦の家事労働などの価値は計算に入れません（これは後に説明しますが，GDPの問題点と指摘されることがあります）。

ⓐ 公　　害

公害は，国民の福祉（幸せの度合い，豊かさ）を低下させますが，通常，**市場で取引されませんので，GDPには計算されません**。しかし，国民の豊かさということから考えれば，公害の被害の分だけ豊かさが減って不幸せになっている（＝損失を被っている）のですから，差し引く必要があると考えられます。

　◀公害

ⓑ 主婦の家事労働

主婦の家事労働は，家事サービスを生産しており家族を豊かにするものですが，**市場で取引きされませんので，GDPには計算されません**。市場取引とはお金のやり取りを行うことです。味噌汁一杯作って「ハイ100円」なんていう主婦はいませんよね。しかし，家事というサービスを生産しているのでその点から考えれば，家事労働もGDPの計算に加えるべきです。また，主婦が病気となり，家政婦を雇い同じ家事を行うと，それは，市場で取引されるので，GDPに計算されてしまい，同じ家事労働なのに，計算に入れる場合と入れない場合がでてきてしまいます。しかし，主婦の家事労働は，その価値を客観的に測定することが困難ですので，GDPの計算には入れません。

　◀主婦の家事労働

例　　外

以下の3つは，市場取引は行われていませんが，例外的に，GDPの計算に加えます。

ⓐ 帰属家賃

持ち家を持っている人は大家も借り主も自分ですから，わざわざ自分に家賃を支払ったりしません。しかし，月10万円くらいの持ち家に住んでいる人は，毎月10万円の幸せがあります。

この幸せをGDPに反映させるため，持ち家を持っている人は，借り主であるその人が，大家でもあるその人自身に家賃を支払ったと考えて，この仮の家賃を**GDPの計算に加えます**。このように，持ち家に住んでいる人が，あたかも自分で自分に家賃を支払っているかのように考えることを，帰属家賃といいます。

　◀帰属家賃

ⓑ 農家の自家消費

農家が自分の田畑で作ったものを消費することを農家の自家消費といいます。この場合は，自分で作ったものを，わざわざ，自分自身に売って，お金をもらうなどということはしません。したがって，市場取引は行われません。

しかし，自分で作って食べる米や野菜も価値として生産されており，その農家の幸せを増やします。この幸せをGDPに反映させるため，**農家の**

　◀農家の自家消費

自家消費については，農家は自分の作ったものを自分に売ったと考えて，GDPの計算に加えます。

ⓒ 公共サービス

→ 公共サービス

警察，消防，行政などの公共サービスは，その費用は税金で負担され，価格は無料のものがほとんどです。ということは，公共サービスも市場取引は行われないものがほとんどです。しかし，公共サービスも価値を生産し，国民の幸せに貢献しています。

警察官のいない世の中を考えてみてください。夜は怖くて歩けなくなり，犯罪者を捕まえる人がいなくなるので，犯罪も激増し，国民は不幸になるでしょう。

この**公共サービス**は，国民生活に与える影響も大きく，GDPの計算に例外的に加えて計算します。

ただし，公共サービスは，市場で取引されていないので，市場価格はありません。似たようなサービスの価格もありません。したがって，市場価格表示はできません。そこで，**要素費用表示**，つまり，公共サービスの提供にかかった費用で計算して，GDPに計算します。

→ 要素費用表示

【6】「付加価値の合計」

GDPは原則として市場価格表示の価値を足し合わせたもの（例外あり）ですが，単なる売り上げ（産出額，生産額ともいいます）を合計するわけではありません。

日本経済が，トヨタ自動車，新日鐵，日本板硝子，ブリヂストンの4社しかなく，1年間に100万円のカローラ1台を生産したという単純な世界を考えてください（これは，経済大国日本が1年間にカローラ1台しか生産しないという非現実的な仮定ですが，話を単純にして，わかりやすくするためにご容赦ください）。

では，図表2－3のような一国経済を想定しましょう。図表2－3にあるそれぞれの売り上げを単純に足すと，20＋10＋10＋100＝140万円となります。しかし，この1年間には，100万円のカローラ1台しか生産していないのですから，国内総生産は，100万円のはずです。140万円と100万円の差は，どこから生じるのでしょうか。

それは，鉄（20万円），ガラス（10万円），タイヤ（10万円）の金額の合計です。これらは，自動車の原材料ですが，すでに原材料メーカーの売り上げで計算されているのに，トヨタ自動車の売り上げにも計算され，2回計算されてしまっているのです（二重計算）。

ところで，タイヤや鉄などの原材料のように，生産したものが，また，何かの生産のために使われるものを中間生産物といい，自動車のように，生産したものがそのまま消費者に売られるものを最終生産物といいます。つまり，売り上げを単純に合計してしまうと，中間生産物（原材料）は，二重計算されてしまうという問題が生じます。

→ 中間生産物
→ 最終生産物

第4章　国民所得の諸概念

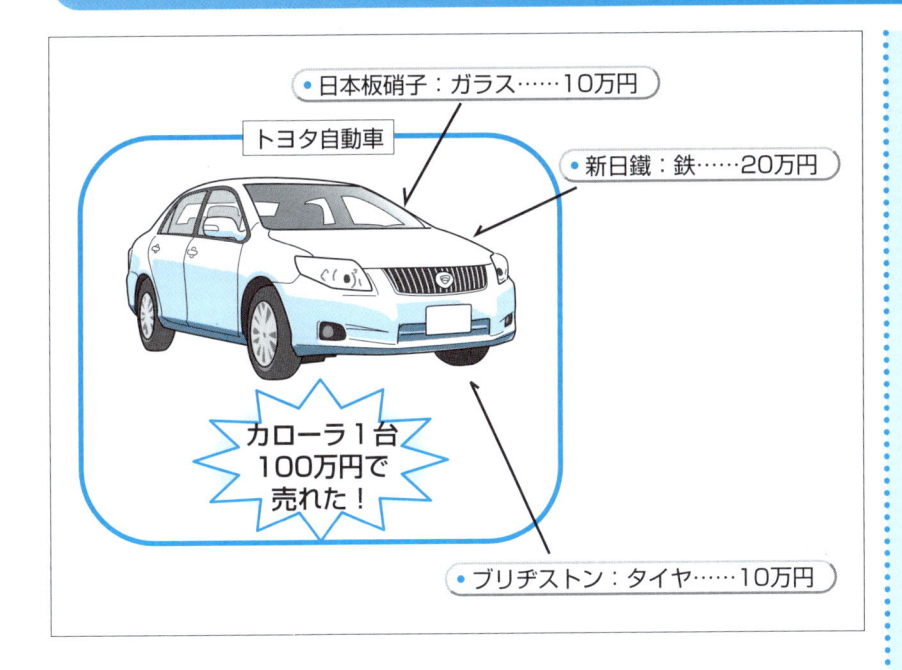

●図表2－3●
売り上げと付加価値

そこで、付加価値というものを使います。**付加価値とは、その企業が生み出した（付け加えた）価値**のことを言います。付加価値で考えると、トヨタ自動車は、100万円のカローラを作ったのですが、実は、40万円分の鉄・タイヤ・ガラスは、原材料メーカーが作ったものです。したがって、トヨタ自動車は、40万円の原材料を100万円のカローラにしたのですから、100－40＝60万円の価値を生産したことになります。

ですから、トヨタ自動車の生産した付加価値は60万円です。これに、原材料メーカーの生産した付加価値40万円と足すと、60＋40＝100万円となり、この経済がカローラ1台生産したという事実を表すことができます。

このように、GDPは、中間生産物（原材料）の二重計算を避けるため付加価値を合計して計算します。

← 付加価値

3　国民総生産 (GNP：Gross National Product)

GDP（国内総生産）が日本国という場所に着目したのに対し、GNP（国民総生産）は、**日本国民という人に着目**するものです。つまり、GNPは日本国民が生産した付加価値を合計したものです。

法律上、国民とは、その国の国籍を有する人を意味しますが、この国民経済計算では、**1年以上居住する人を国民**とします。ですから、1年以上アメリカに駐在している日本国籍を持つ（＝通常日本国民といわれます）商社マンの生産するサービスは、1年以上アメリカにいるので、GNPの計算では、日本国民ではなくアメリカ国民とみなされ、アメリカのGNPに計算されます。

← GNP（国民総生産）

← 国民

77

●マクロ編／第Ⅱ部　国民経済計算

　一方，1年以上日本に駐在するアメリカ国籍を持つ（＝通常アメリカ人といわれます）証券マンの生産するサービスは，1年以上日本にいるので，GNPの計算では，アメリカではなく日本国民とみなされ，日本のGNPに計算されます。

　通常，日本国民は日本国内にいることが多いので，GDPとGNPはそれほど差はありません。ところが，経済の国際化がすすむと，この両者にずれが生じます。

　これを，日本人タレントの北京コンサートで考えてみましょう。このコンサートが1億円の付加価値を生み出したとします。日本人タレントは1年以上日本に居住するので，日本国民となり，日本の国民総生産（GNP）に計算されます。しかし，この1億円は，日本国外の北京すなわち中国国内で生産されたものですから，この1億円は中国の国内総生産（GDP）に計算され，日本の国内総生産（GDP）には計算されません。このように，日本人タレントの北京コンサートにより，日本のGDPとGNPにはずれが生じます。

　反対に，アメリカ人の劇団の日本公演の付加価値が2億円としましょう。アメリカ人劇団は日本に1年以上は居住しておらず，アメリカに1年以上居住しているのでGNPの計算でアメリカ国民となるので，アメリカのGNPに計算され，この2億円は，日本のGNPには計算されません。しかし，この2億円は，日本国内で行われたので日本の国内総生産（GDP）には計算されて，含まれています。

　したがって，GDPとGNPの関係は，

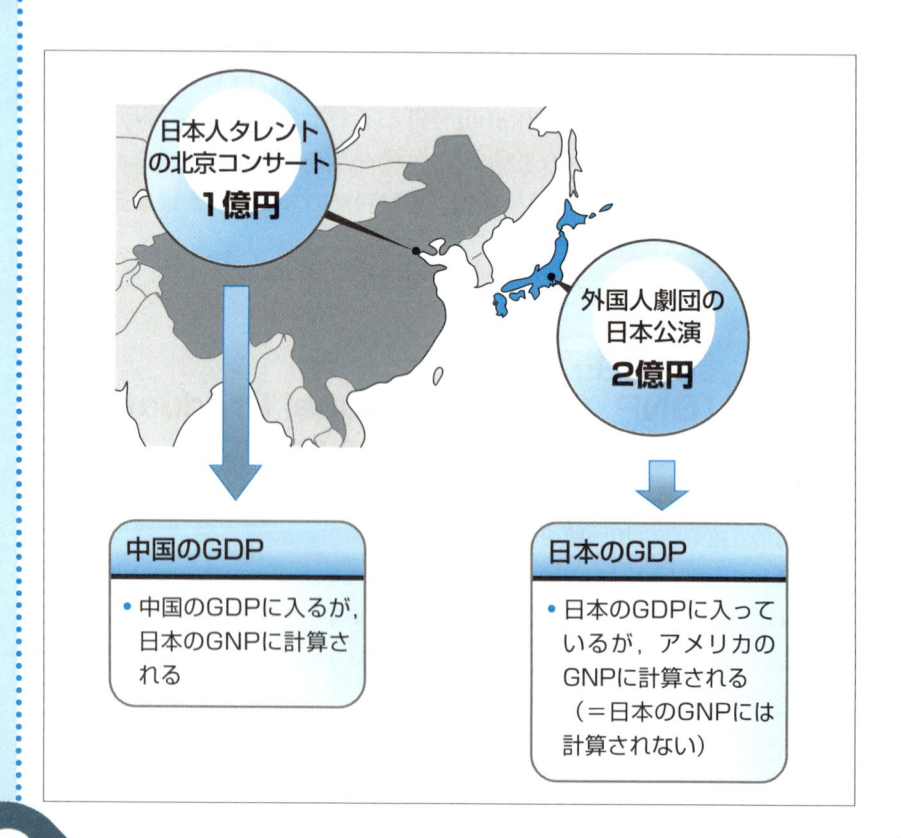

●図表2－4●
日本のGDPと
GNPの関係

日本人タレント
の北京コンサート
1億円

外国人劇団の
日本公演
2億円

中国のGDP
・中国のGDPに入るが，日本のGNPに計算される

日本のGDP
・日本のGDPに入っているが，アメリカのGNPに計算される（＝日本のGNPには計算されない）

第4章 国民所得の諸概念

```
GNP ≡ GDP
    ＋海外からの要素所得の受取－海外への要素所得の支払い
        ↑                        ↑
    日本人タレントの北京コンサート  アメリカ人劇団の日本公演
```

となります。

　なお，要素所得とは，生産要素の受け取る所得です。ですから，「海外からの要素所得の受取」とは，日本国民が海外で生産要素として生産に貢献したので受け取る所得をいい，先ほどの例では，日本人タレントが北京コンサートで受け取る所得を指します。

　これに対し，「海外への要素所得の支払い」とは，外国民が日本国内で生産要素として生産に貢献したので，日本から海外に支払う所得をいい，先ほどの例では，アメリカ人劇団の日本公演で稼いだ所得を指します。

　なお，日本の景気を判断する上では，GNPよりもGDPの方が適しています。なぜなら，GNPだと，日本国民が景気のいい他の国で稼いでもGNPは大きくなってしまうからです。しかし，それは日本の景気を表してはいません。**日本の景気を見るには，日本国内でどれだけの生産があったかを知るのが重要であり，国内総生産（GDP）の方が適しています。**

　私の高校時代には国民総生産（GNP）を習いましたが，今の高校生は，国内総生産（GDP）の方を習います。新聞でも経済成長がプラスだマイナスだという情報は，今では，GNPではなく，GDPで比較しています。

　なお，2000年より**GNP（国民総生産）の代わりにGNI（Gross National Income：国民総所得）という統計が主要統計指標として使われるようになりました**。GNIはGNPと細かな違いはあるのですが，数値自体は同じものです。それに合わせて後ほど説明するNNP（国民純生産）もNNI（Net National Income）国民純所得と呼ばれるようになりました（図表2－5）。ちなみに，日本の平成16年度のGNI（＝GNP）とGDPの関係は以下のようになっています。

```
GNI ≡ GDP ＋海外からの要素所得受取 － 海外への要素所得支払い
506 ≡ 496 ＋      15           －      5      （単位：兆円）
```

	国　民 （1年以上居住：National）	国　内 （Domestic）
固定資本減耗を引いていない（GROSS）	GNP（国民総生産） ↓ GNI（国民総所得）へ	GDP（国内総生産）
固定資本減耗を引いた（NET）	NNP（国民純生産） ↓ NNI（国民純所得）へ	NDP（国内純生産）

●図表2－5●
GNP，GDP，NNP，NDPの関係

4 NNI と NDP

すでにお話ししたように，GDPは「④固定資本減耗（減価償却）を差し引いていない（含んでいる）」ものでした。

ところが，たとえば，100万円の機械で，1年間に50万円の付加価値を生産した結果，機械がすり減り5万円価値が減少し，95万円の価値しかなくなったとしましょう。この場合の，1年間で生み出した価値は，50万円生産していますが，機械の価値が5万円下がっていますので，豊かさという意味では，50万円－5万円＝45万円分しか豊かになっていないはずです。

そこで，この機械の価値の減少，すなわち，固定資本減耗をGDPから差し引いたものがNDPです。

同様に，国内総所得（GNI）（＝GNP）から固定資本減耗を差し引いたものが国民純所得（NNI）（＝NNP）です。

> NDP（国内純生産）≡ GDP（国内総生産）－固定資本減耗
> NNI（国民純所得）≡ GNI（国民総所得）－固定資本減耗

という関係になり，これらの関係をまとめると**図表2－5**のようになります。

豊かさをはかるという意味では，固定資本減耗を差し引いたNNIやNDPの方がよいのですが，通常は，NNIやNDPはあまり用いられず，GNPやGDPの方がよく使われます。皆さんも，GDPやGNPの方がなじみがあるでしょう。これは，**固定資本減耗とは，機械などの価値の減少であり，これを正確に把握することが困難なので，正確なNNIやNDPを計算できないから**なのです。

さて，ここまで，GDP，GNI，GNP，NDP，NNI，NNPと出てきて混乱しそうです。これら6つは丸暗記ではなく，理解して，**図表2－5**のように整理して覚えましょう。

5 国民所得（NI：National Income）

国民所得とは，広義では，GDP，NDP，GNI，NNI，GNP，NNPなどの総称として用いられます。しかし，狭い意味では，NI（National Income）を指します。ここでは，狭い意味の国民所得，NI（National Income）の説明を行います。

NI ➡
狭い意味の国民所得 ➡

GDPやGNPが付加価値（新たに生み出した（付け加えた）価値）の生産面に注目したのに対し，このNIは生産した付加価値は生産に貢献した人に分けられるはずですから，この国民に分配された所得を合計しようというものです。

第 4 章　国民所得の諸概念

　国民所得（NI）は，労働者と資本家（株主）に分配されます。また，個人企業は労働者と資本家（株主）が分離していないと考えることができますので別に混合所得という分類に入れます。また，別の方法として，労働者への所得を雇用者報酬，預金の利子や貸家の賃料など資産からの所得である財産所得，企業（株主）の所得である企業所得（あるいは営業余剰と呼びます）と分類する場合もあります。この場合には，個人企業の混合所得は財産所得と企業所得に分けられます。

　以上を整理し，平成16年度の日本のデータを示すと以下のようになります。

> 国民所得（NI）≡雇用者報酬＋混合所得＋営業余剰（法人所得）
> 　361兆円
> 　　　　　　　≡雇用者報酬＋財産所得＋企業所得
> 　　　　　　　　　255兆円　　10兆円　　96兆円

　この狭義の国民所得は，GNPが市場価格表示で価値を計算しているのに対し，要素費用表示で計算するもので，別名，要素費用表示の国民所得ともいいます。なぜ要素費用表示と呼ぶかというと，（狭義の）国民所得は付加価値の生産に貢献した人に分けられる分け前を合計したものですので，付加価値の生産に貢献した生産要素への分配すなわち，企業からみれば支払いに当たり，企業の費用と考えることができるからです。　　← 要素費用表示の国民所得

　したがって，市場価格表示のGNPから固定資本減耗を引いて，さらに政府に支払う間接税を引いて，政府からもらう補助金を足すことになります。

　ここで，間接税とは，税金を税務署に納める人（納税者といいます）と税金を負担する人（担税者といいます）が異なる税金をいいます。具体的には，消費税や酒税のようなものです。　　　　　　　　　　　　　　　　　　　　　　　　　　　　　← 間接税

　たとえば，消費税は，私たちが5％を負担しても，税務署に支払うのは，私達ではなく，お店の人となります。間接税は，売り上げの中に入っています。売り上げから原材料費を引いた付加価値を，生産に貢献したみんなで分けるときには，その付加価値には間接税が入っています。ですから，間接税は税務署に払うためにお客さんから預かったものですから，生産に貢献したみんなで分けてはいけません。したがって，間接税は皆の所得の分け前の合

ちょっと細かいデータの話

　なお，以上のNIの数字361兆円は後ほど紹介する**図表2－7**の分配面の国民所得の項目である雇用者報酬（国内）255兆円，営業余剰・混合所得（国内）96兆円を合計した351兆円と10兆円違います。これは，NI，「国民」という視点ですから，国内での雇用者報酬，混合所得，営業余剰（企業所得），財産所得に海外からの所得受取(15兆円)を足し，海外への所得支払い(5兆円)を引きます。ですから，10兆円ずれが出てくるのです。

計から差し引かれます。

直接税 → これに対し，直接税とは，納税者と担税者が同じである税金です。所得税などが直接税です。

所得税は，所得がある人が負担すると同時に，直接納税します。この直接税は，皆で分ける付加価値（お客からもらったお金）の中には入っていませんので，みんなで分けるときには差し引く必要はありません（直接税は皆で分けた後に，分けられた皆の所得に対してかかるものです）。

$$NI \equiv GNI(=GNP) - 固定資本減耗 - 間接税 + 補助金$$

　　　　　　　　　NNI（NNP）
　　　　　　市場価格表示　　　　　政府にとられる　政府よりもらう

以上を平成16年度の日本のデータを使って具体的に説明しましょう。狭義の国民所得（NI）は国民の分け前だという点をしっかり思い出してください。平成16年度の日本のGDPは496，海外からの所得の受取15を加え，海外への所得の支払5を差し引いた506がGNI（＝GNP）です。このGNIから固定資本減耗106は資本の価値が減って損した分ですので分けられませんので，その分を差し引いた400がNNI（＝NNP）です。このNNIにはお客さんから預かった消費税のような間接税が含まれており，この間接税は企業関係者で分けてはならず，税務署に納めなくてはなりません。ですから，NNIから間接税42を差し引くと358となります。これが分け前かというとそうではありません。なぜなら，国から補助金をもらっていれば，その分は分け前が増えているからです。したがって補助金4は分け前に加えることができますから，結局，図表2－6のように，

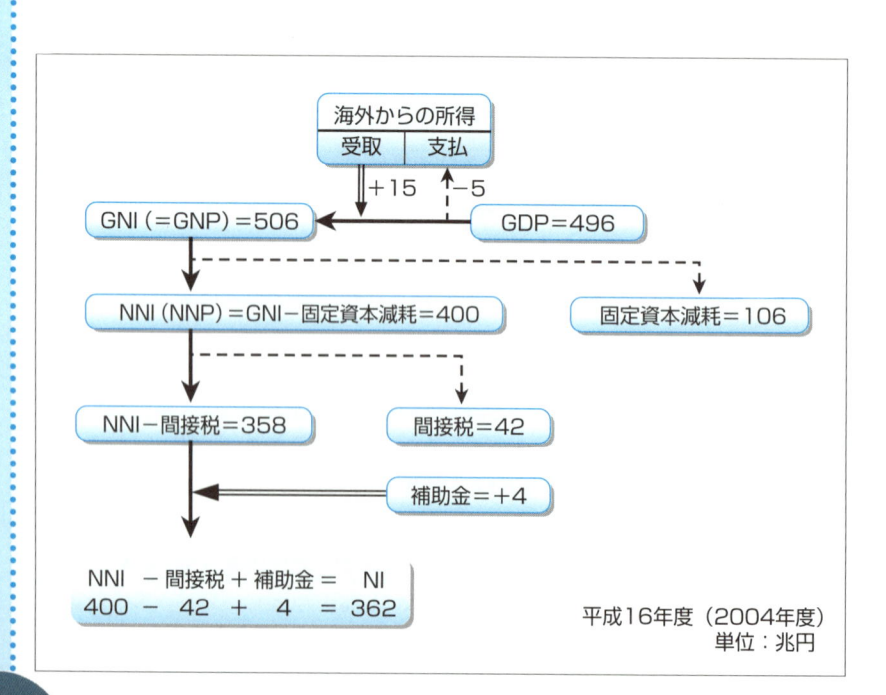

● **図表2－6** ●
GDP，GNI，NNP，NI の関係

```
                    ┌─────────────┐
                    │  海外からの所得  │
                    │  受取 │ 支払   │
                    └──┬───┴───┬────┘
                      +15    -5
                       ↓      ↓
   ┌─────────────────┐    ┌──────────┐
   │ GNI（＝GNP）＝506 │←───│ GDP＝496 │
   └────────┬────────┘    └──────────┘
            ↓                    ↘
   ┌─────────────────────────┐   ┌─────────────┐
   │ NNI（NNP）＝GNI−固定資本 │   │ 固定資本減耗 │
   │       減耗＝400          │   │    ＝106     │
   └────────┬────────────────┘   └─────────────┘
            ↓                       ↘
   ┌─────────────────┐         ┌──────────┐
   │ NNI−間接税＝358 │         │ 間接税＝42 │
   └────────┬────────┘         └──────────┘
            ↑                    ┌────────────┐
            └────────────────────│ 補助金＝+4 │
                                 └────────────┘
   ┌────────────────────────────────────┐
   │ NNI − 間接税 ＋ 補助金 ＝ NI       │
   │ 400 −   42   ＋   4   ＝ 362       │
   └────────────────────────────────────┘
```

平成16年度（2004年度）
単位：兆円

NI＝GNI（＝GNP）(506)－固定資本減耗(106)－間接税(42)＋補助金(4)＝362となります。

6 GDPの問題点
——真の国民所得（豊かさ）の計算

すでにお話ししたように，GDPは，市場で取引されないものは原則として計算しません。

したがって，公害が発生し自然環境を破壊し，国民の幸せが減少しても，その分を差し引くということはありません。しかも，この問題点は，GDPのみならず，GNI，NDP，NNI，NIにも共通しています。

【1】「日本は経済大国だが豊かさを実感できない！」というセリフ

GDP等の問題点は，「日本はGDPは米国に次ぐ世界第2位の経済大国であるが，それ程の豊かさを実感できない」という問題と深く関係します。

確かに，日本は昭和の高度経済成長を通じ，GDPが増加し，1人当たりの国民所得も大きくなっていきました。GDPが増加し，1人当たりの国民所得も大きくなっていったということは，大ざっぱに言えば個人の給料が増えたということです。しかし，日本は諸外国に比べ，通勤地獄，狭い住宅，労働時間の長さなど「豊か」とはいえない問題点もたくさんあるので，「豊かな」生活を実感できているとはいえません。

では，なぜ，このようなずれが出てきたかというと，**通勤地獄，狭い住宅，労働時間の長さなどは市場で取引されるものではないので，GDP等の計算では考慮されない**からなのです。つまり，GNI，NNI，GDP，NDP，NI等の経済指標は「原則として市場で取引されるものを計算する」ので，市場取引がないものは豊かさに関係あっても計算に入れないという問題点が指摘されるのです。

【2】真の豊かさを計算する試み

そこで，真の豊かさを測る指標として，アメリカの経済学者であるトービンとノードハウスはMEW（Measure of Economic Welfare：国民福祉指標）という指標を開発しました。このMEWはGDPから環境破壊や通勤時間などマイナスの要素を金額に換算し差引くとともに，家事労働や余暇時間などを金額換算して加えました。このMEWを参考にして，日本でも，1973年に国民純福祉（NNW：Net National Welfare）が考案されました。

← 国民純福祉（NNW）

しかし，これらの指標は，環境破壊，通勤時間，家事労働，余暇時間などを何円分の価値があるのかと金額に換算しますが，前提条件のおき方によって数値が大きく変わってしまい客観的ではありませんので，あまり用いられてはいません。

●マクロ編／第Ⅱ部　国民経済計算

　その後，環境問題が地球的規模での課題となり，国連は，1993年に「**環境・経済統合勘定（SEEA：System of Integrated Environment and Economic Account）**」を作成し，経済活動を測定する国民経済計算に環境に関連する経済活動や関係への影響なども測定することを提唱しました。

グリーンGDP ➡

　この提唱を受けて，日本でも研究が進み，研究の過程において，GDPから環境への悪影響を金額に換算して差し引いた**グリーンGDP**を作成しましたが，環境負荷への悪影響を金額換算する国際的ルールが定まらないなどの問題もあり現在ではグリーンGDPは測定されていません。

環境・経済統合勘定 ➡

　その後，2003年に国連は「環境・経済統合勘定（SEEA）」の最終ドラフトを提示しました。日本は，それに基づいて，「環境・経済統合勘定（SEEA）」だけではなく，下水・廃棄物処理，リサイクルなどの環境保護サービスの供給と需要を分析した「**環境保護サービスの供給・使用表**」も作成しています。

　以上のように，**市場価格のない環境や余暇などの価値を計算しようという取り組みはあるものの，それを客観的に金額に換算することは困難**です。そこで，私たちは，**色々と問題はあるものの，客観的に計算できるGDPやGNI（GNP）**を使って経済の議論をするのです。

第5章 三面等価の原則

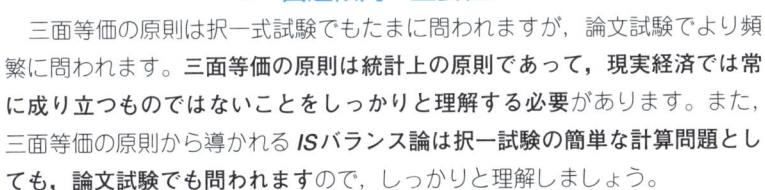

> 📘 *出題傾向・重要性* 📘
> 三面等価の原則は択一式試験でもたまに問われますが，論文試験でより頻繁に問われます。三面等価の原則は統計上の原則であって，現実経済では常に成り立つものではないことをしっかりと理解する必要があります。また，三面等価の原則から導かれる *IS* バランス論は択一試験の簡単な計算問題としても，論文試験でも問われますので，しっかりと理解しましょう。

1 生産面の国民所得

生産面の国民所得とは，1年間に生産された付加価値の総計である**国内総生産（GDP）**です。

← 生産面の国民所得

2 分配面の国民所得

生産された付加価値は，生産に貢献した生産要素を提供した人に分配されます。**分配面の国民所得**とは，この**分配された所得を足し合わせたもの**になります。具体的には，生産された付加価値は，労働を提供した労働者と資本を提供した資本家に分配されます。この分配面からの指標は，NI（狭義の国民所得）です。先ほどの国民所得（NI）より，NI ≡ GNI －固定資本減耗－間接税＋補助金ですから，

← 分配面の国民所得

> GNI ≡ NI ＋固定資本減耗＋間接税－補助金
> ↑
> 生産面の国民所得　分配面の国民所得

となります。しかし，これはGNIと等しい「国民」という視点での分配面の国民所得であり，「国内」の視点で考えるGDPと等しくするには調整が必要です。すでにお話ししたように，GNI ≡ GDP ＋海外からの所得受取－海外への所得支払いですので，

85

GDP ≡ GNI －海外からの所得受取＋海外への所得支払い，となり，

GDP ≡ GNI（NI＋固定資本減耗＋間接税－補助金）－海外からの所得受取＋海外への所得支払いとなります。

```
                        GNI
         ┌─────────────────────────────────────┐
GDP ≡ NI＋固定資本減耗＋間接税－補助金－海外からの所得受取＋海外への所得支払い
  ↑     └──────────────────────────────┘
生産面の国民所得              分配面の国民所得
```

これは，日本国内で生産された価値が506兆円であれば，それらを分配した金額を全部足し合わせれば常に506兆円となるということです。これは，元々生産した506兆円を分けたわけですから，当然といえば当然のことであり，これは統計上だけではなく，現実経済でも等しくなります。

3 支出面の国民所得

最後に，支出面の国民所得を説明します。支出面の国民所得とは，国内総支出（GDE：Gross Domestic Expenditure）です。**国内総支出とは，国内で支出した金額の合計ではなく，国内で生産した付加価値への支出の合計を意味します。**なぜなら，国内で生産した国内総生産（GDP）と等しくなるのは，その生産したものへの支出の合計だからです。くれぐれも国内で支出した金額の合計ではないことに注意してください。

国内で生産した付加価値への支出の合計である国内総支出には，まず，民間消費，民間投資，政府支出があります。

　　国内総支出 ≡ 民間消費＋民間投資＋政府支出

しかし，そのうち，外国製品を買う（輸入する）場合には，国内で生産する価値への支出にはなりませんので，差し引く必要があります。また，外国人がその国民の生産する価値への支出をする輸出の場合は足す必要があります。

```
国内総支出 ≡ 民間消費＋民間投資＋政府支出＋輸出－輸入
  ↑         └──民間の支出──┘      ↑        ↑
            └──日本国内の支出──┘
日本製品への支出   外国人による日本製品への支出
                        日本国内の支出のうち，日本製品への
                        支出ではなく，外国製品への支出の分
```

現実には，国内で生産する価値への支出はこれだけのはずです。ですから，国内総生産より，国内総支出が小さい場合，生産した分より支出が少ないので，ものが売れ残り，倉庫に売れ残り品が増えます。ところが，統計上は，

（サイドノート：支出面の国民所得 ➡ 国内総支出 ➡）

第5章 三面等価の原則

この売れ残りを民間在庫品増加として，国内総支出に加えているのです。

> 国内総支出≡民間消費＋民間投資＋民間在庫品増加（売れ残り）
> 　　　　　＋政府支出＋輸出－輸入

これは，売れ残った分は，その作った企業が支出したと考えるのです。このように考えれば，統計上は，支出面の国民所得（国民総支出）≡生産面の国民所得（国民総生産）と常に等しくなります。

しかし，これは，**統計上は，売れ残った分は作った企業が支出して買った**ことにしてしまうので，等しくなるというだけで，現実の生産量と需要量（支出額）が等しく売れ残りがないということではありません。

いずれにせよ，このようにして，**統計上は，生産面の国民所得（国内総生産）≡分配面の国民所得≡支出面の国民所得（国内総支出）**となります。これが，三面等価の原則です。

← 三面等価の原則

> ＜三面等価の原則＞
> 生産面の国民所得≡分配面の国民所得≡支出面の国民所得
> 　　（GDP）　　　　　　　　　　　　　　（GDE）

これは，売れ残りは作った企業が支出したと考えることにより，たとえば生産した価値500は，必ず誰かに支出されるので支出も500であり，その価値500の儲けは必ず誰かに分配されるのであるから分配された所得の合計も

国内総生産（支出面）	
民間最終消費支出	285
政府最終消費支出	89
総固定資本形成	113
在庫品増加	−1
財貨・サービスの輸出	67
（控除）財貨・サービスの輸入	−58
国内総生産（支出面）	**496**

国内総生産（分配面*）	
雇用者報酬（国内）	255
営業余剰・混合所得（国内）	96
固定資本減耗	106
生産・輸入品に課される税	42
（控除）補助金	−4
統計上の不突合**	1
国内総生産（分配面*）	**496**

国内総生産（生産面）	
1．産業	458
(1) 農林水産業	8
(2) 鉱業	1
(3) 製造業	104
(4) 建設業	32
(5) 電気・ガス・水道業	13
(6) 卸売・小売業	67
(7) 金融・保険業	33
(8) 不動産業	60
(9) 運輸・通信業	35
(10) サービス業	106
2．政府サービス生産者	47
3．対家計民間非営利サービス生産者	10
調整項目	−23
統計上の不突合**	5
国内総生産	**496**

出所：内閣府平成16年度国民経済計算

生産面 ≡ 支出面 ≡ 分配面 となっている

＊内閣府統計では生産面となっていますが，内容は雇用者や企業，企業以外の自営業者への所得の分配ですので，ここでは，分配面での国民所得と考えます。

＊＊生産面，支出面，分配面はそれぞれ計算の方法が違うので，実際には差が出てきてしまいます。この差を統計上の不突合といいます。

●図表2−7●
日本のGDPの三面等価
（平成16年度）

500になるということです。

なお、**図表2−7**の国内総生産（支出面）は国内総支出のことなのですが国内総生産（支出面）を見ると、民間最終消費支出、政府最終消費支出、国内総固定資本形成など新しい用語がでてきています。そこで、今まで説明してきた用語との対応関係を説明しておきましょう。

まず、民間最終消費支出は民間消費と同じです。次に、政府支出は、**図表2−7**では政府最終消費支出と政府投資に分けられ、民間投資と政府投資を合計したものを（国内）総固定資本形成と呼んでいます。これは、民間、政府を問わず、国内において将来に残る固定資本（工場の機械や道路など）をどれだけ生産したかということで、「総」は固定資本減耗、つまり、今年摩耗した分は差し引いていないということです。その対応関係を式で示しておきましょう。

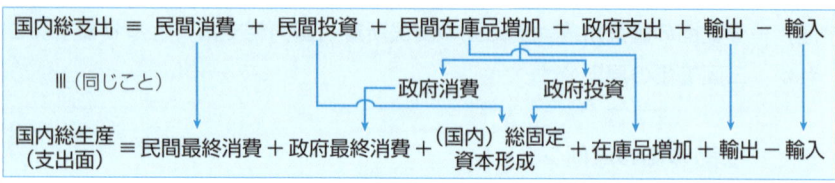

国内総支出 ≡ 民間消費 ＋ 民間投資 ＋ 民間在庫品増加 ＋ 政府支出 ＋ 輸出 − 輸入

≡（同じこと）　　　　　　　　　　　　政府消費　　政府投資

国内総生産（支出面）≡ 民間最終消費 ＋ 政府最終消費 ＋（国内）総固定資本形成 ＋ 在庫品増加 ＋ 輸出 − 輸入

4　ISバランス論

三面等価の原則より、統計上は、生産面の国民所得、分配面の国民所得、支出面の国民所得は常に等しいことを説明しました。そして、この三面等価の原則を活用して、貿易・サービス収支（$EX－IM$）の黒字や赤字について考えるのがISバランス論です。

三面等価の原則より、生産面の国民所得（＝GDP）は支出面の国民所得（GDE）、分配面の国民所得と常に等しくなっています。ここでは、支出面の国民所得（GDE）と分配面の国民所得が常に等しいことに注目します。

まず、支出面の国民所得（GDE）≡消費（C）＋投資（I）＋政府支出（G）＋輸出（EX）−輸入（IM）です。ここでは、在庫品増加が消えていますが、投資（I）に含めています。支出面の国内総生産（国民所得）と国内総支出は同じ意味ですが、このときに在庫品増加の項目がなければ投資（I）に含めいているというルールがあるので注意しましょう。

次に、分配面での国民所得について考えます。分配された国民所得を別の

> 📘 **ベーシック・ワード　財政** 📘
>
> 財政とは政府の収入と支出のことをいいます。中央政府（国）の財政を国家財政、都道府県や市町村などの地方政府の財政を地方財政といいます。経済学では国であっても地方であっても有効需要となればよいわけですから、特に国、地方を分けずに両方を合計して財政と考えることが多いようです。

> **📘 ベーシック・ワード　収支　📘**
>
> 　収入と支出のことで，正確には収入−支出です。ですから，収支がプラスは収入が支出より多いので黒字，収支のマイナスは収入より支出が多いので赤字を意味します。

側面から捉えると，所得（Y）は一部を税金（T）として徴収され，税引き後の所得（可処分所得：$Y-T$）から消費を行い，残りが貯蓄（S）です。式で書けば，$S=Y-T-C$となります。いいかえれば，国民所得（Y）＝消費（C）＋貯蓄（S）＋租税（T），つまり，消費した金額と残った貯蓄と払った税金を合計すれば元の所得となるというわけです。

　そして，三面等価の原則より，「支出面の国民所得（GDE）≡消費（C）＋投資（I）＋政府支出（G）＋輸出（EX）−輸入（IM）」と「国民所得（Y）＝消費（C）＋貯蓄（S）＋租税（T）」は常に等しいので，

　支出面の国民所得（GDE）≡分配面での国民所得（Y）

両方をいいかえると，

$$C+I+G+EX-IM \equiv C+S+T$$

となり，これを変形すると，

$$EX-IM \equiv C+S+T-(C+I+G)$$
$$\equiv S-I+T-G$$

となります。$EX-IM$は海外との財貨・サービス収支を意味し，$S-I$は国内の貯蓄（S）が投資（I）に対してどれだけ超過しているかを表し「国内貯蓄超過」と呼ばれ，T（租税）−G（政府支出）は租税（T）が政府の収入ですから$T-G$は政府の財政収支を意味します。

$$EX-IM \equiv (S-I) + (T-G)$$
　　　　経常収支　国内貯蓄超過　財政収支

　この式から，たとえば，日本は貿易黒字（財貨・サービス収支黒字）なのにアメリカは赤字である構造がわかります。日本の場合には国内の貯蓄（S）が多く投資（I）は少ないので「国内貯蓄超過（$S-I$）」は非常に大きく大幅なプラス，財政収支（$T-G$）は赤字でマイナスなので，合計では国内貯蓄超過の大幅なプラスが財政収支のマイナスより大きいために，財貨・サービス収支（$EX-IM$）はプラスで黒字となっています。

　逆にアメリカは国内の貯蓄（S）は少なく投資（I）は多いので「国内貯蓄超過（$S-I$）」は大幅なマイナス，財政収支（$T-G$）は赤字でマイナスなので，合計では大幅なマイナスであり，財貨・サービス収支（$EX-IM$）は大幅なマイナスとなっています。

●マクロ編／第Ⅱ部　国民経済計算

	$EX-IM$	≡	$(S-I)$	+	$(T-G)$
日本	⊕	≡	⊕⊕	+	⊖
アメリカ	⊖⊖⊖	≡	⊖⊖	+	⊖

内需拡大論の根拠となったISバランス論

　以上のように国内の貯蓄超過（$S-I$）と財政収支（$T-G$）に焦点をあてて，財貨・サービス収支（$EX-IM$）を分析する考えを**IS**バランス論と呼びます。1980年代に日本が巨額の貿易黒字を計上し，アメリカが巨額の貿易赤字を計上したときに，この**IS**バランス論に基づいて，アメリカから日本に対する内需拡大要求が強まりました。**内需とは国内の需要，つまり，$C+I+G$のことを意味し，外需とは海外からの需要$EX-IM$のことです。**もし，日本が$C+I+G$のどれかを増加させて内需を拡大すれば日本の財貨・サービス黒字（$EX-IM$）は減少し，アメリカの財貨・サービス赤字（$EX-IM$）も減少するはずだというのです。

内需➡
外需➡

　この内需拡大論では，「日本が$C+I+G$のどれかを増加させて内需を拡大すれば日本の財貨・サービス黒字（$EX-IM$）は減少するのか」という点と，「日本の財貨・サービス黒字（$EX-IM$）が減少すればアメリカの財貨・サービス赤字（$EX-IM$）も減少するのか」という２点の検討が必要です。

　まず，第１点目の，「日本が$C+I+G$のどれかを増加させて内需を拡大すれば日本の財貨・サービス黒字（$EX-IM$）は減少するのか」という点を**IS**バランス論で考えましょう。消費（C）を増加させることができれば，所得（Y）が一定であれば貯蓄（S）$=Y-C$は減少しますので，**国内貯蓄超過（$S-I$）は減少し財貨・サービス黒字（$EX-IM$）は減少する**といえそうです。次に，投資（I）を増加させると，国内貯蓄超過（$S-I$）は減少しますから，やはり財貨・サービス黒字（$EX-IM$）は減少するといえそうです。また，政府支出（G）を増加させると，財政収支（$T-G$）の赤字が拡大しやはり財貨・サービス黒字（$EX-IM$）は減少するといえそうです。しかし，この考えについては，**そもそも三面等価の式は，売れ残りの在庫品増加を投資に加えて生産面，分配面，支出面を常に等しくした統計上の式であって，一方を増やせば他方が減るはずだという因果関係を表すものではないから，IS**バランス論は間違っているという意見もあります。

　次に，第２点目の「日本の財貨・サービス黒字（$EX-IM$）が減少すればアメリカの財貨・サービス赤字（$EX-IM$）も減少するのか」という点について考えます。まず，1980年代当時はアメリカの貿易赤字の一番の要因は対日赤字でした。ですから，日本の黒字が減ればアメリカの赤字も減るはずだと考えたのです。しかし，たとえば，日本車の米国への輸出が減ったとしても，米国の消費者が米国車を好まず，代わりにドイツ車を買ってしまったら，アメリカの貿易赤字は減りません。赤字の原因が日本からドイツに代わるだけです。しかし，常識的には日本製品や日本からのサービスの代わりの一部はアメリカ国内の企業が供給するでしょうから，ある程度のアメリカの赤字削減効果はあるように思います。

第6章 物価の計算

🗻 出題傾向・重要性 🗻

　平成不況のときに，物価が下落し続けるというデフレーションに陥り，0.1％や0.2％の物価下落が大きな問題となりました。その際に，「物価指数の計算の正確さはどうなのか？」ということで物価の計算方法が注目されるようになりました。そのような背景があり，平成のデフレ時代になってから択一問題（いくつかの選択肢から正解を選ぶという出題形式）において**物価指数の計算問題が各種試験で今まで以上に出題**されるようになりました。この傾向はしばらく続くと予想されます。

1 物価の計算

　物価とは，「個々の財の価格の平均値」です。しかし，単純に平均するのではなく，経済に占める割合の大きい財の価格は大きく反映され，経済に占める割合の小さい財の価格は少ししか反映されないように重要性を考えて平均します。このように重みを加えて平均することを加重平均といいます。

　これを具体的にお話ししましょう。話を簡単にするため，自動車産業とリ

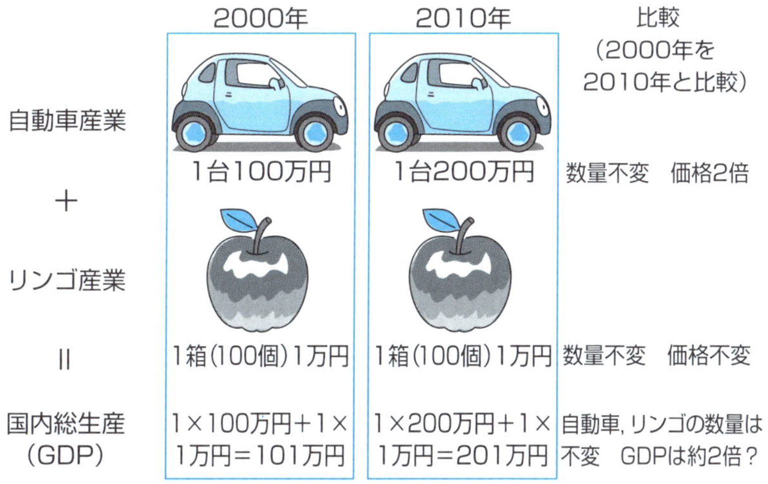

← 物価

	2000年	2010年	比較 (2000年を 2010年と比較)
自動車産業	1台100万円	1台200万円	数量不変　価格2倍
＋ リンゴ産業	1箱(100個)1万円	1箱(100個)1万円	数量不変　価格不変
＝ 国内総生産 (GDP)	1×100万円＋1× 1万円＝101万円	1×200万円＋1× 1万円＝201万円	自動車，リンゴの数量は 不変　GDPは約2倍？

●図表2－8●
物価上昇とGDP

ンゴ産業しかない国を考えます。そして、この国は、2000年は、100万円の自動車1台と、1万円のりんご1箱を生産したとします。

そして、2010年には、200万円の自動車1台と、1万円のりんご1箱を生産したとします。なお、自動車とリンゴの品質は同じとします。

このとき、物価をさまざまな価格を単純に平均することで計算してしまうと、自動車の価格は2倍、リンゴの価格は1倍ですから、物価は$\frac{2+1}{2}=1.5$倍となります。しかし、2000年においてGDP101万円のうち、100万円とほとんどは自動車であり、リンゴは1万円とわずかにすぎません。このようなとき、自動車の価格が2倍になれば、経済に占める割合の低いリンゴが価格一定であっても、物価は2倍近くになります。これを、加重平均で正確に計算すると、自動車の経済に占める割合は$\frac{100}{101}$、リンゴの経済に占める割合は$\frac{1}{101}$ですから、

$$2 \times \frac{100}{101} + 1 \times \frac{1}{101} = 1.98 + 0.01 = 1.99$$

- 2：自動車の価格が2倍
- $\frac{100}{101}$：自動車の重要度
- 1：リンゴの価格一定
- $\frac{1}{101}$：リンゴの重要度

と計算されます。

加重平均➡ 以上のように、物価は、さまざまな価格を重要度に従って、加重平均して計算します。ですから、さまざまな価格を加重平均して1万5,000円というように具体的な値がでてきても、「1万5,000円」という数字自体は平均値としての意味しかなく、それ以上の意味はありません。ですから、物価は、具体的に1万5,000円というような数字は示さずに、ある基準の年の物価を1や100として、その基準に対し、1.99や199と表示します。

先の具体例では2000年の物価を基準1として、2010年の物価を1.99と表示しており、99％上昇したことを意味しています。

このように基準を1や100として、それに対し1.99や199と表示する方法を指数といいます。ですから、物価は、物価指数と呼ばれます。

2 名目と実質

先ほどの例で見ると、金額を単純に足し合わせたGDPは、101万円から201万円と1.99倍（約2倍）になっています。このように、**金額を単純に足し合わせたGDPを名目GDP**といいます。しかし、生産量は、自動車1台とリンゴ1箱と何も変わらず、豊かさは変わっていないはずです。これは、数量は変わらなくも、物価が1.99と2倍近くになったことによります。

名目GDP➡

これでは、GDPを豊かさや価値の生産量の指標とすることはできません。そこで、**GDPを物価の変化による影響を取り除いて、数量で把握する実質GDP**を用いることで、本当に生産した価値を計ることができます。

実質GDP➡

第6章　物価の計算

この例では，2010年の名目GDPは201万円ですが，物価が1.99倍となっていますので，実質GDPは201万円÷1.99＝101万円となり，2000年と同じとなります。

これは，生産量が変わっていないことを正確に表しています。なお，**GDPの計算の際の物価指数をGDPデフレータ**と呼んでいます。

←GDPデフレータ

もっとわかりやすい例でいえば，昨年に比べ，数量（生産量）は変わらないけれど，すべての価格が2倍になるケースを考えてください。すべての価格が2倍になっていますから，物価も2倍です。名目GDPも2倍になっています。実質GDPは，名目GDP 2倍÷物価2倍＝1となり，数量は変わらないという事実を正確に表しています。GDPやGNPが前年よりプラスで増加したとか，減少したという場合には，実質GDPや実質GNPで考えています。

3　物価指数のより正確な説明

以上，物価の計算と名目と実質について，まずはイメージをつかんでいただくため大まかな話をしました。これから，より正確な説明をしたいと思います。

①　ラスパイレス指数とパーシェ指数

図表2－8では，2000年での自動車の生産量は1台，りんごの生産量は1箱でしたが，2010年も同じ生産量でしたので話は簡単でした。ところが，**図表2－9**のように時間とともに生産量も変わる場合はどうでしょう。時間の経過とともに，自動車産業は数量，価格ともに2倍ですが，りんご産業は価格，数量ともに不変です。その結果，2000年では，GDP300万円のうち200万円と66％はりんご産業が占めますが，2010年にはGDP600万円のうち400万円と66％は自動車産業が占めています。つまり，産業の主役がりんご産業から自動車産業に変わったのです。

それでは，ここで，**図表2－9**を用いて，物価の計算方法をより正確にお話ししましょう。物価の計算としてよく用いられるものとして，ラスパイレス指数（Pr）とパーシェ指数（Pp）があります。ラスパイレス，パーシェは指数を考案した学者の名前です。

まず，ラスパイレス指数から説明しましょう。**ラスパイレス指数（方式）とは「基準年（古い年）の数量を基準として物価を計算する方法」**です。つまり，基準年である2000年の数量（自動車1台，りんご200箱）を2000年の価格で買うときに比べて，2010年の価格で買うと何倍の金額となるかということです。

それでは，具体的に計算してみましょう。数量は基準年（古い年）ですから2000年の数量，つまり，自動車1台，りんご200箱です。その数量を2000年の価格，つまり，自動車100万円，りんご（1箱）1万円で買うとなると，

93

●マクロ編／第Ⅱ部　国民経済計算

	2000年 （基準年）	2010年 （比較年）	比較 （10年を00年と比較）
自動車産業	1台 100万円／台	2台 200万円／台	数量2倍　価格2倍
＋ りんご産業	200箱 1万円／箱	200箱 1万円／箱	数量不変　価格不変
＝ 国内総生産 （GDP）	1台×100万円 ＋200箱×1万円 ＝300万円	2台×200万円 ＋200箱×1万円 ＝600万円	数量　自動車2倍, 　　　りんご不変 価格　自動車2倍, 　　　りんご不変

●図表2－9●
ラスパイレス指数と
パーシェ指数

1台×100万円＋200箱×1万円＝300万円必要です。ところが，同じ数量を2010年の価格，つまり，自動車200万円，りんご（1箱）1万円で買うとすると，1台×200万円＋200箱×1万円＝400万円必要です。要するに同じ数量のモノを買うのに2000年であれば300万円あればよかったのに2010年は400万円と1.33倍（400万円÷300万円＝1.33）になったのです。この場合，「ラスパイレス指数によって計算すると，2000年を100（1）として基準とすると，2010年の物価水準は133（1.33）と33％上昇した」というような言い方をします。

次に，パーシェ指数について説明しましょう。**パーシェ指数（方式）とは「比較年（新しい年）の数量を基準として物価を計算する方法」**です。つまり，比較年である2010年の数量（自動車2台，りんご200箱）を2000年の価格で買うときに比べて，2010年の価格で買うと何倍の金額となるかということです。

それでは，具体的に計算してみましょう。数量は比較年（新しい年）ですから2010年の数量，つまり，自動車2台，りんご200箱です。その数量を2000年の価格，つまり，自動車100万円，りんご（1箱）1万円で買うとなると，2台×100万円＋200箱×1万円＝400万円必要です。ところが，同じ数量を2010年の価格，つまり，自動車200万円，りんご1万円で買うとすると，2台×200万円＋200箱×1万円＝600万円必要です。要するに同じ数量のモノを買うのに2000年であれば400万円あればよかったのに2010年は600万円と1.5倍（600万円÷400万円＝1.5）になったのです。この場合，「パーシェ指数によって計算すると，2000年を100（1）として基準とすると，

2010年の物価水準は150（1.5）と50％上昇した」というような言い方をします。

　以上の説明より，**図表2－9**のケースは，基準年の2000年を100とすると，ラスパイレス指数では133で33％物価が上昇したことになりますが，パーシェ指数では150と50％も物価が上昇したことになります。これは，ラスパイレス指数では自動車の生産量は1台ですが，パーシェ指数では自動車の生産量は2台と2倍になっているため，パーシェ指数の方が自動車の価格が2倍になった影響を大きく計算しているためです。このように計算方法の違いによって，物価の変化は変わってしまうということに注意する必要があります。

　もちろん，**図表2－9**の例は，差が大きくなるような極端な例を作っていますから現実にはこれほど大きな差は出てきません。ですが，物価上昇率，下落率の1％が問題となるような場合には，ラスパイレス指数とパーシェ指数とでは計算方法の違いにより差が出ることに注意しなくてはなりません。

② ちょっとややこしい言い方
　ラスパイレス指数とパーシェ指数を，ちょっとかしこまった表現をする場合もあります。その場合，たとえば，基準年を0，比較年を1とし，財はXとYしかないとし，それぞれの数量をx，y，価格をPx，Pyとします。

	基準年（古い年）＝0	比較年（新しい年）＝1
価格	$Px0$, $Py0$	$Px1$, $Py1$
数量	$x0$, $y0$	$x1$, $y1$

　ラスパイレス指数では基準年の数量$x0$，$y0$を使って計算します。まず，基準年の価格であれば，必要な金額は$Px0x0＋Py0y0$となります。これに対し，比較年の価格であれば，同じ量であっても必要な金額は$Px1x0＋Py1y0$と変化します。そして，比較年の価格で必要な金額$Px1x0＋Py1y0$を基準年の価格で必要であった$Px0x0＋Py0y0$で割ることによって物価水準（ラスパイレス指数）を求めることができます。これを式で書くと以下のようになります。

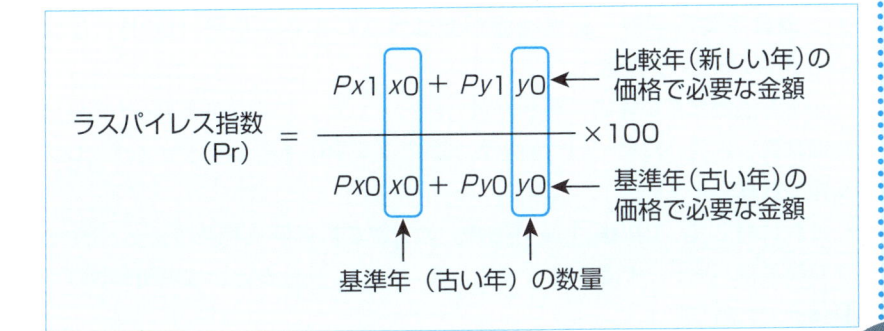

$$\text{ラスパイレス指数（Pr）} = \frac{Px1\,x0 + Py1\,y0}{Px0\,x0 + Py0\,y0} \times 100$$

　分子 $Px1\,x0 + Py1\,y0$ ← 比較年（新しい年）の価格で必要な金額
　分母 $Px0\,x0 + Py0\,y0$ ← 基準年（古い年）の価格で必要な金額
　$x0$，$y0$ ↑ 基準年（古い年）の数量

今度は，パーシェ指数をかしこまった表現で言い換えてみましょう。基準年を0，比較年を1とし，財はXとYしかないとし，それぞれの数量をx，y，価格をPx，Pyとしました。

パーシェ指数は比較年の数量$x1$，$y1$で考えます。まず，基準年の価格であれば，必要な金額は$Px0x1+Py0y1$となります。これに対し，比較年の価格であれば，同じ量であっても必要な金額は$Px1x1+Py1y1$と変化します。そして，比較年の価格で必要な金額$Px1x1+Py1y1$を基準年の価格で必要な金額$Px0x1+Py0y1$で割ることによって物価水準（パーシェ指数）を求めることができます。これを式で書くと以下のようになります。

$$\text{パーシェ指数（Pp）} = \frac{Px1\,x1 + Py1\,y1}{Px0\,x1 + Py0\,y1} \times 100$$

- 分子 ← 比較年（新しい年）の価格で必要な金額
- 分母 ← 基準年（古い年）の価格で必要な金額
- $x1$, $y1$ ← 比較年（新しい年）の数量

③ 計算が簡単なのはラスパイレス指数

ラスパイレス指数は基準年（古い年）の数量を基準に計算します。たとえば，1990年を基準として，1991年，1992年…と毎年，1990年のモノの量を，そのときの価格で買うと1990年の価格で買った金額の何倍かと計算するのです。

一方，パーシェ指数の方は計算が面倒です。パーシェ指数は比較年（新しい年）の数量を基準に計算します。ということは，毎年毎年，基準となる数量が変わりますので，過去の物価指数を計算しなおすことになります。たとえば，2000年のモノ・サービスの数量を基準に1990年以降の物価水準を計算したとします。1年たって2001年になると，2001年のモノ・サービスの数量は2000年の数量とは変わっていますから，2001年の数量を新たな基準として1990年以降をすべて計算しなおす必要がでてきます。ということで，パーシェ指数は，毎年基準となる数量が変わってしまうので，すべての年の物価指数を計算し直す必要があり，かなり面倒になります。

④ 消費者物価指数・卸売物価指数はラスパイレス指数，GDPデフレータはパーシェ指数

私たち消費者が小売店で買う段階でのモノやサービスの物価を表す**消費者物価指数**，卸売り段階での物価を表す**国内企業物価指数**などはラスパイレス指数で計算します。

これに対して，国内総生産（GDP）の計算の際の物価指数であるGDPデフレータはパーシェ指数です。どうしてパーシェ指数かという説明は後ほど具体例でお話ししましょう。

第6章 物価の計算

📘 ベーシック・ワード　小売と卸売り 📘

小売とは，デパートやコンビニ，商店街の商店のように最終消費者への販売をいい，卸売りとは，問屋さんや魚屋さんしか参加できない卸売り魚市場のように生産者と小売の間にある段階での販売をいいます。

　ここでは，まず，細かいのですが時々問われる点としてGDPデフレータの計算方法についてお話ししましょう。GDPデフレータの計算は消費者物価指数や卸売物価指数のような計算方法ではありません。P92〜93でお話ししたように，実質GDP＝名目GDP÷GDPデフレータという関係があります。そのようにお話しすると，「名目GDPはすぐわかるので，後はGDPデフレータをパーシェ方式で計算し，名目GDPをGDPデフレータで割ることによって実質GDPを求めるのだろう」と思われるかもしれません。しかし，実際の統計の作り方は違うのです。まず，**名目GDPと実質GDPを求めて，次に名目GDPを実質GDPで割ることによってGDPデフレータを求める**のです。式で考えると，実質GDP＝名目GDP÷GDPデフレータを変形し，GDPデフレータ＝名目GDP÷実質GDPとしたことになります。

　しかし，ここで，どうして物価指数であるGDPデフレータがわかっていないのに実質GDPが先にわかるのだろうという疑問がわくかもしれません。実は，個別の商品の価格はわかっていますから，個別の商品ごとに価格の上昇分（あるいは下落分）を考慮して生産量を実質化します。そのことを**図表2－9**の例を用いて具体的に説明しましょう。図表2－9で自動車は1台から2台へと生産量が2倍になっていますが価格も100万円から200万円と2倍になっています。2010年の名目の金額は2台×200万円＝400万円ですが，物価の上昇分を差し引いた実質の生産額は2000年の1台×100万円＝100万円の2倍にすぎません。これは，価格は2000年時の100万円のままとして，2010年の数量2台をかけることによって，100万円（2000年の価格のまま）×2台＝200万円と実質の自動車の金額がわかります。りんごの方は価格は2000年も2010年も1箱1万円と変わっていないので，実質も名目も同じとなり，1万円×200箱＝200万円となります。ここで，実質の金額が自動車200万円，りんご200万円となり，両方を合計した200万円＋200万円＝400万円が実質GDPと計算されます。

　GDPデフレータ＝名目GDP÷実質GDP＝600万円÷400万円＝1.5と計算されます。あるいは，100を基準とする場合には150と表現されます。これは，パーシェ指数での計算結果と同じであり，結果的には**GDPデフレータがパーシェ指数である**ことを証明しています。

　図表2－10は，最近の日本の消費者物価指数，国内企業物価指数，GDPデフレータの推移です。色の部分が物価が前年度より下落した年ですが，指数によって違いがあることがわかります。これは，指数によってラスパイレス指数とパーシェ指数という計算方法の違いだけではなく，国内で生産した財の価格だけを考えるのか，輸入財の価格も考えるのか，どの財を物価の計

	消費者物価指数	国内企業物価指数	GDPデフレータ
1994	98.6	104.9	103.8
1995	98.5	104.1	103.3
1996	98.6	102.4	102.6
1997	100.4	103	103.1
1998	101	101.5	103.1
1999	100.7	100	101.7
2000	100	100	100
2001	99.3	97.7	98.7
2002	98.4	95.7	97.2
2003	98.1	94.9	95.7
2004	98.1	96.1	94.6
2005			93.3

基準年である2000年を100として表示。
□ は前年に比べ物価が下落した年。

出所： 消費者物価指数（総務省）
　　　 国内企業物価指数（日本銀行）
　　　 GDPデフレータ（内閣府）

●図表2－10●
消費者物価指数，
国内企業物価指数，
GDPデフレータの推移

算に採用するのかなどの違いがあるからです。ですから，物価が下落しているとか上昇しているという場合，どの物価指数を根拠にそう主張しているのか，他の物価指数の動きはどうなのかなども考える必要があるのです。

第Ⅱ部の確認テスト

確認テストは，答えが合っていたかどうかということよりも，確実に理解することが重要ですから，以下の手順で行ってください。

> 1．まず，問題を解いてください。
> 2．わからない部分，あるいは自信がない部分の本文を参照して復習してください。
> 3．答えをチェックしてください。（→P240）
> 4．間違いがあれば，本文を参照し，なぜ間違えたかをチェックしてください。
> 5．間違えた部分を本文の余白に記入しておき，次回以降は間違えないようにしてください。こうしておけばこの本があなたのサブノートになります。

【要約問題】

1．国内総生産は（①　）ともよばれ，経済規模を示す代表的な指標です。国内総生産は1.一定期間に，2.国内で，3.生産された，4.（②　）を差し引いていない，5.原則として（③　）で評価した，6.（④　）の合計です。1.より国内総生産は（⑤　）の概念の統計であることがわかります。5.では，原則として（③　）で評価するとありますが，例外として，類似の市場価格より計算する（⑥　）や（⑦　），また，類似の市場価格がないので要素費用表示で計算する（⑧　）などがあります。また，6.において生産額ではなく（④　）の合計としているのは，原材料などの中間生産物の（⑨　）を防ぐためです。

2．かつては（⑩　）生産が経済規模の代表的指標として用いられていましたが，国内の経済状況を把握するには（⑪　）生産の方が適切であるとの理由から（⑪　）生産が代表的指標となりました。（⑩　）生産は2000年より（⑫　）というほぼ同じ経済指標が代わりに用いられるようになりました。（⑫　）は（⑪　）生産に（⑬　）を足し（⑭　）を差し引くことによって求めることができます。

3．国民所得（NI）は（⑮　）の国民所得とも呼ばれ，国民総所得から（⑯　）を差し引き（⑰　）所得とし，さらに，（⑰　）所得から（⑱　）を控除し（⑲　）を加えることによって求めることができます。

4．GDP，GNI，NIなどの経済統計は市場価格表示を原則としているため，自然環境の悪化や通勤時間など（⑳　）を経由しないものは原則として計算しないという問題点があります。これら（⑳　）を経由しない部分も計算しようという試みはなされてはいますが，その数値に客観性がないためあまり用いられていません。

5．個々の財の価格の平均値を（㉑　）といい，（㉑　）の計算には基準年の数量を基準とする（㉒　）方式と比較年の数量を基準とする（㉓　）方式があります。日本の消費者物価指数や国内企業物価指数は（㉒　）方式で，（㉔　）は（㉓　）方式です。（㉔　）は（㉕　）GDPを（㉖　）GDPで割ることによって計算されます。

6．国民所得の（㉗　）の原則とは（㉘　）面の国民所得（国内総生産）と（㉙　）面の国民所得（国内総支出）と（㉚　）面の国民所得（＝NI＋㉛　＋㉜　－㉝　－海外からの要素所得の受取＋海外への要素所得の支払い）が常に統計上等しいという原則をいいます。しかし，この原則は生産したものがすべて支出してもらえるので常に売れ残ることはないということを意味しているのではなく，売れ残りが生じた場合には（㉞　）という形で作った企業が買ったという形にして国内総支出に加えるという統計上の操作をすることによって常に等しくしているだけなのです。

7．三面等価の原則を変形することによって，輸出－輸入≡（㉟　）＋（㊱　）と表すことができます。この式を根拠に日本の貿易黒字を減らすには，（㊲　）（㊳　）（㊴　）という内需を拡大し（㉟　）や（㊱　）を小さくすれば良いという議論がアメリカを中心に展開されました。

【実戦問題1】

以下のうち，日本の国内総生産（GDP）に含まれるものはどれか。

- **A** 米国資本の企業が日本国内で生産した付加価値
- **B** 日本資本の企業が米国国内で生産した付加価値
- **C** 日本資本の企業が米国国内で生産した利益のうち，日本国内に送金したもの
- **D** 中国資本の企業が米国国内で生産した利益のうち，日本国内に送金したもの

（証券アナリスト一次一部修正）

確認テスト

【実戦問題 2】

国民経済計算に関する次の記述のうち,妥当なのはどれか。

1. 国民経済計算においては,貯蓄と投資は常に等しいものと定義されているので,経済が実際に均衡状態にあるか否かは問題ではない。

2. 国内総生産とは,原則,日本国内で生産された生産額の総計であり,国民総生産とは,国内又は国外にかかわらず,原則,日本国民により生産された生産額の総計である。

3. 国民所得勘定に含まれる生産活動は,帰属計算の対象を除き,原則,市場で取引されるものに限られるので,市場で売買されない政府サービス,余暇,環境は国民経済計算には含まれない。

4. 国民総生産から間接税を控除し補助金を加算したものを国民純生産といい,国民純生産から資本減耗を控除したものを国民所得という。

5. 名目GNPを100とし,購入量をウエイトとした物価指数(GNPデフレータ)を1.5とした場合,実質GNPは150となる。

(国税専門官)

【実戦問題 3】

ある国の経済において,国民経済計算の資料が次のように与えられたとき,国内総生産(GDP)と国民所得(NI)の大きさの組合せとして,正しいのはどれか。ただし,海外からの要素所得及び海外への要素所得はないものとする。

民間最終消費支出	600
政府最終消費支出	100
国内総固定資本形成	180
固定資本減耗	80
財貨・サービスの輸出	160
財貨・サービスの輸入	120
間接税	90
補助金	40

	GDP	NI
1.	840	750
2.	840	790
3.	890	750
4.	920	790
5.	920	840

(東京都庁Ⅰ類)

LIVE講義

第Ⅲ部
財市場の分析
（45度線分析）

〈第Ⅲ部の構成〉

第7章◆45度線分析への準備
1 財市場の分析
2 財の総供給（Y^S）
3 財の総需要（Y^D）

第8章◆国民所得の決定──45度線分析
1 財市場の均衡（$Y^S = Y^D$）
2 財市場の均衡の安定性
3 デフレ・ギャップとインフレ・ギャップ
4 投資増加の効果──投資乗数
5 政府支出増加の効果──政府支出乗数
6 租税政策の効果──租税乗数
7 均衡予算乗数
8 租税・輸出入を考慮した乗数
9 ビルトイン・スタビライザー

マクロ経済（一国経済全体）では，市場は，
財市場，資産市場（貨幣市場・債券市場），労働市場，の3つがある。
① 財市場とは，生産物市場とも呼び，財やサービスの市場。
② 資産市場とは，資産の売買や貸し借りをする市場。
③ 労働市場とは，労働サービスを取り扱う市場。
これらの市場が，お互いに影響を与えながら，
経済は，刻一刻と変わっていく。
これら3市場の同時検討が望ましいのだが，
いきなり3市場を同時分析すると，複雑で大変だ。
ここでは，まず，財市場だけを分析しよう。
豊かさの指標である国民所得（GDP）が
どのように決定されるかの分析である。
そのためには45度線分析をしっかりマスターしよう。

●マクロ編／第Ⅲ部　財市場の分析（45度線分析）

第7章　45度線分析への準備

📬 出題傾向・重要性 📬

45度線分析は**択一試験**でも**論文試験**でも**頻出**される最重要テーマです。特に，論文試験においては，利子率一定，物価一定という仮定を書き忘れると減点になるので注意が必要です。また，ケインズ型消費関数自体が問われることは少ないのですが，第8章で説明する最重要論点である乗数理論の基礎として非常に重要です。

1 財市場の分析

　この部では財市場のみを分析します。他の市場は，次の部以降で分析を行います。

　財市場の分析とは，財市場の需要と供給が一致するように国民所得（国内総生産：GDP）が決まる仕組みを分析します。分析方法としては**サミュエルソンの考え出した45度線分析**という方法をマスターします。

45度線分析 ➡

　その前段階として，第7章では，財市場における供給と需要について説明します。そして，第8章で45度線分析を用いて国民所得（国内総生産：

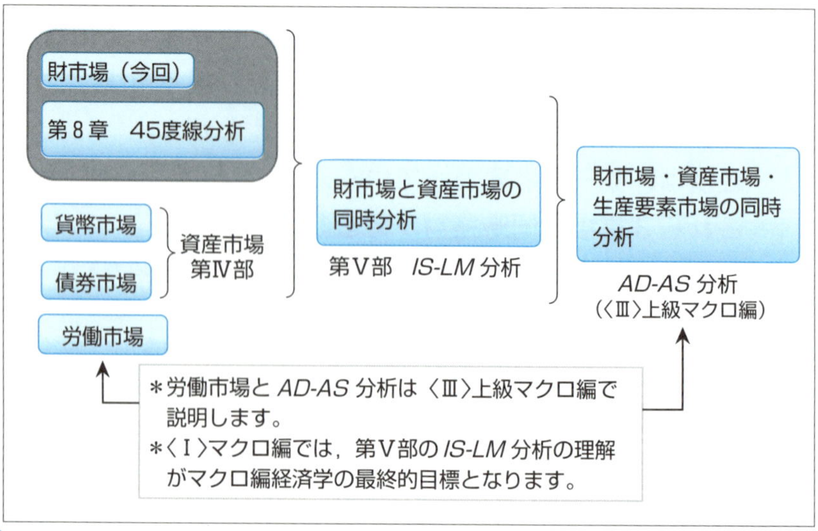

```
┌─────────────────┐
│ 財市場（今回）   │
│ 第8章　45度線分析│
└─────────────────┘                    ┌──────────────┐
┌────────┐ ┐                           │財市場・資産市場│
│ 貨幣市場 │ │ 資産市場  ┌──────────┐   │・生産要素市場の│
├────────┤ ├ 第Ⅳ部     │財市場と資産市場│  │同時分析       │
│ 債券市場 │ │          │の同時分析     │  │              │
└────────┘ ┘           │第Ⅴ部 IS-LM分析│  │AD-AS分析     │
┌────────┐              └──────────┘   │（Ⅲ）上級マクロ編│
│ 労働市場 │                             └──────────────┘
└────────┘
```

＊労働市場とAD-AS分析は〈Ⅲ〉上級マクロ編で説明します。
＊〈Ⅰ〉マクロ編では，第Ⅴ部のIS-LM分析の理解がマクロ編経済学の最終的目標となります。

●図表3－1●
45度線分析の位置づけ

GDP）がどのように決定されるかを分析します。さらに，投資量，政府支出や租税の変化が国民所得（国内総生産：GDP）にどのような影響を与えるかについて考えます。

ここでの財市場の分析においては，利子率は一定と仮定します。利子率の意味などの説明は，次の「第Ⅳ部　資産市場の分析（利子率の決定）」でお話ししますが，実は，利子率とは資産市場で決まるものなのです。ですから，もし，利子率が動いてしまうと，どうして利子率が動いたのか資産市場を分析しなくてはならなくなってしまうのです。そこで，利子率は一定と仮定し，資産市場を分析しなくてすむようにして，財市場の分析に専念しようというわけです。

また，労働市場も考慮しないので，労働市場との関係で決まる物価も一定と仮定します。この物価一定の仮定は第3章でお話ししたようにケインズ派の前提であり，これからの考えは，ケインズ派の財市場の分析です（古典派の場合，物価が動くので，この部で説明する考えとは異なります）。

仮定1　利子率一定←資産市場（貨幣市場・債券市場）は考慮しない

仮定2　物価一定←労働市場は考慮しない

2　財の総供給（Y^S）

財市場の分析においては，総供給とは，一国経済全体での財（財貨・サービス）の供給量の合計です。この財市場の総供給をY^Sとし，国民所得をYとします。ここで，国民所得（Y）とは，広義の国民所得のことですので，国民所得（Y）とは国内総生産（GDP）と考えましょう。

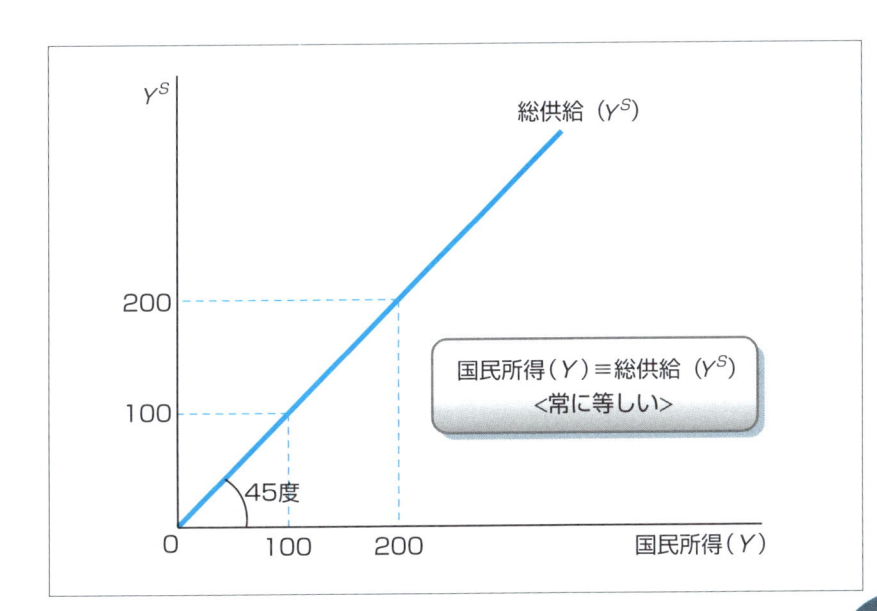

●図表3－2●
GDPと総供給の関係

国内総生産（GDP）が500兆円のとき，生産した500兆円が供給に回るはずですので，総供給も500兆円です。企業は供給するために生産するので，国内総生産（GDP）と総供給（Y^S）は常に等しくなります。

ですから，横軸に国民所得（Y），縦軸に総供給（Y^S）をとると，図表3－2のような45度の直線になります。この45度の直線を用いて分析を行うので「45度線分析」という名前が付いています。

3 財の総需要（Y^D）

【1】財の総需要

総需要とは，その国に住む人々が需要した量ではなく，その国で生産された価値への需要です。この点が，貿易を考える際に非常に重要になってきます。

① 政府部門・海外部門を考慮しない単純なケース

これは，政府支出も，税金もなく，海外部門すなわち，貿易（輸出・輸入）もない世界を前提としています。このとき，総需要は，国内で消費したいという量と国内で投資したいという量の合計になりますので，総需要をY^D，民間の消費をC，民間の投資をIとすると，$Y^D \equiv C + I$となります。

② 政府部門は考えるが，海外部門は考慮しないケース

この場合，総需要（その国内で生産した価値への需要）は，民間の需要である$C+I$のみならず，政府の支出（G）も登場します。したがって，$Y^D \equiv C+I+G$となります。なお，政府支出には，政府消費と政府投資があるのですが，通常，政府支出とまとめて表現されます。もちろん，政府支出＝政府消費＋政府投資です。

③ 政府部門・海外部門を考えるケース

この場合には，$Y^D \equiv C+I+G$ではありません。なぜなら，Cは民間の消費量，Iは民間の投資量，Gは政府の支出量ですから，「$C+I+G$」とは，その国の民間と政府の需要量の合計を表しているだけで，その国内で生産した価値への需要とは限らないからです。

たとえば，「$C+I+G$」が500兆円であっても，民間と政府がすべて外国の商品を輸入していたら，「$C+I+G$」のうち，その国内で生産した価値への需要はゼロです。つまり，「$C+I+G$」のうち輸入（IM）は外国商品への需要となってしまいますので，その国内で生産したものへの需要ではありませんので，総需要から差し引く必要があります。

また，反対に，「$C+I+G$」すなわち，その国の民間と政府の支出がゼロであっても，輸出が500兆円であれば，輸出は外国人がその国の生産した価

値を需要してくれるのですから，総需要として輸出の500兆円があることになります。つまり，輸出（EX）は，「$C+I+G$」以外のものですが，その国で生産した価値への需要ですので，総需要に加える必要があります。したがって，

$$Y^D \equiv C + I + G + EX - IM$$

- Y^D：日本製品への需要
- $C+I+G$：日本国内での支出
- EX：国外からの日本製品への需要
- IM：日本国内での支出のうち，日本製品への需要ではなく，外国製品への需要の分

となります。

<アルファベットによる略語の整理>
- Y^D　財の総需要（一国の財市場での需要量の合計）
- C　（Consumption）消費
- I　（Investment）投資
- G　（Governmental Expenditure）政府支出
- EX　（Export）輸出
- IM　（Import）輸入

この「$Y^D \equiv C+I+G+EX-IM$」式は，外見は第5章の三面等価の原則で出てきた「国内総支出」と似ていますが，意味はかなり違います。

三面等価の原則を成立させるために「国内総支出≡民間消費＋民間投資＋民間在庫品増加＋政府支出＋輸出－輸入」として，売れ残りによる在庫品増加も加えました。

しかし，「$Y^D \equiv C+I+G+EX-IM$」には売れ残りによる在庫品増加は含みません。作ったけれど売れ残って在庫品となったものは，国内総支出のように作った企業が買ったのだというインチキをせずに，売れ残りの在庫品は買い手がいないので需要には含まないということです。ですから，売りたいという供給量の合計であるY^Sと，買いたいという量の合計であるY^Dは常に等しくなるとは限りません。

この第Ⅲ部からは，統計上の話ではなく，現実経済を分析しますので，供給量と需要量が違うこともあり得るのです。

【2】消費の理論──ケインズ型消費関数

① 分析の重要性

それでは，財の総需要（Y^D）のうち，消費（C）から分析しましょう。ここでの消費とは，民間の消費の合計ということです。ですから，政府による消費はこの後で説明する「【4】政府支出（G）」に含まれ，ここでいう消費には含みません。

この（民間）消費は，現在の日本の総需要約500兆円のうち約300兆円と

その6割を占めます。それのみならず、また、これから説明しますが、限界消費性向が政府支出や租税政策の効果を左右することから、政策の効果を知る上でも、消費の分析は重要です。

ケインズ型消費関数 ➡

② ケインズ型消費関数

「消費関数」とは、消費量と何かの数量の関係のことですが、ケインズは、消費量（C）は国民所得（GDP：Y）との間に関係があると考えました。個人で考えてみても、所得が増えれば通常、消費も増えるでしょうから、経済全体の消費も、経済全体の国民所得と関係があるだろうと考えたわけです。

$C = a + bY$　（$a > 0$，$0 < b < 1$）＜ケインズ型消費関数＞

基礎消費：a　限界消費性向：b

ここで、a，bは定数ですので、変化しません。ここでは、$a = 100$，$b = 0.7$であると仮定すると、

$C = 100 + 0.7Y$となります。これを**図表3−3**を使って考えます。まず、記号の説明ですが、ΔYやΔCの「Δ」は**デルタ**と読み、**変化量**を意味します。ですから、ΔYは国民所得（GDP：Y）の変化量、ΔCは消費量の変化量を意味します。国民所得を0，100，200と100ずつ増やしていますので、ΔY（Yの増加量）は100です。

デルタ ➡

では、実際に**図表3−3**の分析をします。$Y = 0$なら、$C = 100$となっています。この消費量100は、**所得がゼロでも、消費しなくてはならない量**、すなわち、生きていくために必要不可欠な消費と考えることができますから、「**基礎消費**」と呼ばれます。$C = a + bY$でいえば、aが基礎消費です。

基礎消費 ➡

また、$Y = 100$だと$C = 170$、$Y = 200$だと$C = 240$、$Y = 300$だと$C = 310$と、Yが100増えるにつれて、Cは70ずつ増えています（Cの変化量ΔCは＋70）。ということは、Yが1増えるとCは0.7増えることを意味しており、これは、$C = 100 + 0.7Y$と、Yの前に0.7がついているからに他なりません。そして、この0.7は、$C = 100 + 0.7Y$をグラフにした**図表3−4の傾き**となります（⇒数学入門「グラフの傾きとは？」参照）。

この0.7のように、**国民所得（Y）が1単位増加したときの消費の増加分**を**限界消費性向**といいます。こういうと、難しいのですが、要は、所得が＋1の時、＋1のうち、0.7つまり7割だけ消費に回すということです。$C = a + bY$でいうと、bが限界消費性向に当たります。

限界消費性向 ➡

ところで、ケインズは、$0 < b < 1$としています。これは、所得が＋1の時、＋1のうち、bの割合だけ消費に回すということです。所得＋1のすべてを消費するわけではなく、一部を消費に回すということを意味します。なぜなら、$b = 0$とは、所得が＋1でも消費には0の比率しか回らない、つまり消費に回さないということですし、$b = 1$とは、所得が＋1なら、消費には1の比率、つまり、すべて消費に回すということで、$0 < b < 1$はその間

第7章　45度線分析への準備

> 📘 **数学入門　グラフの傾きとは？** 📘
>
> さて，ここでグラフの傾きについてお話ししておきましょう。傾きとは通常30度とか90度と表しますが，経済学では**傾きを角度ではなく「横に＋1進んだときに縦にどれだけ変化するか」**という値で表すことが多くあります。たとえば，**図表3－4**では横に国民所得が100増えるごとに縦の消費量は70増えています。ということは，横に＋1進んだときには縦の消費量は＋0.7変化するとわかるので，傾きは＋0.7となります。

だといっているからです。通常，個人で考えても，給料が10万増えたら，全部を消費するのではなく，一部を消費する人が多いことを考えれば，常識的な仮定です。

これから勉強する45度線分析，*IS-LM*分析は，ケインズ型消費関数を前提としていますので，しっかり理解してください。

ⓐ　平均消費性向

限界消費性向とは国民所得（Y）が1単位増加したときの消費量の増加分でしたが，**平均消費性向とは，国民所得総額（Y）に対する消費総額（C）の割合**です。　　　　　　　　　　　　　　　　　　　　　　　← 平均消費性向

これは，**図表3－3**の左から第3列の**C/Y**です。Yが小さいうちは，この平均消費性向（C/Y）は大きいのですが，Yが大きくなるにつれて，平均消費性向は小さくなってゆき，限界消費性向0.7に近づいていきます。**図表3－3**では$Y=1000$のとき，$C/Y=0.80$までしか書かれていませんが，$Y=100$万のように大きくなると，$C=100+0.7×100$万$=700100$となり，

Y 国民所得	C 消費量	C/Y 平均消費性向	ΔY Yの変化量	ΔC Cの変化量	$\Delta C/\Delta Y$ 限界消費性向
0	100	無限大	+100	+70	0.7
100	170	1.70	+100	+70	0.7
200	240	1.20	+100	+70	0.7
300	310	1.03	+100	+70	0.7
400	380	0.95	+100	+70	0.7
500	450	0.90	+100	+70	0.7
600	520	0.87	+100	+70	0.7
700	590	0.84	+100	+70	0.7
800	660	0.83	+100	+70	0.7
900	730	0.81	+100	+70	0.7
1000	800	0.80	+100	+70	0.7

↑図表3-4の横軸　　↑図表3-4の縦軸

●**図表3－3**●
ケインズ型消費関数
$C=100+0.7Y$の表

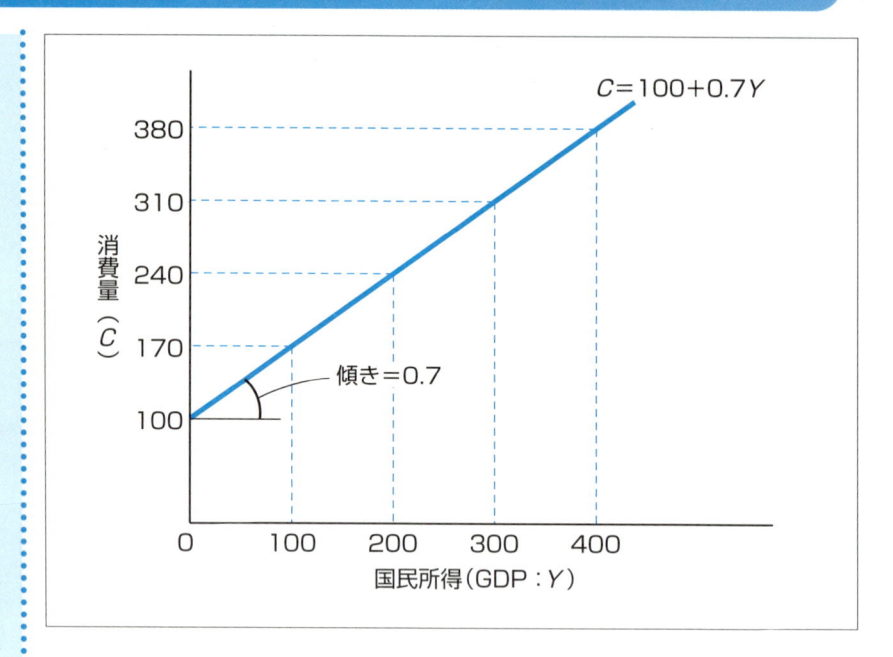

●マクロ編／第Ⅲ部　財市場の分析（45度線分析）

図表 3 − 4
ケインズ型消費関数
$C=100+0.7Y$ のグラフ

$$\frac{C}{Y}=\frac{70万100}{100万}≒0.7$$

となります（なお、「≒」記号は、「＝」のように「等しい」ではないが、「ほぼ等しい」という意味です）。

ⓑ　ケインズ型貯蓄関数

ところで貯蓄（S：Savings）とは、所得（Y）から消費（C）を引いた残りです。ですから、$C=a+bY$ とケインズ型消費関数がわかれば、**貯蓄 $S=Y-C=Y-(a+bY)=-a+(1-b)Y$ となり、ケインズ型貯蓄関数**を求めることもできます。

ここで、$1-b=s$ とすると、$S=-a+sY$（$s=1-b$）と貯蓄関数が求まります。これは、$-a$ は $Y=0$ の時の貯蓄です。$Y=0$ のとき、$C=a$ でしたから、$S=Y-C=0-a=-a$ となります。また、**s（$=1-b$）** は、**限界貯蓄性向**といわれますが、これは、**Y が＋1のとき、どれだけ貯蓄に回るか**を意味します。Y が＋1のとき、b だけ消費に回るのですから、貯蓄には1からbを引いた残りの$1-b$が回ることになります。

ⓒ　平均貯蓄性向

また、**平均貯蓄性向**とは、国民所得総額（Y）に対する貯蓄総額（S）の割合をいい、**$S／Y$**です。また、平均貯蓄性向＝1−平均消費性向という関係にあります。これは、たとえば、所得 Y のうち、0.6を消費にあてていれば、貯蓄には残りの0.4をあてていることになるということです。つまり、貯蓄と消費は裏表の関係にあるのです。

→ ケインズ型貯蓄関数

→ 限界貯蓄性向

→ 平均貯蓄性向

【3】投資の理論——ケインズの限界効率理論

① 分析の重要性

投資は，日本の総需要約500兆円の約2割の約100兆円です。数量としては，消費より少ないのですが，投資は，変動が大きく，経済に及ぼす影響が大きいため，その分析はきわめて重要となります。

② ケインズの投資理論，45度線分析における投資の取り扱い

ケインズは投資量は利子率によって決まると考えました。このケインズの投資理論については第11章で説明します。ところで，利子率とは，次の第IV部で説明する資産市場で決定されます。今の時点では，財市場のみの分析に専念していますので，資産市場で決まる利子率は分析しません。ですから，利子率は一定と仮定しています。したがって，この部で説明する**45度線分析では，投資量も一定として**分析を進めることになります。

【4】政府支出（G)

政府支出には，民間同様に政府消費と政府投資があります。しかし，いずれも，政府の政策により人為的にその大きさを決められるので，特に政府消費と政府投資を分けずに，まとめて政府支出として扱います。政府支出は政府が人為的に決定しますので，45度線分析では，**政府が一定量にコントロールしている，すなわち，一定**と仮定します。

【5】輸出と輸入

輸出とは，外国の人が自国の国内で生産した財を買ってくれることです。ですから，自国の民間や政府の支出である$C+I+G$には含まれませんが，自国内で生産したものへの需要ですので，総需要であり，総需要には加えることとなります。

では，この輸出量は，何で決まるのでしょうか。まず，外国人が買ってくれるのですから，その国（輸出国）の所得（Y）は関係ありません。むしろ，外国（輸入国）の所得（Y^*とします）によって決まるでしょう。また，外国為替レートの影響も受けるでしょう。外国のライバルメーカーの影響も受けます。このように，現実の輸出量は，いろいろな要因により決定されます。

しかし，それでは，あまりにも複雑になってしまいます。そこで，議論を単純にするため，45度線分析では，輸出量（EX）は一定と仮定します。輸出量を一定と仮定するとは，外国の国民所得（Y^*）や外国為替レートなどの要因は一定で動かないと仮定していることになります。

こうすることにより，私たちは，外国の国民所得（Y^*）や外国為替レートなどの要因を同時に考える必要がなくなり，国内の財市場の分析に専念で

きるのです。

次に、輸入とは、自国内の人々が外国製品を買うことです。したがって、自国の民間や政府の支出した$C+I+G$には含まれていますが、その国の生産したものへの需要ではないので、総需要ではなく、$C+I+G$から差し引く必要があります。

では、この輸入量は、何で決まるのでしょうか。まず、その国の国民が買うのですから、その国の所得（Y）に左右されます。また、外国為替レートの影響も受けるでしょう。このように、現実の輸入量は、いろいろな要因により決定されます。しかし、それでは、輸出の分析のときと同様に、あまりにも複雑となります。

そこで、議論を単純にするため、45度線分析では、輸入量（IM）はその国の国民所得（Y）が増えるにつれて増加すると仮定します。$IM=mY$（$0<m<1$）でmを**限界輸入性向**といいます。これは**国民所得（Y）が1円増えたときに、そのうちmの割合で輸入するか**ということです。

限界輸入性向 ➡

ですから、$m=0.1$とは、Yが+1のとき、そのうち0.1の割合つまり1割を輸入に充てるということです。$0<m<1$とは、通常は、国民所得（Y）が増えれば、それに伴い、輸入量（IM）も増加する、しかし、Yが+1なのに、その全部を輸入に回すということもなく、通常は、Yの+1の一部分を輸入に回すということです。

> $EX=$一定（外国の国民所得、外国為替レートなど一定）
> $IM=mY$（$0<m<1$）（外国為替レートなど一定）

第8章 国民所得の決定――45度線分析

📘 出題傾向・重要性 📘

乗数理論は択一式試験，論文試験ともに頻出なのでしっかりと乗数の計算の仕方をマスターしてください。国民所得決定の理論は，国民所得の計算をさせる択一式試験で必要となります。ビルトイン・スタビライザーは論文，択一試験ともに出題されますが，経済学よりも，経済政策，財政学という科目でより多く出題される傾向があります。

1 財市場の均衡（$Y^S = Y^D$）

　財市場の均衡とは，財市場において総供給（Y^S）＝総需要（Y^D）となることです。すでにお話ししたように，総供給（Y^S）は，常に国民所得（GDP：Y）と等しくなりますが，これをグラフにすると**図表3－2**のように，45度の直線になります。この45度の総供給（Y^S）の直線と，これから考えていく総需要（Y^D）を表す直線の交点に国民所得（GDP：Y）が決まるというのが，45度線分析です。

← 財市場の均衡

　なお，総需要については先ほどの第7章で説明したように，政府部門，海外部門を考えるかどうかにより変わってきます。したがって，財市場の均衡を考えるに際しては，政府部門，海外部門を考えるかどうかにより場合分けする必要があります。

【1】政府部門・海外部門がない単純なケース

　この場合，総需要$Y^D = C + I$となります。$C = 100 + 0.7Y$，$I = 110$と仮定します。Y^SとY^Dの関係を表にしたのが**図表3－5**です。そして，縦軸にY^S，Y^D，C，I，横軸にYをとりグラフを書くと**図表3－6**のようになります。総供給（Y^S）＝総需要（Y^D）となるのは，$Y = 700$のときです。

　このケースでは，Y^D直線の傾きは，0.7です。なぜなら，横にYが＋1変化すると，$Y^D = C + I$のうち，変化するのはCだけであり，Cが＋0.7となるからです。

● マクロ編／第Ⅲ部　財市場の分析（45度線分析）

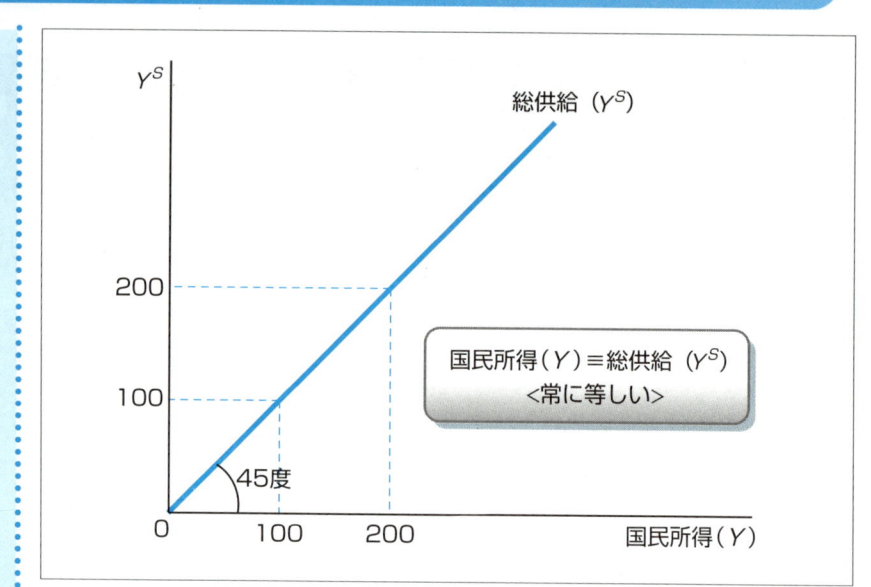

●図表3－2（再掲）●
GDP（Y）と総供給の関係

国民所得（Y）≡総供給（Y^S）
＜常に等しい＞

●図表3－5●
$Y^D = C + I$ のケース（表）

国民所得 （Y）	総供給 （Y^S）	消費量 （C）	投資量 （I）	政府支出 （G）	輸　出 （EX）	輸　入 （IM）	総需要 （Y^D）
0	0	100	110	0	0	0	210
100	100	170	110	0	0	0	280
200	200	240	110	0	0	0	350
300	300	310	110	0	0	0	420
400	400	380	110	0	0	0	490
500	500	450	110	0	0	0	560
600	600	520	110	0	0	0	630
700	700	590	110	0	0	0	700
800	800	660	110	0	0	0	770
900	900	730	110	0	0	0	840
1000	1000	800	110	0	0	0	910

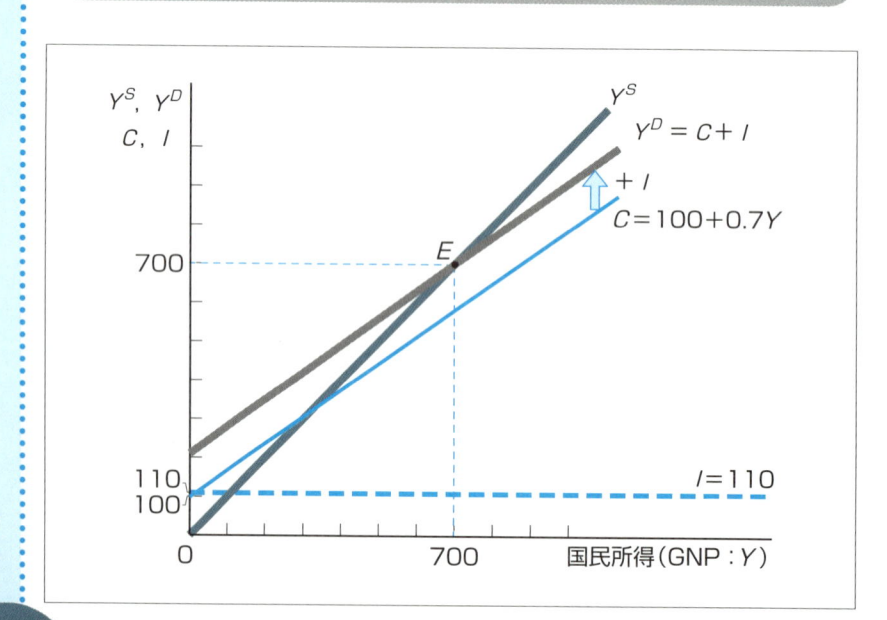

●図表3－6●
$Y^D = C + I$ のケース（グラフ）

$C = 100 + 0.7Y$
$I = 110$

【2】政府部門は考えるが，海外部門は考えないケース

この場合，総需要 $Y^D=C+I+G$ となります。政府支出 $G=30$ と仮定します。Y^S と Y^D の関係を表にしたのが**図表3－7**です。そして，縦軸に Y^S，Y^D，C，I，G，横軸に Y をとりグラフを書くと**図表3－8**のようになります。総供給 (Y^S) ＝総需要 (Y^D) となるのは，$Y=800$ のときです。

このケースでは，Y^D 直線の傾きは，上記【1】同様に0.7です。なぜなら，横に Y が＋1になると，$Y^D=C+I+G$ のうち，I，G は一定であるため，C だけが＋0.7と変化するからです。

国民所得 (Y)	総供給 (Y^S)	消費量 (C)	投資量 (I)	政府支出 (G)	輸 出 (EX)	輸 入 (IM)	総需要 (Y^D)
0	0	100	110	30	0	0	240
100	100	170	110	30	0	0	310
200	200	240	110	30	0	0	380
300	300	310	110	30	0	0	450
400	400	380	110	30	0	0	520
500	500	450	110	30	0	0	590
600	600	520	110	30	0	0	660
700	700	590	110	30	0	0	730
800	800	660	110	30	0	0	800
900	900	730	110	30	0	0	870
1000	1000	800	110	30	0	0	940

●図表3－7●
$Y^D=C+I+G$ のケース
（表）

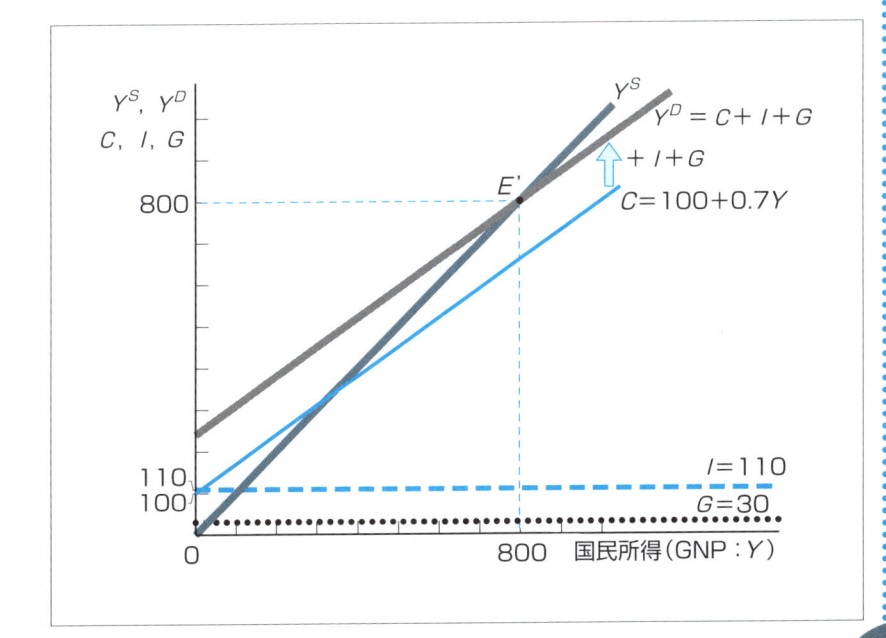

●図表3－8●
$Y^D=C+I+G$ のケース
（グラフ）

●マクロ編／第Ⅲ部　財市場の分析（45度線分析）

【3】政府部門・海外部門を考えたケース

この場合，総需要 $Y^D = C + I + G + EX - IM$ となります。輸出量 $EX = 120$，輸入量 $IM = 0.1Y$ と仮定します。Y^S と Y^D の関係を表にしたのが**図表3-9**です。そして，縦軸に Y^S，Y^D，C，I，G，EX，IM，横軸に Y をとりグラフを書くと**図表3-10**のようになります。総供給（Y^S）＝総需要（Y^D）となるのは $Y = 900$ のときです。

このケースでは，Y^D 直線の傾きは，0.7ではなく，0.7－0.1＝0.6です。なぜなら，横に Y が＋1変化すると，$Y^D = C + I + G + EX - IM$ のうち，C が＋0.7変化しますが，$-IM$ が－0.1変化しますので，Y^D 全体では，＋

国民所得 (Y)	総供給 (Y^S)	消費量 (C)	投資量 (I)	政府支出 (G)	輸　出 (EX)	輸　入 (IM)	総需要 (Y^D)
0	0	100	110	30	120	0	360
100	100	170	110	30	120	-10	420
200	200	240	110	30	120	-20	480
300	300	310	110	30	120	-30	540
400	400	380	110	30	120	-40	600
500	500	450	110	30	120	-50	660
600	600	520	110	30	120	-60	720
700	700	590	110	30	120	-70	780
800	800	660	110	30	120	-80	840
900	900	730	110	30	120	-90	900
1000	1000	800	110	30	120	-100	960

●**図表3-9**●
$Y^D = C + I + G + EX - IM$ のケース（表）

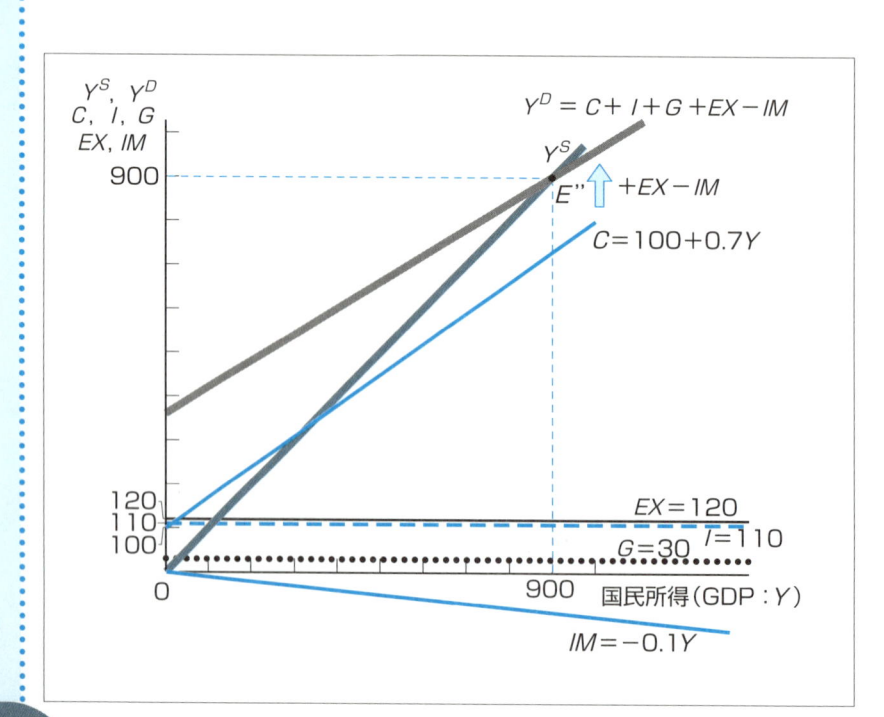

●**図表3-10**●
$Y^D = C + I + G + EX - IM$ のケース（グラフ）

0.7−0.1＝＋0.6だけ変化します。これは，所得が1増えると，消費が0.7増えるが，その消費0.7のうち0.1は輸入であり，外国製品への需要なので日本製品への需要（総需要（Y^D））ではないため，差し引かなくてはならないことを意味します。

2　財市場の均衡の安定性

以上，3つのケースのいずれの場合も，図表3－11のように45度線の総供給（Y^S）に対し，総需要（Y^D）の直線の方が傾きは緩やかとなり，総供給（Y^S）＝総需要（Y^D）となるのは，交点Eとなります。もし，経済が，交点Eではない状況になっても，必ず，交点Eへと戻っていきます。このようにある点に収まる（収束する）ことを，**安定的**といいます。

←安定的

それでは，図表3－11を用いて，現実の経済が，交点Eではないとき，必ず，交点Eへと戻っていくことを説明します。

【1】現実の国民所得（GDP：Y）が Y_1 で Y_E より大きい場合

$Y＝Y_1$のとき，$Y^S＝Y_1$，$Y^D＝Y_2$となり，$Y^S＝Y_1＞Y^D＝Y_2$で**AB**だけ超過供給になり，物が売れ残ります。今，物価一定を仮定しているので，超過供給は，解消せず，売れ残りが継続します。企業は，売れ残り（超過供給）をなくすため，生産量を削減し，国民所得（国内総生産：GDP）はY_1から減少し，$Y^S＝Y^D$となり超過供給がなくなるY_Eまで減少します。

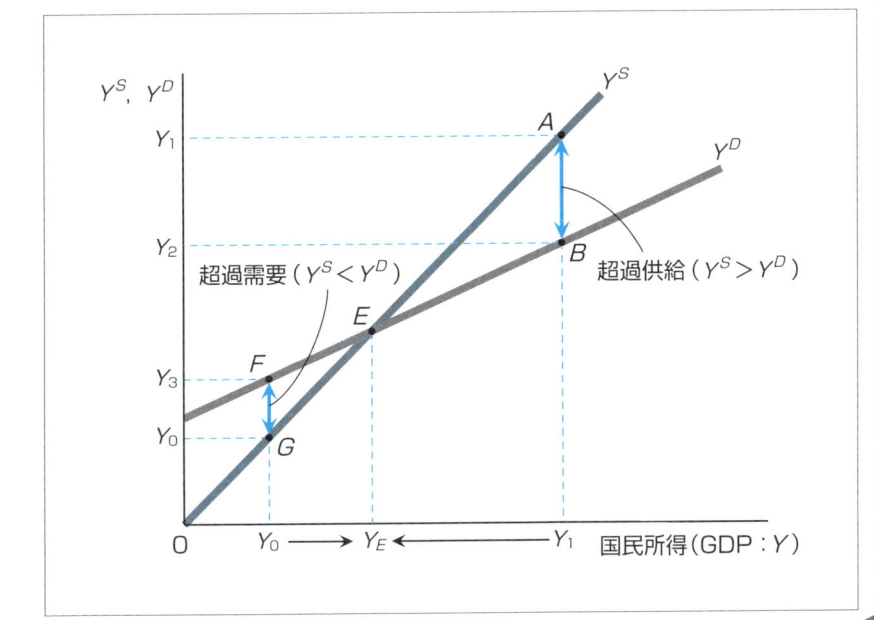

●図表3－11●
財市場の安定性

●マクロ編／第Ⅲ部　財市場の分析（45度線分析）

【2】現実の国民所得（GDP：Y）が Y_0 で Y_E より小さい場合

$Y=Y_0$のとき，$Y^S=Y_0$，$Y^D=Y_3$となり，FGだけ超過需要となり，企業は増産すれば売れるので増産します。増産により，国民所得（国内総生産：GDP）は，Y_0から増加し，Y_Eへと向かいます。

以上のように，物価一定という仮定の下では，物価による調整機能は機能せず，物価により自動的に超過需要，超過供給が解消することによって需要と供給が等しくなるということはありません。そこで，超過需要や超過供給は企業の生産量の調整により，現実の需要量に合わせて，生産量（供給量）が調整されることになります。そして，需要量＝供給量となる国民所得 Y_E に落ち着きます。このようにある国民所得 Y_E に落ち着くことを，「安定している」といいます。

結局，総需要（Y^D）が少なくなれば，それに合わせて総供給（Y^S）も削減されるので，国民所得（GDP：Y）は小さくなります。ということは，需要量の大きさが国民所得（GDP：Y）の大きさを決めるということです。需要量（有効需要）の大きさが国民所得の大きさを決めるという考えを，**（ケインズの）有効需要の原理**といいます。

➡ （ケインズの）有効需要の原理

➡ 45度線分析

45度線分析が，ケインズの有効需要の原理を説明していることを図表3－12で確認しましょう。

財市場における総需要が増加し，総需要線 Y^D が $Y^D \to Y^{D'} \to Y^{D''}$ 上方にシフトしたとします。すると，国民所得（GDP：Y）は，総需要（Y^D）と，総供給（Y^S）の等しくなる交点に決まりますから，$Y_0 \to Y_1 \to Y_2$ と増加していくことがわかります。つまり，需要量が増えれば，国民所得（GDP：Y）も増えます。国民所得（GDP：Y）の大きさを決めているのは，需要量の大きさ（図では Y^D の高さ）であり，有効需要の原理が説明されます。

重要

●図表3－12●
有効需要の原理

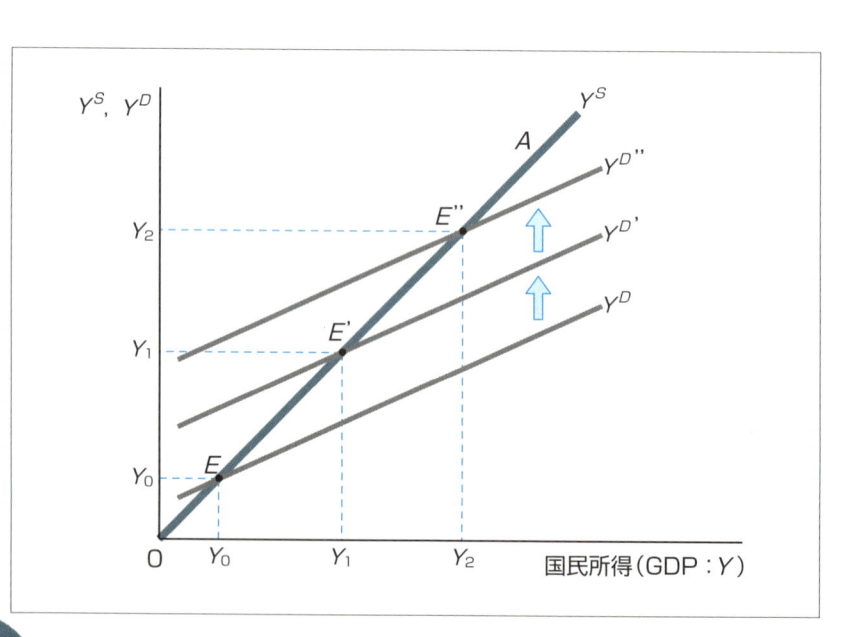

第8章 国民所得の決定——45度線分析

3 デフレ・ギャップとインフレ・ギャップ

① 完全雇用国民所得＝政策の目標

　国民所得（GDP）が十分に大きい水準であれば，企業の生産量は多く，多数の労働者を必要としますので失業（正確には非自発的失業）はなくなります。このように失業のない国民所得の水準（大きさ）を完全雇用国民所得（完全雇用GDP）と呼びます。完全雇用はFull employmentですから，完全雇用国民所得は Y_F とか Y_f と表現されることが多いようです。

←完全雇用国民所得（完全雇用GDP）

　この完全雇用国民所得は，完全雇用で失業のない状態ですから非常に景気がよく望ましい状態です。これに対し，不況の状態とは，この完全雇用国民所得（Y_F）より現実の国民所得（Y）が小さい状態です。国民所得とはGDP（国内総生産）のことですから，国民所得が小さいということは，言い換えれば，生産活動が不活発な状態だということなのです。生産活動が不活発であれば，企業は労働者を雇わなくなり，労働需要が少なくなる結果，失業が発生します。

　ですから，完全雇用国民所得は失業がない状態ですから非常に望ましい状態であり，失業をなくすために完全雇用国民所得を実現することが不況時におけるマクロ経済政策の目標となります。

完全雇用国民所得（完全雇用GDP）＝失業のない状態　⇒　経済政策の目標

② デフレ・ギャップ

　今，経済が**図表3－13**のように国民所得が Y_0 と完全雇用国民所得（Y_F）を下回っている状態を考えます。完全雇用の生産水準より生産が少ないわけですから，その分労働需要は減少し，失業が発生しています。

　本当は横軸の Y が Y_F（完全雇用国民所得）であれば失業がなく望ましいのですが，このときもし，現実の国民所得が Y_0 ではなく Y_F であったならば，**図表3－13**の FG だけ超過供給が発生します。この「完全雇用国民所得水準のときに発生する超過供給の大きさ」を「デフレ・ギャップ」と呼びます。デフレとはデフレーションの略語で，経済学では物価の持続的下落を意味しますので，もし，完全雇用国民所得（Y_F）まで生産すると超過供給が発生し，もし物価が伸縮的であれば，どんどん物価が下落してデフレになってしまうような状態だということです。もちろん，45度線分析では物価は一定と仮定しますから，物価の下落は生じません。

←デフレ・ギャップ

　ところで，どうして現実の国民所得が完全雇用国民所得（Y_F）ではなくて Y_0 かといえば，Y_F まで生産すれば FG だけ超過供給となり売れ残りが生じるので，企業が生産量を売れ残りのない水準まで減少さる結果，経済全体の生産量である国民所得も売れ残り（＝超過供給）のない Y_0 になるのです。ま

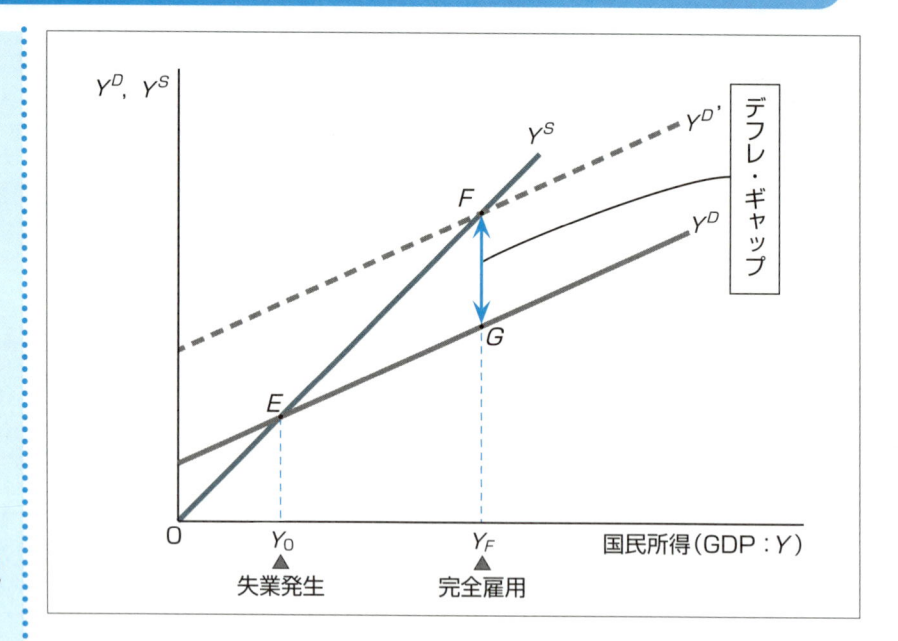

●マクロ編／第Ⅲ部　財市場の分析（45度線分析）

●図表3－13●
デフレ・ギャップ

たこの国民所得 Y_0 では完全雇用国民所得（Y_F）を下回っているので，失業が発生しています。

　この失業を解消するためには政府は需要を増加させ，完全雇用国民所得（Y_F）を実現される必要がありますが，どれだけ需要を創出すればよいのでしょうか。その増加させるべき需要量の大きさがデフレ・ギャップ FG なのです。たとえば，政府が FG だけ政府支出（G）を増加させれば，当初の財の総需要（Y^D）は $Y^D = C + I + G$ ですので，新しい総需要（Y^D）は FG だけ増加し $Y^{D'}$ となります。新しい国民所得は新しい総需要（$Y^{D'}$）と総供給（Y^S）の交点 F の Y_F となり，完全雇用国民所得（Y_F）が現実の国民所得として実現できます。このように，デフレ・ギャップとは失業が存在する不況時に発生し，失業を解消するためにどれだけ財の総需要（Y^D）を増加させなくてはならないかを教えてくれるものなのです。

デフレ・ギャップ＝完全雇用国民所得（Y_F）時の超過供給の大きさ
⬇
デフレ・ギャップ分だけ需要を増加させれば完全雇用国民所得が実現し，失業は解消する

③　インフレ・ギャップ

　今度は経済が図表3－14のように財の総需要が非常に大きく総需要曲線が Y^{D*} であったとしましょう。このとき，現実の国民所得は Y^{D*} と Y^S の交点 E_1 の Y_1 になると思うかもしれません。しかし，Y_1 は完全雇用国民所得（Y_F）を上回った状態です。完全雇用国民所得とは働きたい人は全員働いている状態ですから，これ以上働きたいという人は増えませんから生産能力の上限で

第8章 国民所得の決定——45度線分析

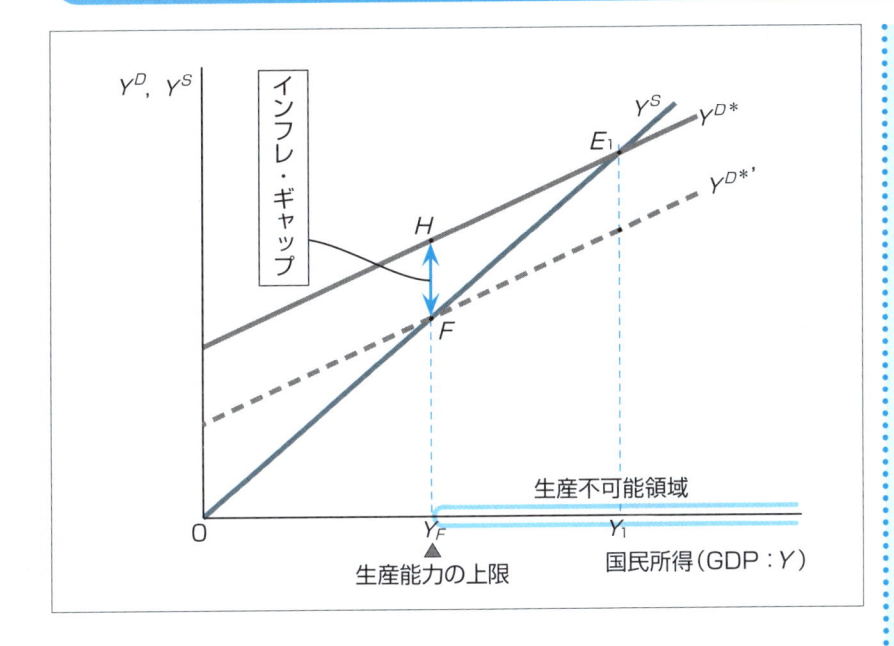

[図表3-14 インフレ・ギャップ]

あると考えることができます。ですから、生産能力の上限である完全雇用国民所得（Y_F）を超えた生産（国民所得）Y_1は実現できません。

結局、国民所得はY_Fが上限となりますのでY_Fとなり、そのとき、HFだけ超過需要（需要が供給を超える分）が発生してしまいます。この「完全雇用国民所得（Y_F）のときの超過需要の大きさ」を「インフレ・ギャップ」と呼びます。インフレとはインフレーションの略語で、経済学では物価の持続的上昇を意味しますので、財の総需要がY^Dと大きいと完全雇用国民所得（Y_F）まで生産しても需要に対応できず、HFだけ超過需要（物不足）が発生し、どんどん物価が上昇しインフレになってしまうような状態だということです。これを個別の企業で考えると、機械をフルに稼動させ従業員やパートも残業して一生懸命生産しても、まだまだお客さんの注文の方が多いという状況ですから、企業にしてみれば、価格を上げても売れるという状況なわけです。ですから、企業がどんどん値上げをしていけば、価格の平均である物価もどんどん上昇しインフレーションとなるわけです。

← インフレ・ギャップ

なお、45度線分析では物価は一定と仮定しますが、これは、不況期、つまり、国民所得（Y）が完全雇用国民所得（Y_F）より小さい状態を想定しています。45度線分析を考案した**サミュエルソン**は、**不況期には物価一定**という仮定の下であり、ケインズ経済学が妥当すると考え、現実の国民所得が完全雇用国民所得（Y_F）の大きさになると物価は伸縮的な古典派が妥当すると考えます（このような考えを**新古典派総合**と呼びました）。ですから、インフレ・ギャップは国民所得は完全雇用国民所得（Y_F）なのですから古典派の世界、つまり、物価は伸縮的ですから、どんどん物価は上昇しインフレになります。

← サミュエルソン

← 新古典派総合

そういうと、「45度線分析は物価一定を仮定していたはずなのにおかしい！」という意見が出てきそうです。そう思った方は仮定に注意している方

なのですばらしいことなのですが，「45度線分析は物価一定」というのは，通常は不況期を前提としているからなのです。つまり，インフレ・ギャップのような好況期はまったく想定していないのです。ですから，**インフレ・ギャップも議論する場合には，**厳密には「**国民所得が完全雇用国民所得未満の場合には物価は一定，国民所得が完全雇用国民所得の大きさのときには物価は伸縮的**」であると仮定すべきです。

ところで，ケインズ自身も，完全雇用国民所得以上に財の需要が多い場合にはインフレが起こると指摘しています。そして，ケインズは「**完全雇用国民所得を超えた需要創出による物価の持続的上昇**」を「**真性インフレーション**」と名付けました。

➡ 真性インフレーション

では，このインフレーションを沈静化させるためにはどうしたらよいのでしょうか。生産能力の上限である完全雇用国民所得を超える需要があるのでインフレになるわけですから，需要を削減すればよいはずです。では，どれだけ需要を削減すればよいのでしょうか。その減少させるべき需要量の大きさがインフレ・ギャップ HF なのです。たとえば，政府が HF だけ政府支出（G）を減少させれば，財の総需要（Y^D）は $Y^D = C + I + G$ ですので，総需要（Y^D）も HF だけ減少し $Y^{D*\prime}$ となります。新しい国民所得は新しい総需要（$Y^{D*\prime}$）と総供給（Y^S）の交点 F の Y_F と変わりませんが，Y_F のとき超過需要はなく，需要と供給は一致しており，物価は安定します。つまり，インフレを抑えることができるのです。このように，インフレ・ギャップとは，需要が多すぎてインフレになっているときに，インフレを抑制するためにどれだけ財の総需要（Y^D）を減少させればよいかを教えてくれるのです。

インフレ・ギャップ＝完全雇用国民所得（Y_F）時の超過需要

⬇

インフレ・ギャップ分だけ需要を減少させれば超過需要は解消され，インフレーションを抑えることができる

⛳ 落とし穴 インフレ・ギャップ，デフレ・ギャップは縦の差！ ⛳

デフレ・ギャップ，インフレ・ギャップを完全雇用国民所得（Y_F）と現実の国民所得（Y_0 や Y_1）との差とする間違いが多く見られます。デフレ・ギャップ，インフレ・ギャップはあくまでも Y_D と Y_S の差，つまり，縦の差であることをしっかり理解しましょう。

4 投資増加の効果──投資乗数

【1】定　　義

有効需要の原理より，一定と仮定した投資が増加すると，総需要（Y^D）が増加しますので，国民所得（GDP：Y）も増加するはずです。では，一定と仮定していた投資が増加すると，国民所得はどれだけ増加するでしょうか。

投資の変化量をΔI，国民所得の変化量をΔYとしたときに，$\frac{\Delta Y}{\Delta I}$を投資乗数といいます。**投資乗数とは，投資が$\Delta I$変化したときに，その何倍$Y$が変化するかを意味します。**投資乗数$=\frac{\Delta Y}{\Delta I}$ですから，

←投資乗数

$\Delta Y=$投資乗数$\times \Delta I$であり，投資の変化量ΔIに掛け合わせるものですので，「投資乗数」といいます（「乗」とは，加減乗除の「乗」で，かけ算を意味します）。

なお，Δはデルタと読み，dとも書きます。ΔIはdIと書いても同じです。そして，このデルタ（Δ, d）は変化量を意味します。たとえば，投資量が100から120に変化したとします。投資量の変化量は

$120-100=+20$ですから，投資の変化量$\Delta I=+20$となります。

【2】投資乗数の求め方

① 投資乗数の求め方－1　＜簡単な数式による理解＞
　　──この方法がオススメ！

投資乗数は，簡単な計算で以下のように求めることができます。

国民所得（GDP：Y）は図表3－11を用いて説明したように，総需要$Y^D=Y^S$となる水準にきまります。ここで，総需要$Y^D=C+I$，$C=a+bY$，$I=I_0$（I_0：正の定数）とすると，

$Y^D=C+I$
　$=(a+bY)+I_0$

一方，総供給は常に$Y^S=Y$です。

したがって，**$Y^S=Y^D$**とは，

$Y=(a+bY)+I_0$となります。

ここで，**投資乗数を求めるために$Y=\sim$の形に変形します。**

これは，$Y-bY=a+I_0$となり，

$(1-b)Y=a+I_0$より，

$Y=\dfrac{1}{1-b}(a+I_0)$　←これでYの大きさが求められます

この式より，一定であるはずの投資量I_0が1単位増加すると，その

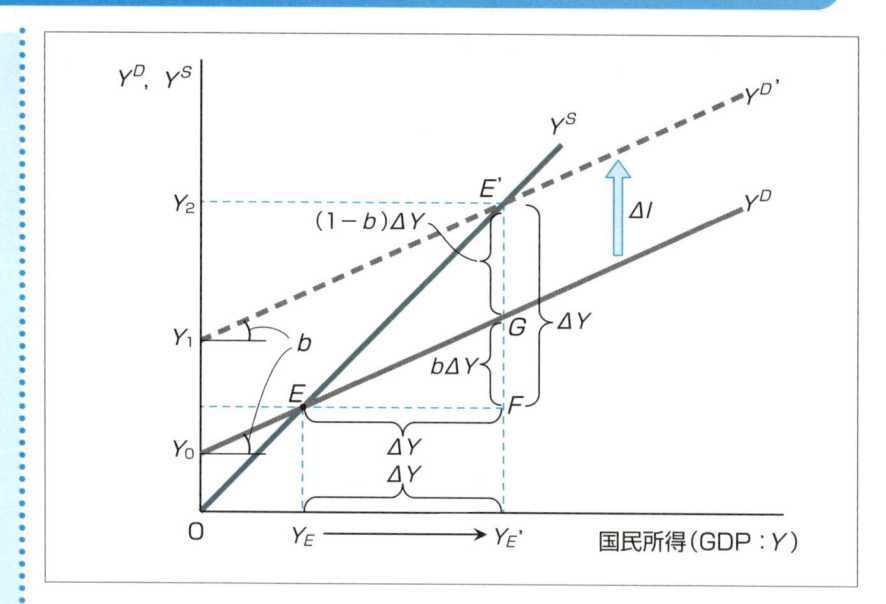

●図表3−15●
投資乗数

$\frac{1}{1-b}$倍だけYが増加することがわかります。したがって，投資乗数は$\frac{1}{1-b}$です。また，ΔIの$\frac{1}{1-b}$倍だけYが増加する効果を乗数効果と呼びます。

乗数効果 ➡

② 投資乗数の求め方−2　＜図表3−15による図形的理解＞
　　──少しややこしい

投資乗数は，図表3−15より図形的に求めることもできます。ΔIの投資増加により，総需要（Y^D）がその分増加し，Y^Dは$Y^{D'}$とΔIだけ上方にシフトする結果，新しい総需要（$Y^{D'}$）と総供給の均衡点はE'となり，国民所得は$Y_{E'}$となります。国民所得の増加ΔYはΔIより大きいことが図表3−15よりわかります。

ここで，Y^Dの傾きは，限界消費性向bであることから，EFがΔYなら，GFはΔY（EF）$\times b$です。また，Y^Sは45度線なので，$EF=E'F$なので，$E'F$もΔYです。

ということは，
$E'G=E'F-GF=\Delta Y-b\Delta Y=(1-b)\Delta Y$。

ところで，$E'G$はY^Dと$Y^{D'}$の差でΔIですから，
$E'G=(1-b)\Delta Y=\Delta I$となり，$\Delta Y=\frac{1}{1-b}\Delta I$となり，投資乗数は$\frac{1}{1-b}$とわかります。

$b=0.7$ならば，投資乗数は，$\frac{1}{1-0.7}=3.33$……となり，$\Delta Y=3.3\Delta I$です。

【3】乗数効果の波及プロセス

では，ΔIの投資増加により，国民所得（Y）がΔIの$\frac{1}{1-b}$倍も増加する

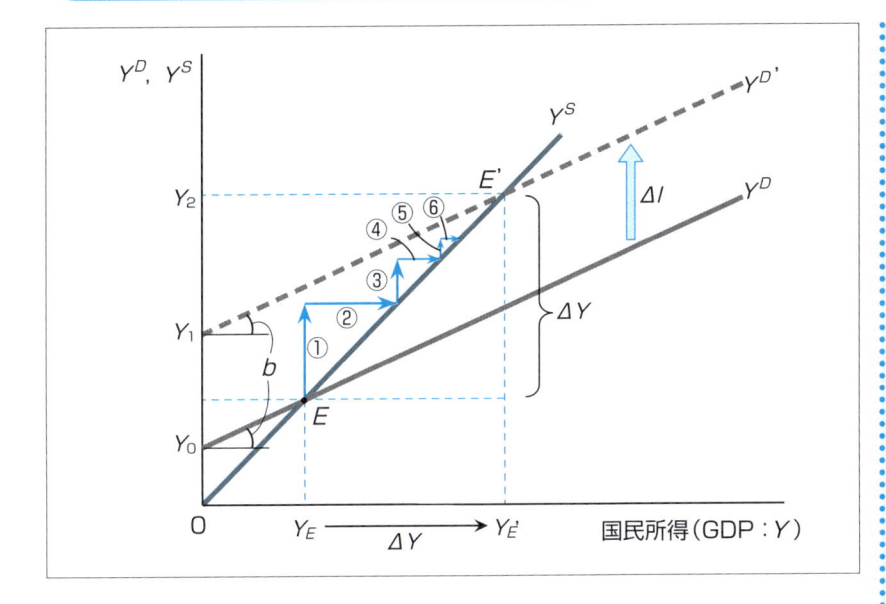

第8章 国民所得の決定──45度線分析

●図表3－16●
投資乗数の波及プロセス

のでしょうか。そのメカニズムをお話ししましょう。

　まず，**図表3－16**を用いて正確な説明をする前に，直感的な説明をしましょう。投資が増加するとは，機械を買う量が増えるということです。投資が1兆円増えると，機械メーカーの注文が1兆円増加し，機械メーカーの生産が1兆円増えます。その結果，国民所得（GDP：国内総生産）は1兆円増加します。

　しかし，ここで，国民所得（GDP：国内総生産）の増加は終わりません。なぜなら，機械メーカーの生産が1兆円増えたということは，機械メーカーの社員や株主などの関係者の所得が1兆円増えており，1兆円の所得増加に対し，消費が増加するからです。ここでは，限界消費性向＝0.7と仮定すると，1兆円の所得増加に対し，0.7兆円だけワイドテレビの消費（需要）が増加したとします。すると，今度は，テレビメーカーの注文が0.7兆円増加し，テレビメーカーの生産が0.7兆円増えます。その結果，国民所得（GDP：国内総生産）はさらに0.7兆円増加します。

　しかし，ここでも，国民所得（GDP：国内総生産）の増加は終わりません。なぜなら，テレビメーカーの生産が0.7兆円増えたということは，テレビメーカーの社員や株主などの関係者の所得が0.7兆円増えており，0.7兆円の所得増加に対し，さらに消費が増加するからです。ここでは，限界消費性向＝0.7と仮定しましたので，0.7兆円の所得増加に対し，0.7兆円×0.7＝0.49兆円だけ自動車の消費（需要）が増加したとします。すると，今度は，自動車メーカーの注文が0.49兆円増加し，自動車メーカーの生産が0.49兆円増えます。その結果，国民所得（GDP：国内総生産）はさらに0.49兆円増加します。

　さらに，自動車メーカーの関係者の所得が増えたので，その人たちの消費がさらに増加し……と国民所得（GDP：国内総生産）の増加と消費の増加の循環が続くので，国民所得（GDP：国内総生産）はどんどん増加します。

●マクロ編／第Ⅲ部　財市場の分析（45度線分析）

このようにして，1兆円の投資量の増加は何倍も国民所得（GDP：国内総生産）を増加させるのです。

これを，図表3－16を用いて説明しましょう。ΔIの投資増加により総需要（Y^D）がその分増加し，Y^Dは$Y^{D\prime}$とΔIだけ上方にシフトします。その結果，新しい総需要（$Y^{D\prime}$）と総供給の均衡点は$E^\prime$となり，国民所得は$Y_E^\prime$となります。図を見ればわかるように，国民所得の増加ΔYは投資量の増加ΔIより大きく，ΔIの何倍ものΔYが起こっていることがわかります。

つまり，この国民所得の増加のメカニズム（乗数効果）は以下の通りです。

投資の増加ΔIにより，総需要（Y^D）がその分増加し（図表3－16①），その分の生産が行われ，投資財メーカーの所得は増加するので，国民所得（Y）がΔIだけ増加します（図表3－16②）。

国民所得（Y）がΔIだけ増加すると，消費は$b\,\Delta I$増加し，総需要（Y^D）もその分増加します（図表3－16③）。$b\,\Delta I$の消費増加に対し，消費財メーカーはその分の生産を行ない，消費財メーカーの所得が増加し，国民所得（Y）が$b\,\Delta I$だけ増加します（図表3－16④）。

この国民所得（Y）の$b\,\Delta I$だけの増加は，消費をそのbだけ，すなわち，$b \times b\,\Delta I$だけ増加させ，総需要（Y^D）がその分増加します（図表3－16⑤）。この循環は無限に続きやがて，$E^\prime$で落ち着きます。

このように，**投資の増加による国民所得（国内総生産）の増加が，消費の増加を誘い，更なる国民所得の増加を実現するというメカニズムで乗数効果は生じます。**

投資乗数の求め方はすでに2つ勉強しています。ですから，3つ目を勉強しなくても，投資乗数は求めることができます。ですが，多くの本に出ている方法がありますので，一応補論として紹介します。面倒だという方はとばしてください。

**補論　投資乗数の求め方－3＜図表3－16による乗数過程の理解＞
　　　──かなりややこしい**

投資の増加ΔIによる国民所得増大効果（ΔY）は，

図表3－16　②　　④　　　⑥……
　　　　　　　↓　　↓　　　↓

$$\Delta Y = \Delta I + b\,\Delta I + b^2\,\Delta I + b^3\,\Delta I + \cdots\cdots + b^\infty\,\Delta I \quad\text{──（A）}$$
となり，
（b^∞：bを無限回かけるということ）

（A）の両辺にbをかけると，

$$b\,\Delta Y = b\,\Delta I + b^2\,\Delta I + b^3\,\Delta I + b^4\,\Delta I\cdots\cdots + b^{\infty+1}\,\Delta I \quad\text{──（B）}$$

（A）から（B）を引くと，

$$(1-b)\,\Delta Y = \Delta I - b^{\infty+1}\,\Delta I$$

ここで，$b^{\infty+1}\,\Delta I$は$b<1$なので，（無限＋1）回かければ限りなくゼロに近くなるので，ゼロとみなすと，

$$(1-b)\,\Delta Y = \Delta I \text{となり，よって，}$$

$\Delta Y = \dfrac{1}{1-b}\Delta I$となり，投資乗数$\dfrac{1}{1-b}$を求めることができます。

5 政府支出増加の効果——政府支出乗数

【1】定　義

　今度は，投資量ではなく政府支出の変化により，国民所得はどれだけ増加するか考えましょう。その結論は，投資の変化のときとまったく同じです。投資のときの復習と思って聞いてください。

　政府支出の増加量をΔG，国民所得の増加量をΔYとしたときに$\Delta Y / \Delta G$を政府支出乗数といいます。**政府支出乗数とは，政府支出Gが変化したときに，その何倍国民所得Yが変化するかを意味します。**

← 政府支出乗数

【2】政府支出乗数の求め方

① 政府支出乗数の求め方－1　＜簡単な数式による理解＞
　　——この方法がオススメ！

　政府支出乗数は，投資乗数と同様に，簡単な計算で次のように求めることができます。国民所得（GDP：Y）は総需要$Y^D = Y^S$となる水準に決まります。ここで，総需要は，$Y^D = C + I + G$，$C = a + bY$，$I = I_0$，$G = G_0$とすると，

$Y^D = C + I + G$
　$= (a + bY) + I_0 + G_0$ となります。一方，総供給は常に$Y^S = Y$です。
したがって，$Y^S = Y^D$とは，

$Y = (a + bY) + I_0 + G_0$ となります。

ここで，政府支出乗数を求めるために$Y = \sim$の形に変形します。

これは，$Y - bY = a + I_0 + G_0$ となり，
$(1 - b) Y = a + I_0 + G_0$ より，

$$Y = \frac{1}{1-b}(a + I_0 + G_0)$$ ←これでYの大きさがわかります

この式より，一定であるはずのG_0が1単位増加すると，その$\frac{1}{1-b}$倍だけYが増加し，政府支出乗数は$\frac{1}{1-b}$とわかります。

② 政府支出乗数の求め方－2　＜図表3－17による図形的理解＞
　　——少しややこしい

　政府支出乗数は，投資乗数同様に，図表3－17より図形的に求めることができます。ΔGの政府支出増加により総需要（Y^D）がその分増加し，図表3－17において，Y^Dは$Y^{D\prime}$とΔGだけ上方にシフトします。その結果，新しい総需要（$Y^{D\prime}$）と総供給の均衡点はE'となり，国民所得はY_E'となります。国民所得の増加ΔYはΔGより大きいことが図表3－17からわかります。

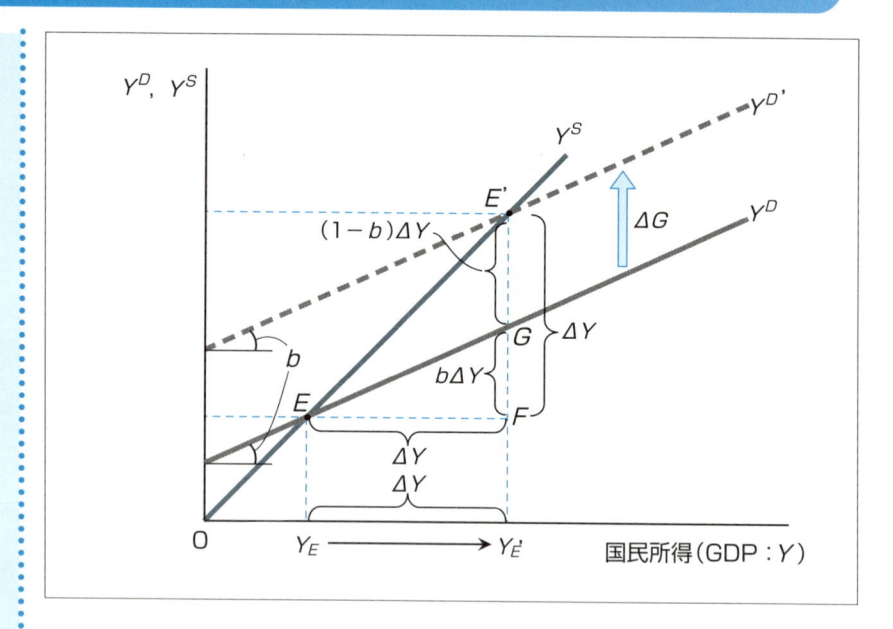

●図表3-17●
政府支出乗数

ここで、Y^Dの傾きは、限界消費性向bであることから、EFがΔYなら、GFは$\Delta Y (EF) \times b = b \Delta Y$です。また、$Y^S$は45度線なので、$EF = E'F$なので、$E'F$も$\Delta Y$です。ということは、

$E'G = E'F - GF = \Delta Y - b \Delta Y = (1-b) \Delta Y$。

ところで、$E'G = \Delta G$ですから、

$E'G = (1-b) \Delta Y = \Delta G$となり、

$\Delta Y = \dfrac{1}{1-b} \Delta G$で、政府支出乗数は$\dfrac{1}{1-b}$とわかります。

$b = 0.7$ならば、政府支出乗数は、$\dfrac{1}{1-0.7} = 3.33 \cdots\cdots$となり、$\Delta Y = 3.3 \Delta G$です。

【3】乗数効果の波及プロセス

では、ΔGの政府支出増加により、国民所得（Y）がΔGの$\dfrac{1}{1-b}$倍も増加するのでしょうか。そのメカニズムは投資の場合と同じです。

まず、**図表3-18**を用いて正確な説明をする前に、直感的な説明をしましょう。政府支出が増加するとは、公共工事などが増加するということです。政府支出が1兆円増えると、政府出入りの業者の注文が1兆円増加し、政府出入りの業者の生産が1兆円増えます。その結果、国民所得（GDP：国内総生産）は1兆円増加します。

しかし、ここで、国民所得（GDP：国内総生産）の増加は終わりません。なぜなら、政府出入りの業者の生産が1兆円増えたということは、政府出入りの業者の社員や株主などの関係者の所得が1兆円増えており、1兆円の所得増加に対し、消費が増加するからです。

ここでは、限界消費性向＝0.7と仮定すると、1兆円の所得増加に対し、

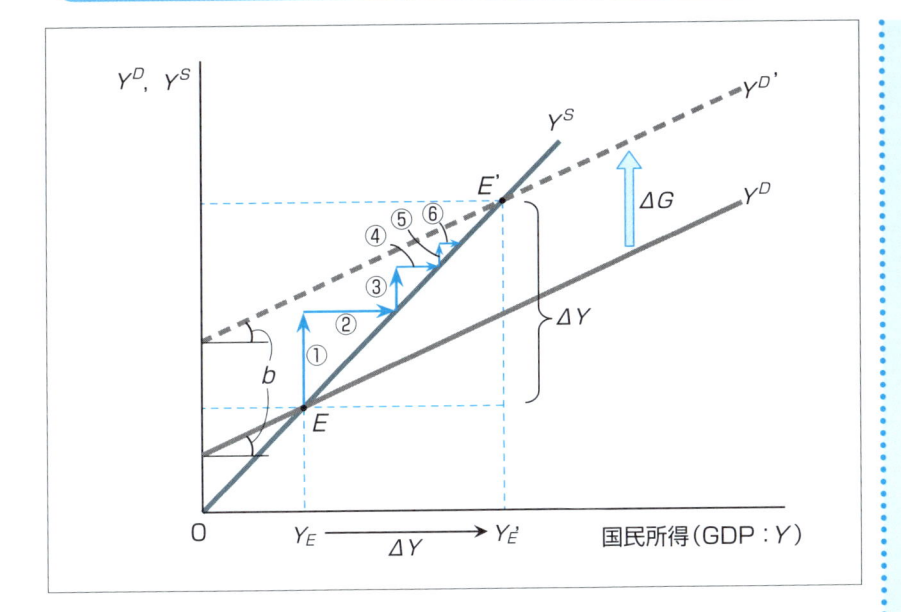

第8章　国民所得の決定──45度線分析

●図表3−18●
政府支出乗数の波及過程

0.7兆円だけワイドテレビの消費（需要）が増加したとします。すると，今度は，テレビメーカーの注文が0.7兆円増加し，テレビメーカーの生産が0.7兆円増えます。

その結果，国民所得（GDP：国内総生産）はさらに0.7兆円増加します……というように，投資乗数と同じように，国民所得（GDP：国内総生産）の増加と消費の増加が循環し，国内総生産（GDP：国民所得）はどんどん増えていきます。

これを，図表3−18を用いて説明します。ΔGの政府支出増加により総需要（Y^D）がその分増加し，図表3−18において，Y^Dは$Y^{D'}$とΔGだけ上方にシフトします。

その結果，新しい総需要（$Y^{D'}$）と総供給の均衡点はE'となり，国民所得はY_E'となり，国民所得の増加ΔYはΔGより大きくなります。この国民所得の増加のメカニズム（乗数効果）は以下の通りです。

政府支出の増加ΔGにより，総需要（Y^D）がその分増加し（図表3−18①），その分の生産が行われ，生産したメーカーの所得は増加するので，国民所得（Y）がΔGだけ増加します（図表3−18②）。

国民所得（Y）がΔGだけ増加すると，消費は$b\Delta G$増加し，総需要（Y^D）もその分増加します（図表3−18③）。

$b\Delta G$の消費増加に対し，消費財メーカーはその分の生産を行い，消費財メーカーの所得が増加し，国民所得（Y）が$b\Delta G$だけ増加します（図表3−18④）。

この国民所得（Y）の$b\Delta G$だけの増加は，消費をそのbだけ，すなわち，$b\times b\Delta G$だけ増加させ，総需要（Y^D）がその分増加します（図表3−18⑤）。

この循環は無限に続き，E'で落ち着きます。

このように，政府支出の増加による国民所得の増加が，消費の増加を誘い，更なる国民所得の増加を実現するというメカニズムで乗数効果は生じます。

129

●マクロ編／第Ⅲ部　財市場の分析（45度線分析）

政府支出乗数の求め方はすでに2つ勉強しています。ですから，3つ目を勉強しなくても，政府支出乗数は求めることができます。しかし，一応ここでも，多くの本に出ている方法を補論として紹介します。面倒だという方はとばしてください。

補論　政府支出乗数の求め方－3
　　　＜図表3－18による乗数過程の理解＞──かなりややこしい

政府支出の増加 ΔG の国民所得増大効果（ΔY）は，

図表3－18　②　　④　　　⑥　……
　　　　　　　↓　　↓　　　↓

$$\Delta Y = \Delta G + b\,\Delta G + b^2\,\Delta G + b^3\,\Delta G + \cdots\cdots + b^\infty\,\Delta G \quad\text{──（A）}$$

となり，（A）の両辺に b をかけると，

$$b\,\Delta Y = b\,\Delta G + b^2\,\Delta G + b^3\,\Delta G + b^4\,\Delta G\cdots\cdots + b^{\infty+1}\,\Delta G \quad\text{──（B）}$$

（A）から（B）を引くと，

$$(1-b)\,\Delta Y = \Delta G - b^{\infty+1}\,\Delta G$$

ここで，$b^{\infty+1}\,\Delta G$ は限りなくゼロに近いので，ゼロとみなすと，

$(1-b)\,\Delta Y = \Delta G$ となり，$\Delta Y = \dfrac{1}{1-b}\Delta G$ となり，政府支出乗数 $\dfrac{1}{1-b}$ を求めることができます。

6　租税政策の効果──租税乗数

【1】定　　義

⇒ 租税政策

⇒ 租税乗数

　租税政策とは，税金を減少（減税）あるいは増加（増税）させることにより，**総需要を増減させ，国民所得を増減させる政策**をいいます。税金の変化量を ΔT，国民所得の増加量を ΔY としたときに，$\Delta Y / \Delta T$ を租税乗数といいます。**租税乗数とは，租税が ΔT 変化したときに，その何倍 Y が変化するかを意味**します。

消費関数の修正

　まず，税金を考えることにより，消費関数は，$C = a + bY$ ではなく，$C = a + b(Y-T)$ となります。所得 Y から税金に T だけとられて，残った $(Y-T)$ が処分可能な所得であることを意味し，**$Y-T$ を可処分所得**（Yd：d は disposal「処分が可能な」という意味です）といいます。

⇒ 可処分所得

　そして，消費は，可処分所得のうち b だけ行われるので，$C = a + b(Y-T)$ となるのです。ここで，**税金（T）は国民所得（Y）の大きさに関わらず一定額 T_0 と決まっている（このような税金を定額税といいます）**ものと仮定します。

⇒ 定額税

【2】租税乗数の求め方

① 租税乗数の求め方－1　＜簡単な数式による理解＞
　　──この方法がオススメ！

　租税乗数は，簡単な計算で以下のように求めることができます。

　国民所得（GDP：Y）は総需要$Y^D=Y^S$となる水準に決まります。ここで，総需要は，$Y^D=C+I+G$，$C=a+b(Y-T)$ であり，$T=T_0$，$I=I_0$，$G=G_0$で一定と仮定すると，

　$Y^D=C+I+G=\{a+b(Y-T_0)\}+I_0+G_0$となります。

　一方，総供給は常に$Y^S=Y$です。

　したがって，**$Y^S=Y^D$とは**，

$Y=C+I+G$

$Y=\{a+b(Y-T_0)\}+I_0+G_0$となります。

$Y=a+bY-bT_0+I_0+G_0$

ここで租税乗数を求めるために$Y=\sim$の形にすると

これは，$Y-bY=a-bT_0+I_0+G_0$となり，

$(1-b)Y=a-bT_0+I_0+G_0$

$(1-b)Y=a-bT_0+I_0+G_0$より，

　　$Y=\dfrac{1}{1-b}(a-bT_0+I_0+G_0)$　←これでYの大きさがわかります。

　通常の本では，この式がでていますが，さらにわかりやすくするには，かっこをはずしてやると，

　　$Y=\dfrac{1}{1-b}a-\dfrac{b}{1-b}T_0+\dfrac{1}{1-b}I_0+\dfrac{1}{1-b}G_0$

となります。

　この式より，一定であるはずのT_0が1単位増加（増税）すると，その$-\dfrac{b}{1-b}$倍だけYが変化し，租税乗数は$-\dfrac{b}{1-b}$であるとわかります。マイナスがついているので増税のとき，国民所得（Y）が減少します。

　減税の場合，税金Tは減少しますから，税金の変化分ΔTはマイナスです（減税とは$\Delta T<0$）。

　つまり，T_1円減税するとは，$\Delta T=-T_1$ということになりますので，

　国民所得の変化量$\Delta Y=-\dfrac{b}{1-b}\times(-T_1)=\dfrac{b}{1-b}\times T_1$となり，プラスで，国民所得は増加します。したがって，不況時に国民所得を増加させるためには減税策を行わなくてはなりません。

② 租税乗数の求め方－2　＜図表3－19による図形的理解＞
　　──少しややこしい

　租税乗数は，投資乗数や政府支出乗数と同様に，**図表3－19**より図形的に求めることができます。減税の場合，税額Tは減少するので$\Delta T<0$。減税額は$-\Delta T$円となります。ただし，$-\Delta T$円の減税（$\Delta T<0$）により，総

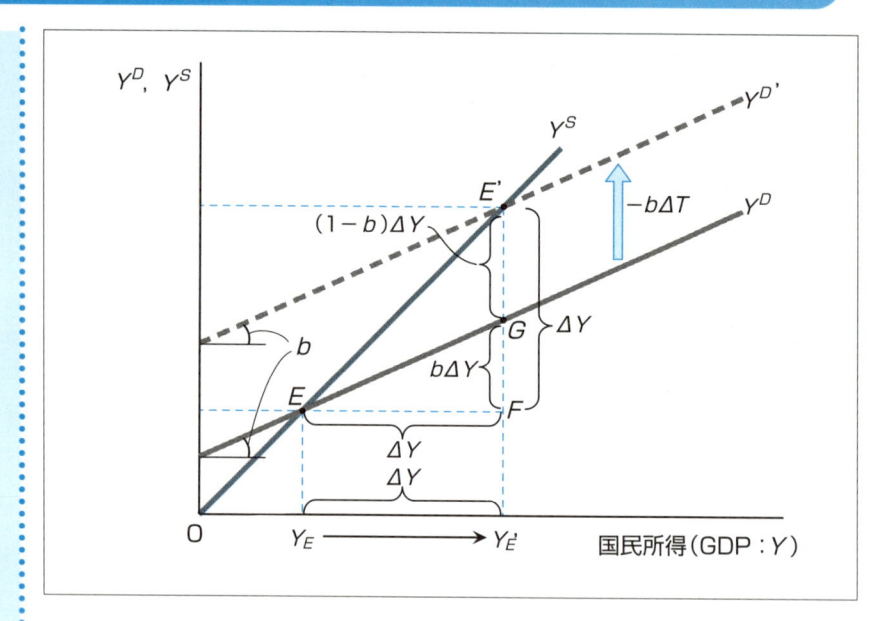

●図表3－19●
租税乗数

需要（Y^D）はその分すべて増加するわけではありません。$-\Delta T$円の減税は，可処分所得（$Y-T$）を$-\Delta T$だけ増加させ，消費Cを$-b\Delta T$だけ増加させます（Y^Dは$-b\Delta T$だけ上方にシフト，ΔTがマイナスなので$-b\Delta T>0$となります）。

図表3－19において，Y^Dは$Y^{D'}$と$-b\Delta T$だけ上方にシフトします。その結果，新しい総需要（$Y^{D'}$）と総供給の均衡点はE'となり，国民所得はY_E'となります。国民所得の増加ΔYは$-b\Delta T$より大きいことが図表3－19からわかります。

ここで，Y^Dの傾きは，限界消費性向bであることから，EFがΔYなら，GFはΔY（EF）$\times b$です。また，Y^Sは45度線なので，$EF=FE'$なので，FE'もΔYです。ということは，

$E'G=FE'-GF=\Delta Y-b\Delta Y=(1-b)\Delta Y$。

ところで，$E'G=-b\Delta T$ですから，

$(1-b)\Delta Y=-b\Delta T$となり

$\Delta Y=\dfrac{1}{1-b}(-b\Delta T)=\Delta Y=-\dfrac{b}{1-b}\Delta T$となり，租税乗数は$\dfrac{-b}{1-b}$とわかります。

$b=0.7$ならば，租税乗数は，$\dfrac{-0.7}{1-0.7}=-2.33$……となり，$\Delta Y=-2.3\Delta T$です。

【3】乗数効果の波及プロセス

では，$-\Delta T$の減税（$\Delta T<0$）により，国民所得（Y）がΔTの$-\dfrac{b}{1-b}$倍も増加するのでしょうか。そのメカニズムを説明しましょう。基本的には，投資や政府支出乗数と同じ理屈です。

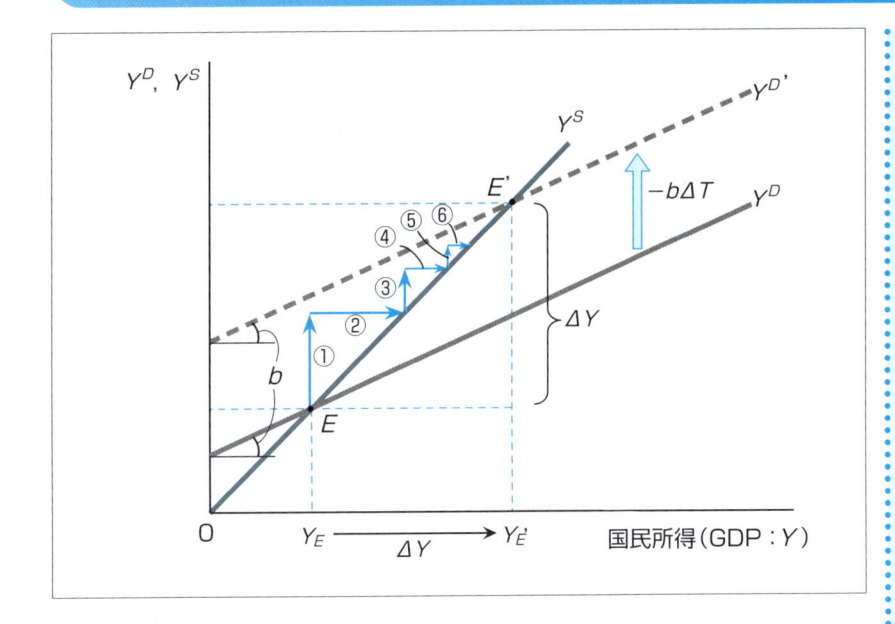

第8章　国民所得の決定──45度線分析

●図表3－20●
減税の乗数効果波及プロセス

まず，図表3－20を用いて正確な説明する前に，直感的な説明をしましょう。

1兆円の減税（$\Delta T = -1$兆円）を行うと，可処分所得（$Y-T$）が1兆円増加します。ここで，限界消費性向＝0.7と仮定すると，1兆円の可処分所得増加に対し，0.7兆円だけワイドテレビの消費（需要）が増加したとします。すると，今度は，テレビメーカーの注文が0.7兆円増加し，テレビメーカーの生産が0.7兆円増えます。

その結果，国内総生産（GDP：国民所得）はさらに0.7兆円増加します……というように，投資乗数や政府支出乗数と同じように，国民所得（GDP：国内総生産）の増加と消費の増加が循環し，国民所得（GDP：国内総生産）はどんどん増えていきます。

これを，図表3－20を用いて説明しましょう。

$-\Delta T$円の減税により，税金の変化はΔTとなり，総需要（Y^D）が$-b\Delta T$だけ増加し，Y^Dは$Y^{D\prime}$と$-b\Delta T$だけ上方にシフトします。その結果，新しい総需要（$Y^{D\prime}$）と総供給の均衡点はE'となり，国民所得はY_E'となります。国民所得の増加ΔYは$-b\Delta T$より大きいことがわかります。この国民所得の増加のメカニズム（乗数効果）は以下の通りです。

$-\Delta T$の減税は，税金の変化$\Delta T < 0$となり，可処分所得（$Y-T$）は$-\Delta T$円増加する。$-\Delta T$円の可処分所得の増加は$-b\Delta T$だけ消費を増加させ総需要（Y^D）も$-b\Delta T$だけ増加させます（図表3－20①）。

その分の生産が行われ，生産したメーカーの所得は増加するので，国民所得（Y）が$-b\Delta T$だけ増加します（図表3－20②）。

国民所得（Y）が$-b\Delta T$だけ増加すると，消費は$b \times -b\Delta T = -b^2\Delta T$だけ増加し，総需要（$Y^D$）がその分増加します（図表3－20③）。

$-b^2\Delta T$の消費増加に対し，消費財メーカーはその分の生産を行い，消費財メーカーの所得が増加し，国民所得（Y）が$-b^2\Delta T$だけ増加します（図

表3－20④）。

　この国民所得（Y）の$-b^2 \varDelta T$だけの増加は，消費をそのbだけ，すなわち，$(-b^2 \varDelta T)＝-b^3 \varDelta T$だけ増加させ，総需要（$Y^D$）がその分増加します（図表3－19⑤）。この循環は無限に続き，やがて，E'で落ち着きます。

　このように，**減税による可処分所得の増加が，消費の増加を誘い，その消費財を作った人の更なる国民所得が増加し，さらに消費が増加する**というメカニズムで乗数効果は生じます。

　租税乗数の求め方もすでに2つ勉強しています。ですから，3つ目を勉強しなくても，租税乗数も求めることができます。ここでも，一応，多くの本に出ている方法を補論として紹介します。面倒だという方はとばしてください。

補論　租税乗数の求め方－3＜図表3－20による乗数過程の理解＞
　　　　──かなりややこしい

　租税の変化$\varDelta T$（$\varDelta T＞0$のときには増税，$\varDelta T＜0$のときには減税）の国民所得増大効果（$\varDelta Y$）は，

　図表3－20　②　　④　　⑥　……
　　　　　　　↓　　↓　　↓
$$\varDelta Y＝-b\varDelta T-b^2\varDelta T-b^3\varDelta T-\cdots\cdots-b^\infty\varDelta T \quad\text{(A)}$$
となり，
（A）の両辺にbをかけると，
$$b\varDelta Y＝-b^2\varDelta T-b^3\varDelta T-b^4\varDelta T\cdots\cdots-b^{\infty+1}\varDelta T \quad\text{(B)}$$
（A）から（B）を引くと，
$$(1-b)\varDelta Y＝-b\varDelta T＋b^{\infty+1}\varDelta T$$
ここで，$b^{\infty+1}\varDelta T$は限りなくゼロに近いので，ゼロとみなすと，
$$(1-b)\varDelta Y＝-b\varDelta T$$
となり，
$$\varDelta Y＝-\frac{b}{1-b}\varDelta T$$
となり，
租税乗数$-\dfrac{b}{1-b}$を求めることができます。

【4】いろいろな租税関数

　租税関数とは，租税と何かの数量の関係ですが，通常，租税と国民所得Yとの関係を指します。また，税には，定額税や比例税などがあります。これらを租税関数を使って表すと以下のようになります。

定額税 ➡　**定額税は，国民所得Yの大きさに関わらず，租税は一定**なので，$T＝T_0$（一定）。

比例税 ➡　これに対し，国民所得Yに一定の比率で税金を徴収する**比例税**の場合，

> $T＝tY$（ただし，Tは税額，tは税率で$0＜t＜1$）

これは、税率 t は0.1（10％）のときには、$T=0.1Y$ となります。所得 Y の0.1を税金として徴収するということです。

また、**比例税と固定税の両方を併用する租税関数**は、

$$T = T_0 + tY \quad (T_0 > 0,\ 0 < t < 1)$$

（固定税部分） （税率） （所得）
　　　　　　　比例税部分

となります。

現実の租税関数は、きわめて複雑です。固定税の部分もありますが、所得に応じて支払う租税は、単純な比例税ではなく、累進課税と呼ばれるものです。　　　　　　　　　　　　　　　　　　　　　　　　　　　　　　◀ 累進課税

比例税では、所得に関わらず税率 t は一定ですが、累進課税とは、所得の増加に伴い税率 t が増加するものです。累進課税＋固定税という租税関数が現実には近いのですが、累進課税は、所得 Y の大きさによって、税率 t が変化してしまい複雑ですので、資格試験や公務員レベルの経済ではほとんど出てきません。

7　均衡予算乗数

均衡予算とは、政府支出 G をすべて税金 T でまかなうことです。このとき、国の収入と支出である財政は、支出である政府支出 G ＝収入である租税 T ですので、収支が均衡しています。このときに国民所得 Y がどれだけ変化するかを見ようというのが、均衡予算乗数です。　　　　　　　　　　　◀ 均衡予算

税金の変化分を ΔT、政府支出の変化分を ΔG としたときに、均衡予算 $\Delta T = \Delta G$ のときの、$\Delta Y / \Delta T = \Delta Y / \Delta G$ を均衡予算乗数といいます。均衡予算乗数とは、政府支出を ΔG 変化させ、同時に租税も同額の $\Delta T = \Delta G$ 変化したときに、その何倍 Y が変化するかを意味します。これは、政府支出と増税を同時に行っているので、政府支出の効果と租税政策（増税）の効果を足し合わせればよいことになります。　　　　　　　　　　　　　　　　　◀ 均衡予算乗数

＜政府支出の効果＞

政府支出乗数より、$\Delta Y = \dfrac{1}{1-b} \Delta G$ です。

＜租税政策の効果＞

租税乗数より、$\Delta Y = \dfrac{-b}{1-b} \Delta T$ です。

＜均衡予算の効果＝両者の合計＞

$\Delta Y = \dfrac{1}{1-b} \Delta G - \dfrac{b}{1-b} \Delta T$ となり、$\Delta T = \Delta G$ ですから、

$$= \left(\frac{1}{1-b} - \frac{b}{1-b}\right) \Delta G$$

$$= \frac{1-b}{1-b} \Delta G$$

$$= 1 \times \Delta G$$

となり，国民所得の増加分は，政府支出の増加分＝税金の変化分と同じ額となります。

つまり，**均衡予算乗数＝1**となります。

8 租税・輸出入を考慮した乗数

経済モデルが，輸出入が入ってきたり，租税が国民所得で変動するような複雑なものは，オススメである＜簡単な数式による理解＞の方法が便利ですので，その方法でトライしてみましょう。

今，総需要は，$Y^D = C + I + G + EX - IM$，$C = a + b(Y-T)$，$I = I_0$，$G = G_0$，$EX = EX_0$，$IM = mY$，$T = T_0 + tY$とします。

政府支出乗数，投資乗数や租税乗数は，簡単な計算で以下のように求めることができます。

国民所得（GDP：Y）は総需要$Y^S = Y^D$となる水準にきまります。

このとき，$Y^D = C + I + G + EX - IM$

$\qquad = a + b\{Y - (T_0 + tY)\} + I_0 + G_0 + EX_0 - mY$ となります。

一方，総供給は常に$Y^S = Y$です。

したがって，$Y^S = Y^D$とは，

$Y = a + b\{Y - (T_0 + tY)\} + I_0 + G_0 + EX_0 - mY$ となります。

ここで乗数を求めるために，$Y = \sim$の形に変形します。

$Y = a + bY - bT_0 - btY + I_0 + G_0 + EX_0 - mY$から，

$Y - bY + btY + mY = a - bT_0 + I_0 + G_0 + EX_0$

$Y - b(1-t)Y + mY = a - bT_0 + I_0 + G_0 + EX_0$ となり，

$\{1 - b(1-t) + m\}Y = a - bT_0 + I_0 + G_0 + EX_0$ より，

$$Y = \frac{1}{1 - b(1-t) + m}(a - bT_0 + I_0 + G_0 + EX_0)$$

$$= \frac{1}{1 - b(1-t) + m}a + \frac{-b}{1 - b(1-t) + m}T_0 \quad \text{←租税乗数}$$

$$+ \frac{1}{1 - b(1-t) + m}I_0 + \frac{1}{1 - b(1-t) + m}G_0 \quad \text{←政府支出乗数}$$

$$+ \frac{1}{1 - b(1-t) + m}EX_0 \quad \text{←輸出乗数} \quad \text{←投資乗数}$$

この式より，一定であるはずのT_0が1単位増加（増税）すると，その$-b/\{1-b(1-t)+m\}$倍だけYが変化（減少）することがわかります。これが租税乗数です。

減税の場合，税金Tは減少しますから，税金の変化分ΔTはマイナスです（減税とは$\Delta T < 0$）。つまり，T_1円減税するとは，$\Delta T = -T_1$ということになりますので，国民所得の変化分
$$\Delta Y = \frac{-b}{1-b(1-t)+m} \times \Delta T = \frac{-b}{1-b(1-t)+m} \times -T_1 \text{となり,}$$
プラスで，増加します。

また，一定であるはずのG_0，I_0やEX_0が1単位増加（増税）すると，その$\frac{1}{1-b(1-t)+m}$倍だけYが変化（増加）することがわかります。これが政府支出乗数・投資乗数・輸出乗数です。

なお，このときの均衡予算乗数は，
$$\Delta Y = \frac{1}{1-b(1-t)+m} \Delta G - \frac{b}{1-b(1-t)+m} \times \Delta T$$
ここで，$\Delta G = \Delta T$より，
$$= \left(\frac{1}{1-b(1-t)+m} - \frac{b}{1-b(1-t)+m}\right) \Delta G \ (=\Delta T)$$
$$= \frac{1-b}{1-b(1-t)+m} \Delta G \ (=\Delta T)$$
となり，均衡予算乗数$= \frac{1-b}{1-b(1-t)+m}$となり，1ではありません。

均衡予算乗数$=1$とは，最も単純なケースについてであり，$t=0$，$m=0$のケースです。

このときは，$\frac{1-b}{1-b(1-t)+m} = \frac{1-b}{1-b(1-0)+0} = \frac{1-b}{1-b} = 1$
となります。

9 ビルトイン・スタビライザー

ビルトイン・スタビライザー（Built-in Stabilizer）とは，**あらかじめ経済に組み込まれている，経済を自動的に安定化させる仕組み**のことをいいます。Built-inは組み込まれた，Stabilizerは安定化させるものという意味ですので，そのものずばりのネーミングといえるでしょう。日本では**自動安定化装置**と呼ぶ人もいます。具体的には，①**所得が増えると税額も増えるような所得税**

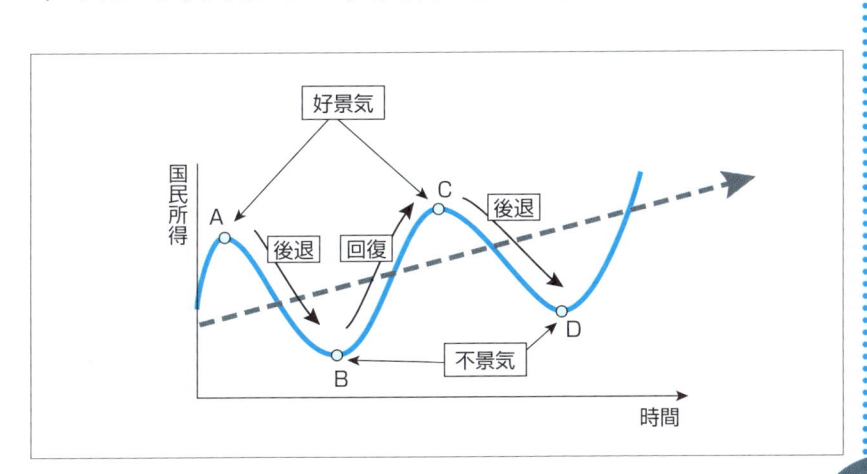

⇐ ビルトイン・スタビライザー

⇐ 自動安定化装置

●図表3－21●
景気循環

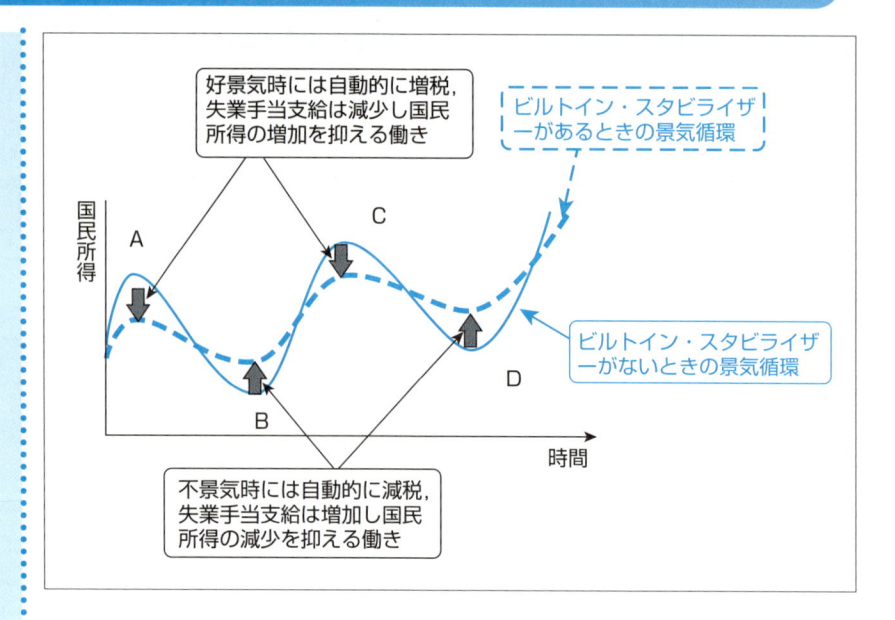

●マクロ編／第Ⅲ部　財市場の分析（45度線分析）

●図表3－22●
ビルトイン・スタビライザー

［図中テキスト］
好景気時には自動的に増税，失業手当支給は減少し国民所得の増加を抑える働き
ビルトイン・スタビライザーがあるときの景気循環
ビルトイン・スタビライザーがないときの景気循環
国民所得
A　C
B　D
時間
不景気時には自動的に減税，失業手当支給は増加し国民所得の減少を抑える働き

制度，②失業者に支給される失業保険金，③投資乗数低下による経済安定化などがあります。

具体的な説明に入る前に景気の説明をしておきましょう。景気とは経済の状態をいい，**景気循環**とは図表3－21のように，**周期的な国民所得の変動**です。そして，「景気がよい」とか「好景気」とは国民所得が大きい状態，つまり，点Aや点Cをいい，「景気が悪い」とか，「不景気」とは国民所得が小さい状態，つまり，点Bや点Dを指します。そして，好景気から不景気になるAからBやCからDを景気の「後退」と呼び，逆に，不景気から好景気になるBからCを景気の「回復」と呼びます。なお，このような国民所得の短期的変動である景気循環を繰り返しながら，通常は，国民所得が長期的な傾向として増加していきます。図表3－21においては，点線の矢印が長期的傾向を示しています。このような長期的な国民所得の増加は経済成長とよばれ，短期的な景気循環とは区別されます。

景気循環 ➡

① 所得税制度

まずは，所得税制度から説明しましょう。所得が増えると税額も増えるという所得税制度の下では，好景気（A点やC点）のときには国民所得が大きくなっているので税額も増え自動的に増税となります。増税は国民所得を減らす効果があります。逆に，不景気（点Bや点D）のときには国民所得が少ないので税額も減り自動的に減税となります。減税は国民所得を増やす効果がありますから，国民所得が少なく景気が悪いときには，国民所得の減少を緩和する効果があります。

② 失業保険制度

次に，失業保険制度を説明しましょう。好景気（A点やC点）のときには国民所得，すなわち国内総生産GDPが大きく，企業の労働需要も大きく失

業者は少なくなっており，自動的に失業手当の支給額も少なくなっています。失業手当の減少は家計の可処分所得を減らす効果があります。この場合，可処分所得は「所得－租税＋失業手当」となります。逆に，不景気（点Bや点D）のときには国民所得（GDP）が少ないので企業の労働需要も少なく失業者が多くなっており，自動的に失業手当の支給額は増加します。失業手当の支給額の増加は家計の可処分所得を増加させる結果，消費の増加を通じて国民所得を増やす効果がありますから，国民所得が少なく景気が悪いときには，国民所得の減少を緩和する効果があります。

　以上のように，ビルトイン・スタビライザーは，好景気のときには増税・失業手当支給削減を通じて国民所得の増加を抑え，不況のときには減税・失業手当支給増を通じて国民所得の減少を緩和する機能を果たすことによって，景気変動を小さなものにし，経済を安定化させます。

③　投資乗数低下による経済安定化

　今度はビルトイン・スタビライザーを乗数の計算で説明しましょう。租税は比例税，税額 $(T) = tY$（t：定数，$0 < t < 1$，Y：国民所得），消費関数は $C = a + b(Y - T)$ とします。海外を考えず $Y^D = C + I + G$ だと仮定します。そうすると，乗数は

$Y^S = Y^D$ より，

$Y = C + I + G$

$Y = a + b(Y - T) + I + G$

　$= a + b\{Y - (tY)\} + I + G$

ここで投資乗数を求めるため $Y = \sim$ の形に変形すると，

$(1 - b + bt)Y = a + I + G$

$Y = \dfrac{1}{1 - b + bt}(a + I + G)$

となり，投資乗数は $\dfrac{1}{1 - b + bt}$ となります。

　租税は所得が変化しても変わらない定額税であれば，その場合の投資乗数は $\dfrac{1}{1 - b}$ でした（P123）。

比例税の投資乗数 $\dfrac{1}{1 - b + bt}$ は定額税のときの投資乗数 $\dfrac{1}{1 - b}$ より小さくなっています。

> 📖 **超入門・数学ワンポイント解説** 📖
>
> 　なぜなら，分母（下）が $1 - b$ から $1 - b + bt$ と $+ bt$ 分だけ増加しています。分母（下）が大きければ分数（乗数）自体は小さくなります。たとえば，$\dfrac{1}{2}$ より $\dfrac{1}{3}$ の方が分母が2から3へと大きくなったことによって分数自体は小さくなります。

　さて，ここで景気変動は投資が原因で起こると考えましょう。つまり，好景気には投資が増加し，投資の増加がその乗数倍の国民所得の増加を呼ぶと

いうわけです。逆に，不況期には，投資の減少がその乗数倍の国民所得の減少を招くというわけです。このような状況においては，投資乗数が小さいと，投資量が増加する好景気時には国民所得はそれほど増加しなくなり，逆に，投資量が減少する不景気時には国民所得はそれほど減少しなくなります。つまり，投資乗数が大きい場合に比べて投資量の変化による景気変動は小さくなる，つまり，経済が安定的になるのです。

したがって，**定額税と比較して比例税の場合，投資乗数が小さくなることによって，投資を原因とした景気変動を小さくすることができる，つまり，経済安定化機能がある**ということができるのです。これも自動的に経済を安定化させる機能（ビルトイン・スタビライザー）の1つです。

しかし，このビルトイン・スタビライザーがあっても深刻な不況が起こってしまうからこそ，政府支出増加や減税などの経済安定化政策が必要とされると考えてよいでしょう。もっとも，ビルトイン・スタビライザーがなければもっと深刻な不況に陥ることになるわけですから，ビルトイン・スタビライザーは役に立たないというわけではありません。つまり，**ビルトイン・スタビライザーは経済を安定化させる機能はあるが，景気変動を完全になくすものではない**ということです。

第Ⅲ部の確認テスト

　確認テストは，答えが合っていたかどうかということよりも，確実に理解することが重要ですから，以下の手順で行ってください。

> 1．まず，問題を解いてください。
> 2．わからない部分，あるいは自信がない部分の本文を参照して復習してください。
> 3．答えをチェックしてください。（→P243）
> 4．間違いがあれば，本文を参照し，なぜ間違えたかをチェックしてください。
> 5．間違えた部分を本文の余白に記入しておき，次回以降は間違えないようにしてください。こうしておけばこの本があなたのサブノートになります。

【要約問題】

1．マクロ経済では大きく（①　　）市場，（②　　）市場，（③　　）市場の3つの市場がありますが，（④　　）の考案した45度線分析では（①　　）市場だけを分析し，（⑤　　）と（⑥　　）を一定と仮定することによって，（②　　）市場と（③　　）市場は分析対象外とします。このモデルでは，投資，政府支出は外部から与えられる一定の値とされ，消費は（⑦　　）型消費関数を前提とし，消費をC，国民所得をY，限界消費性向をb，基礎消費をaとすると，（⑧　　）という数式で表現できます。海外部門を考慮する場合には，通常，（⑨　　）は一定とし，（⑩　　）は（⑪　　）の増加関数と仮定されます。財の需要をY^D，消費をC，投資をI，政府支出をG，輸出をEX，輸入をIMとすると，$Y^D =$（⑫　　）と表現できます。この財の需要（Y^D）には（⑬　　）を含んでいない点が，国内総支出（GDE）との重要な違いです。ですから，現実経済において，財の需要が財の供給と常に等しくなるわけではありません。

2．45度線分析においては縦軸を（⑭　　）と（⑮　　），横軸を（⑯　　）とし，（⑭　　）と（⑯　　）の関係を表す財の供給曲線と（⑮　　）と（⑯　　）の関係を表す財の需要曲線を描きます。財の供給曲線は傾き（⑰　　）の直線となり，財の需要曲線は，供給曲線より傾きが（⑱　　）い右上がりの直線となります。国民所得は財の需要曲線と供給曲線の交点，すなわち，財の（⑲　　）と（⑳　　）が等しくなる水準に決まります。なぜなら，その水準より国民所得が大きくなると，供給の増加が需要の増加より大きいため（㉑　　）となり，（㉑　　）がなくなるまで企業は生産量を削減する結果，マクロでの国民所得は（㉑　　）がなくなり需要と

141

供給が等しくなる水準になるからです。逆に、国民所得が需要と供給の等しい水準より小さくなると、供給の減少が需要の減少より大きいため（㉒　）となり、（㉒　）がなくなるまで企業は生産量を増やす結果、マクロでの国民所得は（㉒　）がなくなり需要と供給が等しくなる国民所得に落ち着くからです。しかし、これは、（㉓　）による調整によって経済が安定化する古典派の調整とはまったく異なります。たとえば、超過供給であるので企業が生産量を減らし国民所得が減る状況とは、売れ残りがあるので、企業が泣く泣く生産量を減らし工場を閉鎖している状況かもしれません。もちろん、そのような状況では、労働需要は少ないでしょうから、（㉔　）がおこっているかもしれません。45度線分析では、（㉓　）は一定と仮定されているので、古典派的な調整メカニズムは働かないのです。

3．（㉕　）とは投資が1単位増加したときにその何倍国民所得が増加するかを意味し、（㉖　）とは政府支出が1単位増加したときにその何倍国民所得が増加するかを意味し、（㉗　）とは租税が1単位増加したときにその何倍国民所得が増加するかを意味します。
$Y=C+I+G$, $C=a+b(Y-T)$, $I=I_0$（一定）, $T=T_0$（一定）, $G=G_0$（一定）という単純な経済モデルにおいて、（㉕　）は（㉘　）、（㉖　）は（㉙　）、（㉗　）は（㉚　）と計算されます。また、1単位増税し、その1単位だけ政府支出を増加させ場合、国民所得が何倍増加するかを（㉛　）といい、（㉜　）と計算されます。

【実戦問題1】

マクロ経済モデルが以下のように与えられている。

$Y=C+I+G$
$C=0.8(Y-T)$
$I=20$
$G=10$

Y：国民所得
C：消費
I：投資
G：政府支出
T：税収

今、政府が均衡財政を維持していたとして、完全雇用国民所得が120であるとすると、経済はどのような状態にあるか。

1. 2のインフレ・ギャップ
2. 8のインフレ・ギャップ
3. 12のデフレ・ギャップ
4. 4のデフレ・ギャップ
5. 2のデフレ・ギャップ

（市役所職員）

確認テスト

【実戦問題2】

ある経済において、マクロ経済モデルが次式で示され、投資が30兆円、政府支出が20兆円であるとすると、均衡国民所得の大きさとして、正しいのはどれか。

$Y = C + I + G$
$C = 0.5(Y - T) + 10$
$T = 0.2Y$

- Y：国民所得
- C：消費
- I：投資
- G：政府支出
- T：租税

1. 60兆円
2. 70兆円
3. 80兆円
4. 90兆円
5. 100兆円

（国家公務員Ⅱ種）

【実戦問題3】

政府を含むマクロ経済モデルが次のように示されるとする。

$Y = C + I + G$
$C = a + b(Y - T)$

- Y：国民所得
- C：消費
- I：投資（一定）
- G：政府支出
- T：定額税
- a, b：定数

このとき、政府支出の増加とそれと同額の増税を同時に実施したとき（ケース1）と、政府支出の減少とそれと同額の減税を同時に実施したとき（ケース2）のそれぞれの国民所得の変化に関する次の組合せのうち、妥当なのはどれか。ただし、0＜b＜1とする。

	ケース1	ケース2
1.	増 加	減 少
2.	減 少	増 加
3.	増 加	増 加
4.	減 少	減 少
5.	変化しない	変化しない

（国家公務員Ⅱ種）

第Ⅳ部 資産市場の分析（利子率の決定）

LIVE講義

〈第Ⅳ部の構成〉

第9章◆ケインズの利子論への準備
1. 資産市場の分析
2. 貨幣とは？
3. 債券とは？
4. 債券価格と利子率
5. ワルラスの法則

第10章◆ケインズ派の利子理論
　　　　──流動性選好理論
1. ケインズ派とは？
2. 流動性選好理論
3. 貨幣供給
4. 貨幣需要（L）
5. 利子率の決定
6. 貨幣供給量増加による利子率の下落
7. 利子率と国民所得（GDP：Y）の関係

第11章◆投資の理論
　　　　──ケインズの限界効率理論
1. 分析の重要性
2. 投資の限界効率
3. 投資の決定
4. アニマル・スピリッツ
5. 45度線分析における投資の取り扱い

第12章◆金融政策
1. 中央銀行とは？
2. 貨幣供給の仕組み
3. 金融政策の手段
4. 金融政策の有効性

第13章◆古典派とケインズ派の利子論・貨幣論
1. 古典派の利子理論
2. 古典派とケインズ派の利子論・貨幣論

資産市場の分析に入る。
ここでは，単純化のため，資産を貨幣と債券のみとして考えていく。
投資に影響を与える利子率は貨幣の需要と供給により決まるという
ケインズの考え方を中心に勉強していく。
利子率は，投資に影響を与え，総需要を増減させ，国民所得をも左右し，
豊かさにも大きな影響を与える。
投資は財市場の需要だが，貨幣市場で決まる利子率の影響を受けるため
第Ⅲ部では詳しく分析しなかった。
この第Ⅳ部で貨幣市場の分析を行った後に，財市場の残りである
投資の理論を説明する。
投資は総需要の2割程度だが，消費に比べ変動が大きく，
好況や不況の原因となることが多い。
したがって，利子率がどのように決まるかということは，マクロ経済にとって非常に重要なので勉強のポイントとなるところだ。

●マクロ編／第Ⅳ部　資産市場の分析（利子率の決定）

第9章 ケインズの利子論への準備

> 🗻 *出題傾向・重要性* 🗻
>
> 貨幣の範囲は択一試験では頻出で、論文試験でも小問という形で問われることがあるので注意が必要です。**債券と利子率の関係は最も理解が難しい部分**ですが、択一試験で直接問われることがありますし、また、**最重要論点である流動性選好理論を理解する上でも必要**ですので、ここでがんばって理解してください。

1 資産市場の分析

この部分では財市場に続き、資産市場を分析します。

資産市場の中でも貨幣市場の需要と供給が一致するように利子率が決まる仕組みを中心に分析します。このような、貨幣市場の需要と供給が一致するように利子率が決まるという考えは、ケインズの考えです。

ここでは、財市場は考えないので、すでに勉強した財市場で決まる国民所得は変化せず一定と仮定します。また、労働市場も考慮しないので、労働市場との関係で決まる物価も変化せず一定と仮定します。この物価一定の仮定も、ケインズ派の前提です。したがって、ケインズ派の資産市場の分析を中心に理解していくことになります。

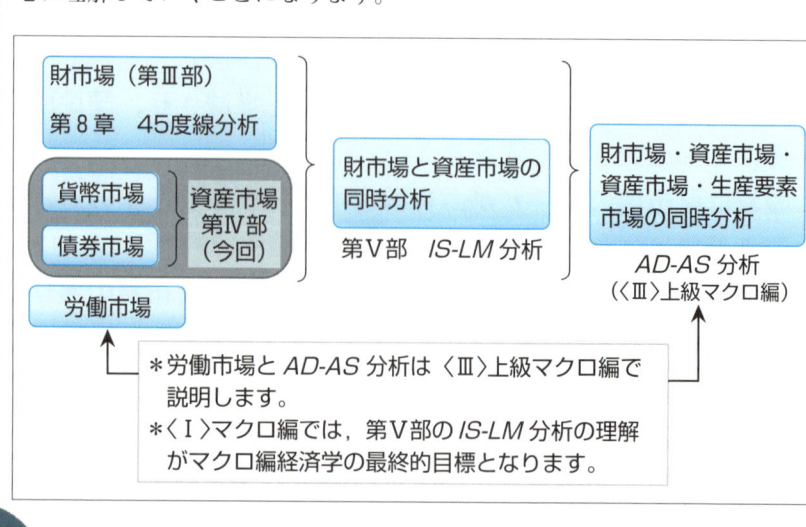

●図表4－1●
資産市場の分析の位置づけ

```
財市場（第Ⅲ部）
第8章　45度線分析

┌貨幣市場┐  資産市場       財市場と資産市場の        財市場・資産市場・
│        │  第Ⅳ部          同時分析                 資産市場・生産要素
└債券市場┘  （今回）                                 市場の同時分析
                            第Ⅴ部　IS-LM 分析
労働市場                                              AD-AS 分析
                                                     （〈Ⅲ〉上級マクロ編）

＊労働市場と AD-AS 分析は〈Ⅲ〉上級マクロ編で
　説明します。
＊〈Ⅰ〉マクロ編では、第Ⅴ部の IS-LM 分析の理解
　がマクロ編経済学の最終的目標となります。
```

第9章　ケインズの利子論への準備

仮定1　物価一定←労働市場は考慮しない

仮定2　国民所得一定←財市場は考慮しない

　ところで，資産といっても，貨幣，債券，土地，株式，宝石，古美術，家，などたくさんあります。しかし，これでは複雑すぎて，分析が面倒となりますので，単純化のため，資産は貨幣と債券のみと仮定します。貨幣とは何かは，次の「2　貨幣とは？」で検討しますが，とりあえずは，現金をイメージしてください。現金1万円は，いつまでたっても1万円です。つまり，価値が安定しています。また，現金1万円があれば，いろいろな物と交換できます。このように，貨幣とは，価値が安定しており，交換が容易な資産です。　　　　　　　　　　　　　　　　　　　　　　　　　　　←貨幣

　これに対し，債券は，株式に似て，価格が変動するもので，価値は安定していませんし，債券でいろいろな物と交換することはできません。つまり，債券とは，価値が不安定で，交換が容易ではない資産です（債券は，株式などに比べ一般になじみが薄いので，後ほど「3　債券とは？」で説明します）。　←債券

　では，なぜ，人々がこのような債券を持つのかというと，価値が不安定であることを利用して，安いときに買い，高く売ることによって利益を得ようとするからです。つまり，債券は投機のために保有します。**投機**とは，**現在の価格と将来の価格の差を利用して利益を得ることを目的とした取引**と定義することができますが，要するに値上がりでもうけようという取引です。ですから，資産が，貨幣と債券だけという仮定は単純すぎると思われる方は，債券とは，株や土地などの価格の変動する，それゆえに投機の対象となる資産の代表だと思っていただいても結構です。　　　　　　　　　　　　←投機

　このように，資産を貨幣と債券だけと仮定すれば，資産市場の分析は貨幣市場と債券市場の分析だけとなります。

仮定3　資産は，貨幣と債券だけとする

　　　　　　　↑　　　　↑
　　　　　価値安定　　価値不安定→投機対象
　　　　　交換容易　　交換困難

2　貨幣とは？

【1】貨幣の定義　　　　　　　　　　　　　　　　　　　　　　　　←貨幣の定義

　貨幣とは何でしょうか？　貨幣の本質については，実際には哲学的な議論もなされていますが，ここでは，そのような厄介な議論には深入りせず，貨幣とは，以下の3機能を有するものと定義します。

147

① 交換媒介機能

会社員は労働というサービスを会社に売って，給料として貨幣をもらい，その給料で欲しい物を買います。おなかがすけば，レストランを探し，貨幣を支払えばよいのです。

ところが，もし貨幣のない物々交換の世界だったらどうなるでしょうか。会社員がご飯を食べたいと思ったとき，その会社員は，会社員の労働を必要とするレストランを探さなくてはなりません。せっかくレストランを探しても，そのレストランが会社員の労働を必要としていなければ，ご飯を食べることはできません。

> 物々交換経済 ➡

このように，物々交換経済では，取引相手が自分の欲しい物を持っていると同時に，自分が取引相手の欲しい物を持っていることが必要です。これを，

> 欲望の二重の一致 ➡

欲望の二重の一致が必要といいます。これでは，なかなか，取引が成立せず，ご飯を食べるのにも苦労し，経済は，活発にはなりません。

ところが，現実の経済では，貨幣があるので，会社員は，会社員の労働サービスを必要としている会社から給料として貨幣をもらい，その貨幣で，好きなときに好きな物を買えばよいのです。ですから，自分が食事をしたいというレストランだけを探せばよく，そのレストランが自分の労働力を必要としているかどうかを考える必要はありません。つまり，「欲望の二重の一致」は必要なく，取引は行いやすくなり，経済は活発になります。私たちの住む現実経済は，**貨幣を交換の仲介とすることにより取引を効率的に行うことができる世界**になっています。このように**貨幣を使う経済を貨幣経済**といいます。

> 貨幣経済 ➡

物を買うとは，物をもらう代わりに自分の持つ貨幣を渡すことです。物を売るとは，物を渡す代わりに，貨幣をもらうことです。ですから貨幣を1つの物と考えれば，物々交換経済ともいえます。しかし，貨幣は，いろいろな物と交換でき，この便利さは，他の物にはない魅力です。ですから，貨幣は，他の物とは別格に扱い，売買するときには，貨幣と交換するとは言わず，売買といい，貨幣を使用する経済を貨幣経済というのです。

また，貨幣は，貨幣自体がありがたいわけではありません。たとえば，1カ月働いて20万円もらったとして，なぜうれしいかというと，20万円でいろいろな物が買えるからでしょう。ということは，貨幣は，1カ月の労働サービスと，20万円分の欲しい物を交換する仲立ち（仲介，媒介ともいいます）をしていることになります。これを，貨幣の交換媒介機能とか，交換仲介機能といいます。

> 交換媒介機能 ➡

② 価値尺度機能

ほとんどのものの価格は，貨幣の単位，日本国内であれば，「円」で表示されています。ですから，私たちは，いろいろな物の価格をすぐに比較できるのです。

もし，物々交換経済で，カローラ1台は馬2頭，サニー1台はニワトリ50羽などと書いてあったら，いったいどっちが安いのか比べるのも大変で

第9章 ケインズの利子論への準備

す。貨幣経済では、すべての財の価値は貨幣の単位（日本であれば円）で表示されるので、すぐに比較でき、取引も行いやすくなり、経済が活発化します。ですから、この貨幣の価値尺度機能も経済にとってきわめて重要です。

← 価値尺度機能

③ 価値保蔵機能

現金は、比較的持ち運びに便利ですし、腐ったりもしません。ですから、価値として持っておくのに便利です。また、価値が安定していますから、現金で持っていれば、値下がりで損をしてしまうことも原則としてありません。ですから、株や債券で一儲けしようとしている人も、値下がりして損をしそうだと思うと、値下がりする前に株や債券を売って貨幣を保有しようとするのです。

このように、現金などの貨幣は、価値保蔵機能も持っています。

← 価値保蔵機能

```
貨幣とは，
  ① 交換媒介機能  ──→ 欲望の二重の一致が不要
  ② 価値尺度機能                                    を持つもの
  ③ 価値保蔵機能  ──→ 価値安定的という特徴
```

【2】貨幣の範囲

さて、貨幣とは、交換媒介・価値尺度・価値保蔵の3機能を持つものとわかりましたが、具体的には、何でしょうか？ もし、3機能を厳しく考えれば、貨幣に当たるものは少なくなり、3機能を緩く、ハードルを低く考えれば、貨幣に当たるものは多くなります。ですから、貨幣の範囲をどこまでとするかという問題は、貨幣の3機能をどこまで厳しく要求するかということになります。

① M_1（狭義の貨幣）

3機能を一番持っているものは、なんといっても現金です。なにせ現金は、そのままで、いろいろな物と交換できるからです。しかし、経済学では、3機能を一番厳しく考え、貨幣の範囲が一番狭くなる場合にも、この現金だけではなく、要求払い預金も貨幣とします。

要求払い預金とは、預金者が銀行に預金を払ってくれと要求したら、すぐに払ってくれる預金のことです。たとえば、普通預金は、キャッシュカードですぐに現金がおろせますから、要求払い預金の一種です。

← 要求払い預金

ほかに、小切手がきれる当座預金というものがあります。小切手で買い物ができる店もありますから、小切手を切れる当座預金も便利です。当座預金は、一般の人にはなじみがないかもしれませんが、ここでは、「当座預金というものがあるんだ」という程度の理解で結構です。

以上の、狭い意味（範囲）での貨幣を M_1（エムワン）といいます。

← M_1（エムワン）

M_1＝現金＋要求払い預金です。

金融庁 ➡　ここで，官庁の縄張りの問題がでてきます。銀行や信用金庫は金融庁，日銀が監督していますが，郵便貯金（郵政公社）は総務省，農協は農水省が監督しています。M_1の預金は，金融庁，日銀が直接監督している銀行や信用金庫の預貯金だけであり，金融庁，日銀が直接監督していない郵便貯金，農協，信用組合などの預貯金は含んでいないことに注意してください。

大蔵省（財務省）➡　なお，銀行の検査・監督を行う官庁は1998年に大蔵省（現在の財務省。以下同じ）から金融監督庁に代わりました。従来，大蔵省は財政のみならず，**金融機関の検査・監督 ➡** 金融についても幅広い権限を持っていましたが，金融機関の検査・監督などの金融行政については新設の金融監督庁に移されました。さらに，2000年には，金融監督庁は金融庁となり，金融行政の企画も大蔵省から分離され，金融庁に移管されました。

② M_2（エムツー）

M_1よりもう少し3機能のハードルを低くすると，貨幣の範囲はさらに広がります。定期性預金は，いざ，現金にしようとすると，解約の手続きが面倒で，今までの利子が付かなかったりもします。ですが，通常，その日のうちに現金にできるのですから，まあ，貨幣と考えてもいいんじゃないのという立場です。

M_2（エムツー）➡　このように，M_1＋定期性預金をM_2（エムツー）といいます。なお，定期**定期性預金 ➡** 性預金とは，定期預金のことで，経済学では，定期性預金といいます。また，M_2についても，M_1同様に，M_2の預金には，郵便貯金，農協，信用組合などの預金は含んでいないことに注意してください。

③ M_2＋CD（エムツー・プラス・シー・ディー）

CD ➡　CDとは，Certificate of Depositsの略語で，譲渡性預金（定期預金証書）と**譲渡性預金 ➡** もいいます。CDも定期性預金の一種なのですが，預金をすると，通帳では**定期預金証書 ➡** なく，定期預金証書（Certificate）がもらえます。そして，定期性預金の期間の途中で現金が欲しくなったら，定期性預金を解約しなくても，証書を人に渡して（譲渡して）現金を入手することが可能です。

通常の（M_2の）定期性預金と違う点は，他人に譲渡できるということです。通常の定期性預金は通帳を他人に渡すことはできません。他人の通帳と印鑑を持っていき，定期性預金の解約を行うことがありますが，これは，通帳の持ち主の代理として解約を行うわけで，解約した他人の名前で行うことはできません。

ですから，定期性預金よりも，CDの方が便利です。なのに，なぜ，CDはM_2に含まれないかというと，1979年に新しくできたからです。つまり，元々M_2という定義があり，後から，M_2にはいるべき便利な物ができたの**M_2＋CD ➡** で，M_2＋CDとしたのです。したがって，M_2を貨幣の範囲とする人は少なく，M_2＋CDとする人が多くなっています。

なお，M_2＋CDについても，M_1，M_2同様に，M_2＋CDの預貯金には，郵

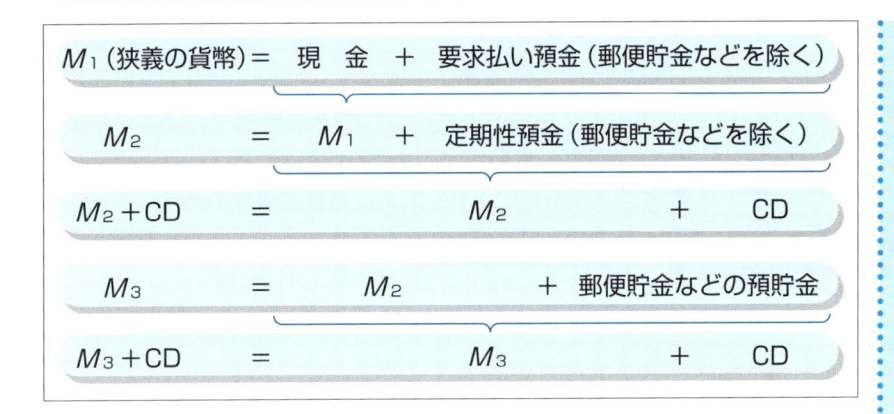

第9章　ケインズの利子論への準備

```
M₁（狭義の貨幣）＝　現　金　＋　要求払い預金（郵便貯金などを除く）
M₂　　　　　　　＝　M₁　　＋　定期性預金（郵便貯金などを除く）
M₂＋CD　　　　　＝　M₂　　＋　CD
M₃　　　　　　　＝　M₂　　＋　郵便貯金などの預貯金
M₃＋CD　　　　　＝　M₃　　＋　CD
```

●図表4－2●
貨幣の範囲

便貯金，農協，信用組合などの預金は含んでいないことに注意してください。

④　M_3（エムスリー）

M_2にM_2の預金には含まれていない，郵便貯金，農協，信用組合などの預貯金を足したものです。ですから，$M_3＝M_2＋$郵便貯金，農協，信用組合などの預貯金です。

←M_3（エムスリー）

⑤　$M_3＋CD$（エムスリー・プラス・シー・ディー）

M_3にCDを加えたものです。CDは本来M_2に入るべき便利なものですから，M_3より$M_3＋CD$を使う人が多いようです。銀行の経営不安が表面化したときには，銀行預金から郵便貯金に資金がシフト（これを郵貯シフトといいます）したりしますので，郵便貯金の存在が大きい現在の日本では$M_2＋CD$よりも$M_3＋CD$で貨幣の範囲を考えた方が良さそうです。なぜなら，私達利用者にしてみれば，銀行預金から郵便貯金への資金シフトは同じ預貯金で預け先が変わっただけですが，$M_2＋CD$やM_1の貨幣の定義ですと，郵便貯金が含まれていないので，貨幣（$M_2＋CD$やM_1）が大きく減少してしまうからです。

←$M_3＋CD$
←郵貯シフト

では，ここで，M_1，M_2，$M_2＋CD$，M_3，$M_3＋CD$について図表4－2に

		単位：兆円
$M_3＋CD$		1193
	郵便貯金	204
	その他	277
$M_2＋CD$		712
	CD	21
	準通貨	301
M_1		390
	現金通貨	70
	預金通貨	319
	出所：日本銀行	

貨幣のうち現金は多くないことがわかります

●図表4－3●
日本のマネーサプライ
（貨幣供給残高，
平成18年7月平均残高）

整理しておきましょう。また，日本のデータを**図表4－3**に紹介します。現金が70兆円と少ないことがわかります。これは，日銀の供給する現金が何倍もの預金を創り出すからなのですが，その説明は12章の2【4】貨幣供給の仕組み（P180）で説明します。

どの貨幣の範囲をとっても，いずれにせよ，貨幣＝現金＋預金です。

預金をどこまで入れるかという違いです。ですから，これから説明する貨幣市場の分析では，貨幣＝現金＋預金という理解で十分です。

3 債券とは？

●債券➡

●国債➡

債券とは，**他人に譲渡できる借用証書みたいなもの**です。国債とは，国が借金をするときに発行する債券ですが，国債の持ち主は，返済期限がきたら資金を返済してもらう権利があります。その意味で，通常の借用証書と似ていますが，借用証書は，借り主の同意なしで，勝手に他人に譲渡できません。

たとえば，もし仮に○×銀行から資金を借り，借用証書を作ったのに，借用証書が銀行から怖いお兄さんに勝手に譲渡されたらたまりませんので，借り主の合意がなければ，勝手に譲渡できないようになっています。しかし，債券の場合は，債券の持ち主は，債券市場で，債券を他人に売ることができます。ですから，貸す方にしてみれば，債券の方が，返済期限前に資金が必要になったとき，債券を売れば資金が入るので便利だという特徴があります。

債券は，借用証書の便利になったものですから，基本的に，借用証書同様に，金額（これは借りた元本です），利子率，借り主，借入期日（発行日），返済期限（債券では償還日といいます）が印刷してあります。資金の貸し主（＝債券を買う人）は，変わることがあるので印刷していません。

●既発債➡

●新発債➡

ここでは，すでに，昔に発行された債券（既発債といいます）を考えてみましょう。なぜなら，世の中に債券はたくさん出回っていますが，新しく発行される債券（新発債といいます）は少なく，過去に発行された既発債の方が圧倒的に多いからです。既発債ということは，利子率は，発行日の利子率になっているはずです。なぜなら，利子率が5％の時期に債券を発行して資

●図表4－4●
債券

```
              債　券

   発行者（借り主）          ○×株式会社
   金　額                    100万円
   発行日（借りた日）        2005年4月1日
   償還日（返済期限）        2015年3月31日
   確定利子率                         10％
```

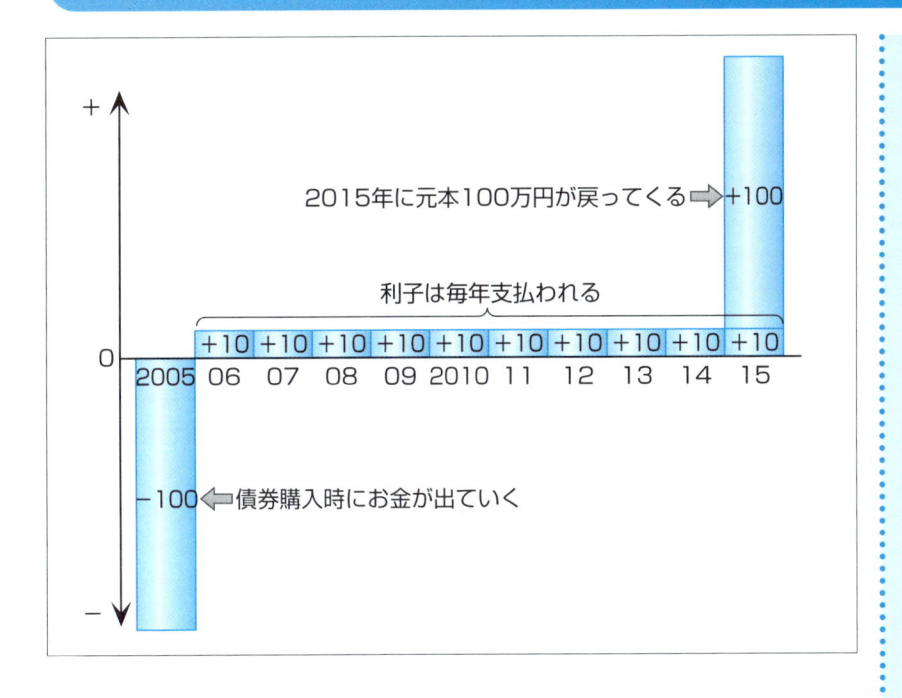

第9章 ケインズの利子論への準備

●図表4-5●
利子率10％の
債券保有者の資金の流れ
(キャッシュ・フロー)

金を集めるには，債券の利子率を5％程度にしなければ，誰も債券を買ってくれませんし，利子率が1％のときには，債券の利子率が1％程度でも，ほかの金融商品（定期預金など）も利子率が1％なので，債券は買ってもらえるからです。

① 債券の資金の流れ

図表4-4の債券を買う人（つまり，資金を貸す人）の資金の流れ（最近，流行の言葉で「キャッシュ・フロー」と呼びます）は図表4-5のようになります。

← キャッシュ・フロー

ここで注意しなくてはいけないのが，利子率です。図表4-4の債券では利子率は10％と約束しているのですから，債券の発行日以降に現実の利子率が50％に上昇しようが1％に下落しようが，債券の利子率は10％で変わらず，100万円×10％＝10万円が毎年利子として支払われます。

このように，債券で10％と約束した利子率は変わりませんので，**確定利子率**といいます。**確定利子率は債券発行時（＝資金借入時）に約束した利子率なので，その後に現実の利子率が変わっても変化しない**という点がポイントです。

← 確定利子率

4 債券価格と利子率

先ほどの**図表4-4**の債券を例にとって説明しましょう。この債券の2010年での債券価格と利子率の関係を考えます。

2010年でこの債券を買う人は，2011年以降の2015年まで毎年利子を10万

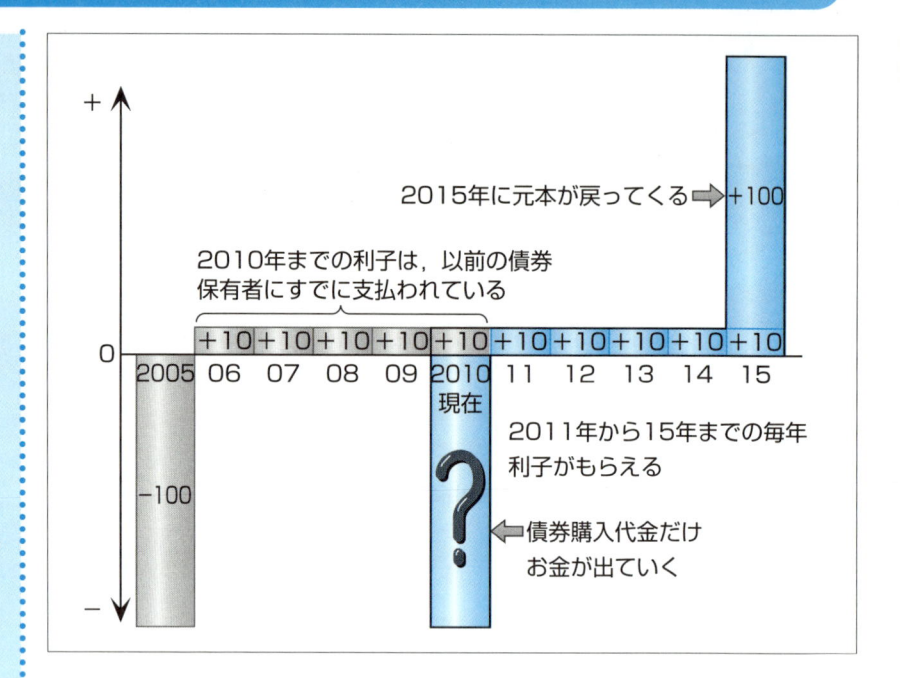

●図表4－6●
利子率10％の
債券保有者の資金の流れ
（2010年に買った人）

[図：2005年に－100、2006～2010年に+10ずつ（以前の債券保有者にすでに支払われている）、2010年現在は？（債券購入代金だけお金が出ていく）、2011～2015年に+10ずつ（毎年利子がもらえる）、2015年に元本+100が戻ってくる]

円受取り，2015年には，100万円の元本の支払いを受けます。つまり，**図表4－6**の青色部分の資金を受け取ります。2010年における債券の価値とは，この青色部分の資金をもらえることに他なりません。つまり，債券とは，将来一定利子率で一定の金額を受け取る権利なのです。この一定の利子率による一定額の利子は債券発行時に約束されたもので，現実の利子率が上がったり下がったりしても変わりません。

このように債券は将来決まった一定額のお金がもらえる権利なのですが，債券価格は常に100万円というわけではなく，日々変動しているのです。実は，この債券価格の変動は現実の利子率と関係があります。

そこで，現実の利子率の変化により債券価格がどのように変動するかを考えましょう。

| ケースA　この債券を発行後，現在の利子率が下落し，2010年には1％となった場合 |

このとき，現実の利子率は1％なので定期預金などの利子率は1％ですから，毎年10％で10万円の利子がもらえるこの債券は魅力的です。現実の利子率が1％に低下することにより，債券の約束する確定利子率の価値が上がり，債券価格は上昇します。

| ケースB　この債券を発行後，現実の利子率が上昇し，2010年には20％となった場合 |

このとき，定期預金の利子率は20％ですから，10％で10万円の利子がもらえるこの債券は魅力がありません。現実の利子率が20％に上昇することにより，債券の約束する確定利子率の価値が下がり，債券価格は下落します。

以上より，現実の利子率（r）が上昇すると債券価格は下落し，逆に，現

第9章　ケインズの利子論への準備

実の利子率（r）が下落すると債券価格は上昇します。つまり、債券価格は利子率と逆の動きをするので、利子率の減少関数であるといいます。

なお、債券は英語でBondといいますので、債券価格はP_BやBの記号で表わすことが多いようです。

現実の利子率 r ↑　➡　債券の確定利子率の魅力度 ↓　➡　債券価格（P_B）↓
現実の利子率 r ↓　➡　債券の確定利子率の魅力度 ↑　➡　債券価格（P_B）↑
　　　　　　　　債券価格は、利子率の減少関数

5　ワルラスの法則

ところで、今、資産は貨幣と債券しかないと仮定しています。たとえば、経済全体の総資産が100兆円とします。はじめに100兆円の資産が、貨幣40兆円、債券60兆円で、貨幣市場も債券市場も均衡していたとします。ところが、何らかの事情で、債券の需要が80兆円に増えて、債券市場が超過需要になったとします。資産100兆円の内、80兆円を債券で持ちたいと考えているわけですから、貨幣で持ちたいと考えている量、すなわち、貨幣需要は20兆円に減り、貨幣市場では、20兆円の超過供給になります。

このように、債券市場と貨幣市場は、裏表一体の関係なので、一方の分析をすれば、他方は、その反対になっており、分析するまでもありません。これは、阪神対巨人の野球の試合が、3対2で阪神が勝ったとわかれば、巨人の勝敗は阪神の反対ですので、2対3で負けたとわかることと同じです。

このように、**2つの市場しかない場合には、1つの市場がわかれば、もう一方は、分析しなくても、正反対の状況とわかる**ということを**ワルラスの法則**といいます。資産市場でいえば、「資産には、貨幣と債券しかないので、貨幣市場を分析すれば、債券市場は分析するまでもなく、ワルラスの法則より、貨幣市場の逆の状態であるとわかる」などと表現します。

← ワルラスの法則

したがって、資産市場には貨幣市場と債券市場があるのですが、今後は貨幣市場の分析だけを行います。

	債券市場		貨幣市場		資産の合計
	債券需要	債券供給	貨幣需要	貨幣供給	
当初	60 ＝ 60　市場均衡		40 ＝ 40　市場均衡		100
変化後	⑧⓪↑＞ 60　超過需要20		②⓪↓＜ 40　超過供給20		100

――表裏一体――

●図表4－7●
貨幣市場と債券市場の関係（資産市場におけるワルラスの法則）

●マクロ編／第Ⅳ部　資産市場の分析（利子率の決定）

第10章 ケインズ派の利子理論
──流動性選好理論

> 📩 *出題傾向・重要性* 📩
>
> **流動性選好理論**は択一式試験，論文式試験のどちらでも出題される論点であると同時に，**最頻出テーマである** *IS-LM* **分析を理解するために不可欠**ですので，非常に重要です。特に，貨幣の資産需要（L_2）の理解が不十分な受験生が多いので注意しましょう。

それでは，いよいよ貨幣市場の分析に入りましょう。ここでは，ケインズの考えた流動性選好理論について考えましょう。

1　ケインズ派とは？

ケインズ派➡

ケインズ派とは，「供給は自ら需要を作り出す」というセイの法則を否定し，「有効需要が国民所得を決定する」というケインズの有効需要の原理を受け入れる人々をいいます。ケインズ派は価格および物価の不況時における硬直性を前提とし，「貨幣供給量の増加→利子率の下落→投資増加→有効需要増加→国民所得増加」と貨幣は実物経済（物の世界）に影響を与えると考えますが，この章では「貨幣供給量の増加→利子率の下落」を考えましょう。

なお，「利子率の下落→投資増加」については，次の第11章の「投資の理論」で詳しく説明します。

2　流動性選好理論

利子➡

ケインズは，利子を貨幣のもつ高い流動性（すべての財との交換の容易さおよび価値安定性）を一定期間手離すことの対価と考えます。要するに，**貨幣という便利なもののレンタル価格**であると考えます。ですから，**利子率は，ある一時点において存在する実質貨幣供給量（貨幣を貸したい量）と貨幣需要（貨幣を保有したい量）により決定**されます。このように，利子率は貨幣の需要と供給により決定されるという考えを**流動性選好理論**といいます。

流動性選好理論➡

156

第10章 ケインズ派の利子理論──流動性選好理論

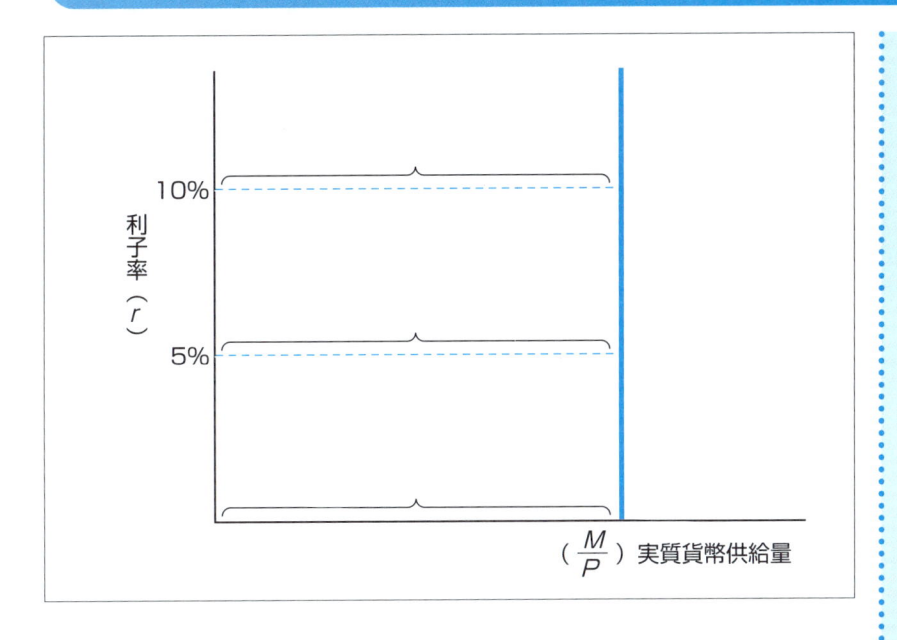

●図表4-8●
実質貨幣供給量

3 貨幣供給

　名目貨幣供給量（M）は中央銀行が一定量にコントロールしていると仮定します。中央銀行については，後ほど，第12章で詳しく説明します。

　ところで，重要なのは，名目貨幣供給量ではなくて，「実質」なのです。たとえば，名目貨幣供給量が100兆円であったとしても，物価が2倍になれば，以前と同じ行動を行うのに2倍の貨幣が必要となり，貨幣も2倍の200兆円ないと，今までと同じ行動ができないからです。

　実質貨幣供給量とは，名目貨幣供給量（M）を物価（P）で割ったものです。先ほどの物価が2倍になった例では，実質貨幣供給量（$\frac{M}{P}$）は，物価の上昇により，100兆円から50兆円に減ってしまいます。ですから，物価が2倍になったとき，名目貨幣供給量（M）を2倍にすると，実質貨幣供給量は変わらず，私たちは今まで通り行動できます。

　このように，私たちの行動を考えると，名目貨幣供給量（M）ではなく，実質貨幣供給量（$\frac{M}{P}$）を考えなくてはなりません。ただし，ケインズの世界では，物価は一定という仮定がありますから，結局，名目と実質の差はありません。

　名目貨幣供給量（M）を中央銀行が一定にしていると仮定すると，物価一定の仮定の下では，**実質貨幣供給量（$\frac{M}{P}$）は一定**となります。図表4-8では，縦軸の利子率がいくらであろうと横軸の実質貨幣供給量（$\frac{M}{P}$）は一定ですから，**利子率と実質貨幣供給量（$\frac{M}{P}$）の関係は，図表4-8のように垂直な直線**になります。

←名目貨幣供給量

←実質貨幣供給量

157

●マクロ編／第Ⅳ部　資産市場の分析（利子率の決定）

4 貨幣需要（L）

【1】貨幣需要の動機

　人々が，利子がつかないか，ついても低い，すなわち低収益であるのに，貨幣を持ちたがる（需要する）のはなぜでしょうか？　ケインズは，以下の3つの動機があると考えました。

① 取引的動機

　取引には貨幣が必要です。取引的動機による貨幣需要を取引的動機による貨幣需要といいます。

➡ 取引的動機による貨幣需要

② 予備的動機

　取引の金額ちょうどしか貨幣をもっていなければ，万が一のときに困ってしまいます。ですから，多くの場合，使うとわかっている取引金額以外に，万が一に備え，少し多めに貨幣を持っておくでしょう。このように，万が一の支出に備えて，貨幣を需要することを，予備的動機による貨幣需要といいます。

➡ 予備的動機による貨幣需要

③ 投機的動機

　債券で一儲けしようと思っている人は，債券が値下がりしそうになると，値下がり損を被る前に，債券を売って貨幣を持とうとします。このように，債券投機の結果，一時的に貨幣を需要することを投機的動機の貨幣需要といいます。

➡ 投機的動機の貨幣需要

【2】取引需要（L_1）

　ところで，取引的動機の貨幣需要は，国民所得が増加するとものの取引が増え，取引のための貨幣がたくさん必要となります。ですから，国民所得が増えれば，取引的動機の貨幣需要は増加します。同じように，予備的動機の貨幣需要も，国民所得が増加すると取引が増え，万が一の取引のための貨幣もたくさん必要となるでしょう。ですから，国民所得が増えれば，予備的動機の貨幣需要も増加します。

　この取引的動機の貨幣需要と予備的動機の貨幣需要をひとまとめにして，取引需要（L_1）といいます。取引需要（L_1）は，国民所得（Y）が増えるにつれ，増加します。ですから，「取引需要（L_1）は国民所得（Y）の増加関数」といい，図表4－9のようにグラフ化できます。

　図表4－9のグラフでは，$Y=100$のとき，$L_1=50$，$Y=200$のとき，$L_1=100$，と，Yの増加とともに，L_1が増加していることがわかります。

➡ 取引需要（L_1）

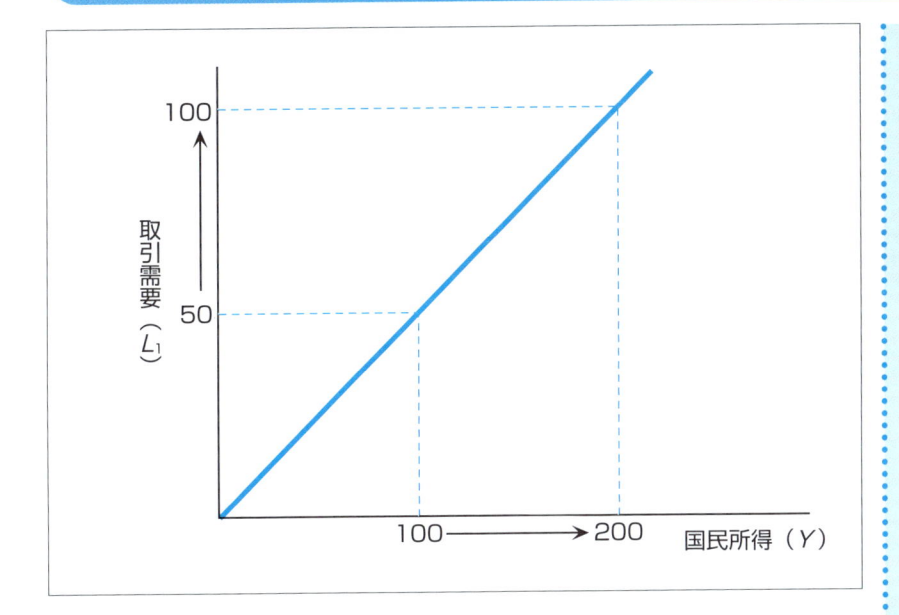

●図表4－9●
取引需要

【3】資産需要（L_2）

　投機的動機の貨幣需要は，債券投機の結果として一時的に貨幣を需要することをいいます。ですから，資産を，貨幣で持つか，債券で持つかという資産選択の結果ですので，資産需要（L_2）ともいいます。

　この資産需要（L_2）は，現実の利子率が下落すると，債券価格が上昇し（①），債券が割高となり，今後値下がりの恐れが出てくるので，債券需要を減らして（②），代わりに，価値の安定している貨幣を持とうとする（③）結果，貨幣需要が増加します。このように，資産需要（L_2）は，利子率の減少関数となります。

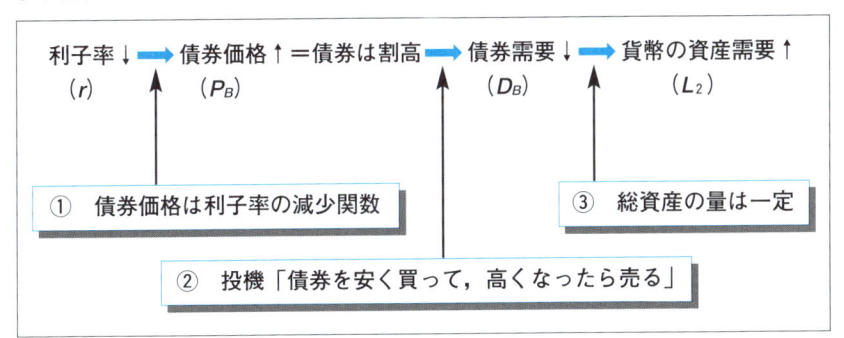

←資産需要（L_2）

利子率↓ → 債券価格↑＝債券は割高 → 債券需要↓ → 貨幣の資産需要↑
（r）　　　（P_B）　　　　　　　　　　　（D_B）　　　　（L_2）

① 債券価格は利子率の減少関数
③ 総資産の量は一定
② 投機「債券を安く買って，高くなったら売る」

●図表4－10●
貨幣需要と利子率の関係

🔑 キーワード　「流動性選好関数」ってナニ？ 🔑

　時々，**流動性選好関数**という言葉が出てきます。実は，これは**貨幣需要関数**のことなのです。人々が貨幣を需要するのは，流動性という便利な性質が好きだからでした。だから，貨幣需要＝流動性選好ということになるのです。ちなみに，「**流動性選好表**」は貨幣需要曲線のことを意味します。

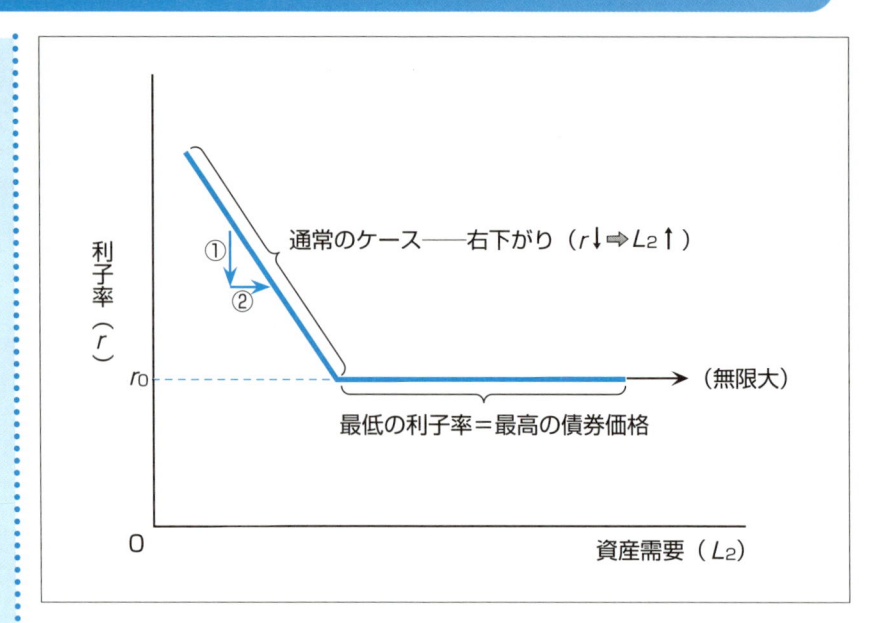

●マクロ編／第Ⅳ部　資産市場の分析（利子率の決定）

●図表4－11●
資産需要

[図表：資産需要曲線。縦軸が利子率(r)、横軸が資産需要(L_2)。通常のケース——右下がり（$r↓⇒L_2↑$）。r_0で最低の利子率＝最高の債券価格、無限大。]

　これを**図表4－11**の資産需要曲線で描くと右下がりになります。
　ただし、実は以上の論理には「将来の時点での期待（予想）債券価格は変わらない」という仮定があります。債券価格と利子率は逆に動きますから、「将来の時点での期待利子率も変わらない」ということです。たとえば、将来の時点での債券価格を100円と予想していたとして、現在の債券価格が100円から90円に下落したとしても、将来の時点での予想債券価格は100円のまま変わらないということです。だからこそ、現在、債券価格が下がれば、割安なので安い今のうちに債券を購入しようということになるのです。もし、「将来の時点での期待（予想）債券価格は変わらない」という仮定がなけれ

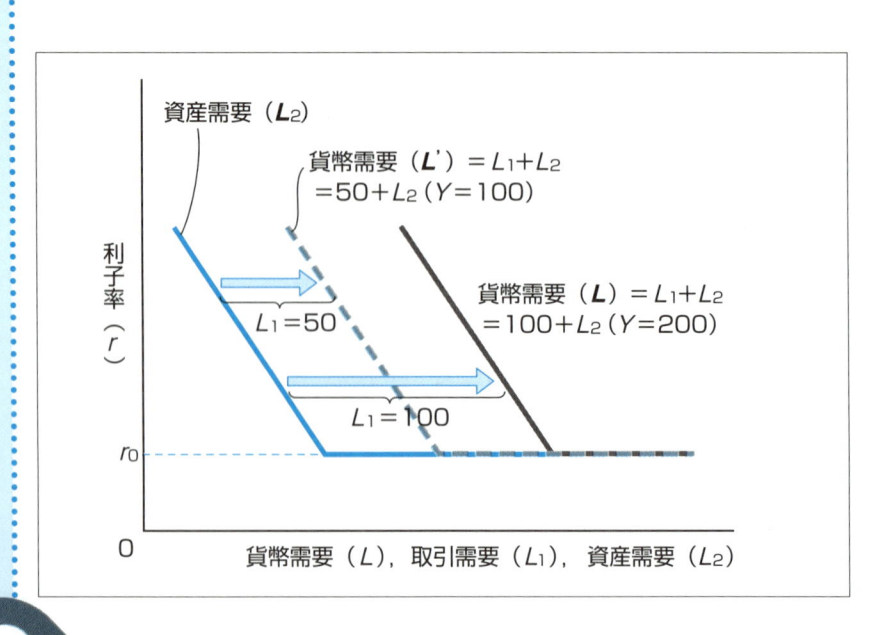

[図表：貨幣需要曲線。縦軸が利子率(r)、横軸が貨幣需要(L)、取引需要(L_1)、資産需要(L_2)。資産需要(L_2)、貨幣需要(L')＝L_1+L_2＝$50+L_2$（$Y=100$）、貨幣需要(L)＝L_1+L_2＝$100+L_2$（$Y=200$）。$L_1=50$、$L_1=100$。]

●図表4－12●
貨幣需要

ば，必ずしも，同じ結論になるとは限りません。たとえば，現在の債券価格が下がったときに，将来もっと債券価格は下がるかもしれないと思えば，債券の購入を控え，さらには持っている債券を売ろうとするかもしれません。

ところが，利子率が最低の水準で，誰しも利子率はこれ以上下落せず，後は上がるだけだと考えている状況では，**債券価格は最高で，誰しも債券価格はこれ以上上昇せず，後は下がるだけだと考えている状況**ということになります。このとき，すべての人が，債券を売って貨幣を需要しようとするので，資産需要（L_2）はきわめて大きくなります（瞬間的には無限大といえます）。

このような最低限の利子率の状況を**流動性の罠**といいます。これを図表4－11の資産需要曲線で表すと，利子率が最低限の水準であるr_0になったとたんに資産需要（L_2）は無限大になるので，r_0で水平になります。

← 流動性の罠

【4】貨幣需要（L）

全体の貨幣需要（L）は，取引需要（L_1）と資産需要（L_2）を足したものです。

国民所得（Y）が200とすると，図表4－9より$L_1=100$となります。$Y=200$のときの貨幣需要は$L=L_1+L_2=100+L_2$となり，図表4－12のL_2を100だけ右シフトさせたものとなります。ですから，貨幣需要曲線（L）は図表4－12のグラフLのようになります。

また，$Y=100$のときの貨幣需要は$L=L_1+L_2=50+L_2$となり，図表4－12のL_2を50だけ右シフトさせたものとなり，L'となります。

取引的動機　　予備的動機　　　　投機的動機
　↓　　　　　　↓　　　　　　　　↓
取引需要（L_1）→Yの増加関数　　資産需要（L_2）→rの減少関数

貨幣需要→Yの増加関数，rの減少関数

ただし，最低の利子率のとき水平

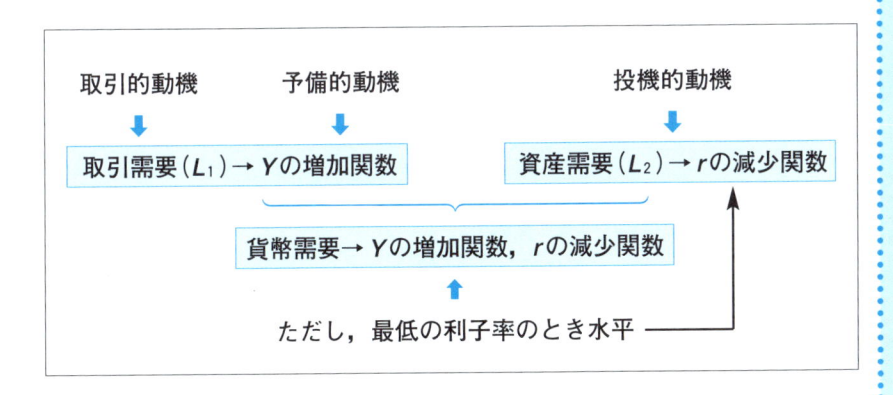

●図表4－13●
貨幣需要のまとめ

5 利子率の決定

それでは，図表４－14に，図表４－８の垂直な貨幣供給曲線と，図表４－12の貨幣需要曲線を書き込みましょう。図表４－14において，利子率は，貨幣の需要と供給の一致する点Eの水準r_eに決定されます。

なぜなら，利子率がr_eより高いr_1であると，供給量はACですが，需要量はABしかなく，BCだけ超過供給になってしまいます。超過供給とは，貨幣を貸したい人の方が多いわけですから，貨幣のレンタル価格である利子率は下落し，r_eへ向かいます。

一方，利子率がr_eより低いr_2であると，需要量はFHですが，供給量はFGしかなく，GHだけ超過需要になってしまいます。超過需要とは，貨幣を借りたい人の方が多いわけですから，貨幣のレンタル価格である利子率は上昇し，r_eへ向かうからです。

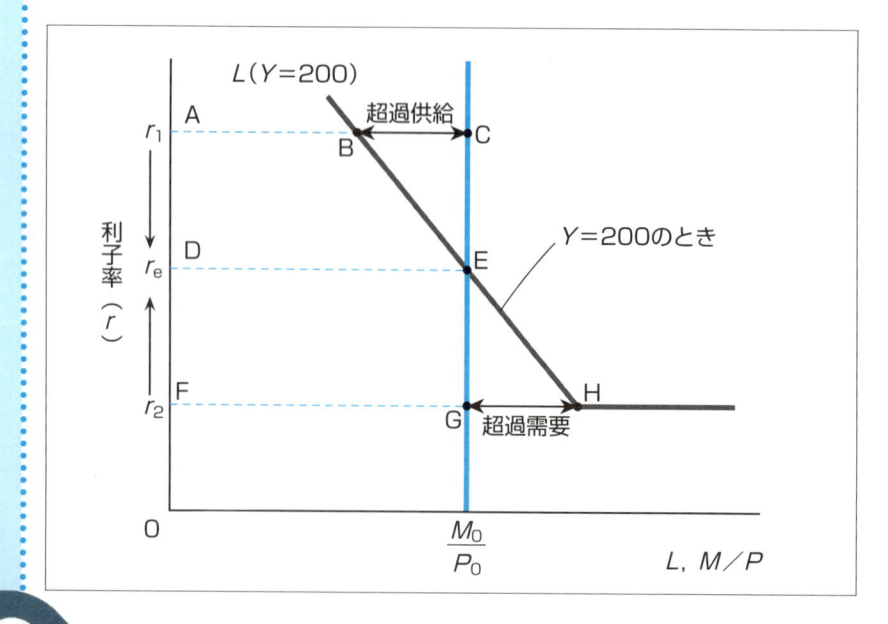

●図表４－14●
利子率の決定（ケインズの流動性選好理論）

第10章 ケインズ派の利子理論──流動性選好理論

6 貨幣供給量増加による利子率の下落

今度は，**図表４－15**を用いて，中央銀行が貨幣供給量（M）を増加させたとき，利子率が下落することを説明します。

当初，物価はP_0，名目貨幣供給量はM_0，したがって実質貨幣供給量は$\frac{M_0}{P_0}$であり，利子率は点Eの水準r_0であったとします。

今，物価はP_0で一定のまま，中央銀行が貨幣供給量をM_0からM_1へ増加させたとします。

このとき実質貨幣供給量は$\frac{M_0}{P_0}$から$\frac{M_1}{P_0}$へと増加します。

その結果，貨幣供給曲線は右シフトし，利子率がr_0のままではEFだけ超過供給となるので利子率は下落し，最終的に需要と供給が等しくなるE'点の水準r_1となります。

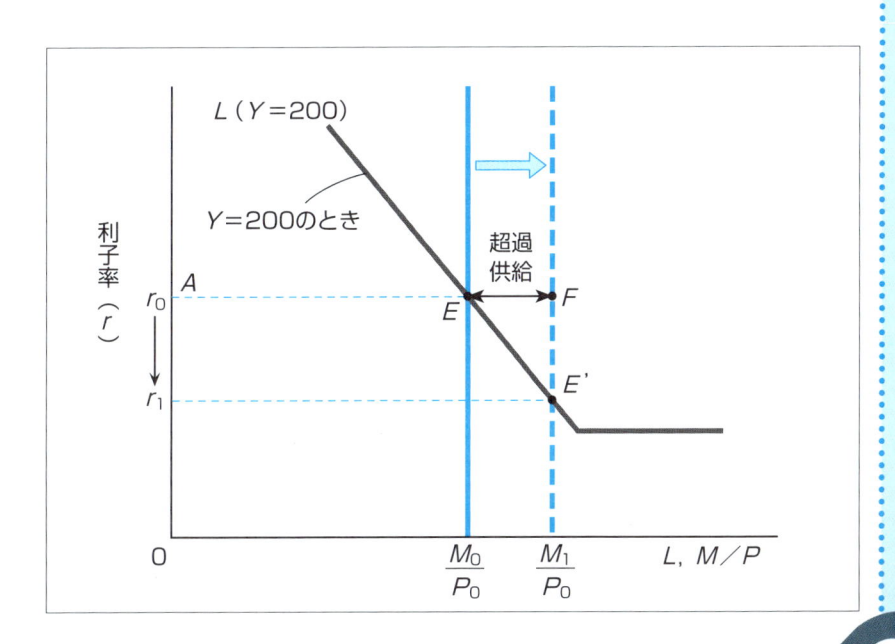

●図表４－15●
貨幣供給量増加による利子率の下落（ケインズの流動性選好理論）

●マクロ編／第Ⅳ部　資産市場の分析（利子率の決定）

7 利子率と国民所得（GDP：Y）の関係

　図表4－16より$Y=200$のとき，均衡点は点Eで利子率はr_eでしたが，$Y=100$のときは均衡点はE'で，利子率はr_1と下落します。このように，国民所得（Y）が減少すると貨幣の取引需要（L_1）が減少する結果，貨幣需要（L）が減少し，利子率（r）が下落します。逆に，国民所得Yが100から200に増加した場合は，国民所得（Y）の増加により取引需要（L_1）が増加し，貨幣需要（L）が増加する結果，利子率（r）は上昇します。

　しかし，図表4－17のように，利子率が最低水準になっている流動性の罠のときには，国民所得が減少しても利子率はこれ以上下落しません。

　たとえば，$Y=100$で貨幣需要曲線がLで，利子率は需要と供給の交点E'のr_1であったとしましょう。E'は貨幣需要曲線Lの水平部分にあり，流動性の罠の状態です。$Y=50$へ減少し，取引需要が減少した結果，貨幣需要曲線はL'へ左シフトします。しかし，新しい需要と供給の均衡点はE'のままで，利子率はr_1のままで下落しません。このように，すでに，利子率が最低である流動性の罠の状態にあるときには，「国民所得（Y）が減少すると貨幣の取引需要（L_1）が減少する結果，貨幣需要（L）が減少し，利子率（r）が下落」とはならず，利子率は下がりません。これは，流動性の罠のときには，すでに利子率は最低であり，最低以上には利子率は下がらないということです。

　この国民所得と利子率の関係は，第16章において，LM曲線という貨幣市場の均衡を表す線を導くときに重要になってきます。

流動性の罠➡

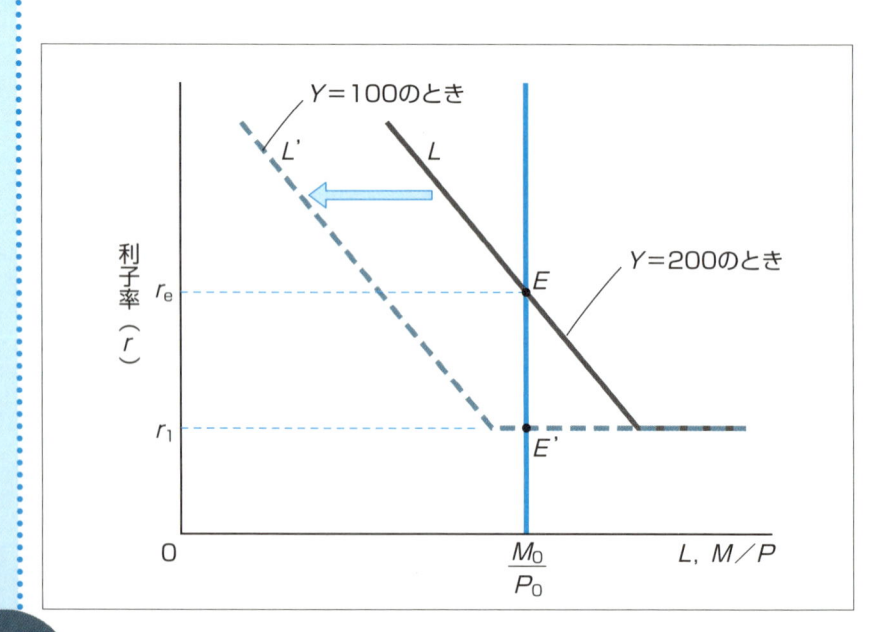

●図表4－16●
利子率と国民所得の関係－1
（通常のケース）

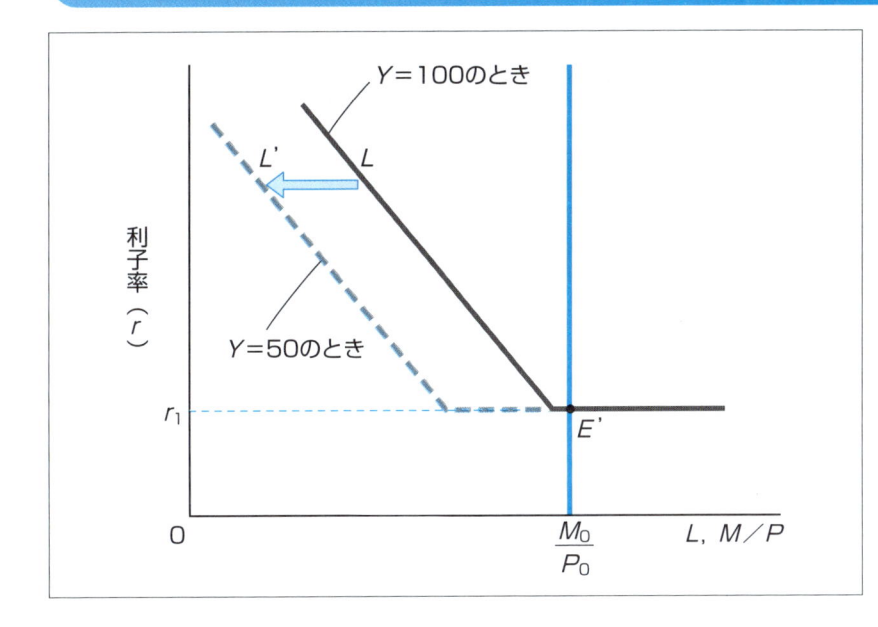

第10章 ケインズ派の利子理論──流動性選好理論

●図表 4 − 17●
利子率と国民所得の
関係− 2
（流動性の罠のケース）

＜通常のケース＞
国民所得（Y）↓ ➡ 取引需要（L_1）↓ ➡ 貨幣需要（L）↓ ➡ 利子率（r）↓

＜流動性の罠のケース＞
利子率は最低限の利子率なので，
国民所得（Y）↓ ➡ 取引需要（L_1）↓ ➡ 貨幣需要（L）↓ ➡ 利子率（r）↓
とはならず，利子率（r）は下落しない。

●図表 4 − 18●
利子率と国民所得の
関係のまとめ

●マクロ編／第Ⅳ部　資産市場の分析（利子率の決定）

第11章 投資の理論
──ケインズの限界効率理論

> 🔷 *出題傾向・重要性* 🔷
>
> 　ケインズの投資の限界効率理論は，他の投資理論（加速度原理，トービンの q 理論など『〈Ⅲ〉上級マクロ編』で学習します）との比較において問われることが多いという特徴があります。この理論は**最重要論点である IS-LM 分析の前提となっており**，この理論がわからないと IS-LM 分析がわからなくなってしまうので**非常に重要**です。

　第10章では利子率の決定について説明をしましたので，ここで財市場の需要の1つである投資について分析します。財市場については第Ⅲ部で分析したので，そこで投資の理論も分析したかったのですが，投資は貨幣市場によって決まる利子率の影響を受けるので，まだ，貨幣市場の説明をしていなかった第Ⅲ部では，投資の説明はできませんでした。この部は，資産市場の分析のはずなのですが，そのような事情で，ここで，財市場の説明し残しである投資の説明を行います。

1 分析の重要性

　投資は，日本の総需要約500兆円の約2割の約100兆円です。数量としては，消費より少ないのですが，投資は，変動が大きく，経済に及ぼす影響が大きいため，その分析はきわめて重要となります。

2 投資の限界効率

【1】投資分析の複雑さ──時間差をどうする！

　投資は，将来の満足や利益を目的に支出をすることをいいます。したがって，支出は現在行うのに対し，利益は将来得ることになり，ここに時間差が発生します。この時間差をどう考えるかという点が問題になります。

＜現在価値と将来価値＞

　現在もらう100万円と1年後の100万円は同じ価値ではありません。なぜなら，銀行の定期預金金利（利子率）が1％だとすると，現在もらう100万円を銀行に預けると1年後に利子100万円×1％＝1万円がついて101万円となるからです。

　ですから，現在の100万円は1年後の101万円と同じ価値となります。このとき，100万円を現在価値，101万円を1年後の将来価値といいます。現在の100万円が1年後に101万円となるのは，100万円×（1＋0.01）＝101万円という計算です。ちなみに，2年後は，100万円×（1＋0.01)^2＝102.01万円となります。

← 現在価値
← 将来価値

　ということは，1年後の100万円は，利子率が1％のとき，現在価値はいくらでしょうか？　現在99万円もらえば，銀行に預けて，1年後には，利子99万円×1％＝0.99万円がついて，99.99万円とほぼ100万円になります。したがって，1年後の100万円の現在価値は，約99万円です。これは，$\frac{100万円}{1＋0.01}$で計算されます。このように，**将来の金額（将来価値）を（1＋利子率）で割って現時点での価値を求めたものを割引現在価値**といいます。割引となっているのは，将来の金額を現時点での価値に直すと，早くお金をもらえるので利子分だけ金額が小さくなるからです。

← 割引現在価値

$$割引現在価値＝\frac{将来価値}{1＋利子率}$$

　次に，2年後の100万円は，利子率が1％のとき，（割引）現在価値はいくらでしょうか？　現在98万円もらえば，銀行に預けて，2年後には，利子がついて，98万円×（1＋0.01)^2＝99万9,698円とほぼ100万円になります。したがって，2年後の100万円の現在価値は，約98万円です。これは正確には，$\frac{100万円}{(1＋0.01)^2}$＝98.03と計算されます。

【2】投資案件ごとの利益率を比較できる

　企業には多くの投資の候補となる案件があり，案件ごとに利益率を検討してどの投資をすべきかを考えます。ですから，投資の決定には，投資案件ごとの利益率の比較が必要になります。投資は，支出は現在行うのに対し，利益は将来得ることになり，時間差が発生します。この時間差により，お金の価値をどのように計算するのかという問題や，資金の流れが投資案件により千差万別であるという問題が生じ，投資案件ごとの利益率の比較は非常に困難なものとなります。

●マクロ編／第Ⅳ部　資産市場の分析（利子率の決定）

●図表4－19●
投資案件A

単位：万円

	現在	1年後	2年後	3年後	4年後	5年後	6年後	7年後	8年後	9年後	10年後
支出	-500	0	0	0	0	0	0	0	0	0	0
収入	0	100	100	100	100	100	100	100	100	100	100

どちらが利益率が高い？

●図表4－20●
投資案件B

単位：万円

	現在	1年後	2年後	3年後	4年後	5年後	6年後	7年後	8年後	9年後	10年後
支出	-500	0	0	0	0	0	0	0	0	0	0
収入	0	0	50	80	100	120	140	150	150	150	150

　では，具体的に，次の投資案件Aと投資案件Bのどちらが利益率が高いか検討しましょう。

　図表4－19は投資案件Aの資金の流れ（キャッシュ・フロー）です。現在，500万円を支払って機械などを買って投資をすれば，1年後から10年後まで毎年，100万円の資金が入ってくることを意味します。そして，10年後に機械は壊れ，11年以降は資金は入ってこないとします。

　収入を単純に合計すると，100万円×10年間＝1,000万円です。これに対し，支出は500万円だから，支出額が2倍の1000万円になって戻ってくるので，利益率を計算すると利益＝収入（1000万円）－支出（500万円）を，支出額500万円で割り，$\frac{500万円}{500万円} = 1.0$（100%）なので，利益率は100%だ！などと考えてはいけません。

　すでに，私たちは，時間差によりお金の価値が違うことを勉強しました。**1年後の100万円は，10年後には利息が付いて100万円以上の価値になります。ですから，早い時期に得た100万円ほど将来の価値が大きく，遅い時期に得た100万円ほど価値は小さいのです。**ですから，利益率の計算は，非常に厄介になります。

　次に**図表4－20**は投資案件Bの資金の流れです。現在，500万円を支払って機械などを買って投資をすれば，2年後の50万円から徐々に収入が増加し，7年目以降10年後まで毎年150万円の資金が入ってくることを意味します。そして，10年後に機械は壊れ，11年以降は資金は入ってこないとします。

　収入を単純に合計すると 0 ＋ 0 ＋ 50 ＋ 80 ＋ 100 ＋ 120 ＋ 140 ＋ 150 ＋ 150 ＋ 150 ＋ 150 ＝ 1090 万円です。収入の単純合計は投資案件Aの1000を90だけ上回っています。だからといって，支出は500万円と投資案件Aと同じだから，投資案件Bの方が利益率が高いと判断してよいでしょうか。500万円が2.18倍の1,090万円になるので利益は1090万円－500万円＝590万円であり，これを支出額で割って，$\frac{590}{500} = 1.18$（118%）となるので，利益率は118%と言ってよいのでしょうか。

　これも問題です。投資案件Aでもお話ししたように，早い時期の100万円

ほど価値が大きく，遅い時期の100万円ほど価値は小さいのです。案件Bの場合，たしかに単純合計の収入は大きいのですが，はじめのうちの（価値が比較的大きいときの）収入が少なく，後の方の（価値が比較的小さいときの）収入が大きくなっています。このように，利益率の計算は，時間によるお金の価値の差が生じるので，非常に厄介になります。

それでは，時間差によるお金の価値の差をも考慮したわかりやすい利益率の考えはないのでしょうか。

私たちが，日常生活において，お金の時間の差を考えるといえば，何といっても，定期預金やローンを借り入れるときの「利子率（金利）」でしょう。定期預金であれば，利子率が高いともうかる，利子率が低いともうからないと判断できます。私たちになじみのある，この「**利子率**」という考え方を用いて投資の利益率を表そうというのが**投資の限界効率**です。

← 投資の限界効率

ケインズは，投資案件について，資金の流れを一定の数的処理を行うことによって，投資の限界効率を求めました。そして，投資の限界効率が5％と計算されれば，その投資は5％の定期預金に預けるのと同じ利益率だとわかるのです。先ほどの投資案件を，パソコンで計算させると，案件Aの投資の限界効率は15.1％，案件Bの投資の限界効率は13.1％と計算されます（通常の表計算ソフトであれば，関数の中の「**IRR（内部収益率）**」というのが，投資の限界効率の計算です）。

この計算値は，定期預金の利子率と同じ意味ですから，投資案件Aは15.1％の定期預金と同じ利益率であり，投資案件Bは13.1％の定期預金と同じ利益率とわかります。このように利益率を表してもらえれば，投資案件Aの方がBより利益率が高く有利な案件であるとわかります。つまり，すべての投資案件について投資の限界効率を求めれば，投資案件の利益率は容易に比較できます。

> 投資の限界効率が ρ ％
> 　　　　＝この投資は，ρ ％の利子率の定期預金と同じ利益率

限界効率を ρ ％と表すことが多いのですが，ρ は「ロー」と読んでください。

なお，案件Aでは時間差を無視した単純な利益率が100％だったのに，投資の限界効率は15.1％しかないのは時間差の考慮だけが原因ではありません。投資の限界効率は利子率に換算しているということは1年間での利益率なので値が小さくなってしまうのです。ですから，投資した500万円は毎年 $1 + 0.151$（15.1％）＝1.151倍するので10年後には $500 \times 1.151^{10} = 2040$ となるのです。

●マクロ編／第Ⅳ部　資産市場の分析（利子率の決定）

3 投資の決定

ところで，現実には，一部の例外をのぞけば，多くの企業は銀行から資金を借りて投資を行います。銀行から資金を借りれば，利子を払わなくてはなりません。

ですから，先ほどの投資案件 A は，銀行の借入金の利子率（r）が投資の限界効率15.1％以下なら，（15.1 − r）％利益があるので，投資を行うでしょうし，15.1％以上であれば，最終的な利益率は，15.1 − r ＜ 0 でマイナスの利益率となりますので，投資を行わないでしょう。このように，投資の限界効率は，銀行の借り入れ利子率と比較ができるので，非常に便利な概念です。

そして，以上のように，**投資の限界効率と利子率の比較により，投資の意思決定がなされるという理論をケインズの投資の限界効率理論**といいます。

投資の限界効率理論➡

> ◎ケインズの投資の限界効率理論
> 投資の限界効率 ρ ％，（銀行に支払う）利子率 r ％とすると，
> 最終的な利益率＝ρ％ − r％
> $\rho > r$ のとき，最終的な利益率＝ρ％ − r％ ＞ 0 →もうかる→投資実行
> $\rho = r$ のとき，最終的な利益率＝ρ％ − r％ ＝ 0 →利益 0
> 　　　　　　　　　　　　　　　　　　　　　　→投資してもしなくても同じ
> $\rho < r$ のとき，最終的な利益率＝ρ％ − r％ ＜ 0 →損する→投資しない

ところで，多くの場合，企業は，投資案件 A，B 以外にも同時にいくつかの投資案件を持っているでしょう。いま，ある企業が，A，B 以外に，図表 4 − 21 のように C，D，E の投資案件を持っているとします。

図表 4 − 21 のように，限界効率の高い順に投資案件を並べた表を作ります。そしてこれらを横軸に投資量，縦軸に投資の限界効率をとり整理したのが，**図表 4 − 22** のグラフです。このグラフに描かれる線を企業の投資の限界効率表（曲線）といいます。本当はグラフなのですが，限界効率「表」と呼ばれます。

投資の限界効率表（曲線）➡

図表 4 − 22 より，利子率 r ＝ 15％のときは，投資は利子率の15％より限界効率の大きい案件 A しか行われず，投資量は500ですが，利子率 r ＝ 7 ％になると，投資は利子率の 7 ％より限界効率の大きい案件 A，B，C が行われ，投資量は 500 ＋ 500 ＋ 300 ＝ 1300 となります。さらに利子率が下がり，r ＝ 3 ％となると投資は利子率の 3 ％より限界効率の大きい案件 A，B，C，D が行われ，投資量は 500 ＋ 500 ＋ 300 ＋ 100 ＝ 1400 となります。

以上，1 企業についての投資を分析しましたが，今度は，経済全体の投資を考えてみましょう。

経済全体ですから，案件はたくさんあります。ですから，それぞれの投資の限界効率を結んでいくと経済全体の投資の限界効率表（曲線）は，**図表**

第11章 投資の理論──ケインズの限界効率理論

案件名	投資の限界効率	投資額
A	15.1%	500
B	13.1%	500
C	8.0%	300
D	4.0%	100
E	1.0%	500

●図表 4-21●
投資の限界効率表

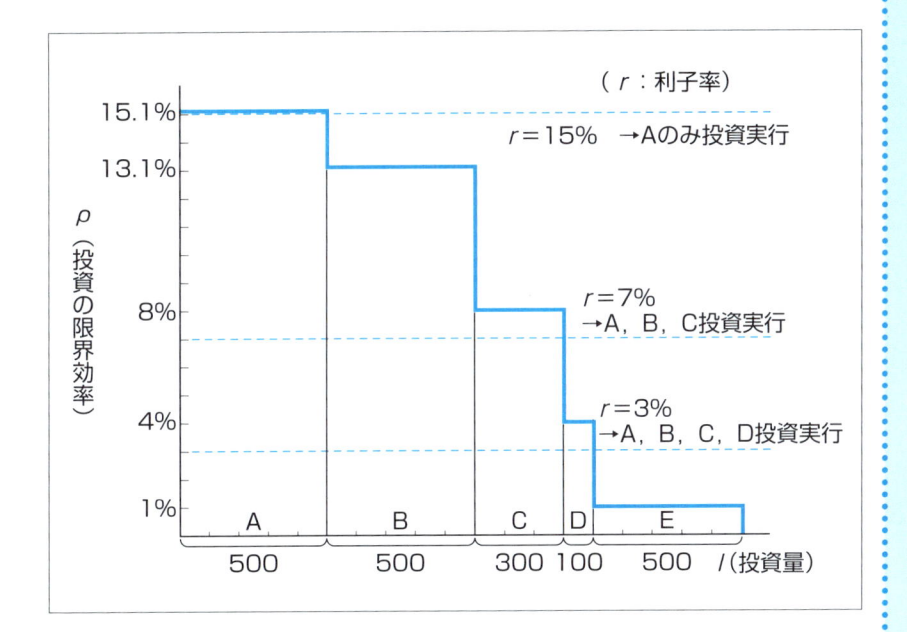

●図表 4-22●
投資の限界効率表
（曲線）

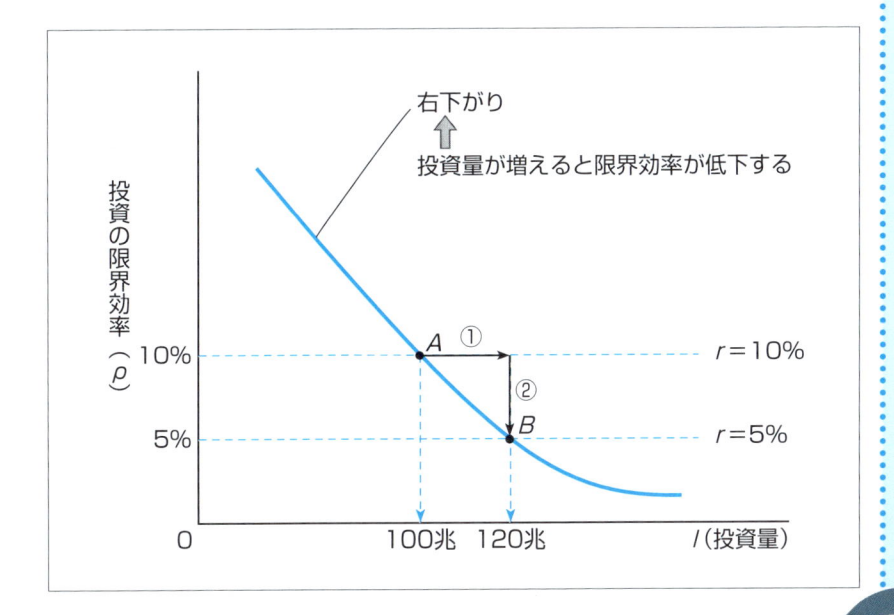

●図表 4-23●
経済全体の限界効率表
（曲線）

4－23のようになだらかな右下がりの曲線になります。

　この**右下がりの限界効率表（曲線）は，投資量が増えると，限界効率が低いものを投資しなくてはならなくなるということを意味**します。

　投資の限界効率（ρ）＞利子率（r）ならば，最終的な利益率＝$\rho － r ＞ 0$なので，投資は行われ，結局，$\rho ＝ r$となるまで投資を行うので，利子率$r ＝ 10％$のとき，限界効率表（曲線）とぶつかる点Aの100兆，$r ＝ 5％$のとき，限界効率表（曲線）とぶつかる点Bの120兆と投資量が決まります。

　したがって，横軸は同じ投資量で，縦軸に投資の限界効率ではなく利子率をとると，**図表4－24の経済全体の投資の限界効率表と同じ形の曲線と**なります。この**投資と利子率の関係を表した曲線を投資曲線**といいます（図表4－24）。

　投資曲線が右下がりとは，利子率が下がると，最終的な利益率$\rho － r ＞ 0$となる投資案件が増えるので，投資量が増えるということを意味します。投資の限界効率表（曲線）と同じ形の曲線であっても，意味することが違うということに注意しましょう。

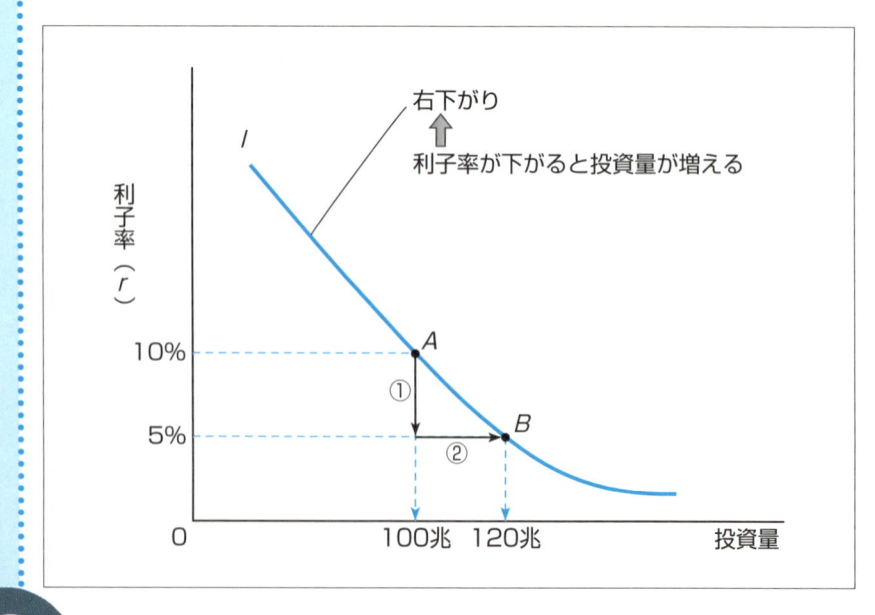

●図表4－24●
経済全体の投資曲線

4 アニマル・スピリッツ

ところで，投資の限界効率とは，投資の利益率を利子率で表示したものですが，その大きさは，投資を行う企業家精神（読み，勘）に左右されます。なぜなら，投資の限界効率は現在の支出と将来の収入の予測から計算されるからです。企業家精神により，予測される将来の収入が増えれば，限界効率も上昇し，予測される将来の収入が減少すれば，限界効率も低下します。

たとえば，**好況期には，儲かるという直感がありますので，投資の限界効率の大きい投資案件が多く，限界効率表（曲線）が上方にシフトし，それに伴い，図表4−25のように，投資曲線もIからI'へ上方シフト**します。投資曲線が上方にシフトする前では，利子率が10％のとき，点Aより，投資量は60兆です。しかし，投資曲線がI'と上方シフトすると，同じ利子率10％でも，投資曲線I'の点Bより投資量は120兆へ増加するのです。

← 投資曲線

以上より，同じ利子率でも，好況期には，投資曲線の上方シフトにより投資が増加することを説明できます。

また，不況期には，投資の限界効率は低下し，投資曲線が下方にシフトするので，同じ利子率であれば，投資は減少することを説明できます。また，不況時には，投資の限界効率は低下し，投資曲線が下方にシフトするので，利子率が下落しても，あまり投資は大きくならないことも説明できます。たとえば，**図表4−25**において，好況のときには，投資曲線はI'ですから，利子率$r=10$％と高くても投資量は点Bより120兆ですが，不況で投資曲線がIへと下方シフトしてしまうと，同じ利子率10％では投資量は60兆へ減少してしまいます。そこで，利子率を10％から5％へ大きく引き下げても，点A'より100兆と，好況時の投資と同じ水準まで増やすことはできないの

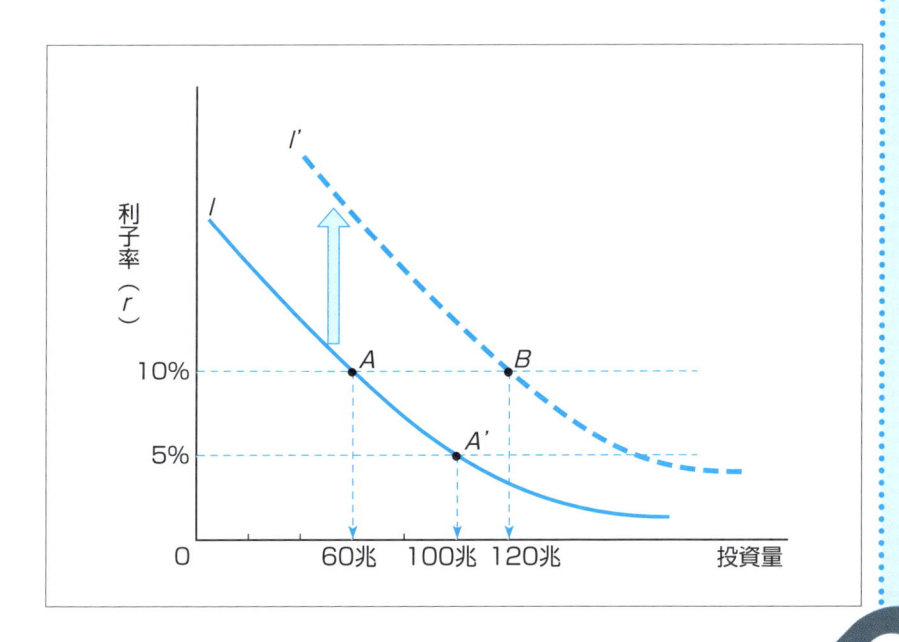

●図表4−25●
投資曲線のシフト

です。

　ケインズは，投資分析に際して，この企業家精神を重視し，**動物的直感**であるので，**アニマル・スピリッツ**と呼びました。

アニマル・スピリッツ ➡

好況	不況
⬇	⬇
投資の限界効率上昇	投資の限界効率低下
⬇	⬇
投資の限界効率表（曲線）上方シフト	投資の限界効率表（曲線）下方シフト
⬇	⬇
投資曲線上方シフト	投資曲線下方シフト
⬇	⬇
投資増加	投資減少

●図表 4 − 26●
アニマル・スピリッツと投資量

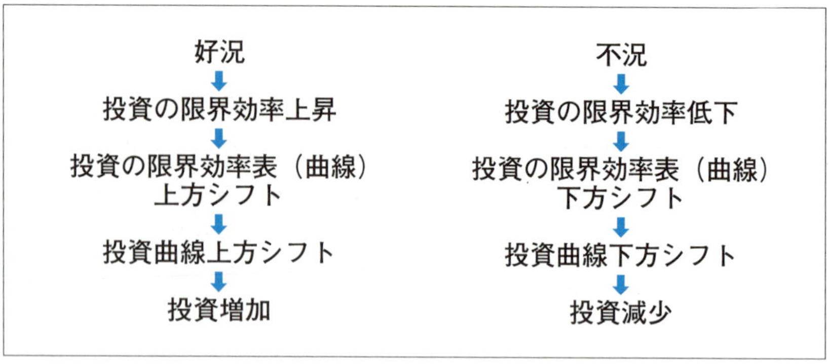

5 45度線分析における投資の取り扱い

　以上，説明したように，投資量は利子率とアニマル・スピリッツ（企業家精神）の影響を受けます。

　まず，アニマル・スピリッツ（企業家精神）については，具体的に把握することが困難ですので，特に断りがなければ，一定で変化しないと考えます。ですから，特に断りがなければ，限界効率表（曲線）や投資曲線はシフトしないと考えます。このように，企業家精神が変化せず，投資曲線がシフトしなければ，投資量に影響を与えるのは利子率だけとなります。

　ところで，第Ⅲ部の45度線分析では，資産市場は考えないので貨幣市場で決定される利子率は一定と仮定しました。したがって，投資量も一定として分析を進めました。

　しかし，次の第Ⅴ部での財市場と資産市場を同時に分析するIS-LM分析では，利子率も変動しますので，投資量も変動することになります。

> **キーワード　資本の限界効率**
>
> 　通常，経済学のテキストではケインズの「**投資の限界効率**」といいますが，これを**ケインズ自身は**，著書の中で「**資本の限界効率**」と呼んでいます。ですから，試験問題では，時折，「資本の限界効率」と出題されることがありますので注意してください。**図表4－23**の投資の限界効率表をみると，縦軸が限界効率，横軸が資本量ではなく投資量ですから，投資の限界効率と呼ぶ方が良いように思います。
>
> 　また，ケインズの投資（資本）の限界効率は，ＭＢＡ（実践的経営を学ぶ大学院修士課程）などのビジネススクールにおいて内部収益率（IRR: Internal Revenue Rate）という名前で教えられているものと同じです。

●マクロ編／第Ⅳ部　資産市場の分析（利子率の決定）

第12章　金融政策

📩　出題傾向・重要性　📩

金融政策の手段，金融政策の有効性は以前より重要論点でしたが，平成不況時に日銀が大規模な金融政策をしたにもかかわらず景気が回復しなかったため，平成に入りより**頻繁に出題**される論点となりました。中央銀行の3機能は経済学の問題ではあまり出題されませんが，一般教養の政治経済で出題されます。

第10章の図表4－8では，名目貨幣供給量は中央銀行が一定にコントロールしていると仮定しましたが，ここでは，中央銀行が貨幣供給量をどのようにコントロールするかを考えます。

1　中央銀行とは？

中央銀行は，以下の①～③の3つの機能をもちます。
① 　**発券銀行**（現金である紙幣を発行します）
　中央銀行は，現金である紙幣の発行量を調整することにより，貨幣（＝現金＋預金）の量（供給量）を調整します。中央銀行は，貨幣供給量を増減させることにより，利子率を変化させ，投資量も変化させ，総需要を増減させる結果，国民所得（GDP）も変化させます。貨幣供給量を調整することにより総需要量を調整し，適正な国民所得水準（完全雇用国民所得水準）にしようとします。これが，景気対策としての金融政策です。

➡景気対策としての金融政策

　具体的には，不況（不景気）で，総需要（Y^D＝消費C＋投資I＋政府支出G）が落ち込み，国内総生産GDPも小さくなり，完全雇用GDPを下回り失業が生じているような場合には，貨幣供給量を増加させ，利子率を下落させることにより投資Iを増加させ，総需要Y^Dを増加させます。すると，総需要が増え，物が売れるようになりますから，GDPも増え，失業も解消します。こうして，景気はよくなっていきます。
　一方，景気がよくなりすぎて，完全雇用となるGDPである完全雇用GDPよりも総需要が大きくなる場合を考えましょう。
　この場合には，完全雇用で，生産能力の限界まで生産している状態ですが，

そのGDPよりも総需要が多いので，超過需要となり，物価は上昇します。物価の上昇は，通貨の価値を下落させます。たとえば，物価が2倍になれば，1万円札で買える物は半分に減ってしまいます。つまり，1万円札という貨幣の価値は半減してしまいます。

このように，**物価上昇が著しければ，貨幣の価値が著しく下落するので，**だれも，貨幣を持たなくなります。貨幣を持たず，物々交換という，大変非効率的な取引を行わなくてはならなくなり，経済は停滞してしまいます。この場合には，経済は不況どころではなく，崩壊に近い状態になってしまいます。ですから，**中央銀行にとっては，自分の発行する貨幣の価値の維持，いいかえれば物価の安定ということが，貨幣経済を守るという意味できわめて重要**となります。

← 貨幣の価値の維持
← 物価の安定

② **銀行の銀行**（中央銀行は，銀行と取引を行います）

中央銀行は，銀行から預金を受け入れ，銀行に貸し出しをします。銀行との日々の取引を通じて，資金不足の銀行に貨幣を供給したりして，銀行の一時的な資金不足による支払不能，すなわち倒産などによる金融システムの混乱を防ぎます。貨幣は貨幣経済にとってはきわめて重要なもの（貨幣の3機能）であり，この**経済の血液**ともいえる貨幣の循環を円滑に行うためには，**健全な金融システムの維持がきわめて重要**です。これも貨幣経済を守るという意味できわめて重要な機能となります。

← 金融システムの維持
← 貨幣経済を守る

③ **政府の銀行**（中央銀行は政府の資金収支の事務を行います）

通常，私たちはどこかの銀行に口座を持っていて，その口座に資金が振り込まれたり，引き出したりと，口座で資金の出し入れを行います。同じように政府は日銀に口座を持っており，政府の資金の収支（収入と支出）は日銀

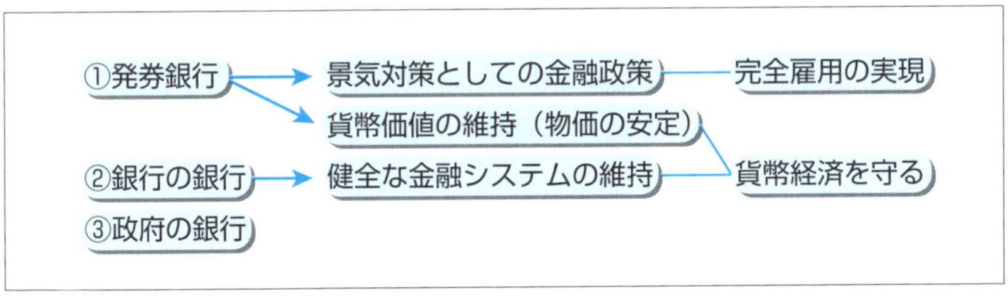

●図表4－27●
中央銀行の3機能と政策目標

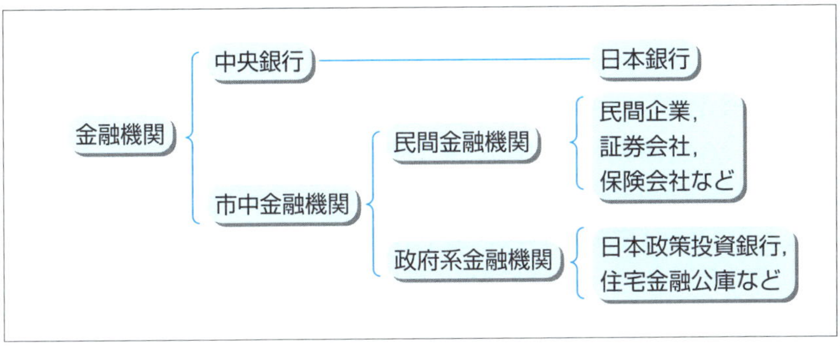

●図表4－28●
紙幣発行できるか否かで分けた金融機関の分類

の口座で行われています。

　これらの中央銀行の3機能は基本的なことですが，経済学の本には書いていないことが多いところです。それは，重要ではないということではなくて，高校の政治経済でも出てくる基本事項なので，あえて書かなくても当然わかっているという前提になっているのだと思います。

中央銀行⇒
日本銀行⇒
米国連邦準備銀行⇒
欧州中央銀行⇒

　日本では，以上の3機能を持つ中央銀行は日本銀行だけです。日本の紙幣には日本銀行券と印刷してあります。ちなみに，米国の中央銀行は米国連邦準備銀行（FRB：Federal Reserved Bank），欧州連合（EU）の中央銀行は欧州中央銀行（ECB：European Central Bank）です。欧州中央銀行は2001年より欧州統一通貨ユーロの紙幣を発行している銀行です。

市中銀行⇒
市中金融機関⇒

　これに対し，私達が利用している銀行（たとえば，三菱東京UFJ銀行，みずほ銀行，三井住友銀行など）は，3機能を持っていません。このように中央銀行以外の銀行を市中銀行といいます。

　また，中央銀行以外の銀行，証券会社，保険会社などを市中金融機関といいます。市中金融機関は民間金融機関だけではなく，日本政策投資銀行や国際協力銀行などの政府系金融機関も含まれていることに注意しましょう。ここでは，政府の銀行か民間の銀行かということより，現金である紙幣を発行できるかどうかという観点で場合分けしているのです。

④　中央銀行の独立性

　以上のような権限を持つ中央銀行は国民経済に大きな影響力を与えます。ですから，民主主義という視点からすれば，国民の意見が反映されるような仕組みが求められるはずです。具体的には，国民の選挙によって選ばれる国会議員から構成される国会や，その国会が選んだ内閣総理大臣が組織する内閣（通常，行政府，あるいは，政府と呼ばれます）の監督下におくべきだということになりそうです。

　しかしながら，**多くの先進国では，中央銀行は政府や議会から独立しています。これは，中央銀行が政府や国会の監督下にあると，短期的な人気取り政策のため紙幣が乱発され，著しい物価上昇が継続し，インフレーションが国民経済を混乱させたという歴史的経験への反省からです。**すでにお話ししたように，著しい物価上昇は通貨価値の下落を意味し，人々は貨幣は値下がりするので持ちたがらなくなり貨幣経済が機能しなくなり，経済は混乱してしまうのです。

　ですから，多くの先進国では，中央銀行は，貨幣経済の基礎となる通貨価値を維持し貨幣経済を円滑に機能させるために，政府や議会から独立してその職務を行い，中央銀行自身の高度な専門性と高い使命感に支えられて職務を遂行することが求められているのです。

　以上のような「**中央銀行の独立性**」の考えより，**日本銀行は政府機関ではなく，日本銀行法という法律に基づく特殊法人という位置づけになっており，政府から独立して金融政策を行うこととされています。**

第12章　金融政策

> 📘 ベーシック・ワード　**特殊法人** 📘
>
> 公共の利益のために，特別の法律で設置される法人。日本銀行法に基づく日本銀行や放送法に基づく日本放送協会（NHK）などがあります。

2 貨幣供給の仕組み

【1】貨幣供給の現金とは

　貨幣とは，すでに第9章でお話ししたように，現金＋預金です。ここで，現金とは，私達が利用できる現金ですから，中央銀行の金庫にある現金は含みません。あくまでも，中央銀行の金庫から出て，市中にある現金でなければ，貨幣供給の現金にはなりません。より厳密には，市中金融機関の金庫に現金があっても，私達はその現金を使うことができませんから，市中金融機関の金庫から出て世の中に出回った現金でなければ，私達の利用できる現金とはいえません。ですから，厳密には，**非金融機関の保有する現金が貨幣供給の現金**です。しかし，ここでは，単純化のため，市中金融機関は金庫に現金を持っていないと仮定します。

← （貨幣供給の）現金

　それでは，貨幣供給の仕組みを説明する前に，重要な専門用語である法定準備率とハイパワード・マネーについて説明します。

【2】法定準備率（支払準備率）

　民間銀行は，顧客から預金を預かり，その資金を貸し出して利子を得て利益を得ます。貸出利子率と預金利子率の差が銀行の利益の元手になります。ですから，銀行が利益を増やそうとすれば，預かった資金をすべて貸し出せば，利益は最大になります。

　しかし，預かった資金をすべて貸し出すと，銀行の金庫には預かった資金は全然ありませんから，預金者が，預金を引き下ろしにきても対応がとれなくなってしまいます。そのような危険を防ぐために，法令により，銀行は預金として預かった現金の一定率の現金を日銀に預けておかなくてはならないルールになっています。

　この**法令で定められた預金のうち日銀に預ける比率を法定準備率**といいます。これは，預金者への支払いの準備としてのものですから，**支払準備率**ともいいます。ただし，支払準備率あるいは単に準備率という場合には，実際に預金のうちどれだけの比率を日銀に預けているかを意味することがあります。その場合，**銀行が法定準備率以上の支払準備率にしていることもあり**，

← 法定準備率
← 支払準備率

179

●マクロ編／第Ⅳ部　資産市場の分析（利子率の決定）

過剰準備 ➡ そのような状態を**過剰準備**といいます。また，民間銀行が日銀に預ける現金を日銀準備金あるいは日銀預け金といいます。

【3】ハイパワード・マネー（マネタリー・ベース，ベースマネー）

ハイパワード・マネー ➡ 　ハイパワード・マネーは**中央銀行が最初に市中に供給した現金**のことです。この現金が何倍もの預金を作り出し，貨幣量を何倍にも増やしますので，強い力があるという意味でハイパワード・マネーと呼んだり，貨幣の元になるものだという意味で**マネタリー・ベース**や**ベースマネー**とも呼びます。このハイパワード・マネーが何倍もの預金を作り出し，貨幣量を何倍にも増やす仕組みを次に考えます。

マネタリー・ベース ➡
ベースマネー ➡

【4】貨幣供給の仕組み

　それでは，ハイパワード・マネーが，預金をどのように増やして，貨幣（＝現金＋預金）を増やすかを考えましょう。**図表４－29**を参照しながら，以下の説明を読んでください。

　まず，日銀が最初に市中に現金を100万円供給したとしましょう。ハイパワード・マネーが＋100万円ということです。日銀は銀行の銀行ですから，

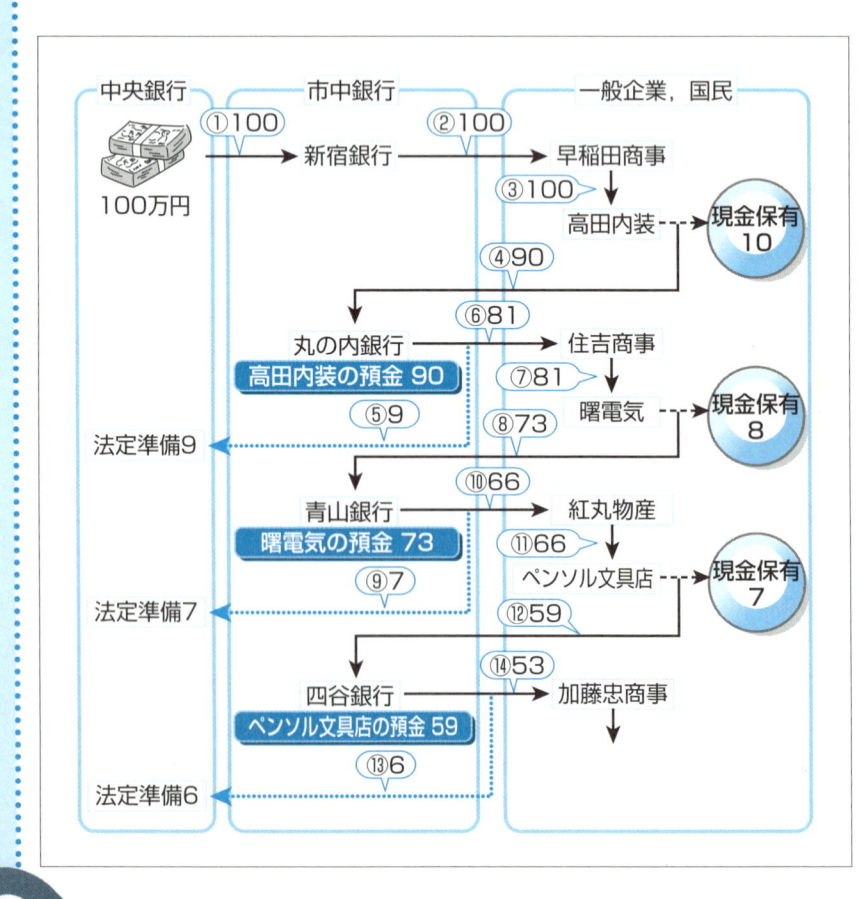

●図表４－29●
預金創造の仕組み

【重要】

（図：預金創造の仕組み）

中央銀行 100万円 → ①100 → 新宿銀行 → ②100 → 早稲田商事 → ③100 → 高田内装 → 現金保有10
④90 → 丸の内銀行（高田内装の預金 90） → ⑥81 → 住吉商事 → ⑦81 → 曙電気 → 現金保有8
法定準備9 ⑤9
⑧73 → 青山銀行（曙電気の預金 73） → ⑩66 → 紅丸物産 → ⑪66 → ペンソル文具店 → 現金保有7
法定準備7 ⑨7
⑫59 → 四谷銀行（ペンソル文具店の預金 59） → ⑭53 → 加藤忠商事
法定準備6 ⑬6

180

銀行としか取引をしませんので，100万円を市中銀行，ここでは新宿銀行に供給したとしましょう。日銀のハイパワード・マネーの供給方法には，公開市場操作と日銀貸付がありますが，これらについては，「3　金融政策の手段」で後ほど説明します。

① いま，単純化のため，市中金融機関，ここでは新宿銀行は金庫に現金を持っていないと仮定していますので，日銀から供給された現金100万円はすべて貸し出します。
② 新宿銀行が早稲田商事に100万円を貸し出したとします。
③ 新宿銀行から100万円を借りた早稲田商事は，高田内装にビルの内装工事代として100万円を支払ったとします。
④ 100万円を工事代金として受け取った高田内装は，それをすべて現金で持とうとはしないでしょう。その10％の10万円を現金として持ち，残りの90％の90万円を丸の内銀行に預けるとします。ここで，預金が90万円発生します。
⑤ 支払準備率が10％とすると，高田内装から90万円を預金として預かった丸の内銀行は，預金90万円の10％にあたる9万円は，高田内装の支払いに備えて日銀に預けておき，いざというときには，日銀に預けている資金を使えるようにしておかなくてはなりません。
⑥ ですから，丸の内銀行は高田内装から90万円の預金を預かりましたが，9万円は日銀に法定準備として預けるので，90－9＝81万円が貸し出せる資金です。この81万円を丸の内銀行は取引先の住吉商事に貸し出したとします。
⑦ 住吉商事はその81万円をパソコン代として曙電気に支払ったとします。
⑧ 曙電気は受け取った81万円をすべて現金で持とうとはしないでしょう。その81万円の10％の約8万円を現金として持ち，残りの90％の約73万円を青山銀行に預けるとします。ここで，預金がさらに73万円発生します。
⑨ ここで，支払準備率が10％とすると，曙電気から73万円を預金として預かった青山銀行は，預金73万円の10％にあたる約7万円は，曙電気の支払いに備えて日銀に預けておき，いざというときには，日銀に預けている資金を使えるようにしておかなくてはなりません。
⑩ ですから，青山銀行は曙電気から73万円の預金を預かりましたが，7万円は日銀に法定準備として預けるので，73－7＝66万円が貸し出せる資金です。この66万円を青山銀行は取引先の紅丸物産に貸し出したとします。
⑪ 紅丸物産はその66万円を文具用品代としてペンソル文具店に支払ったとします。
⑫ ペンソル文具店は受け取った66万円をすべて現金で持とうとはしないでしょう。その66万円の10％の約7万円を現金として持ち，残りの

90％の約59万円を四谷銀行に預けるとします。ここで，預金がさらに59万円発生します。

⑬ ここで，支払準備率が10％とすると，ペンソル文具店から59万円を預金として預かった四谷銀行は，預金59万円の10％にあたる約6万円は，ペンソル文具店の支払いに備えて日銀に預けておき，いざというときには，日銀に預けている資金を使えるようにしておかなくてはなりません。

⑭ ですから，四谷銀行はペンソル文具店から59万円の預金を預かりましたが，6万円は日銀に法定準備として預けるので，59－6＝53万円が貸し出せる資金です。この53万円を四谷銀行は取引先の加藤忠商事に貸し出したとします。

このように，貸し出しと預金の連鎖は延々と続き，預金が創造されていきます。これを**預金創造**といいます。つまり，**日銀が最初に供給した現金（＝ハイパワード・マネー）は，その同じ現金が何度も，貸し出しと預金を繰り返すことにとって，預金が増えていきます。**「金は天下の回りもの」というように，同じ現金が何回も預金と貸し出しを通じて，銀行と一般企業や国民との間を回転しているわけです。その結果，預金がどんどん創造されていくのです。

図表4－29を見ればわかるように，中央銀行は100万円しか現金を供給していなくても，その100万円から預金は，丸の内銀行の高田内装の預金90＋青山銀行の曙電気の預金73＋四谷銀行のペンソル文具の預金59＝222万円の預金が創造されています。同時に，現金は，最初に100万円供給されましたが，法定準備として9＋7＋6＝22万円が銀行から日銀へ戻っています。ですから，市中にある現金は，100万円でなく，法定準備で日銀に戻った分だけ減少しています。貨幣供給を考えるときの現金は，私達が利用できる現金ですから，

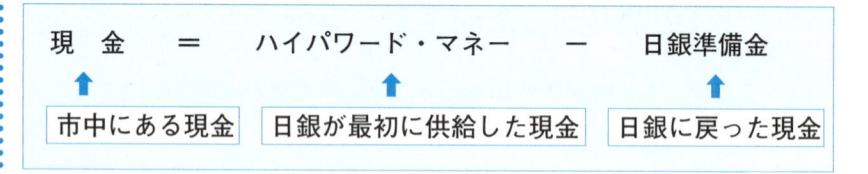

現　金	＝	ハイパワード・マネー	－	日銀準備金
↑		↑		↑
市中にある現金		日銀が最初に供給した現金		日銀に戻った現金

となります。いいかえると，**ハイパワード・マネー＝現金＋日銀準備金**となります。

なお，現金は印刷をしない限り増えることはありません。預金と貸し出しの連鎖により増えるのは預金であって，現金の物理的な絶対量自体は変化せず，その現金が日銀の金庫に入ってしまったら，その分の現金は私達が利用できない現金となるので，その分，貨幣供給としての現金は減ってしまうのです。

ハイパワード・マネー	91兆円
現金（日本銀行券，お札）	74兆円
現金（硬貨）	5兆円
日銀当座預金	12兆円

出所　日本銀行

●図表4－30●
日本のハイパワード・マネーの内訳
（平成18年7月）

【5】 ハイパワード・マネーは何倍の貨幣を作り出すか？ ＜貨幣乗数＞

← 貨幣乗数

ハイパワード・マネーが何倍の貨幣を作り出すかを**貨幣乗数**といいます。

貨幣乗数の話にはいる前に，略語の紹介をしておきましょう。ハイパワード・マネーはHigh Powered Moneyなので，よくHと略します。貨幣はMoneyなのでM，預金はDepositなのでD，現金はCashなのでC，日銀準備金はReserveなのでRと略すことが多いようです。貨幣乗数はmとしましょう。

ハイパワード・マネー（H）は何倍の貨幣（M）を作り出すかを貨幣乗数（m）と呼んでいますので，

$M=mH$という関係になります。$m=\dfrac{M}{H}$と言い換えることができます。

ところで，貨幣M＝現金C＋預金D，

ハイパワード・マネーH＝現金C＋日銀準備金Rですので，

$$m=\dfrac{M}{H}=\dfrac{C+D}{C+R}=\dfrac{\dfrac{C}{D}+\dfrac{D}{D}}{\dfrac{C}{D}+\dfrac{R}{D}}$$

←分子・分母を預金Dで割る。

ここで，$\dfrac{C}{D}$は**現金預金比率**といい，預金に対する現金の割合です。**図表4－29**のケースでは，現金10％預金90％としましたので，この$\dfrac{C}{D}=\dfrac{1}{9}=0.11$です。$\dfrac{R}{D}$は預金に対する日銀準備金の比率ですから，支払い準備率に他なりません。ですから，

図表4－29では，現金預金比率＝$\dfrac{1}{9}=0.11$，支払準備率＝0.1でしたから，

$$貨幣乗数\ m=\dfrac{0.11+1}{0.11+0.1}=\dfrac{1.11}{0.21}=約5.3$$

となります。

ですから，100万円のハイパワード・マネーは約5.3倍の約530万円の貨幣を作り出します。もちろんこの増加は，預金創造によるのであって，現金が増えたわけではありません。

●マクロ編／第Ⅳ部　資産市場の分析（利子率の決定）

重要

●図表4−31●
貨幣乗数の求め方

$$m = \frac{M}{H} = \frac{C+D}{C+R} = \frac{\frac{C}{D}+\frac{D}{D}}{\frac{C}{D}+\frac{R}{D}} = \frac{\text{現金預金比率}+1}{\text{現金預金比率}+\text{支払い準備率}}$$

分子・分母を預金 D で割る。

① 支払い準備率の引き上げ

支払い準備率が10％から20％に引き上げられたら，貨幣乗数はどうなるのでしょうか。

現金預金比率 $= \frac{1}{9} = 0.11$ のままで，支払準備率 $= 0.2$ になると，

貨幣乗数 $m = \dfrac{0.11+1}{0.11+0.2} = \dfrac{1.11}{0.31} =$ 約3.6

となり，貨幣乗数は小さくなります。

これは，貨幣が増加する仕組みが，同じ現金が何回も預金と貸し出しを繰り返すことにより，預金を増やすからです。支払準備率が引き上げられると，銀行が預かった預金のうち多くを日銀準備金にしなくてはならなくなるため，銀行の貸出金額が減少してしまいますので，貸し出しと預金の連鎖が小さくなってしまうからです。

② 現金預金比率の上昇

人々の現金預金比率が0.2に上昇したら貨幣乗数はどうなるでしょうか。
支払準備率 $= 0.1$ のままで，現金預金比率 $= 0.2$ に上昇すると，

貨幣乗数 $m = \dfrac{0.2+1}{0.2+0.1} = \dfrac{1.2}{0.3} = 4$

となり，貨幣乗数は約5.3より小さくなります。

これは，貨幣が増加する仕組みは，同じ現金が何回も預金と貸し出しを繰り返すことにより，預金を増やすからです。現金預金比率が上昇すると，銀行への預金金額が減少してしまいますので，貸し出しと預金の連鎖が小さくなってしまうからなのです。

③ 以上の数字の整理

現金預金比率	支払準備率	貨幣乗数
0.11	0.1	5.3
0.11	0.2 ↑	3.6 ↓
0.20 ↑	0.1	4.0 ↓

現金預金比率 ↑
支払準備率 ↑ ⟶ 貨幣乗数 ↓

3 金融政策の手段

中央銀行は，貨幣供給量を増減させることにより金融政策を行いますが，ここでは，中央銀行がどのような手段で貨幣供給量を増減させるかを考えます。貨幣供給量を増減させる主な手段としては，以下の3つがあります。

【1】公開市場操作

中央銀行は国債などを市場で売買することにより，ハイパワード・マネーの量を増減させます。

ハイパワード・マネーを増加させたいときには，中央銀行が市場で国債などを買います。中央銀行は国債などの代金として売り手に現金を支払いますので，市中への現金の供給となり，ハイパワード・マネーの増加となります。これを**買いオペレーション**，略して買いオペといいます。　　← 買いオペレーション
　← 買いオペ

反対に，**ハイパワード・マネーを減少させたいときには，中央銀行が市場へ国債などを売ります**。中央銀行は国債などの代金として現金を買い手から受け取りますので，市中からの現金の回収となり，ハイパワード・マネーの減少となります。これを**売りオペレーション**，略して売りオペといいます。　　← 売りオペレーション
　← 売りオペ
以上の売りオペ，買いオペによるハイパワード・マネーの増減により貨幣供給量を調整することを公開市場操作といいます。この方法は，現在もっとも頻繁に行われているハイパワード・マネーの調整方法です。　　← 公開市場操作

【2】日銀貸付

日銀が市中銀行に現金を貸し付けても，ハイパワード・マネーは増加します。逆に，日銀が市中銀行に貸し付けている現金を回収すれば，ハイパワード・マネーは減少します。このように，日銀貸付の量の増減でハイパワード・マネーを増減させ，貨幣供給量を調整する手段もあります。ただし，貨幣市場全体でみれば，日銀貸付の金額は限られたものです。　　← 日銀貸付

なお，日銀が貸し出す際の利子率を公定歩合（2006年8月より，日銀は「基準貸付利率」と呼び方を変更）と呼んでいます。　　← 公定歩合（基準貸付利率）

【3】法定準備率操作（支払準備率操作）
　← 法定準備率操作
　← 支払準備率操作

貨幣供給量を増減させるには，ハイパワード・マネーの量が一定であっても貨幣乗数が変化すればよいはずです。**法定準備率操作は，法定準備率の引き上げで貨幣乗数を低下させることにより貨幣供給量を減少させます。また，法定準備率の引き下げで貨幣乗数を上昇させることにより貨幣供給量を増加させます**。

以上の【1】【2】【3】3つの手段は，貨幣供給量を増減させることにより，利子率を変化させ，投資を増減させ，有効需要を調整するものです。しかし，貨幣供給量ではなく，直接利子率に影響を与えようとする手段が，次に説明する公定歩合操作（基準貸付利率操作）です。

【4】公定歩合操作（基準貸付利率操作）

公定歩合操作（基準貸付利率操作）とは，日銀貸付の利子率である公定歩合（基準貸付利率）を引き上げたり，引き下げたりすることにより利子率を直接調整する手段です。

金利の自由化が行われる1980年代までは，利子率は公定歩合を基準に決められていました。たとえば，もっとも信用力のある企業への短期資金の貸し出し利子率である短期プライムレート（短期最優遇金利）は公定歩合＋0.5％と決められていました。ですから，どの銀行でも同じ貸し出し利子率だったわけです。このように，世の中の利子率が公定歩合＋αと公的に決められていた時代には，公定歩合を引き上げれば，すべての金利は，公定歩合に連動して上昇します。このような規制金利時代には，公定歩合操作はきわめて有効な手段でした。

⇒規制金利時代

⇒金利の自由化

しかしながら，金利の自由化がすすみ，現在では，利子率は貨幣市場の需

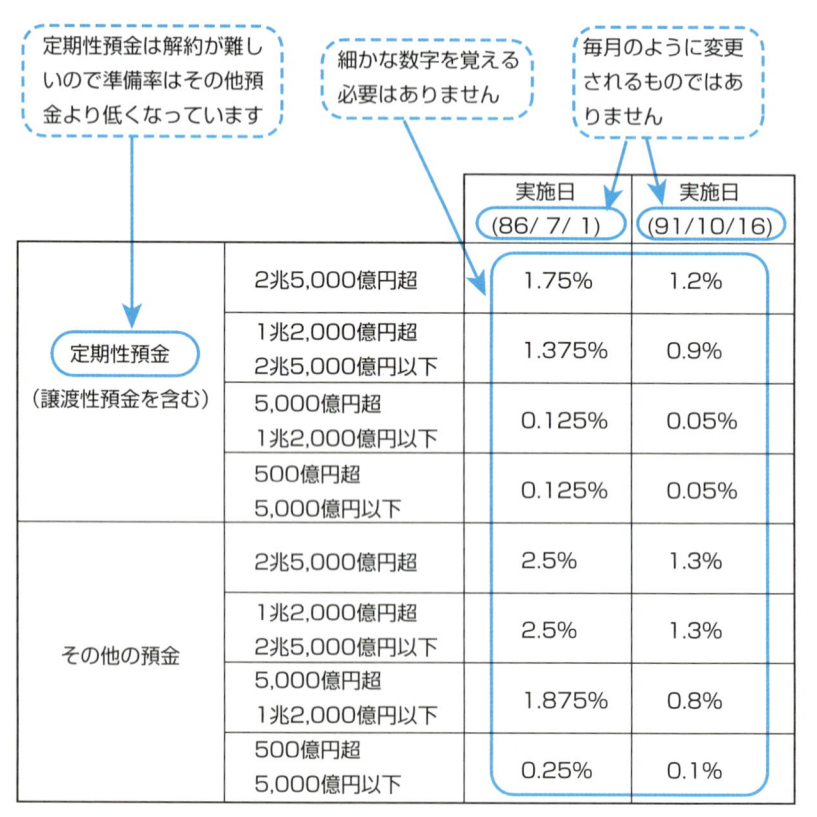

> 定期性預金は解約が難しいので準備率はその他預金より低くなっています

> 細かな数字を覚える必要はありません

> 毎月のように変更されるものではありません

		実施日 (86/ 7/ 1)	実施日 (91/10/16)
定期性預金 （譲渡性預金を含む）	2兆5,000億円超	1.75%	1.2%
	1兆2,000億円超 2兆5,000億円以下	1.375%	0.9%
	5,000億円超 1兆2,000億円以下	0.125%	0.05%
	500億円超 5,000億円以下	0.125%	0.05%
その他の預金	2兆5,000億円超	2.5%	1.3%
	1兆2,000億円超 2兆5,000億円以下	2.5%	1.3%
	5,000億円超 1兆2,000億円以下	1.875%	0.8%
	500億円超 5,000億円以下	0.25%	0.1%

●図表4－32●
現実の法定準備率

出所：日本銀行

第12章　金融政策

> 🔑 **キーワード　「公定歩合」はもう古い！？** 🔑
>
> 　公定歩合という言葉は古くから使われていますが，元々法律（日銀法）にはない言葉なのです。2006年8月より，日銀は**公定歩合という呼び方を止めて**，その代わりに，日銀法にある**「基準貸付利率」あるいは「基準割引率」という呼び方に変更**しました。これは，かつての規制金利時代のように公定歩合に連動して各種金利が決まるのではなくなり，公定歩合の政策的意味合いが弱まったため，政策的意味合いの濃いイメージのある「公定歩合」という呼び方を止めて，「基準貸付金利」か「基準割引率」と呼ぶことにしたのです。
>
> 　マスコミなどでは，未だに「公定歩合」という言葉が使われていますが，正式には「基準貸付利率」なのです。ですから，択一試験の場合には，試験問題で「公定歩合」と「基準貸付利率」のどちらが使われるかわかりませんから両方覚えておきましょう。また，論文試験では，「基準貸付利率（かつての公定歩合）」と書くことをお薦めします。

要と供給で決まります。このように**貨幣市場の需要と供給により決まる利子率（金利）**を**自由金利**といいます。これはまさしく，**図表4-14**のケインズの流動性選好理論の世界です。自由金利時代になった現在では，利子率は貨幣市場の需要と供給によって決まるのですから，公定歩合（基準貸付利率）の影響は利子率にはあまり及びません。　　　　　　　　　　　　　　◀ 自由金利

　では，なぜ，自由金利時代になった現在でも，公定歩合（基準貸付利率）の引き下げや引き上げが新聞で大々的に取り上げられ，貨幣市場に影響を与えるのでしょうか。これは，日銀が公定歩合（基準貸付利率）を引き下げると，市場関係者は，日銀が利子率を引き下げたいと考えているシグナルであり，今後，利子率を下落させるように貨幣供給量を増加させると予想して行動をとるからです。

　このように，現在では，公定歩合操作（基準貸付利率操作）は，それ自体が利子率に影響するのではなく，公定歩合操作（基準貸付利率操作）により，日銀が今後貨幣供給量を変化させると市場関係者に予想され，市場が動くのです。これは，公定歩合操作（基準貸付利率操作）の**アナウンスメント効果**　◀ アナウンスメント効果
（告知効果）と呼ばれます。このアナウンスメント効果は，公定歩合操作（基準貸付利率操作）それ自体の効果ではなく，今後，日銀が貨幣供給量を変化させるとの予想に基づくものですから，公定歩合（基準貸付利率）を操作しても，日銀が貨幣供給量を変化させることはないだろうと市場関係者が予想した場合には，利子率には影響を与えません。

　では，ここで，金融政策の手段について**図表4-33**に整理しておきましょう。

●図表4－33●
金融政策の手段

① 公開市場操作 → ハイパワード・マネーを増減
② 日銀貸付
　　　　　　　　　貨幣M＝貨幣乗数m×ハイパワード・マネー
③ 支払準備率操作　貨幣乗数を操作
　　（法定準備率操作）
④ 公定歩合操作　　現在では，アナウンスメント効果しかない
　　（基準貸付利率操作）

4 金融政策の有効性

【1】景気過熱の抑制

景気がよすぎて，完全雇用GDP（生産能力の上限）を上回る総需要があるとき，超過需要があるので，物価が上昇してしまいます。このような状態を景気過熱といい，**中央銀行は，物価安定化のために，総需要を抑制する政策**を行います。この政策を**金融引き締め策**と呼びます。

景気過熱→
金融引き締め策→

総需要Y^D＝消費C＋投資I＋政府支出Gが完全雇用GDP（Y_F）より大きいとき，中央銀行は総需要Y^Dのうち，投資Iを調整します。なぜなら，中央銀行が調整できるのは利子率であり，利子率により増減するのは，総需要のうちで投資Iだけだからです。

① 中央銀行は，ハイパワード・マネーを削減するか，貨幣乗数を低下させて，貨幣供給量を削減させます。

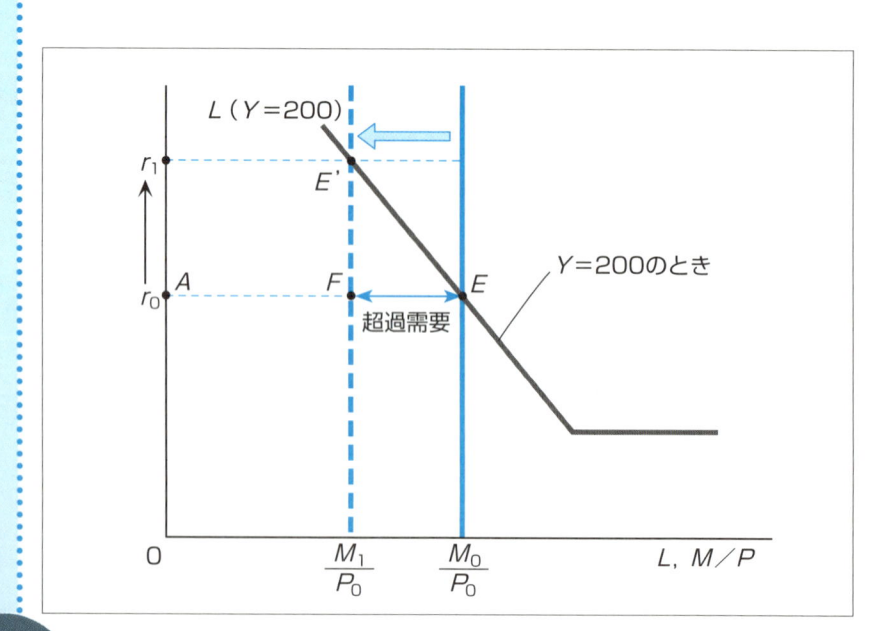

●図表4－34●
貨幣供給量削減による
利子率の上昇（ケインズ
の流動性選好理論）

第12章　金融政策

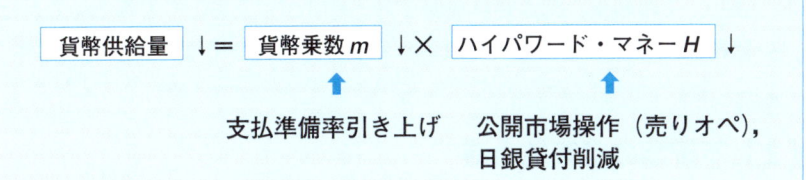

```
貨幣供給量 ↓ ＝ 貨幣乗数 m ↓ × ハイパワード・マネー H ↓
                    ↑                    ↑
              支払準備率引き上げ    公開市場操作（売りオペ），
                                 日銀貸付削減
```

② このように**名目貨幣供給量 M を削減すれば**，**物価 P が一定であれば**，**実質貨幣供給量** $\left(\dfrac{M}{P}\right)$ **が減少**します。その結果，貨幣市場において**利子率は上昇**します。これを，図表4－34で考えます。

　物価は P_0 で一定と仮定します。当初は，名目貨幣供給量は M_0 で，貨幣の需要と供給の一致する点 E の利子率 r_0 であったとします。いま，中央銀行が名目貨幣供給量を M_0 から M_1 に減少させたときます。その結果，実質貨幣供給量は $\dfrac{M_0}{P_0}$ から $\dfrac{M_1}{P_0}$ に減少します。

　グラフでは，貨幣供給曲線が左にシフトします。利子率が r_0 のままでは，貨幣需要は AE に対し，貨幣供給量は AF であり，FE だけ超過需要となります。貨幣を借りたいという人の方が多いわけですから，レンタル価格である利子率は，超過需要がなくなり，需要と供給が一致する点 E' の利子率 r_1 に上昇します。

③ 投資の最終的利益率＝投資の限界効率－利子率　ですから，**利子率が上昇すると**，いままで，最終的な利益率がプラスだったので投資しようと考えていたもののうち，マイナスになってしまうものが出てきますので，**投資量は減少**します。これを，図表4－35で説明すると，利子率が r_0 から r_1 に上昇すると，右下がりの投資曲線であれば，投資量は I_0 から I_1 に減少します。

④ **投資量 I が減少すれば**，$Y^D = C + I + G$ ですから，**総需要 Y^D が減少**し

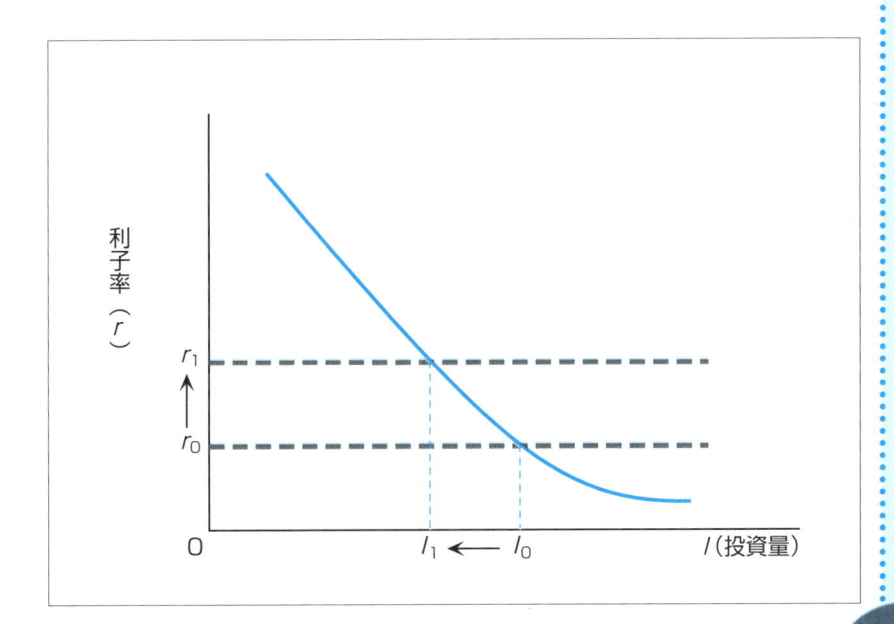

●図表4－35●
経済全体の投資曲線

ます。その結果，総需要が減少し完全雇用GDPとちょうど等しくなれば，**財市場における超過需要は解消し物価の上昇はなくなり，安定**します。

【2】不況期の景気拡大策

不況（景気が悪く）で，完全雇用GDP（生産能力の上限）を下回る総需要しかないとき，市場は超過供給の状態になります。ケインズ経済学では，不況期で超過供給となり，売れ残りの状態でも，企業は価格を下げませんので，経済全体でも物価は下落しません。そのため，物価の下落により自動的に超過供給（売れ残り）が解消することはありません。企業は，売れ残ってしまう物を作っても仕方ありませんから，少ない総需要に合わせて，やむなく生産量を削減します。経済全体では，GDPが減少していまいます。その結果，GDPは完全雇用GDPより小さくなってしまいますので，労働者も完全雇用GDPのときほど必要ではありませんので，失業が生じてしまいます。

つまり，**不況**で，かつ，物価が下方硬直的（下落しない）な場合には，GDPは完全雇用GDPより小さくなり，**失業が生じる**のです。

このようなとき**中央銀行は，GDPを完全雇用GDPに拡大し，失業を解消するために，総需要を拡大する政策**を行います。この政策を**拡張的金融政策**，または，**金融緩和策**と呼びます。

➡ 拡張的金融政策
➡ 金融緩和策

金融引き締め策同様に，総需要 Y^D ＝消費 C ＋投資 I ＋政府支出 G のうち，投資 I を調整します。なぜなら，中央銀行が調整できるのは利子率であり，利子率により増減するのは，総需要のうちで投資 I だけだからです。ただし，調整の方向は，金融引き締めのときとは逆になります。

① **中央銀行は，ハイパワード・マネーを増加させるか，貨幣乗数を上昇させて，貨幣供給量を増加させます。**

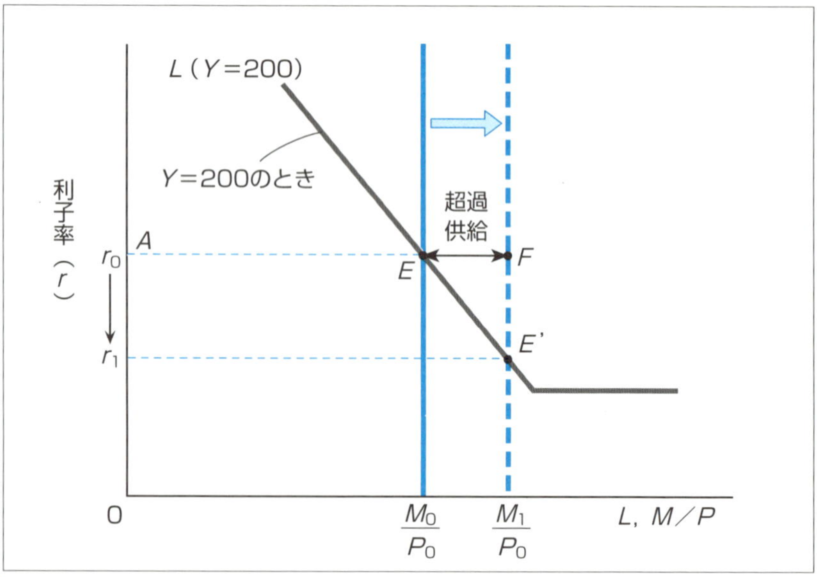

●図表 4 －15（再掲）●
貨幣供給量増加による利子率の下落（ケインズの流動性選好理論）

[図: 縦軸 利子率（r），横軸 $L, M/P$。$L(Y=200)$ の右下がり曲線。M_0/P_0 の垂直線と曲線の交点 E で利子率 r_0（点 A）。M_1/P_0 への右シフトで超過供給（F 点）が生じ，新均衡 E' で利子率 r_1 に下落。]

第12章　金融政策

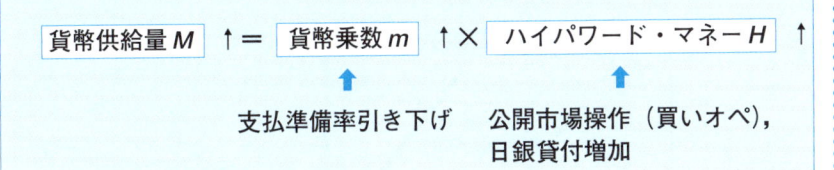

$$\boxed{\text{貨幣供給量 }M}\uparrow = \boxed{\text{貨幣乗数 }m}\uparrow \times \boxed{\text{ハイパワード・マネー }H}\uparrow$$

　　　　　　　　　　　↑　　　　　　　　　　↑
　　　　　　　　支払準備率引き下げ　　公開市場操作（買いオペ），
　　　　　　　　　　　　　　　　　　日銀貸付増加

② 名目貨幣供給量 M を増加すれば，物価 P が一定であれば，実質貨幣供給量 $\left(\dfrac{M}{P}\right)$ は増加します。その結果，貨幣市場において利子率は下落します。これは，図表4－15を用いて既に考えましたが，復習のため，もう一度説明しておきましょう。

　物価は P_0 で一定と仮定します。当初は，名目貨幣供給量は M_0 で，貨幣の需要と供給の一致する点 E の利子率 r_0 であったとします。いま，中央銀行が名目貨幣供給量を M_0 から M_1 に増加させたとします。その結果，実質貨幣供給量は $\dfrac{M_0}{P_0}$ から $\dfrac{M_1}{P_0}$ に増加します。

　グラフでは，貨幣供給曲線が右にシフトします。利子率が r_0 のままでは，貨幣需要は AE に対し，貨幣供給量は AF であり，今度は EF だけ超過供給となります。貨幣を貸したいという人の方が多いわけですから，レンタル価格である利子率は，超過供給がなくなり，需要と供給が一致する点 E' の利子率 r_1 に下落します。

③ 投資の最終的利益率＝投資の限界効率－利子率　ですから，利子率が下落すると，いままで，最終的利益率がマイナスだったので投資はやめようと考えていたもののうち，プラスになるものが出てきますので，**投資量は増加**します。これを，図表4－36で説明すると，利子率が r_0 から r_1 に下落すると，右下がりの投資曲線であれば，投資量は I_0 から I_1 に増加します。

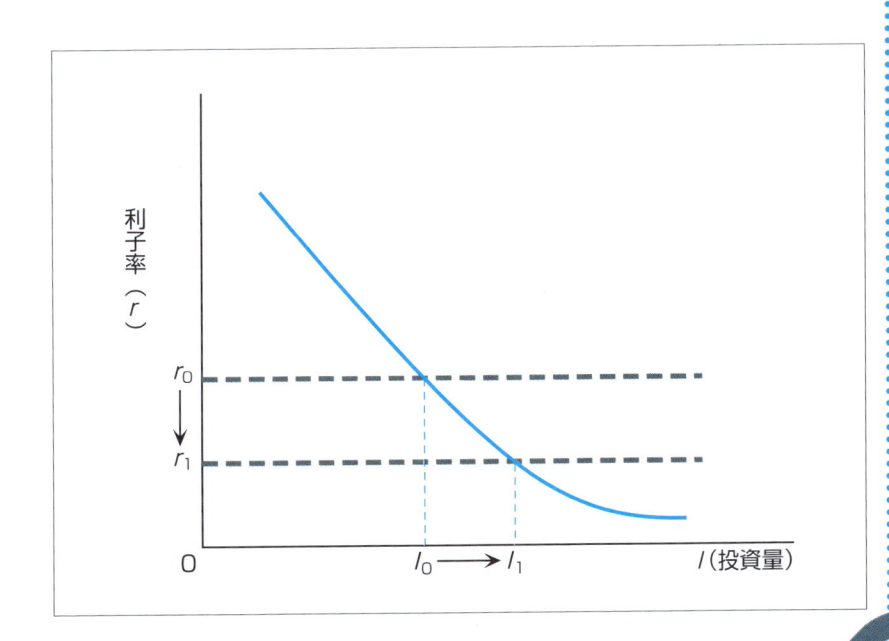

●図表4－36●
経済全体の投資曲線

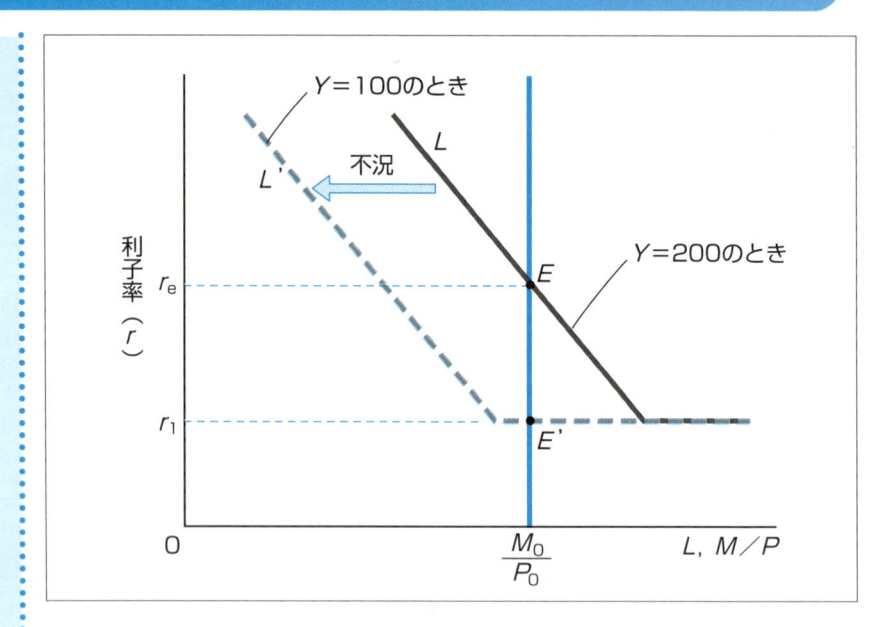

●マクロ編／第Ⅳ部　資産市場の分析（利子率の決定）

図表4－37
流動性の罠と
国民所得の関係

④　投資量Iが増加すれば，$Y^D = C + I + G$ですから，総需要Y^Dが増加します。

⑤　その結果，総需要が増加し，ものがたくさん売れるようになるので，企業は生産量を増やします。**総需要を完全雇用GDPと等しい大きさにできれば，企業は増産する結果，GDPは完全雇用GDPとなり，失業は解消**します。

＜景気拡大策が無効のケース＞

　しかし，景気拡大策はいつでも有効というわけではありません。景気拡大策は，不況時に行うものなので，これから説明する2つのケース，①　流動性の罠のケースや，②　投資が利子非弾力的なケースに陥っている可能性があり，その場合には，金融政策は無効となります。

① 　流動性の罠のケース

流動性の罠 ➡

　流動性の罠とは，誰もが利子率はこれ以上下がらないと考えている，最低水準の利子率の状態です。つまり，流動性の罠とは，図表4－37の貨幣市場において，需要と供給が点E'で均衡し，利子率がr_1となるような状態です。貨幣需要曲線LはGDP（Y）が減少すると，取引が少なくなり，貨幣需要が減りますので，左にシフトします。したがって，E'のような流動性の罠は，GDP（Y）が小さいときに起こります。

　図表4－37では，$Y = 100$となっています。Yが小さいとは，不況のときに他なりません。つまり，**不況のときには，財の総需要が少ないのでその少ない総需要に合わせて，GDP（Y）も小さくなり，貨幣の取引需要（L_1）が減少する結果，利子率が最低限の水準まで低下する可能性が大きいのです。**つまり，不況期には，GDPが小さいので，**流動性の罠に陥っている可能性**

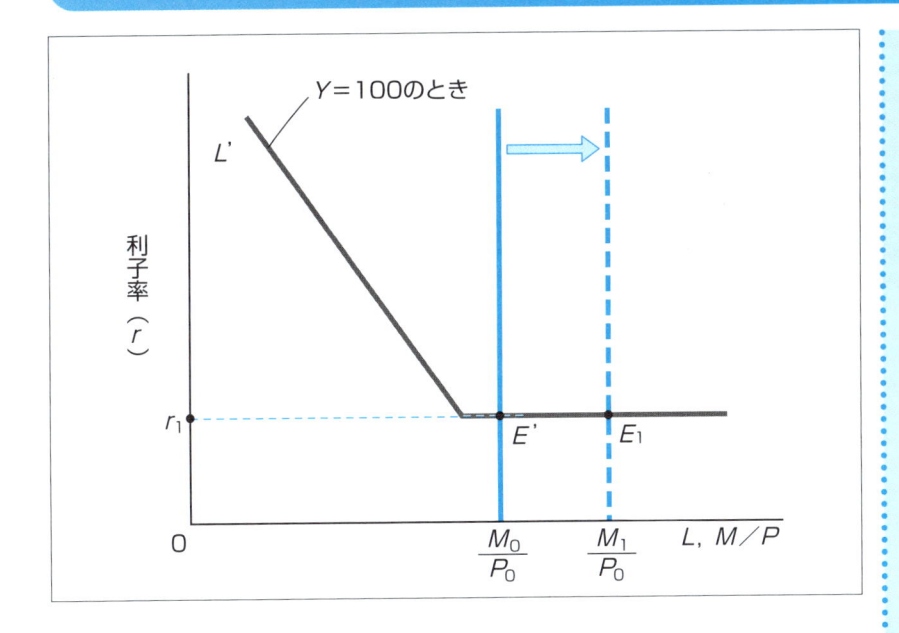

●図表4－38●
金融政策の効果
（流動性の罠のケース）

が高いのです。

図表4－38において，不況でGDP（Y）＝100のとき，貨幣需要曲線はL'で，利子率は最低水準のr_1となっており，流動性の罠の状態です。このとき，貨幣供給量をM_0からM_1に増加させると，貨幣供給曲線は右にシフトしますが，利子率は需要と供給の均衡する点はE'からE_1に変わっても，利子率はr_1のままで下落しません。**もうすでにr_1は最低限の利子率なのですから，それ以上下がらないわけです。利子率が下落しなければ投資は増加せず，総需要は増加しませんので，GDPも増加せず，金融政策は無効となります。**

ところで，利子率が最低限になっている状態を流動性の罠と呼んできましたが，罠（trap）とは「ひっかかってしまって動けなくなる」という意味なのですが，「利子率が最低限の水準なので，中央銀行がいくら利子率を下げようとして貨幣供給量を増加させても効果がない」ので，中央銀行にとって罠だというイメージで覚えておけばよいでしょう。図表4－38のグラフでは，流動性の罠がはっきりわかっていますが，現実はこれほど単純ではありません。実際には，中央銀行は，貨幣供給量を増やしても利子率が下がらなくなってくると，「ひょっとして，流動性の罠に陥っているのでは？」と認

◎不況期──金融緩和策は無効の可能性が大きい

①流動性の罠の可能性
　　→ 利子率は最低なのでこれ以上下がらない

②投資が利子非弾力的な可能性
　　→ 利子率が下がっても投資が増えない

⇒ 金融政策は無効

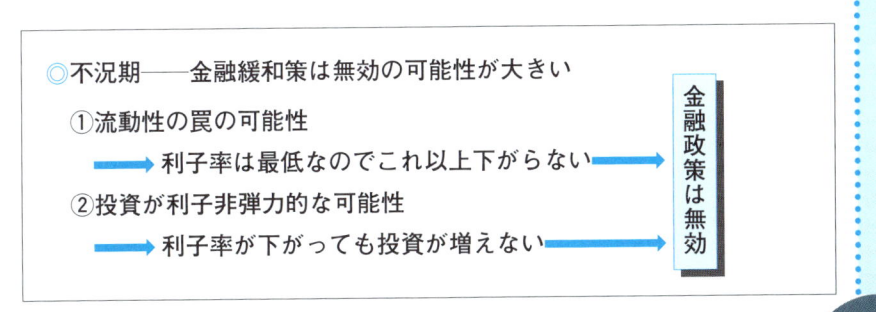

●図表4－39●
金融政策が無効のケース
（まとめ）

識していくのです。

② 投資が利子非弾力的なケース

投資が利子非弾力的とは，利子率が下がっても，投資が増加しないケースです。利子率に投資が反応しないことから，「投資の利子感応度がゼロ」とか，「投資の利子弾力性がゼロ」とかいいます。**投資の利子弾力性**とは，**利子率が1％下落したときに，何％投資量が増加するか**ということで，投資をI，利子率をr，変化量を$\varDelta$とすると，
と表現できます。

$$\text{投資の利子弾力性} = -\frac{\frac{\varDelta I}{I}}{\frac{\varDelta r}{r}}$$

たとえば，利子率が10％のとき，1％下落し9％となると，$\varDelta r = -1\%$で，$\frac{\varDelta r}{r} = -\frac{1\%}{10\%} = -0.1$となり，10％（1割）の下落率です。全体10％のうち1％下落するので1割の下落となるということです（下落したのは1％でも下落率は1％ではありませんので注意してください）。このとき，投資量が100から20だけ増加したとすると，$\varDelta I = 20$で，
$\frac{\varDelta I}{I} = \frac{20}{100} = 0.2$となり，投資の利子弾力性$= -\frac{0.2}{-0.1} = 2$となります。利子率が10％下落したときに投資量が20増加するということは，1％の下落なら，投資量は2％増加するだろうということです。

ところで，深刻な不況のときには，投資をしてももうからない，つまり，きわめて投資の限界効率は低いので，利子率が下落しても，最終的な利益率＝投資の限界効率－利子率がプラスになるものがありません。このような状況では，利子率が下落しても，企業は新たな投資は行わず，必要最低限の

――― 投資が利子非弾力的
――― 投資の利子感応度
――― 投資の利子弾力性

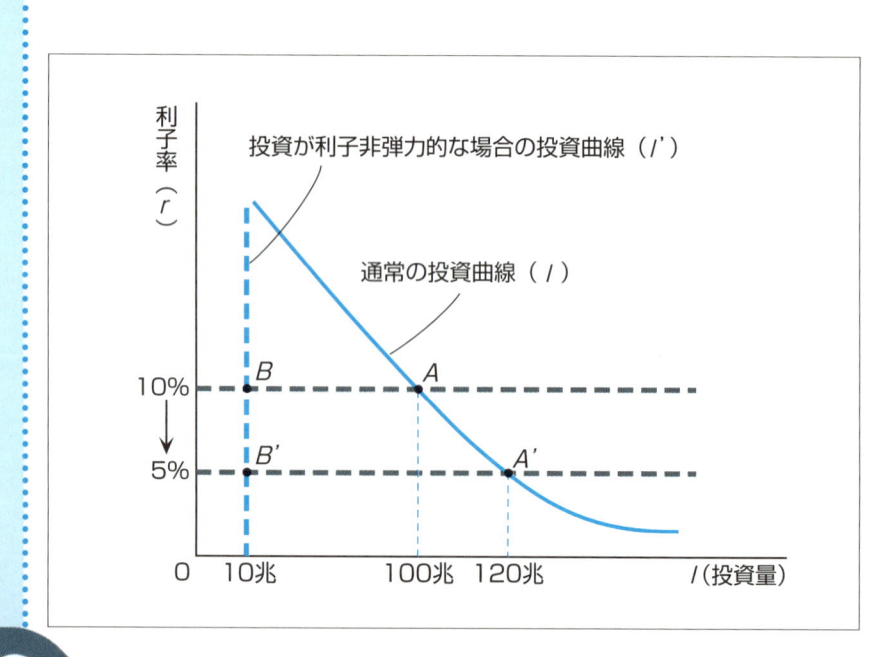

●図表4－40●
経済全体の投資曲線

投資，つまり，修理等しか行わなくなります。つまり，**深刻な不況のときには，利子率が下がっても，最終的な利益率がプラスとなる新しい投資案件はなく，企業は必要最小限の投資以外は行わないのです。このとき，利子率が下落しても，投資量は変化しませんので，投資の利子弾力性はゼロ**です。

このように深刻な不況時には，中央銀行が，仮に，流動性の罠に陥っておらず利子率を下落させることができたとしても，投資は増加しませんので，総需要は増加せず，金融政策は無効となります。

これを図表4-40で説明します。通常は，利子率が下落すると投資量は増加するので，投資曲線は右下がりになります。ところが，**投資が利子非弾力的なケースでは，利子率の水準に関わらず，投資量は必要最小限の投資量10兆のままです。ですから，投資曲線は必要最小限の投資量で垂直となり**I'のようになります。

投資曲線がI'のように垂直なときには，利子率を10％から5％に下落させても，投資量は必要最小限の10兆で変化せず，したがって，総需要も増えません。

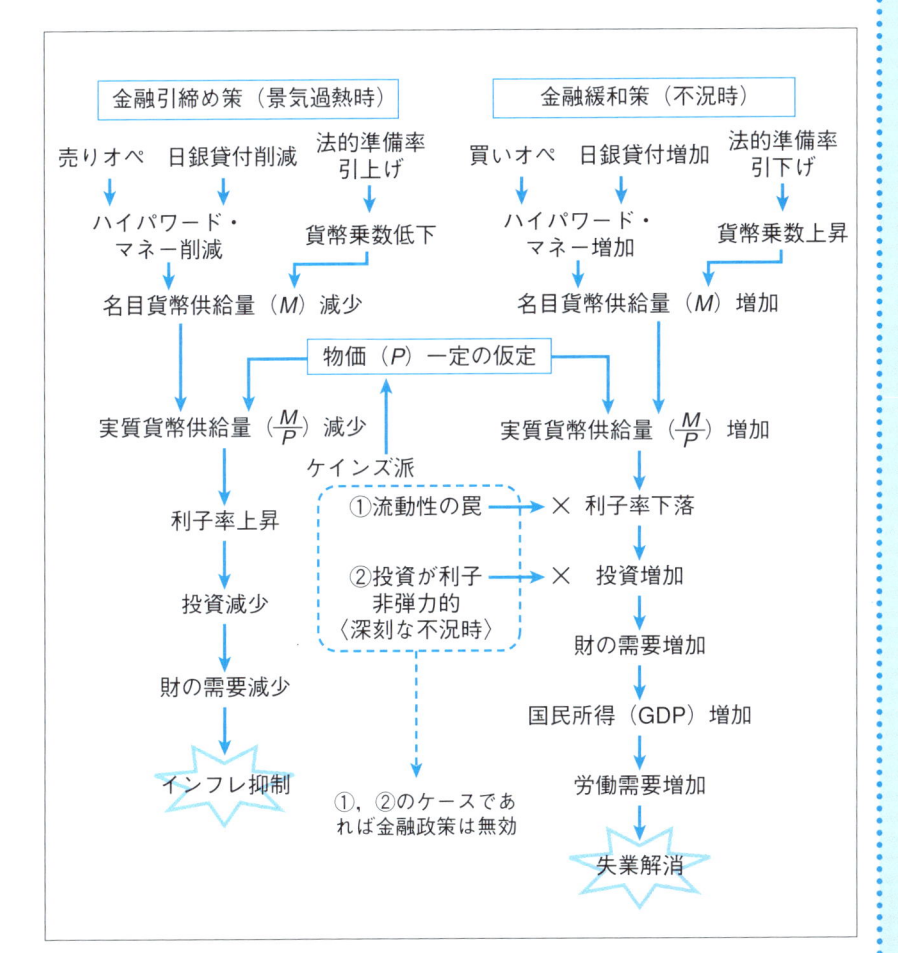

●図表4-41●
金融政策の波及経路
（ケインズ派）

●マクロ編／第Ⅳ部　資産市場の分析（利子率の決定）

第13章　古典派とケインズ派の利子論・貨幣論

出題傾向・重要性

古典派利子理論は以前はあまり出題されませんでしたが，学界では古典派マクロ経済モデルが優勢であるということを反映して，最近出題が増えてきました。

1　古典派の利子理論

【1】古典派の定義

　古典派とは，「供給は自ら需要を創り出す」というセイの法則を受け入れ価格調整力を前提とする経済学者のグループをいいます。古典派は価格調整力を前提としていますので，貨幣供給量（M）を2倍にしてもすべての財の価格が2倍となり物価（P）が2倍になるだけで，相対価格は変化せず実物経済には何ら影響を与えないと考えます（貨幣ベール観）。

貨幣ベール観 ➡

　この古典派の世界を具体的にイメージしてみましょう。貨幣供給量が2倍になったとしましょう。古典派の世界では，すべての価格は速やかに上昇し2倍になります。パンも，電車代などの価格も，給料も2倍になるわけです。このとき，給料が2倍になりますが，すべてのものの価格も2倍になるので，今までと買える数量は変わりません。これを，実質所得は変わらないといいます。私達の行動は今までと何も変わらず，実物経済には何も影響しません。ですから，投資に影響を与え国民所得を左右する利子率は貨幣には関係がないのです。

　では，古典派は，投資に影響を与える利子率は何で決まると考えているのでしょうか。

【2】利子の意義・利子率の決定

　まず，古典派は，**利子を実物資本利用の代価（資本財のレンタル価格）**と考えます。実物資本とは，貨幣ではなく，機械や農機具などを意味します。

第13章　古典派とケインズ派の利子論・貨幣論

したがって、レンタル価格である利子率は一定期間における実物資本の需要（資本を借りたいという量）と供給（資本を貸したいという量）により決定されると考えます。図表4－42の資本の需要（投資）と供給（貯蓄）の一致する水準 r_e に決定されます。

なお、貯蓄のある人がその貯蓄で実物資本を購入し貸し出すので、**貯蓄が資本の供給**となります。また**投資が実物資本を借りたいということですから、実物資本の需要**となります。

ところで、海外部門や政府部門を考えない単純なマクロ経済モデルでは、国民所得（Y）は消費（C）と貯蓄（S）からなります。ここで、45度線分析において $Y^S = Y$ でしたから、$Y^S = Y = C + S$ と表現できます。また、財の需要 Y^D は消費（C）と投資（I）からなりますので、$Y^D = C + I$ となります。したがって、財市場の需要と供給が等しいということは、

$Y^S = Y^D$

$Y = C + I$

$C + S = C + I$

両辺から C を引けば

$S = I$

となります。つまり、貯蓄と投資が等しいということは財市場の需要と供給が等しいということと同じなのです。古典派の利子理論では貯蓄と投資が等しくなるように利子率が決まりますが、これは財市場の需要と供給が等しくなるように決まるともいうことができます。

ケインズ派は財市場の需要と供給が等しくなるように国民所得が決まり、利子率は貨幣市場で決まるとしましたが、古典派は財市場の需要と供給が等しくなるように利子率が決まるということなのです。

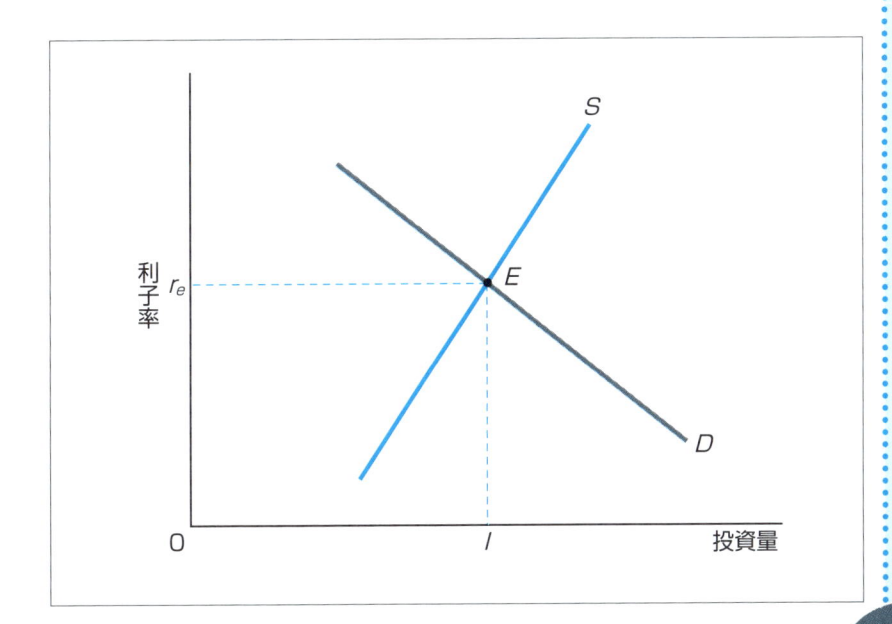

●図表4－42●
利子率の決定（古典派）

【3】貨幣経済

以上のように古典派は，実物資本の視点で考えますが，実際には，かつての地主のように自分で資本財を購入し貸し出す人は少ないでしょう。貨幣経済の発達した今日では家計は社債や株式購入などにより資金を企業に供給するのが一般的です。しかし，このような貨幣経済の場合も古典派の議論の本質は変わりません。なぜなら，社債や株式を発行し資金を家計より調達した企業がその資金で資本財を購入するのであれば，資金の供給は資本財の供給と本質は同じだと考えることができるからです。

【4】古典派の貨幣市場

先ほど説明したように，古典派は価格調整力を前提としていますので，貨幣供給量（M）を2倍にしてもすべての財の価格が2倍となり物価（P）が2倍になるだけで，相対価格は変化せず実物経済には何ら影響を与えないと考えます（貨幣ベール観）。

ですから，投資に影響を与え（実質）GDP（国民所得）を左右する利子率は貨幣には関係がありません。GDPは貨幣とは関係なく実物の世界で決まります。価格が伸縮的ですから，実物の世界における需要と供給は必ず等しく，（実質）GDPは常に完全雇用GDPとなっています。このように，貨幣は実物経済に影響を与えないという考えを貨幣ベール観といいますが，これは，**貨幣の世界と実物の世界は別のものでお互いに影響し合わないと区別するので，古典派の2分法**ともいいます。

➡ 貨幣ベール観

➡ 古典派の2分法

では，古典派は貨幣市場をどのように考えたかを説明しましょう。古典派も貨幣供給量は，実質貨幣供給量 $\frac{M}{P}$ と考えます。ただし，貨幣需要が違います。ケインズは貨幣需要 L＝取引需要 L_1＋資産需要 L_2 と考えましたが，古典派は，資産需要 L_2 は考えず，取引需要 L_1 のみと考えます。取引需要 L_1 は，GDPが増加すると増えますので，$L_1 = kY$（$k>0$，k は定数）と表現できます。ですから，貨幣供給＝貨幣需要は，$\frac{M}{P} = kY$ と表現できます。

➡ 現金残高方程式，ケンブリッジ交換方程式

これを変形すると $M = kPY$ とも表せます。この $M = kPY$ という式は現金残高方程式あるいはケンブリッジ交換方程式と呼ばれます。

【5】古典派の金融政策の効果についての見解

「古典派は価格調整力を前提としていますので，貨幣供給量（M）を2倍にしてもすべての財の価格が2倍となり物価（P）が2倍になるだけで，相対価格は変化せず実物経済には何ら影響を与えないと考えます（貨幣ベール観）」といいましたが，これを $M = kPY$ で考えましょう。

k は定数で一定です。（実質）GDP（Y）は実物経済で**常に完全雇用**GDPになっているのでやはり一定です。**すると，M を増加すると，P だけが上昇する**ことがわかります。これを古典派の**貨幣数量説**といいます。

➡ 貨幣数量説

```
<古典派の貨幣数量説>
  M↑ =  k  P↑ Y   ←現金残高方程式（ケンブリッジ交換方程式）
         ↑    ↑
       定数（一定） 完全雇用GDP（一定）
```

●図表4－43●
貨幣数量説（古典派）

　以上のように，古典派の考えでは，貨幣市場で決まるのは利子率ではなく，物価水準のみということになります。

2　古典派とケインズ派の利子論・貨幣論

　古典派とケインズ派の利子論は，どちらが正しいのでしょうか。評価の基準は，どちらが現実経済をよく説明できるかです。**両者の違いは，物価を伸縮的と考えるかどうかという点と，貨幣需要を取引需要だけと考えるか，資産需要も考えるかという点，そして，フローで考えるかストックで考えるかという点です。**

　現実経済を見ると，物価は数年という短期ではそれほど変化しませんが，十年くらいの長期で見ればかなり変動します。物価という点では，短期ではケインズ，長期では古典派の方が現実妥当性がありそうです。

　次に貨幣需要について考えましょう。貨幣は取引のために需要されるだけではなく，債券のような価格の上下する金融商品が値下がりしそうなときにも需要しますので，資産需要もあるようです。

　実際，資産運用の専門家は，積極的にリスクを取ってもうけようとする債券や株式などの資産と，安全確実な金融資産（＝貨幣）の比率を機動的に操作しています。ですから，取引需要だけではなく，資産需要をも考慮したケインズの考えの方が現実経済をより説得的に説明できそうです。しかし，そのようなマネーゲームによる貨幣需要の変動が終了するような長期においては，貨幣市場において資産需要の変動は完了しているので，取引需要だけを考えるという古典派の考え方をとることもできます。

　以上より，古典派とケインズ派のどちらかが正しいというよりも，数年という短期であればケインズ派の考え方が現実妥当性があり，長期であれば，古典派の考えの方が現実妥当性がありそうです。

　それでは，ケインズと古典派の考えの違いを表に整理しておきましょう。

	古典派	ケインズ派
財市場	利子率が決まる （貯蓄＝投資） フロー	国民所得が決まる
貨幣市場	物価水準が決まる （実物経済には影響しない）	利子率が決まる （実物経済に影響しうる） ストック（資産需要L_2）

●図表4－44●
古典派とケインズ派の違い

● マクロ編／第Ⅳ部　資産市場の分析（利子率の決定）

第Ⅳ部の確認テスト

　確認テストは，答えが合っていたかどうかということよりも，確実に理解することが重要ですから，以下の手順で行ってください。

> 1．まず，問題を解いてください。
> 2．わからない部分，あるいは自信がない部分の本文を参照して復習してください。
> 3．答えをチェックしてください。（→P245）
> 4．間違いがあれば，本文を参照し，なぜ間違えたかをチェックしてください。
> 5．間違えた部分を本文の余白に記入しておき，次回以降は間違えないようにしてください。こうしておけばこの本があなたのサブノートになります。

【要約問題】

1．マクロ経済では大きく（①　　）市場，（②　　）市場，（③　　）市場の3つの市場がありますが，（④　　）の考案した流動性選好理論では（②　　）だけを分析し，（⑤　　）と（⑥　　）を一定と仮定することによって，（①　　）（③　　）の市場は分析しません。この理論では利子率とは（⑦　　）という便利な特徴を持つ貨幣を一定期間手放すことへの対価と考え，（②　　）市場における（⑧　　）と（⑨　　）によって決定されるとします。そして，中央銀行が貨幣供給量を増加させれば，貨幣市場が（⑩　　）となるので，貨幣市場における価格である利子率が（⑪　　）し，利子率の（⑪　　）は右下がりの投資曲線の下では投資を（⑫　　）させる結果，有効需要を（⑫　　）させ，国民所得を（⑫　　）させます。逆に，中央銀行が貨幣供給量を削減すれば，貨幣市場が（⑬　　）となるので，貨幣市場における価格である利子率は（⑭　　）し，利子率の（⑭　　）は右下がりの投資曲線の下では投資を（⑮　　）させる結果，有効需要を（⑮　　）させ，国民所得を（⑮　　）させます。

2．貨幣とは（⑯　　）機能，（⑰　　）機能，（⑱　　）機能の3つの機能を持つものであり，実際には，（⑲　　）と（⑳　　）を貨幣とするM₁，さらに（㉑　　）をM₁に加えたM₂，さらに（㉒　　）をM₂に加えた（㉓　　）などがあります。これらのうち（㉓　　）を貨幣とするのが最も一般的ですが，銀行預金から（㉔　　）などへの大量の預け替えが発生すると統計上の貨幣量が大きく変化してしまうという問題点があり，（㉓　　）に（㉔　　）などを加えた（㉕　　）という指標も注目されています。

3．ケインズによれば，貨幣需要の動機には（㉖　）動機，（㉗　）動機，（㉘　）動機の3つがあります。（㉖　）動機および（㉗　）動機は（㉙　）の増加関数ですのでひとまとめにして貨幣の取引需要（L_1)とも呼ばれます。

一方，（㉘　）動機は（㉚　）の減少関数で資産需要（L_2)と呼ばれます。将来の予想（㉛　）が変わらないという仮定の下で（㉚　）が下落すると，（㉛　）が上昇し，しかも将来の予想（㉛　）は変わらないので，（㉛　）は（㉜　）すると予想されます。ですから，（㉛　）が（㉜　）する前に債券を売却し（㉝　）需要を増加させます。（㉝　）をもっていても大きく値上がりして利益を得ることはできませんが，価値が安定しており値下がりして損をすることはないのでとりあえず安全な資産で持っておこうということです。このようにして（㉚　）の下落は（㉝　）需要の増加を導くという関係がわかります。

4．ケインズの投資の（㉞　）理論によれば，（㉞　）が（㉟　）を上回れば投資を実行し，下回れば実行しないということになります。したがって，（㉟　）が下落すれば（㉟　）を上回る（㉞　）の投資プロジェクトが増加するので投資は増加するはずです。ここに，（㉟　）が下落すれば投資が増加するという関係がわかります。このような（㉟　）と投資の関係を（㊱　）と呼び，それをグラフ化したものを（㊲　）と呼び，（㊳　）下がりの曲線となります。また，（㉞　）は企業家の将来に対する直観に大きな影響を受け，ケインズはこの直観を（㊴　）と呼びました。

5．中央銀行とは（㊵　）銀行，（㊶　）の銀行，（㊷　）の銀行という3つの機能を持った銀行です。（㊵　）銀行であることから貨幣量の調整によって経済を安定化させるという（㊸　）を政府から独立して行います。（㊶　）の銀行であることから（㊶　）の健全性をチェックし健全な金融システムを維持する役割も持ちます。

6．中央銀行は貨幣量を調整するといっても直接コントロールできるのは（㊹　）と（㊺　）から構成される（㊻　）だけです。この（㊻　）は市中銀行の貸出と（㊼　）を繰り返すことによって（㊼　）を創造します。貨幣は現金だけではなく（㊼　）も含みますから，中央銀行は少額の（㊻　）を供給すれば，（㊼　）創造によって多額の貨幣を供給することができます。ということは，平成不況時の日本のように，市中銀行が貸し渋りを行うと，貸出と（㊼　）の連鎖が断たれてしまい（㊼　）創造が円滑に行われなくなります。その結果，中央銀行が（㊻　）を大量に供給しても貨幣供給量は増加しないということが起こります。なお，（㊻　）の何倍貨幣供給させるかを（㊽　）

と呼び，現金・預金比率をcc,支払い準備率をreとすると（㊾　　）という数式で表すことができ，平成不況下の貸し渋りの時期には（㊽　　）は（㊿　　）していました。

7．金融政策の手段としては（(51)　　），（(52)　　），（(53)　　），（(54)　　）の4つがあります。（(51)　　）は国債などの売買によってハイパワード・マネーの量を調整するもので最も一般的な手段です。（(52)　　）は日本銀行から市中銀行への（(52)　　）を調整することによってハイパワード・マネーの量を調整します。これに対して，（(53)　　）はハイパワード・マネーではなく，貨幣乗数を変化させて貨幣供給量を調整します。（(54)　　）は（(55)　　）時代には非常に大きな効果を持っていましたが，自由金利時代の現在では実際の効果は少なく，日本銀行の金融政策の方向性を示す（(56)　　）があるといわれます。

8．中央銀行は，不況期には貨幣供給量を増加させることによって（(57)）を低下させて（(58)　　）を増やすことによって有効需要を増加させます。このプロセスを詳細に分析すると，まず，中央銀行は貨幣供給量を増加させるためにハイパワード・マネーか貨幣乗数を増加させる必要があります。国債などを（(59)　　）しハイパワード・マネーを増加させることを（(60)　　）のなかでも特に（(61)　　）といいます。他に（(62)　　）を増加させることによってもハイパワード・マネーを増加させることができます。貨幣乗数については（(63)　　）を切り下げることによって貨幣乗数を大きくすることができます。貨幣供給量を増加させることができれば，利子率が低下し，投資が増加し有効需要が増加するのです。

しかし，現実には，銀行の貸し渋りなどによって貨幣乗数が低下し，思うように貨幣供給量を増加させることができない可能性もあります。また，貨幣供給量を増加させることができたとしても（(64)　　），すなわち，貨幣需要の利子弾力性が（(65)　　）の状態であれば利子率を下落させることはできません。さらに，利子率が下落したとしても，（(66)　　）の状態であれば投資は増加しません。

9．（(67)　　）は貨幣市場において利子率が決まるので，貨幣は利子率を通じて投資に影響を与え現実経済に影響を与えると考えます。これに対し，古典派は貨幣は現実経済にまったく影響せず，（(68)　　）を決定するだけだと考えます。このような考えを（(69)　　）あるいは（(70)　　）と呼びます。古典派においては投資に影響を与える利子率は貨幣市場ではなく，（(71)　　）と（(72)　　），すなわち，（(73)　　）市場において決まるのです。

古典派の貨幣市場はケンブリッジ交換方程式によって（(74)　　）と表わされ，（(75)　　）と（(76)　　）は一定のため（(77)　　）が変化すると比例的に（(78)　　）が変化することになります。このような考えを（(79)　　）

説といい，この説によれば貨幣市場とは（㉘　　）が決定されることになります。

【実戦問題1】

日本銀行に関する記述として妥当なのはどれか。

1. 日本銀行は，市中金融機関と取引を行う「銀行の銀行」であるとともに国庫金の出納を取り扱う国営銀行であり，職員は国家公務員である。
2. 日本銀行は，日本国紙幣の発行権限を唯一有している政府機関であり，この発行紙幣量の増減が直接的・効果的な，かつ唯一の日本銀行の金融政策の手段である。
3. 日本銀行の行う公開市場操作は，日本銀行が国債を市場に売却することにより金融市場の資金量を調整するものであるが，逆に日本銀行が市場から国債を購入することはできないとされている。
4. 日本銀行の行う公定歩合操作は，日本銀行の意思決定機関である日本銀行政策委員会の権限とされており，制度上，政府の了解を得ることは必要とされていない。
5. 市中銀行は，その預金の一定割合（準備率）を日本銀行に支払準備金として預け入れることとされており，この準備率の変更は閣議での決定が必要とされている。

（国税専門官）

【実戦問題2】

ある経済において，公衆保有の現金通貨量を C，預金通貨量を D，銀行の支払準備通貨量を R とする。現金・預金比率 $\left(\frac{C}{D}\right)=0.08$，準備金・預金比率 $\left(\frac{R}{D}\right)=0.02$ であり，いずれも常に一定とした場合，中央銀行がハイパワード・マネーを1兆円増加させたときのマネーサプライの増加量として，正しいのはどれか。

1. 1兆円
2. 4兆円
3. 10.8兆円
4. 12.8兆円
5. 54兆円

（地方公務員上級）

第V部 財市場と資産市場の同時分析

LIVE講義

貨幣市場

互いに影響し合う

財市場

〈第Ⅴ部の構成〉

第14章◆財市場・資産市場の同時分析への準備

第15章◆財市場の分析──*IS*曲線
1　*IS*曲線の定義および導出
2　*IS*曲線の特殊ケース
3　財政政策（政府支出）の効果

第16章◆貨幣市場の分析──*LM*曲線
1　*LM*曲線の定義および導出
2　*LM*曲線の特殊ケース
3　金融政策の効果

第17章◆財市場と貨幣市場の同時均衡
1　財市場と貨幣市場の同時均衡
2　財政政策の効果
3　金融政策の効果

この第Ⅴ部では，財市場と貨幣市場を同時に分析する。

財市場は45度線分析により，財の総需要と総供給が等しくなるように国民所得が決定された。

また貨幣市場では，貨幣の需要と供給が等しくなるように利子率が決定されると考えた。

国民所得の決定はケインズの有効需要の原理に基づいており，利子率の決定はケインズの流動性選好理論に基づく。

このように，ともにケインズの考え方を前提として，財と貨幣の両市場を同時に分析していく。

財市場と貨幣市場の同時分析とは，国民所得と利子率を両方変動するものとして扱うことだ。

つまり，グラフでいえば，横軸と縦軸に，それぞれ国民所得と利子率をとる。この分析方法を*IS-LM*分析といい，マクロ経済学での最重要事項なので，しっかりと理解しよう。

●マクロ編／第Ⅴ部　財市場と資産市場の同時分析

第14章 財市場・資産市場の同時分析への準備

🏠 **出題傾向・重要性** 🏠

IS-LM分析に際して，物価一定，閉鎖経済という単純化のための仮定は非常に重要です。択一試験で問われることは稀ですが，論文試験はこの２つの仮定を書き忘れると減点となってしまいますから注意が必要です。

　この部では財市場と資産市場（貨幣市場）を同時に分析します。

　資産市場には，貨幣市場と債券市場があるのですが，すでに前回の第Ⅳ部より，貨幣市場が均衡していれば，債券市場は表裏一体で必ず均衡するので分析する必要はないのです。したがって，この部では，財市場と貨幣市場を同時に分析しますが，実は，債券市場もわかるので，正確には，財市場，貨幣市場，債券市場の同時分析なのです。

　なお，ここでは，生産要素市場（労働市場）は考慮しないので，生産要素市場との関係で決まる物価は一定と仮定します。また，現実には，海外との関係，具体的には，貿易（国境を越える財の移動）や国際資本移動（国境を越える資金の移動）などがある（これを開放経済とか，開放体系といいます）のですが，これらを考えると為替レートや外国の利子率なども検討しなくてはならず，複雑となってしまいますので，とりあえず，海外との関係はない世界（これを閉鎖経済とか閉鎖体系といいます）を仮定します。

開放経済➡
開放体系➡
閉鎖経済➡
閉鎖体系➡

●図表５−１●
*IS-LM*分析の位置づけ

財市場
　第Ⅲ部　45度線分析

貨幣市場　｝資産市場
債券市場　　（第Ⅳ部）

労働市場

財市場と資産市場の同時分析
第Ⅴ部　*IS-LM*分析（今回）

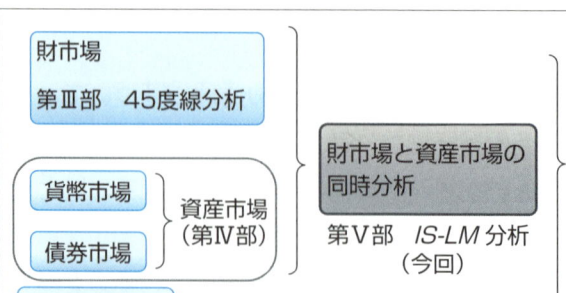

財市場・資産市場・生産要素市場の同時分析
*AD-AS*分析
（〈Ⅲ〉上級マクロ編）

＊労働市場と*AD-AS*分析は〈Ⅲ〉上級マクロ編で説明します。
＊〈Ⅰ〉マクロ編では，この部の*IS-LM*分析の理解がマクロ経済学の最終的目標となります。

第14章 財市場・資産市場の同時分析への準備

仮定1	物価一定←生産要素市場は考慮しない

仮定2	閉鎖経済←外国為替レート・外国の利子率などは考えない ←海外部門は考慮しない

　以上のように，*IS-LM*分析は，財市場と貨幣市場を同時に分析する方法です。ということは，財市場で決まる国民所得（GDP：Y）と貨幣市場で決まる利子率（r）が同時に動くことを分析することになります。

　私たちは，動く数を縦軸と横軸に表さないと数と数の関係（関数）がわかりません。したがって，ここでは，国民所得（GDP：Y）と利子率（r）が同時に動くので，この2つを縦軸，横軸にとることになります。通常，横軸に国民所得（GDP：Y），縦軸に利子率（r）をとります。そして，横軸に国民所得（GDP：Y），縦軸に利子率（r）をとったグラフに財市場と貨幣市場を同時に考えていくのです。横軸に国民所得（GDP：Y），縦軸に利子率（r）をとったグラフに，財市場の均衡する状態を表した*IS*曲線，貨幣市場の均衡する状態を表した*LM*曲線を描きます。そして，*IS*曲線と*LM*曲線の交点Eが，*IS*曲線上にあり，かつ*LM*曲線上にもある点なので財市場と貨幣市場が同時に均衡する点（Y_e, r_e）だと分析します。

　なお，**IS-LM分析はヒックスがケインズ理論をわかりやすく説明するために考案**したものです。専門家の間で，ヒックスの*IS-LM*分析はケインズ理論の本質を説明していないと批判する意見もあるので，*IS-LM*分析も45度線分析と同じくケインズ自身ではなくケインズ派の理論であることに注意しておきましょう。

←ヒックス

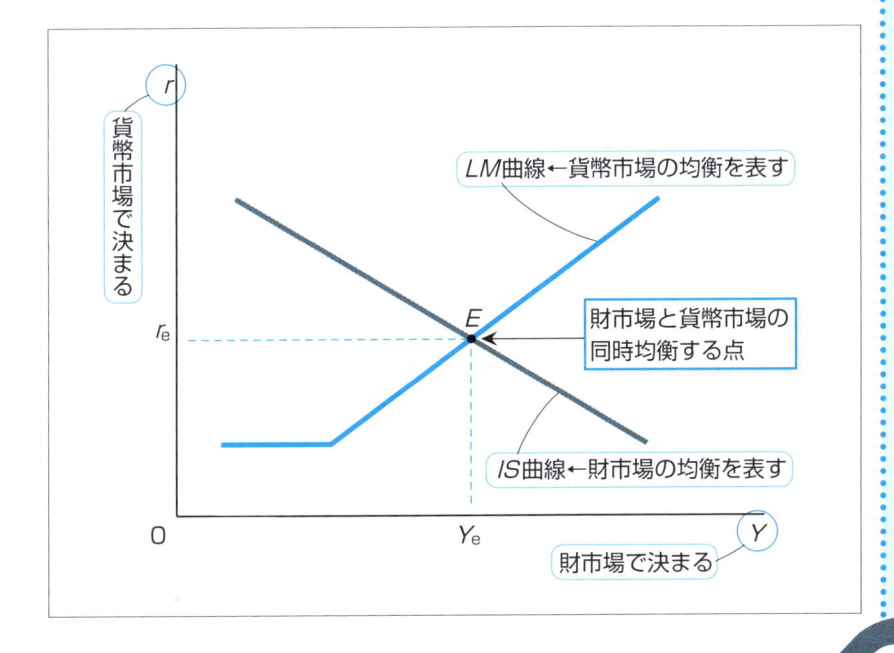

●図表5−2●
*IS-LM*分析の基本的な考え方

●マクロ編／第Ⅴ部　財市場と資産市場の同時分析

第15章 財市場の分析——IS曲線

🔔 *出題傾向・重要性* 🔔

*IS*曲線は最頻出である*IS-LM*分析の主要部分としてきわめて重要です。択一試験においては*IS*曲線が右下がりや垂直となるケースがどの様な状態なのかが問われます。論文試験では，*IS-LM*分析の問題の中で，小問として「*IS*曲線を導きなさい」という出題がなされます。

1　IS曲線の定義および導出

まず，財市場の均衡を考えます。すでに第Ⅲ部では45度線分析を用いて，財市場における総需要と総供給の等しくなる国民所得の決定を分析しました。45度線分析では，財市場のみで貨幣市場は考えなかったので，貨幣市場で決まる利子率は一定と仮定しました。

しかし，今回は，貨幣市場も同時分析するので，利子率を一定とせず，利子率の変動も扱わなくてはなりません。そこで，利子率が変化するにつれて，財市場の均衡する国民所得がどのように決まるのかを考えます。

利子率が下落すると投資が増えることについては，すでにケインズの投資の限界効率理論で勉強しました。したがって，45度線分析と投資の限界効率理論を用いることにより，利子率が下落すると投資が増加し，投資の増加は総需要の増加となり，国民所得を増やすとわかります。

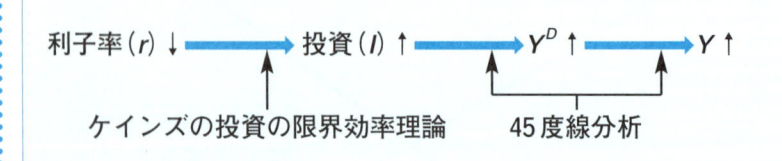

利子率(r)↓ ────→ 投資(I)↑ ────→ Y^D↑ ────→ Y↑
　　　　　　　　↑　　　　　　　　　↑　　　　　　　↑
　　　　　ケインズの投資の限界効率理論　　　　45度線分析

それでは，利子率の変動により，財市場が均衡する国民所得がどうなるかを，ケインズの投資の限界効率理論と45度線分析の図を用いて説明します。

右上の図表5－4はケインズの限界効率曲線に基づく投資曲線です。右下がりとなっているのは，利子率が下落すると投資が増加することを意味しています。また，下の図表5－5は，第Ⅲ部で勉強した45度線分析の図です。

はじめに，利子率（r）がr_aであるとします。このとき，図表5－4より

第15章　財市場の分析──IS曲線

投資（I）はI_aの量です。すると，**図表5－5**において，$Y^D = C + I$なので，$Y^D_a = C + I_a$となり，**図表5－5**にY^D_a曲線を描くことができます。そして，財市場の均衡する，すなわち，$Y^D_a = Y^S$となる国民所得は，**図表5－5**の点Aの国民所得Y_aとなります。ということは，r_aとY_aは，財市場を均衡させるYとrの組み合わせであり，左上の**図表5－3**の点A（Y_a, r_a）は財市場の均衡する点です。

次に，利子率がr_bに下落したとします。このとき，**図表5－4**より投資（I）はI_bの量へ増加します。すると，**図表5－5**において，$Y^D = C + I$なので，$Y^D_b = C + I_b$となり，新しい総需要曲線Y^D_b曲線を描くことができます。そして，財市場の均衡する，すなわち，$Y^D_b = Y^S$となる国民所得は，**図表5－5**の点Bの国民所得Y_bとなります。ということは，r_bとY_bも，財市場を均衡させるYとrの組み合わせであり，**図表5－3**の点B（Y_b, r_b）も財市場

〈右下がりの IS 曲線の求め方〉

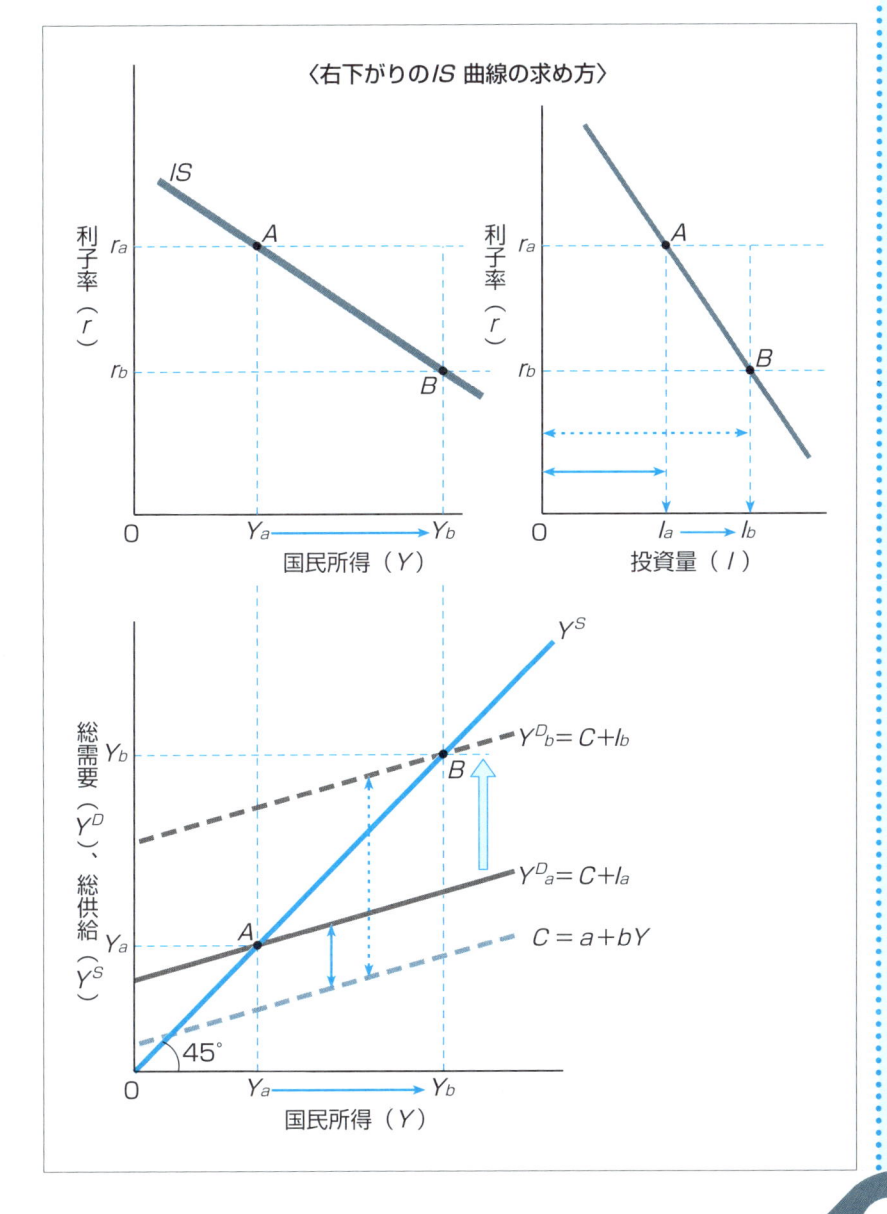

●図表5－3●（左図）
IS曲線（右下がり）

●図表5－4●（右図）
投資曲線（右下がり）

●図表5－5●
45度線分析

209

●マクロ編／第Ⅴ部　財市場と資産市場の同時分析

の均衡する点です。

　以上より，財市場を均衡させる Y と r の組み合わせの軌跡は**図表5－3**の点Aと点Bを結んだ IS となり，右下がりの曲線となります。この**財市場を均衡させるYとrの組み合わせの集合を IS 曲線**と呼びます。なぜ，IS 曲線というかというと，財市場において，I（投資）＝S（貯蓄）のときには，左辺，右辺に消費（C）を足すと，$C+I=C+S$ となっており，これは，$Y^D=Y^S$ に他ならないからです。もちろん，IS 曲線上の点であれば，A，B以外の点でも，財市場は均衡していることになります。

IS曲線➡

〈右下がりの IS 曲線の求め方（簡便法）〉

　財市場の均衡している点から下に移動すると，通常は，利子率が下がり投資が増え，超過需要となり，企業は超過需要がなくなるまで生産を増やす結果，国民所得が増加し，右に移動するので，IS 曲線は右下がりとなります。なお，国民所得が増えれば超過需要が解消するのは，総供給 $Y^S \equiv$ 国民所得 Y（常に等しい）という関係があるからです。この簡便法を，**図表5－6**に整理しておきましょう。

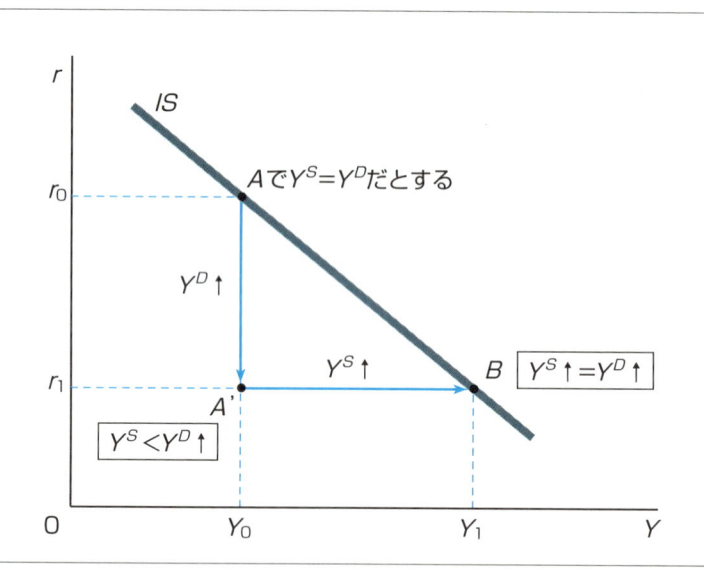

●図表5－6●
右下がりの IS 曲線の求め方（簡便法）

当初，Aで財市場が均衡していた（$Y^S=Y^D$）とする

⬇

A′は利子率が下落し投資が増加するので，需要（$Y^D\uparrow$）が増加し，超過需要。$Y^S<Y^D\uparrow$

⬇

財市場が均衡するためには，A′から供給（Y^S）が増えればよい。$Y^S=Y$ なので，右にBへ移動すれば，Y（$=Y^S$）が増加し，再び財市場は均衡する

⬇

財市場が均衡する点，A，Bと結んだ IS 曲線は右下がり

第15章　財市場の分析——IS曲線

IS曲線とは，財市場を均衡させる Y と r の組み合わせの集合

通常は，$\boxed{r\downarrow} \longrightarrow I\uparrow \longrightarrow Y^D\uparrow \longrightarrow$ 超過需要になってしまう

$\longrightarrow Y^S \equiv \boxed{Y\uparrow}$ で均衡するので，右下がり

右下がりの投資曲線

2　IS曲線の特殊ケース

ところが，不況期には，企業家が先行きに自信がもてず，何をやっても も

〈垂直な IS 曲線の求め方〉

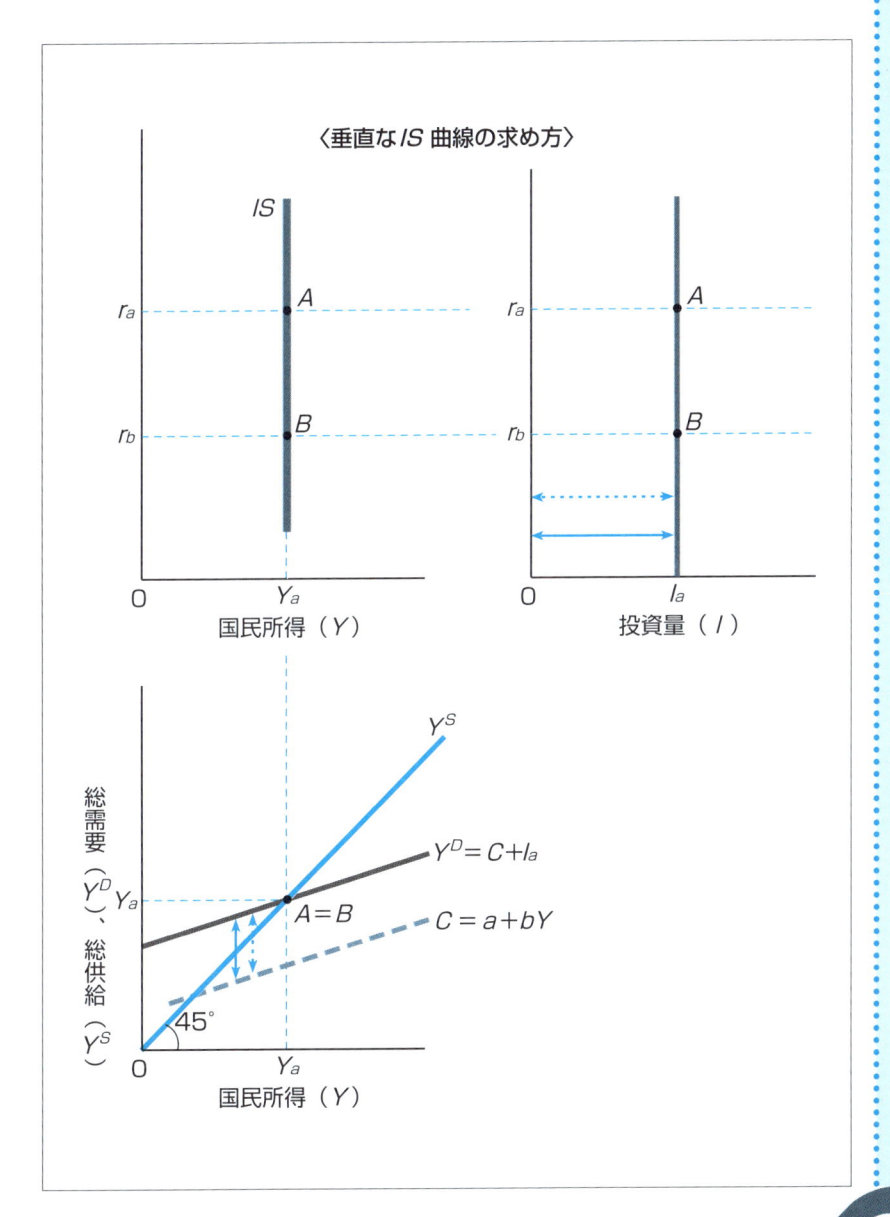

●図表 5 − 7●（左図）
IS曲線（垂直）

●図表 5 − 8●（右図）
投資曲線（垂直）

●図表 5 − 9●
45度線分析

●マクロ編／第Ⅴ部　財市場と資産市場の同時分析

うからないだろう，つまり，投資限界効率はゼロかマイナスと考え，利子率が50％であろうが，0％であろうが，利子率に関わらず，必要最小限の投資以外は行わない状況が生じる可能性があります。

これを投資曲線で表すと，**図表5－8**のように，必要最小限の投資量I_aで垂直になります。垂直とは，縦軸の利子率の変化に関わらず，横軸の投資量は一定ということです。利子率が変化しても，投資が反応しないので，「投資の利子感応度がゼロ」とか，「投資が利子非弾力的」なケースと呼びます。

このときのIS曲線（財市場を均衡させるYとrの組合わせの集合）を**図表5－7，8，9**を用いて考えます。

まず，利子率がr_aのときには，**図表5－8**の投資曲線より，投資はI_aとなります。すると，**図表5－9**において，$Y^D＝C＋I$なので，$Y^D＝C＋I_a$となり，Y^D曲線を描くことができます。

そして，財市場の均衡する，すなわち，$Y^D＝Y^S$となる国民所得は，**図表5－9**より，点Aの国民所得Y_aとなります。ということは，r_aとY_aは，財市場を均衡させるYとrの組み合わせであり，これを**図表5－7**に描くと点A（Y_a，r_a）となります。

次に，利子率がr_bに下落したとします。このとき，**図表5－8**より投資（I）はI_aで変化しません。すると，**図表5－9**において，$Y^D＝C＋I$なので，$Y^D＝C＋I_a$のままとなり，総需要曲線Y^Dは変化せず，$Y^D＝Y^S$となる国民所得も点Aの国民所得Y_aで変化しません。ということは，r_bとY_aも，財市場を均衡させるYとrの組み合わせであり，**図表5－7**に描くと点B（Y_a，r_b）となります。

以上より，財市場を均衡させるYとrの組み合わせの軌跡であるIS曲線は点Aと点Bを結んだ**図表5－7**のISのように垂直になります。

〈垂直なIS曲線の求め方（簡便法）〉

投資が利子非弾力的な場合には，利子率が下落しても投資は変化しません。したがって，当初財市場が均衡していれば，その後利子率が下がっても投資が増えないので，やはり財市場は均衡しており，均衡するために総供給が増え国民所得が増える必要はなく，IS曲線は垂直となります。この簡便法を，**図表5－10**に整理しておきましょう。

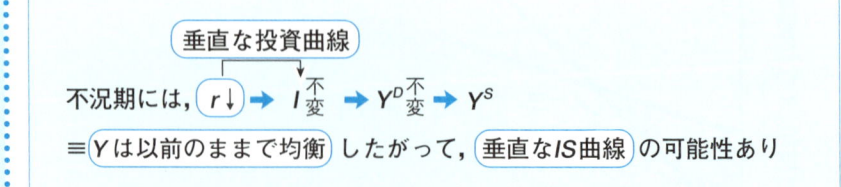

不況期には，$r↓$　→　I不変　→　Y^D不変　→　Y^S
（垂直な投資曲線）
≡ Yは以前のままで均衡　したがって，垂直なIS曲線の可能性あり

投資曲線が右下がりであれば，IS曲線も右下がりとなり，投資曲線が垂直であれば，IS曲線も垂直となります。このことを**図表5－11**整理しておきましょう。

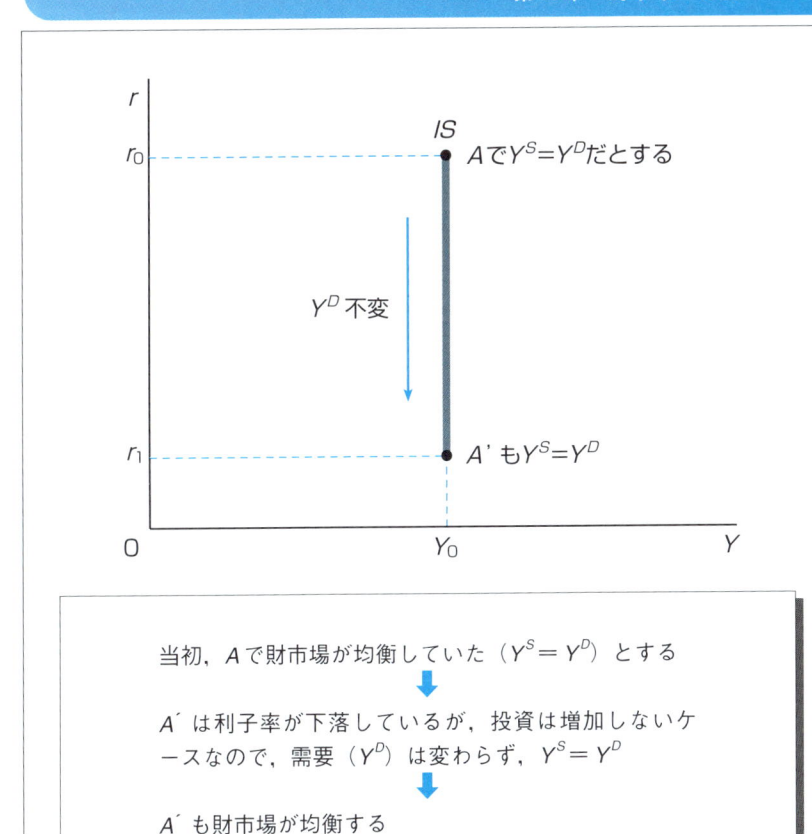

第15章 財市場の分析──IS曲線

```
   r
r₀ ┊─────────●IS  AでYˢ=Yᴰだとする
   ┊         │
   ┊         │ Yᴰ不変
   ┊         ↓
r₁ ┊─────────● A'もYˢ=Yᴰ
   ┊         ┊
  0└─────────┴──────── Y
            Y₀
```

当初，Aで財市場が均衡していた（$Y^S = Y^D$）とする
↓
A´は利子率が下落しているが，投資は増加しないケースなので，需要（Y^D）は変わらず，$Y^S = Y^D$
↓
A´も財市場が均衡する
↓
財市場が均衡する点，A，A´と結んだIS曲線は垂直

●図表5－10●
垂直なIS曲線の求め方（簡便法）

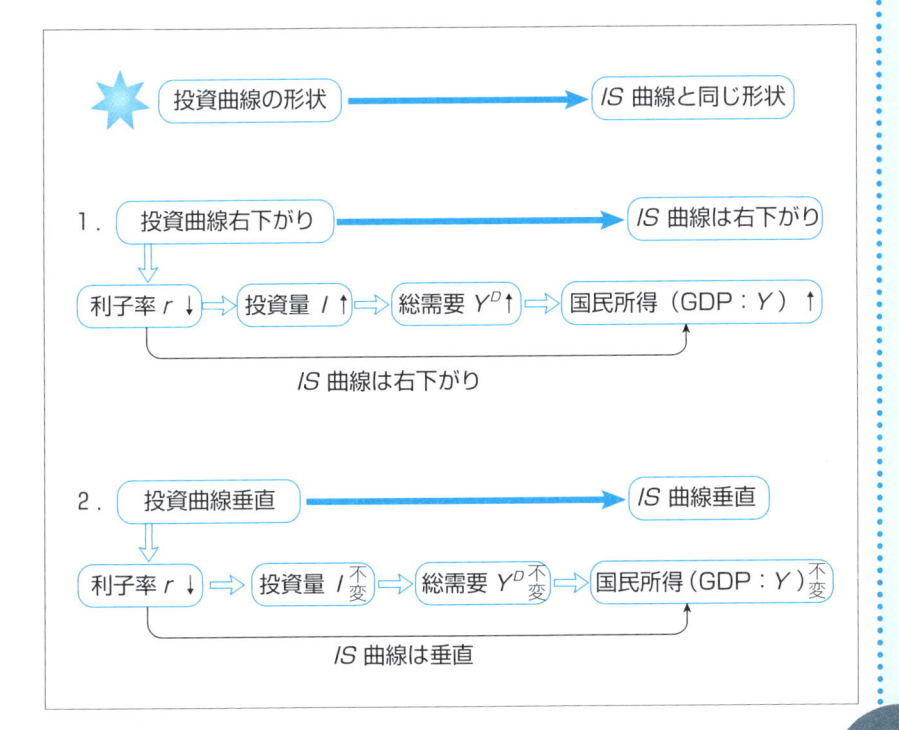

★ 投資曲線の形状 → IS曲線と同じ形状

1. 投資曲線右下がり → IS曲線は右下がり

利子率 r ↓ → 投資量 I ↑ → 総需要 Y^D ↑ → 国民所得（GDP：Y）↑

IS曲線は右下がり

2. 投資曲線垂直 → IS曲線垂直

利子率 r ↓ → 投資量 I 不変 → 総需要 Y^D 不変 → 国民所得（GDP：Y）不変

IS曲線は垂直

●図表5－11●
IS曲線の傾き（まとめ）

3 財政政策（政府支出）の効果

【1】投資曲線が右下がりのケース

政府支出前は，利子率（r）がr_aのとき，図表5－13より投資（I）はI_aで，図表5－14より，総需要曲線はY_a^D曲線を描くことができます。そして，財市場の均衡する，すなわち，$Y_a^D = Y^S$となる国民所得は，図表5－14より，点Aの国民所得Y_aとなります。したがって，r_aとY_aは，財市場を均衡させるYとrの組み合わせです。これは，図表5－12の点A（Y_a, r_a）です。

同様に，利子率がr_bに下落したとき，図表5－13より投資（I）はI_b，図

〈政府支出によるIS曲線のシフト〉（投資曲線が右下がりのケース）

●図表5－12●（左図）
IS曲線（右下がり）

●図表5－13●（右図）
投資曲線（右下がり）

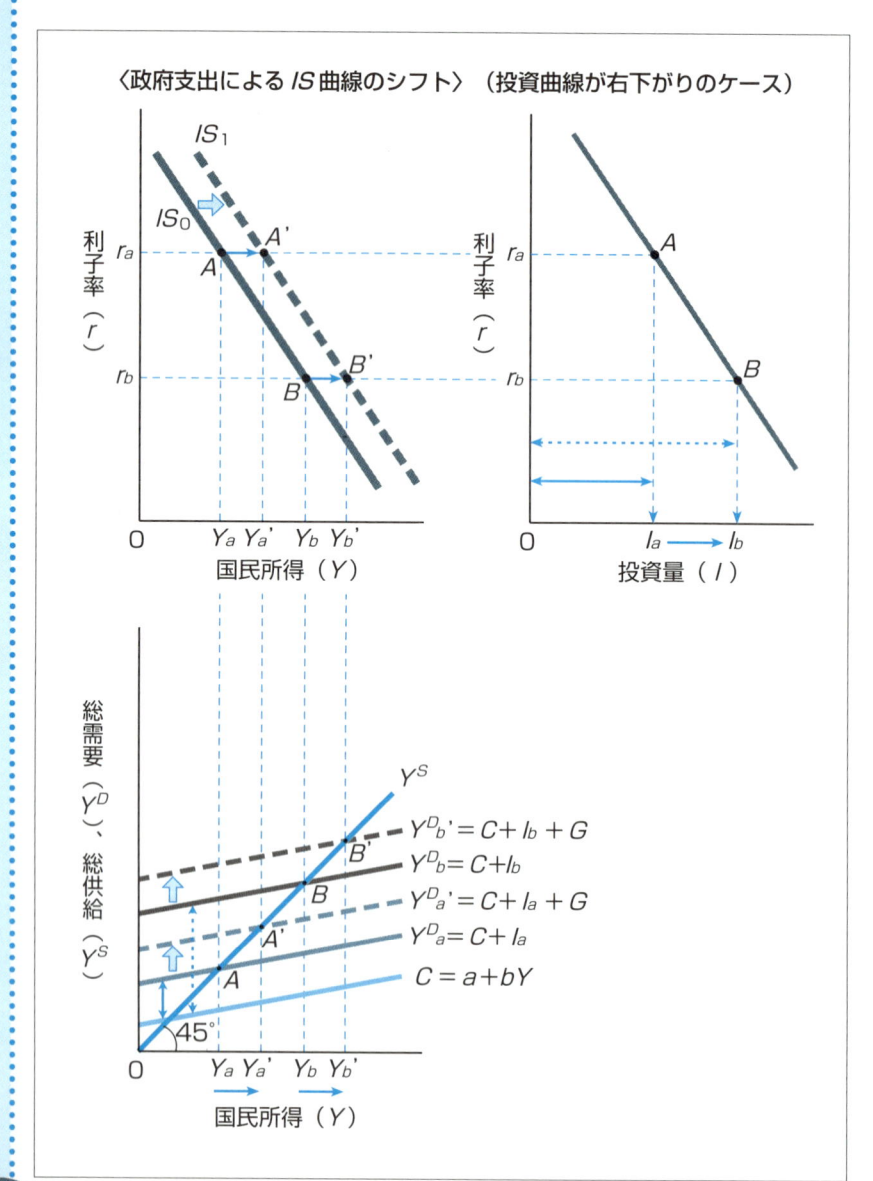

●図表5－14●
45度線分析

表5－14より、新しい総需要曲線はY^D_bとなり、財市場の均衡する国民所得は、図表5－14より点Bの国民所得Y_bとなります。したがって、r_bとY_bも、財市場を均衡させるYとrの組み合わせです。これは、図表5－12の点B(Y_b, r_b) です。IS曲線は、点Aと点Bを通る図表5－12のIS$_0$となります。

ここで政府支出を行うと、図表5－13の投資曲線には影響はなく、図表5－14の総需要曲線が政府支出Gだけ上にシフトします。利子率(r) がr_aのとき、総需要$Y^D = C + I_a + G$でY^D_aから$Y^{D\prime}_a$となり、財市場の均衡する国民所得は、図表5－14の点A'の国民所得Y'_aとなります。したがって、政策後の新しい財市場の均衡する組み合わせは点A'(Y'_a, r_a) となり、これは、

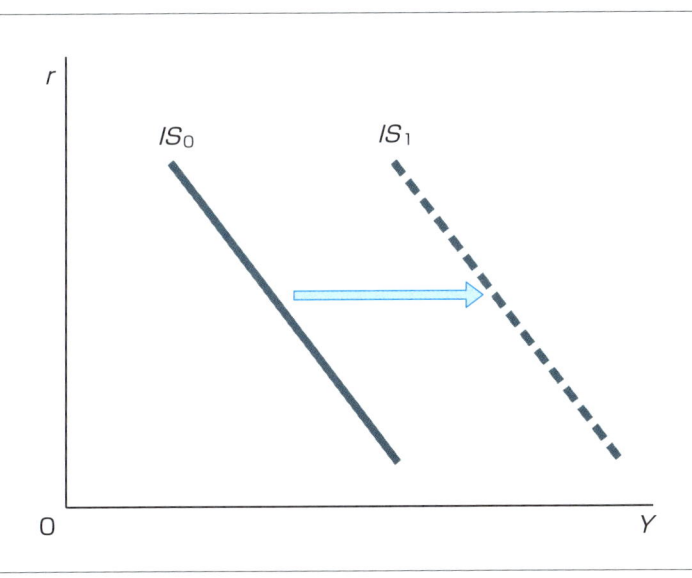

- 政府支出前に財市場が均衡（$Y^S = Y^D$）していたのが IS$_0$曲線とする
- 政府支出後には需要（Y^D）が増加し、IS$_0$曲線上の点はすべて超過需要になっている（$Y^S < Y^D\uparrow$）
- 政府支出後には、IS$_0$曲線はもはや財市場は均衡しておらず、IS曲線ではない
- IS$_0$は超過需要なので、財市場が均衡するためには、供給（Y^S）が増えればよい
- IS$_1$のように右に動けば、Yが増加し供給（Y^S）が増えるので、超過需要は解消し、再び財市場は均衡する（$Y^S = Y^D$）
- 政府支出後の財市場が均衡する点の集合であるIS曲線は、IS$_0$からIS$_1$と右にシフトする

●図表5－15●
財政政策（政府支出）の効果をIS曲線から直接考える（簡便法）

図表5－12でいえば点A'（Y_a', r_a）です。

また，利子率がr_bに下落したときにも，政府支出により，総需要曲線が政府支出Gだけ上にシフトし，総需要$Y^D = C + I_b + G$でY_b^Dから$Y_b^{D'}$となり，財市場の均衡する国民所得は，図表5－14の点B'の国民所得Y_b'となります。したがって，政策後の新しい財市場の均衡する組み合わせは点B'となり，これは，図表5－12の点B'（Y_b', r_b）です。したがって，図表5－12において，政策後の新しいIS曲線は，財市場の均衡する点A'と点B'を結んだIS_1となり，政府支出により，IS曲線は右シフトしたことがわかります。

〈政府支出の効果をIS曲線から直接考える（簡便法）〉

図表5－15のIS_0上の点は，政府支出前に財市場が均衡するYとrの組み合わせです。ということは，それらの点は，政府支出により総需要が増えると，すべて超過需要となっているはずです。ですから，IS_0は，政府支出後は超過需要であり，財市場は均衡しないYとrの組み合わせなので，政府支出後に財市場が均衡するIS曲線ではありません。そして，IS_0は超過需要ということは，総供給を増やせば，財市場は均衡するので，利子率は同じまま，つまり総需要は変えないで，国民所得を増やせばよいことになり，IS_0より右のIS_1が新しいIS曲線とわかります。

【2】投資曲線が垂直なケース

図表5－17より，政府支出前は，利子率（r）がr_aのとき，投資（I）はI_aで，図表5－18より，総需要曲線はY^D，そして，財市場の均衡する，すなわち，$Y^D = Y^S$となる国民所得は，点Aの国民所得Y_aとなります。

同様に，利子率がr_bに下落したとき，図表5－17より投資（I）はI_aと変わらず，図表5－18より，新しい総需要曲線はY^Dのままで，財市場の均衡する点は点Aのままで，国民所得はY_aとなります。したがって，r_bとY_aも，財市場を均衡させるYとrの組み合わせとわかり，IS曲線を図表5－16に描くと，点Aと点Bを結んだISのように垂直となります。

ここで政府支出を行うと，図表5－17の投資曲線には影響はなく，図表5－18の総需要曲線が政府支出Gだけ上にシフトします。

利子率（r）がr_aのとき，政府支出後の総需要$Y^{D'} = C + I_a + G$でY^Dから$Y^{D'}$となり，財市場の均衡する国民所得は，点A'の国民所得Y_a'となります。また，利子率がr_bに下落したときにも，政府支出により，総需要曲線が政府支出Gだけ上にシフトしますので，政府支出後の総需要$Y^{D'} = C + I_a + G$でY^Dから$Y^{D'}$となり，財市場の均衡する国民所得は，同様に，点A'の国民所得Y_a'となります。

利子率がr_aでもr_bでも点A'で財市場は均衡し，政府支出後に財市場の均衡するYとrの組み合わせは，（Y_a', r_a）と（Y_a', r_b）です。これらの点を図表5－16に描くと，点A'（Y_a', r_a），点B'（Y_a', r_b）となります。新しいIS曲線を図表5－16に描くと，これら点A'，B'を結んだIS'となり，政府支出に

より，IS 曲線は右シフトしたことがわかります。

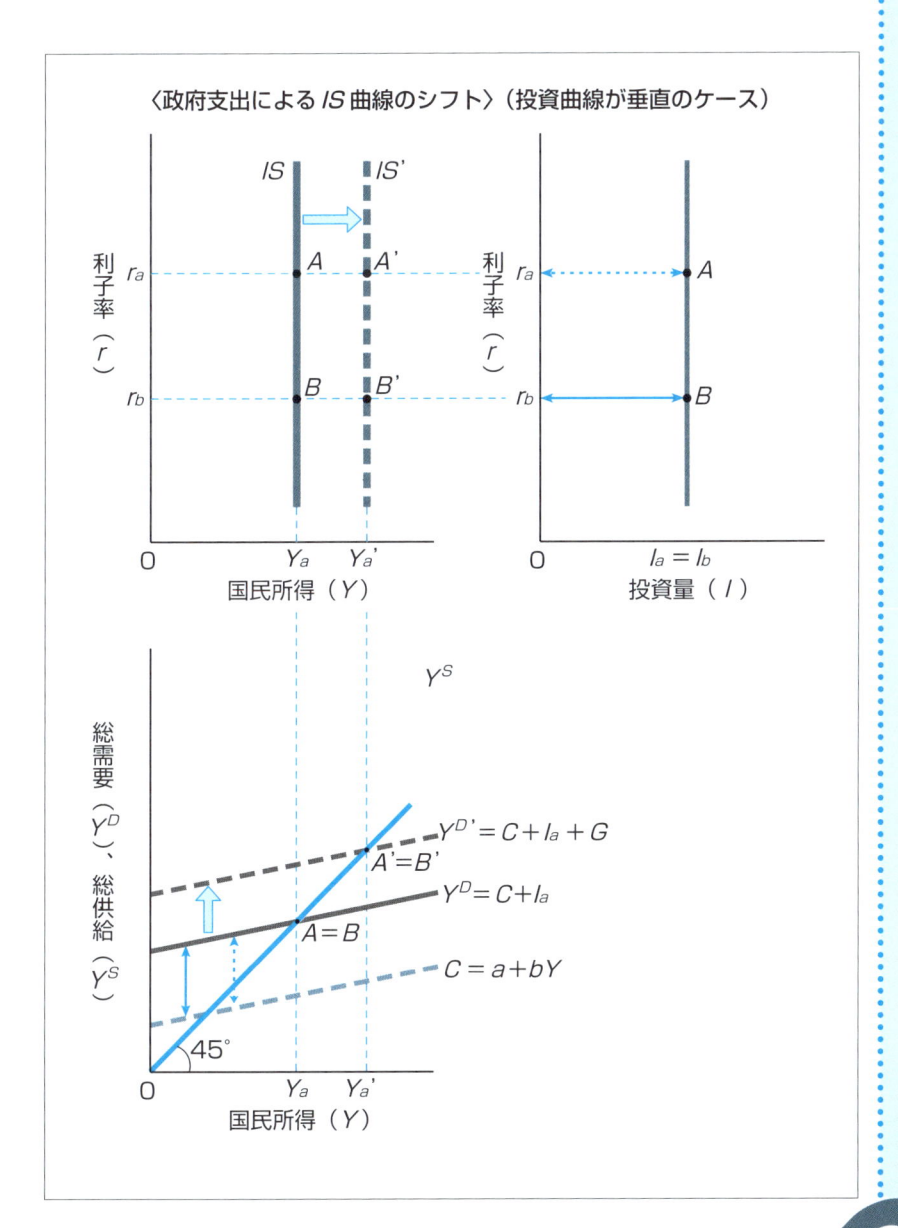

〈政府支出による IS 曲線のシフト〉（投資曲線が垂直のケース）

●図表 5 − 16● （左図）
IS 曲線（垂直）

●図表 5 − 17● （右図）
投資曲線（垂直）

●図表 5 − 18●
45 度線分析

●マクロ編／第Ⅴ部　財市場と資産市場の同時分析

＜政府支出の効果を IS 曲線から直接考える（簡便法）＞

図表5－19の IS_0 上の点は政府支出前に財市場が均衡しているので，政府支出により総需要が増えると，すべて超過需要の点となります。ですから，**図表5－19**の IS_0 は，政府支出後は超過需要であり，財市場は均衡しないので，政府支出後のIS曲線ではありません。IS_0 は超過需要なので，総供給を増やせば均衡するので，利子率は同じまま，つまり総需要は変えないで，国民所得を増やせばよいことになり，IS_0 より右の IS_1 が新しいIS曲線だとわかります。

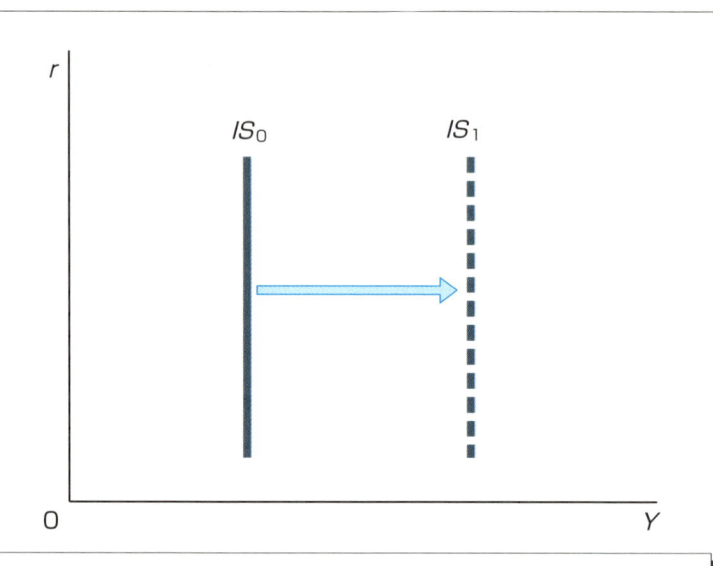

政府支出前に財市場が均衡（$Y^S = Y^D$）していたのが IS_0 曲線とする

⬇

政府支出後には需要（Y^D）が増加し，IS_0 曲線上の点は超過需要になっている（$Y^S < Y^D↑$）

⬇

政府支出後には，IS_0 曲線はもはや財市場は均衡しておらず，IS曲線ではない

⬇

IS_0 は超過需要なので，財市場が均衡するためには，供給（Y^S）が増えればよい

⬇

IS_1 と右に動けば，Yが増加し供給（Y^S）が増えるので，超過需要は解消し，再び財市場は均衡する（$Y^S = Y^D$）

⬇

政府支出後の財市場が均衡する点の集合であるIS曲線は，IS_0 から IS_1 と右にシフトする

政府支出により，IS曲線は右シフトする
（右下がりでも，垂直でも）

●図表5－19●
政府支出の効果を
IS曲線から直接考える

第16章 貨幣市場の分析——LM曲線

> 🔺 *出題傾向・重要性* 🔺
>
> LM曲線は最頻出である IS-LM 分析における重要な部分であり、きわめて重要です。択一試験においては LM 曲線が右上がりや水平であるケースがどのような状態なのかが問われます。論文試験では、IS-LM 分析の問題の中で、小問として「LM 曲線を導きなさい」という出題がなされます。LM曲線は IS 曲線より苦手とする受験生が多いので注意しましょう。

1 LM曲線の定義および導出

　次に、国民所得の変動により貨幣市場が均衡する利子率がどうなるかを、ケインズの流動性選好理論を用いて説明します。

　図表5−21は貨幣市場の需要と供給の図です。実質貨幣供給量 $\left(\frac{M}{P}\right)$ は、物価（P）は P_0 で一定、名目貨幣供給量（M）も中央銀行が M_0 と一定にコントロールと仮定すると、$\frac{M}{P}$ は利子率に関わらず一定ですから、垂直となります。

　一方、貨幣需要（L）のうち資産需要（L_2）は、利子率が下落すると債券価格が上昇し、割高な債券の需要が減り、貨幣需要（資産需要）が増えるので、右下がりとなります。ただし、利子率が最低水準 r_c のとき、債券価格が最高で、貨幣需要が無限大となりますので、水平となります（この点不明な方は第Ⅳ部を復習してください）。

　また、図表5−22は、国民所得が増えると取引需要が増加するということを表したものです。$Y=Y_a$ のときは取引需要（L_1）は L_{1a}、Y が増加し $Y=Y_b$ になると L_{1b} と増加します。合計の貨幣需要（L）は、L_1 と L_2 を足したものとなります。したがって、$Y=Y_a$ のときの貨幣需要（L）＝$L_1+L_2=L_{1a}+L_2$ となり、図表5−21では、L_2 を図表5−22で得られた L_{1a} だけ右にシフトさせた L_a となります。

　したがって、図表5−21の貨幣市場において、需要と供給の一致する点は点Aで、利子率は r_a に決まります。つまり、Y_a のときには、r_a であれば、貨幣市場は均衡するので、(Y_a, r_a) は貨幣市場の均衡する Y と r です。これ

●マクロ編／第Ⅴ部　財市場と資産市場の同時分析

は，**図表5－20**の点A（Y_a, r_a）です。

次に，国民所得がY_bに増加したとします。このとき，左下の**図表5－22**より取引需要はL_{1b}へ増加します。その結果，右上の**図表5－21**において，貨幣需要（L_b）＝L_{1b}＋L_2でL_bとなり，取引需要L_1が増加したので，L_aより右にシフトしL_bとなります。そして，貨幣需要（L_b）と貨幣供給（$\frac{M}{P}$）の一致する点は点Bとなり，利子率はr_bと上昇します。このr_bとY_bの組み合わせも，貨幣市場を均衡させるYとrの組み合わせです。これは，左上の**図表5－20**の点B（Y_b, r_b）です。

以上より，貨幣市場を均衡させるYとrの組み合わせの軌跡は**図表5－20**において，点Aと点Bを結んだLMのように右上がりの曲線となります。この**貨幣市場を均衡させるYとrの組み合わせの集合をLM曲線**と呼びます。

LM曲線➡

●図表5－20●（左図）
　LM曲線

●図表5－21●（右図）
　貨幣市場

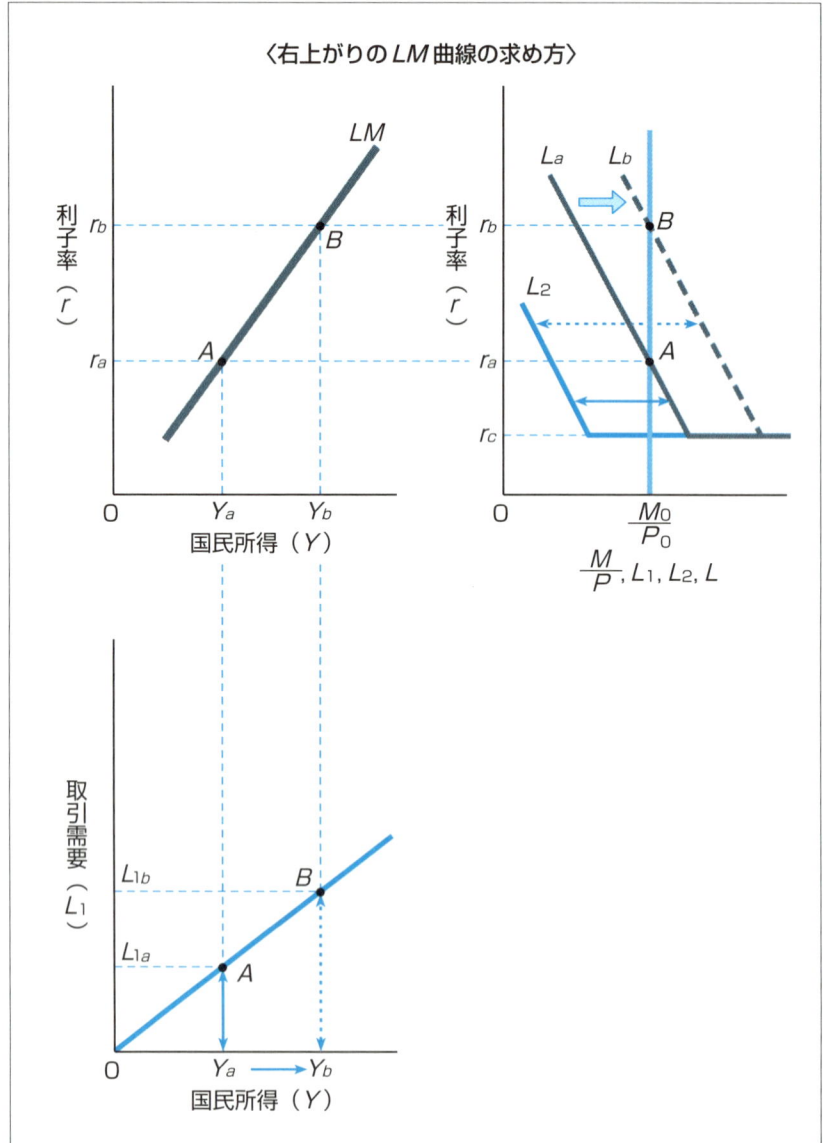

●図表5－22●
　取引需要（L_1）

〈右上がりのLM曲線の求め方〉

第16章　貨幣市場の分析──LM曲線

なぜ，LM曲線というかというと，Lが貨幣需要を意味し，Mが貨幣供給を意味し，貨幣需要＝貨幣供給となるという意味です。

〈右上がりのLM曲線の求め方（簡便法）〉

以上のように通常は，当初，貨幣市場が均衡する点から右に移動し国民所得が増加すると，取引需要（L_1）が増えて超過需要となるので，均衡するまで利子率が上昇するので，LM曲線は右上がりとなります。なお，利子率の上昇により貨幣市場が均衡するのは，利子率の上昇によって貨幣の資産需要（L_2）が減少するからです。この簡便法を，図表5－23に整理しておきましょう。

LM曲線とは，貨幣市場を均衡させるYとrの組み合わせの集合

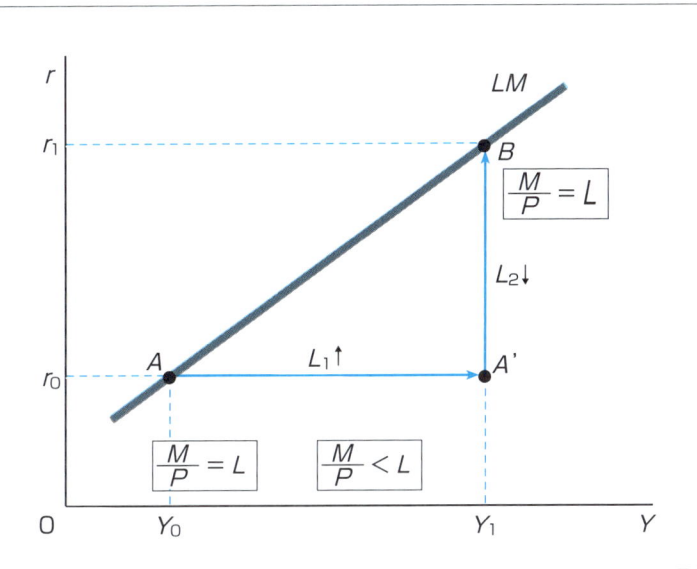

通常は，Y↑ ➡ L_1↑ ➡ 超過需要になってしまう ➡ r↑ ➡ L_2↓で均衡するので，右上がり

当初，Aで貨幣市場が均衡していた（$\frac{M}{P}=L$）とする

⬇

A´はYが増加し，取引需要（L_1）増加するので，貨幣需要（L↑）が増加し，超過需要（$\frac{M}{P}<L$）

⬇

貨幣市場が均衡するためには，A´から貨幣需要（L）が減少すればよい。上のBへ移動すれば，利子率が上昇し，資産需要（L_2）が減少し，再び貨幣市場は均衡

⬇

貨幣市場が均衡する点，A，Bと結んだLM曲線は右上がり

重要

●図表5－23●
右上がりのLM曲線の求め方（簡便法）

●マクロ編／第Ⅴ部　財市場と資産市場の同時分析

2　LM曲線の特殊ケース

　次に，不況期について考えましょう。不況期とは，国民所得（GDP）が少ない状態です。今，景気が悪くなり，国民所得が $Y_a \to Y_b \to Y_c \to Y_d$ と減少していったとしましょう。

　このとき，国民所得が減少すれば，貨幣市場においては，取引需要（L_1）が減少します。**図表5－26**では，国民所得が Y_a のとき取引需要は L_{1a}，Y_b のとき取引需要は L_{1b}，Y_c のとき取引需要は L_{1c}，Y_d のとき取引需要は L_{1d} と減少しています。取引需要が減少する結果，取引需要と資産需要の合計である貨幣需要も減少します。

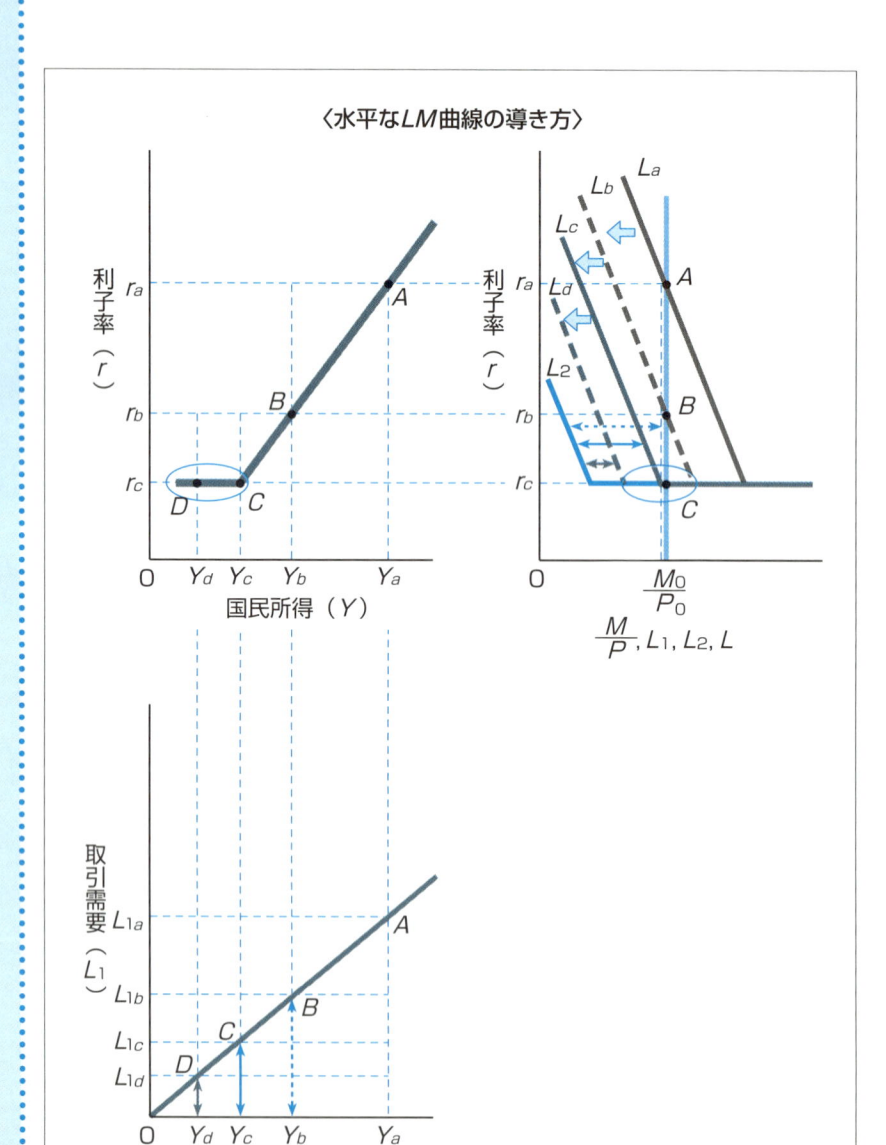

〈水平なLM曲線の導き方〉

●図表5－24●（左図）
LM曲線

●図表5－25●（右図）
貨幣市場

●図表5－26●
取引需要（L_1）

222

図表5－25の貨幣市場の図では，L_2が描かれており，貨幣需要曲線は，Y_aのときには貨幣需要曲線はL_2にL_{1a}を右に加えたL_aとなります。このとき，**図表5－25**で貨幣供給$\frac{M_0}{P_0}$と貨幣需要L_aの交点Aのr_aで貨幣市場は均衡します。したがって，Y_aとr_aは貨幣市場が均衡する点であり，これを**図表5－24**に描くと点A（Y_a, r_a）となります。

同様にして，Y_bのときには，貨幣需要曲線はL_2にL_{1b}を右に加えたL_bとなります。このとき，**図表5－25**で貨幣供給$\frac{M_0}{P_0}$と貨幣需要L_bの交点Bのr_bで貨幣市場は均衡します。したがって，Y_bとr_bは貨幣市場が均衡する点であり，これを**図表5－24**に描くと点B（Y_b, r_b）となります。

同様にして，Y_cのときには，貨幣需要曲線はL_2にL_{1c}を右に加えたL_cとなります。このとき，**図表5－25**で貨幣供給$\frac{M_0}{P_0}$と貨幣需要L_cの交点Cのr_cで貨幣市場は均衡します。このように貨幣需要曲線L_cが水平な部で点Cで需要と供給が一致し，利子率はr_cと決まります。

貨幣需要曲線が水平な部分とは，利子率が，r_cまで下落したとたんに，貨幣需要が無限大になることを意味します（このような状況を「貨幣需要の利子感応度が無限大」とか，「貨幣需要の利子弾力性が無限大」なケースと呼びます。また，このような最低限の利子率r_cになっている状態を流動性の罠といいます。この点不明な方は，第Ⅳ部を復習してください）。したがって，Y_cとr_cは貨幣市場が均衡する点であり，これを**図表5－24**に描くと点C（Y_c, r_c）となります。

← 流動性の罠

さらにYが減少し，Y_dのときには，貨幣需要曲線はL_2にL_{1d}を右に加えたL_dとなります。このとき，**図表5－25**で貨幣供給$\frac{M_0}{P_0}$と貨幣需要L_dの交点Cのr_cで貨幣市場は均衡します。したがって，Y_dとr_cは貨幣市場が均衡する点であり，これを**図表5－24**に描くと点D（Y_d, r_c）となります。

以上より，**図表5－24**の点A，B，C，Dはすべて貨幣市場が均衡する点ですから，これらを結んだ線がLM曲線です。これは，$A－B－C$と左下がり（＝右上がり）ですが，$C－D$の部分は水平になっています。

これは，Y_a，Y_b，のようにYが大きいときには，取引需要が大きいので利子率も最低限の利子率（r_c）より高いのですが，Y_cのようにYが減少し不況になると，取引需要が減少する結果，利子率は最低限の水準（r_c）まで下落してしまうということです。そして，r_cは最低限の利子率ですから，Y_cからさらにY_dに減少し，取引需要がさらに減少しても，もうこれ以上利子率は下落せず，r_cにとどまるということです。

このように，**深刻な不況期で国民所得Yが非常に小さくなると，最低限の利子率となり流動性の罠の状態に陥り，LM曲線が水平になります。**

水平なLM曲線
←

●マクロ編／第Ⅴ部　財市場と資産市場の同時分析

3 金融政策の効果

　金融政策とは，第12章でお話ししたように，名目貨幣供給量（M）の増減により，総需要（Y^D）を管理する政策をいいます。通常，財政政策を担当する政府とは別に，中央銀行が担当します。日本の中央銀行は日本銀行です。ここでは，名目貨幣供給量（M）増加→利子率（r）下落→投資（I）増加→総需要（Y^D）増加（→国民所得増加）という，不況期に国民所得を増加させる金融政策を検討します。このような政策を拡張的金融政策とか，金融緩和策といいます。

拡張的金融政策 ➡

金融緩和策 ➡

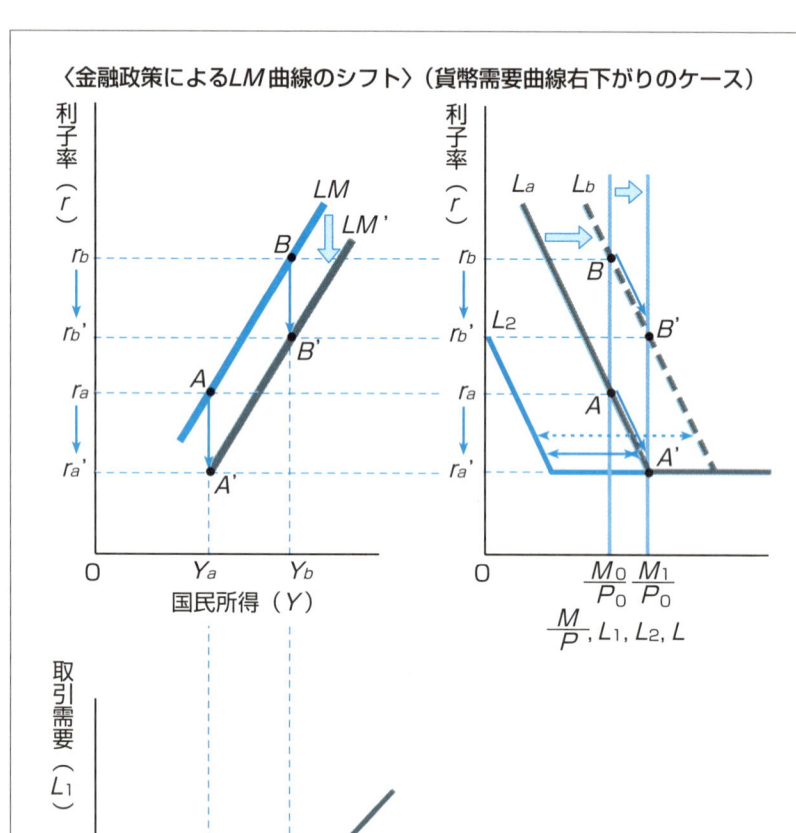

〈金融政策によるLM曲線のシフト〉（貨幣需要曲線右下がりのケース）

●図表5－27●（左図）
　LM曲線

●図表5－28●（右図）
　貨幣市場

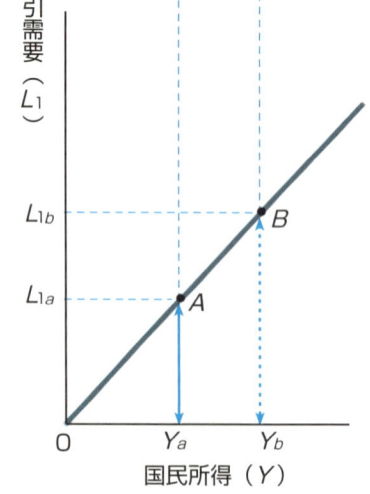

●図表5－29●
　取引需要（L_1）

第16章　貨幣市場の分析――LM曲線

【1】貨幣需要曲線が右下がりのところで，均衡しているケース

金融政策前は，国民所得がY_aのとき，**図表5－29**より取引需要はL_{1a}となり，貨幣需要は**図表5－28**において$L_a = L_1 + L_2 = L_{1a} + L_2$となり，$L_2$を$L_{1a}$だけ右シフトさせた$L_a$となります。そして，貨幣市場の均衡する，すなわち，$L_a = \dfrac{M}{P}$となる利子率は，**図表5－28**の点Aのr_aとなります。

したがって，Y_aとr_a，すなわち**図表5－27**の点A（Y_a, r_a）は，貨幣市場を均衡させるYとrの組み合わせであるとわかります。

同様に，国民所得がY_bへ増加するとき，**図表5－29**より取引需要はL_{1b}で，貨幣需要は**図表5－28**において$L_b = L_1 + L_2 = L_{1b} + L_2$となり，$L_2$を$L_{1b}$だけ右シフトさせた$L_b$となります。そして，貨幣市場の均衡する，すなわち，$L_b = \dfrac{M}{P}$となる利子率は，点Bのr_bとなります。したがって，Y_bとr_b，すなわち**図表5－27**の点B（Y_b, r_b）も，貨幣市場を均衡させるYとrの組み合わせであるとわかり，LM曲線は，点Aと点Bを結んだ**図表5－27**のLMとなります。

ここで金融政策を行うと，**図表5－28**の貨幣需要曲線（L）には影響なく，名目貨幣供給量（M）をM_0からM_1へと増加させると，物価（P）が一定なので，$\dfrac{M}{P}$が$\dfrac{M_0}{P_0}$から$\dfrac{M_1}{P_0}$へと増加します。

国民所得がY_aのとき，**図表5－28**において貨幣需要曲線はL_aのままで，新しい$\dfrac{M_1}{P_0}$との交点はA'となり，貨幣市場の均衡する利子率はr_a'となります。したがって，金融政策後にY_aとr_a'は貨幣市場の均衡する組み合わせであり，これは**図表5－27**の点A'（Y_a, r_a'）です。

また，国民所得がY_bの増加したとき，**図表5－28**において貨幣需要曲線は政策前のL_bのままで，新しい$\dfrac{M_1}{P_0}$との交点はB'となり，貨幣市場の均衡する利子率はr_b'となります。したがって，金融政策後にY_bとr_b'は貨幣市場の均衡する組み合わせであり，これは**図表5－27**の点B'（Y_b, r_b'）です。

図表5－27において，点A'も点B'も，金融政策後に貨幣市場の均衡するYとrの組み合わせですから，新しいLM曲線は，これらを結んだLM'となり，金融政策により，LM曲線は下シフト（右シフト）したことがわかります。

＜金融政策によるLM曲線のシフトをLM曲線から直接考える（簡便法）＞

金融政策前のLM曲線上の点は，金融政策前に貨幣市場が均衡するYとrの組み合わせです。ということは，それらの点は，拡張的金融政策により貨幣供給量が増えると，すべて超過供給となっているはずです。

ですから，**図表5－30**のLM_0は，金融政策後は超過供給であり，貨幣市場は均衡しないYとrの組み合わせなので，金融政策後のLM曲線ではありません。貨幣市場が超過供給ということは，利子率が下落すれば超過供給は解消され再び均衡するので，国民所得は同じまま，利子率を下落させればよいことになり，LM_0より下のLM_1が新しいLM曲線とわかります。

●マクロ編／第Ⅴ部　財市場と資産市場の同時分析

●図表5－30●
金融政策の効果を
LM曲線から直接考える

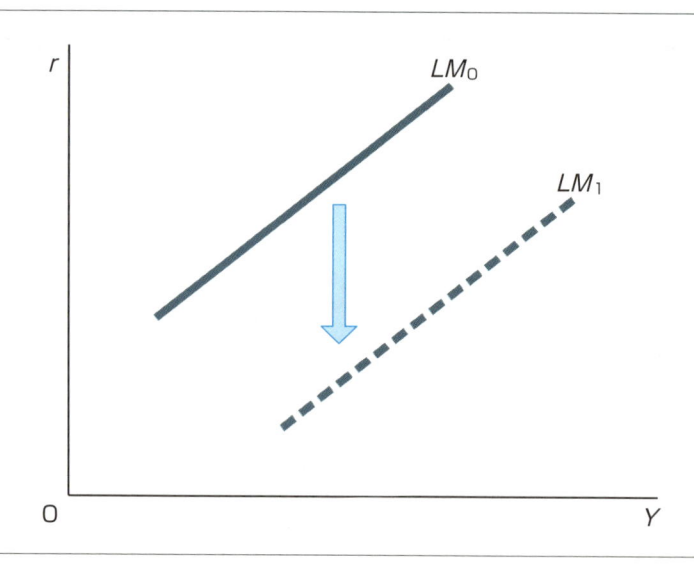

名目貨幣供給量（M）増加前に貨幣市場が均衡（$\frac{M}{P}=L$）していたのがLM_0曲線とする

⬇

名目貨幣供給量（M）増加後には貨幣供給（$\frac{M}{P}$）が増加し、LM_0曲線上の点は超過供給になっている（$\frac{M}{P}>L$）

⬇

名目貨幣供給量（M）増加後にはLM_0曲線はもはや貨幣市場は均衡しておらず、LM曲線ではない

⬇

LM_0は超過供給なので、貨幣市場が均衡するためには、貨幣市場における価格である利子率が下落すればよい

⬇

LM_1のように下に動けば、貨幣の価格である利子率が下落することによって超過供給は解消し、再び貨幣市場は均衡する（$\frac{M}{P}=L$）

⬇

名目貨幣供給量（M）増加後の貨幣市場が均衡する点の集合であるLM曲線は、LM_1と下にシフトする

以上を**図表5－30**に整理しておきます。

【2】貨幣需要曲線が水平なところで均衡しているケース

　図表5－32のグラフは図表5－25と同じです。金融政策を行うと、貨幣需要曲線（L）には影響なく、名目貨幣供給量（M）をM_0からM_1へ増加させると、物価（P）が一定なので、$\frac{M}{P}$が$\frac{M_0}{P_0}$から$\frac{M_1}{P_0}$へと増加します。

　すると、図表5－32において、国民所得がY_aのときの貨幣需要曲線はL_aですので、$\frac{M_0}{P_0}$から新しい$\frac{M_1}{P_0}$へ変わると、均衡点はAからA'に変わり、貨幣

第16章　貨幣市場の分析──LM曲線

市場が均衡する利子率はr_aからr_bへ下落します。したがって、貨幣市場が均衡するYとrの組み合わせは、政策前のY_aとr_aから政策後にはY_aとr_bに変わります。これを**図表5－31**で表せば、貨幣市場は均衡する点は点A(Y_a, r_a)から点A'(Y_a, r_b)に変化します。

また、**図表5－32**において、国民所得がY_bのときには、貨幣需要曲線はL_bですので、$\frac{M_0}{P_0}$から新しい$\frac{M_1}{P_0}$へ変わると、均衡点はBからB'に変わり、貨幣市場が均衡する利子率はr_bからr_cへ下落します。したがって、貨幣市場が均衡するYとrの組み合わせは、政策前のY_bとr_bから政策後にはY_bとr_cに変わります。これを**図表5－31**で表せば、貨幣市場は均衡する点は点B(Y_b, r_b)から点B'(Y_b, r_c)に変化します。

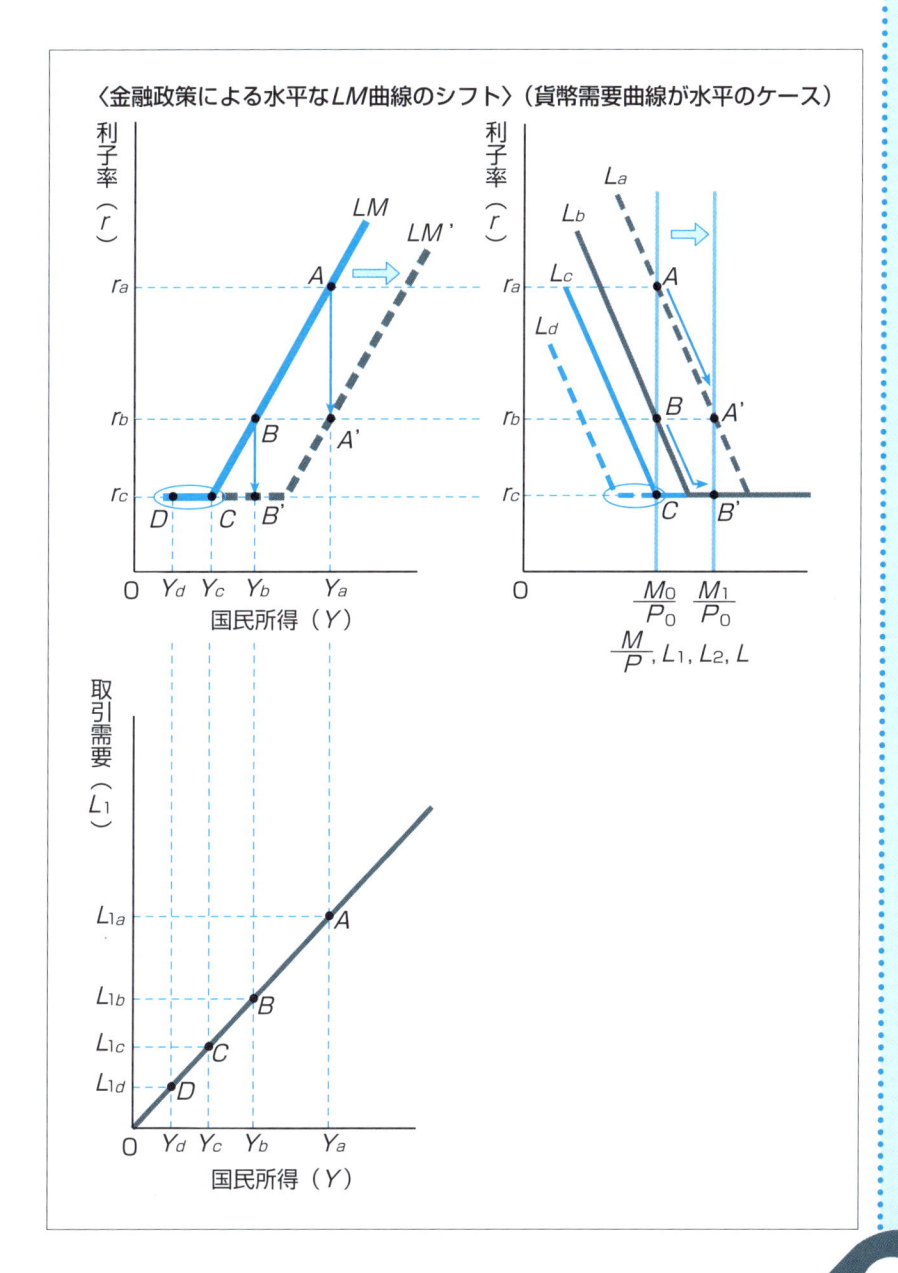

●図表5－31●（左図）
LM曲線

●図表5－32●（右図）
貨幣市場

●図表5－33●
取引需要（L_1）

227

●マクロ編／第Ⅴ部　財市場と資産市場の同時分析

国民所得がY_cのときには，**図表5－32**において，貨幣需要曲線はL_cですので，$\frac{M_0}{P_0}$から新しい$\frac{M_1}{P_0}$へ変わると，均衡点はCからB'に変わりますが，貨幣市場が均衡する利子率はr_cのままです。したがって，貨幣市場が均衡するYとrの組み合わせは，政策前のY_cとr_cから政策後にはY_cとr_cと変わりません。これを**図表5－31**で表せば，貨幣市場は均衡する点は点C（Y_c，r_c）のままです。

国民所得がY_dのときには，**図表5－32**において，貨幣需要曲線はL_dですので，$\frac{M_0}{P_0}$から新しい$\frac{M_1}{P_0}$へ変わると，均衡点はCからB'に変わりますが，貨幣市場の均衡する利子率はr_cのままです。したがって，貨幣市場が均衡す

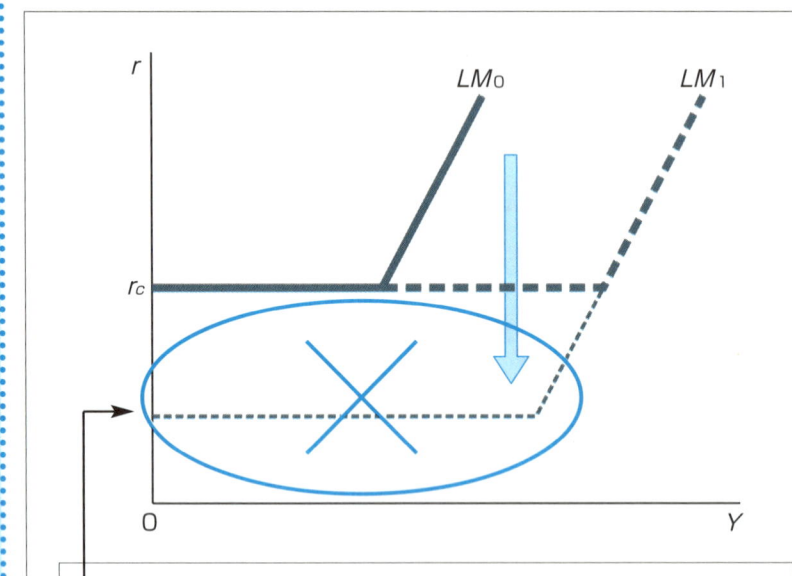

●**図表5－34**●
金融政策の効果を
LM曲線から直接考える
（流動性の罠）

利子率r_cは最低限の利子率であるとする。現実の利子率がr_cのとき，流動性の罠の状態である

⬇

名目貨幣供給量（M）増加後LM曲線がLM_0からLM_1へ下シフトする

⬇

しかし，新たに貨幣市場が均衡するLM_1はr_cより利子率が低いことはない。なぜなら，r_c以下の利子率でLM曲線が描かれるということは，r_c以下の利子率で貨幣市場が均衡することになってしまうからである

⬇

これは，r_cが最低限の利子率であるということと矛盾する

⬇

したがって，LM曲線はr_cより下の部分はない

金融政策（貨幣供給量の増加）により，LM曲線は右シフトする

るYとrの組み合わせは，政策前のY_dとr_cから政策後にはY_dとr_cと変わりません。これを**図表5－31**で表せば，貨幣市場は均衡する点は点D（Y_d, r_c）のままです。

以上より，政策前の貨幣市場が均衡する点は**図表5－31**において，点A，B，C，Dですのでこれらを結んだLMが政策前のLM曲線です。しかし，政策後に貨幣市場が均衡する点は，**図表5－31**において，A'，B'，C，Dなので，これらを結んだLM'が政策後のLM曲線です。つまり，LM曲線はLMからLM'と右（下）にシフトしたことになります。

LM曲線のうち，右上がりである部分（点A，Bの部分）は下にシフトしていますが，水平な部分（点C，Dの部分）は変化していません。これは，水平な部分（点C，Dの部分）はすでに利子率が最低限なので，それ以上は下落（下にシフト）しないということです。

なお，**図表5－32**において，貨幣需要曲線が水平部分で貨幣市場が均衡していると，貨幣供給量を増加させても，利子率は下落せず，金融政策は効果がありません。このような状況は，LM曲線が水平なので，**図表5－31**において，LMを右シフトさせても意味がないということです。このような状況を「流動性の罠」といい，金融政策は無効です。

← 流動性の罠

★ トピックス　LM曲線は下シフト？　それとも右シフト？ ★

　LM曲線は右にシフトしたといっても，下にシフトしてといっても通常は同じなのですが，流動性の罠の状態で最低限の利子率r_cのときには，それ以下の利子率にはなりませんので，LM曲線は下にはシフトしません。

　ですから，正確には，「貨幣供給量（M）の増加により，LM曲線は下にシフトする。ただし，最低限の利子率r_cよりは下にはシフトしない」といわなくてはなりません。このように，最低限の利子率で場合分けするのが面倒であれば，「LM曲線は右シフトする」といえばよいのです。「右シフト」なら，LM曲線がr_cより下にいくことはありません。

●マクロ編／第Ⅴ部　財市場と資産市場の同時分析

第17章　財市場と貨幣市場の同時均衡

> 🔺 *出題傾向・重要性* 🔺
> 択一試験，論文試験を問わず最も出題され「**IS-LMを制するものはマクロ経済を制する**」といわれるほどの**最重要分野**です。確実に理解しましょう。

1　財市場と貨幣市場の同時均衡

　*IS*曲線とは，財市場の均衡する点の集合で，*LM*曲線とは，貨幣市場の均衡する点の集合です。したがって，*IS*曲線上にあり，かつ，*LM*曲線上にある点が，財市場と貨幣市場を同時に均衡させる点となります。**図表5－35**において，*IS*と*LM*の交点$E(Y_e, r_e)$が唯一*IS*曲線上にあり，かつ，*LM*曲線上にある点で，両市場を同時均衡させる点です。

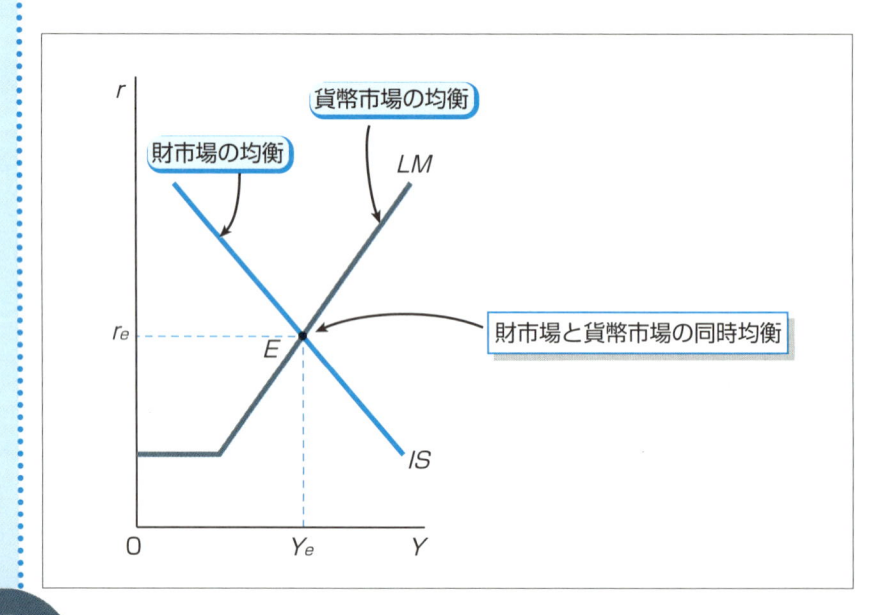

●図表5－35●
財市場と貨幣市場の
同時均衡

第17章 財市場と貨幣市場の同時均衡

2 財政政策の効果

【1】通常のケース

図表5−36において政府支出を増加すると，ISがIS'と右へシフトします。その結果，ISとLMの交点は，点Eから点E'へ変わり，利子率はr_eからr_e'へと上昇し，国民所得はY_eからY_e'へと増加します。

これは，財市場のみ考え，貨幣市場を考えない45度線分析と比較して理解することが必要です。45度線分析では，貨幣市場を考えないので利子率は一定としました。図表5−36でいえば，$r=r_e$のままでの分析です。したがって，45度線分析では，$\Delta Y = \frac{1}{1-b} \Delta G$だけ国民所得が増加しますが，これは，$E \to E_1$を意味します。$E \to E_1$は利子率は$r_e$のまま一定で，$Y$は$Y_e$から$Y_1$へ増加します。

しかし，貨幣市場をも考慮するIS-LM分析では，政府支出の増加による国民所得の増加は，貨幣の取引需要を増加させ，利子率を上昇させます。利子率の上昇は，投資を減らし，総需要を減少させ，国民所得を減少させます。これが，$E_1 \to E'$です。このように，「政府支出の増加→総需要増加→国民所得増加→利子率上昇→投資減少→総需要減少→国民所得減少」となり，政府支出の効果が小さくなることをクラウディング・アウトといいます。

← クラウディング・アウト

英語で，Crowding-Outと書き，Crowdは混雑させるという意味で，国民所得の増加により貨幣需要が増加し，貨幣市場が混雑し，利子率が上昇する結果，投資が押しのけられてしまうという意味です。

したがって，IS-LM分析と45度線分析の違いを整理すると図表5−37のようになります。45度線分析は，財市場だけを考え，貨幣市場で決まる利子率は一定と仮定するので，クラウディング・アウトという「副作用」によ

●図表5−36●
財政政策の効果−1
（通常のケース）
クラウディング・アウト

●マクロ編／第Ⅴ部　財市場と資産市場の同時分析

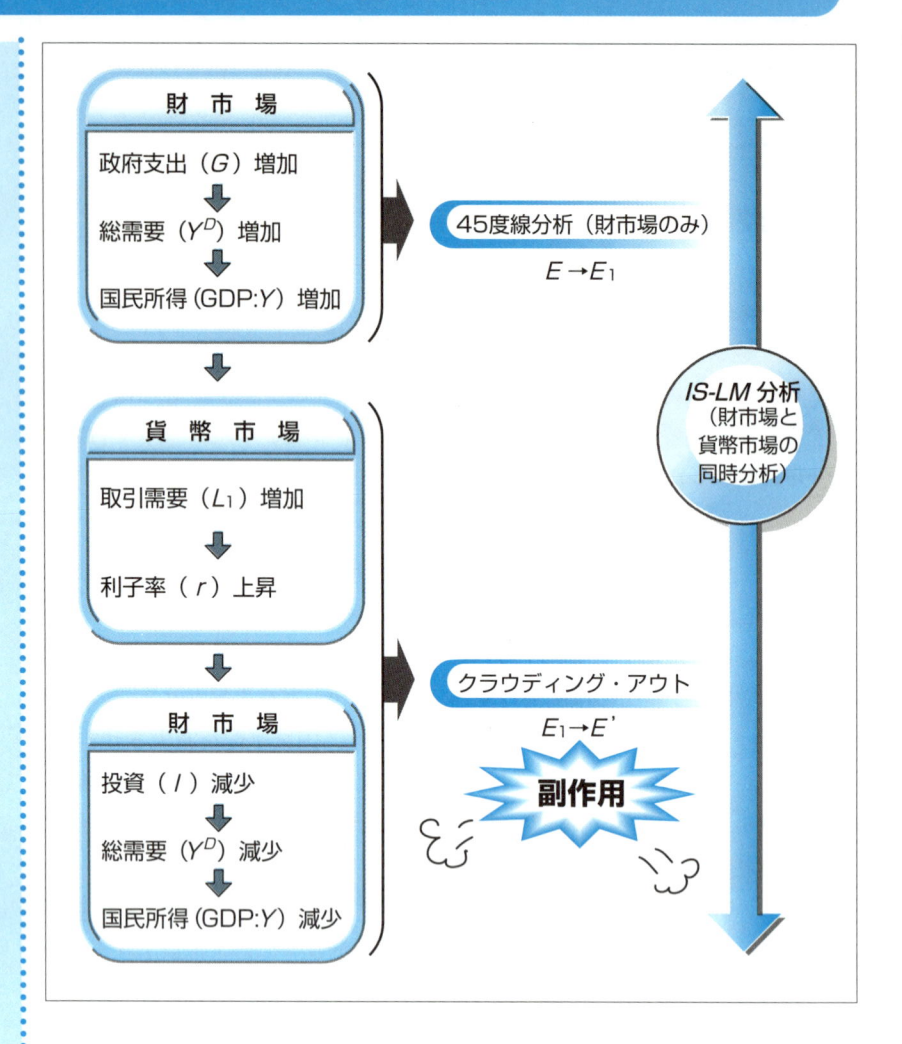

```
┌─────────────────────────────────────────────────────┐
│   財　市　場                                          │
│   政府支出（G）増加         45度線分析（財市場のみ）   │
│        ↓                      E→E₁                  │
│   総需要（Y^D）増加                                   │
│        ↓                                              │
│   国民所得（GDP:Y）増加                               │
│        ↓                              IS-LM 分析      │
│   貨　幣　市　場                     （財市場と       │
│   取引需要（L₁）増加                  貨幣市場の      │
│        ↓                              同時分析）      │
│   利子率（r）上昇                                     │
│        ↓                                              │
│   財　市　場                    クラウディング・アウト │
│   投資（I）減少                      E₁→E'           │
│        ↓                         副作用              │
│   総需要（Y^D）減少                                   │
│        ↓                                              │
│   国民所得（GDP:Y）減少                               │
└─────────────────────────────────────────────────────┘
```

●図表5－37●
IS-LM 分析と 45 度線分析の違い

り，財政政策の効果が小さくなってしまうことを考慮していません。しかし，IS-LM 分析は，財市場のみならず，貨幣市場も同時に分析するので，クラウディング・アウトによる「副作用」により，財政政策の効果が小さくなってしまうことも考慮できるのです。

【2】流動性の罠のケース

しかし，LM 曲線が図表5－38のように水平な場合には，財政政策で IS が右シフトして経済が E から E' となり国民所得が増加しても利子率が上昇しないので，クラウディング・アウトは発生せず，財政政策の効果は45度線分析の利子率一定のときと同じとなります。

【3】投資が利子非弾力的なケース

また，投資が利子非弾力的な場合で IS 曲線が図表5－39のように垂直な場合には，財政政策で IS が右シフトして国民所得が増加し利子率が r_e から r_e' へ上昇しても，投資量は減少しないので，クラウディング・アウトは発生せず，財政政策の効果は45度線分析の利子率一定のときと同じとなりま

第17章　財市場と貨幣市場の同時均衡

[図: IS-LM分析。縦軸 r、横軸 Y。ISがIS'へ右シフトし、均衡点EからE'へ。利子率は r_e のまま、所得は Y_e から Y_e' へ増加。LM曲線は水平部分（流動性の罠）を持つ。]

- 利子率（r）は上昇しない
  ↓
- クラウディング・アウトは発生しない
  ↓
- 財政政策による「副作用」なし
  ↓
- 財政政策はきわめて有効（45度線分析と同じ効果）

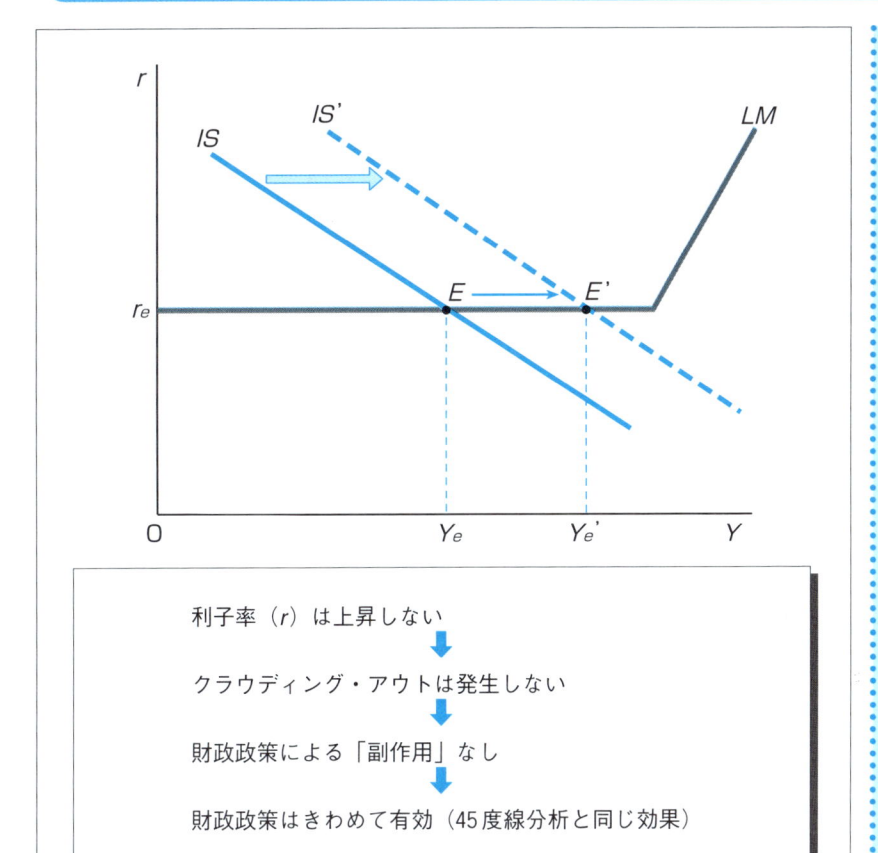

●図表 5 − 38●
財政政策の効果－2
（流動性の罠）

なお，流動性の罠（**図表 5 − 38**），投資が利子非弾力的（**図表 5 − 39**）な経済状態は世界大恐慌のような深刻な不況時に起こりやすいと考えられます。ケインズおよび初期のケインズ派（初期ケインジアンと呼びます）は世界大恐慌を前提に議論を展開したので，**流動性の罠と投資が利子非弾力的な状態が生じているケースを初期ケインジアンのケースと呼びます**。

← 初期ケインジアン

★ トピックス　ピグー効果—古典派の反論— ★

← ピグー効果

　古典派のピグーは，流動性の罠や投資が利子非弾力的な状態が生じている初期ケインジアンのケースであっても，経済は物価の下落によって安定化すると考えます。ピグーは古典派（正確には新古典派）に属する学者ですから，不況で有効需要が少なく超過供給の状態であれば物価は下落します。その結果，実質貨幣供給量は増加します。貨幣は資産ですから，資産の実質的な価値が上昇すれば消費が増加し財の需要が増加します。これは，政府支出による需要拡大と同様の効果がありますから IS 曲線をシフトさせ国民所得を増加させます。これは，**図表 5 − 38**，**5 − 39** の財政政策と同等の効果となります。そしてこのプロセスは完全雇用国民所得となるまで続きます。このように，**物価の下落が実質貨幣量を増加させて消費を増加させることをピグー効果**と呼びます。

●マクロ編／第Ⅴ部　財市場と資産市場の同時分析

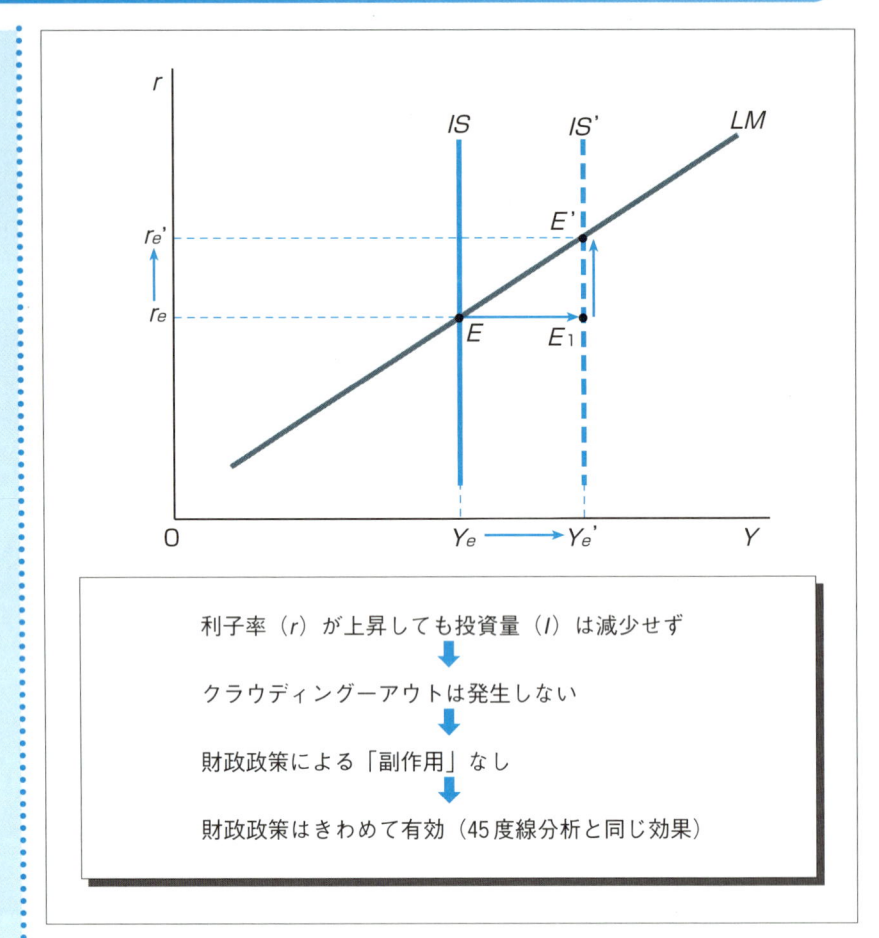

●図表5－39●
財政政策の効果－3
（投資が利子非弾力的）

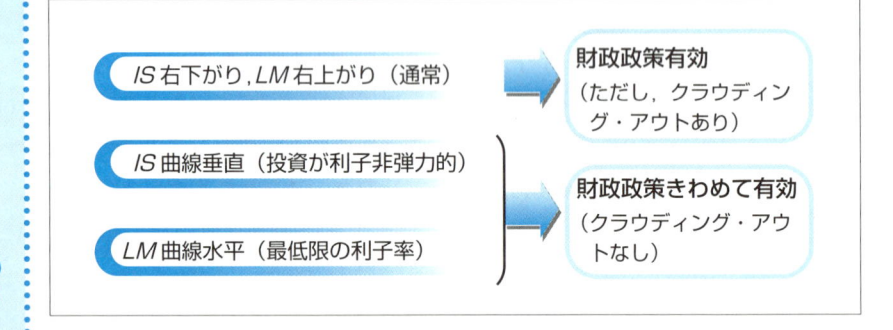

利子率（r）が上昇しても投資量（I）は減少せず
↓
クラウディング－アウトは発生しない
↓
財政政策による「副作用」なし
↓
財政政策はきわめて有効（45度線分析と同じ効果）

●図表5－40●
財政政策の効果（整理表）

- IS右下がり, LM右上がり（通常） → 財政政策有効（ただし、クラウディング・アウトあり）
- IS曲線垂直（投資が利子非弾力的）
- LM曲線水平（最低限の利子率） → 財政政策きわめて有効（クラウディング・アウトなし）

3 金融政策の効果

【1】通常のケース

　では、金融政策の場合はどうでしょうか。金融政策により名目貨幣供給量（M）を増加させると、LM曲線が右シフトし、図表5－41のLM→LM′となり、利子率が下落し（$r_e → r_e'$）、投資が増加し総需要が増加する結果、国民所得は増加します（$Y_e → Y_e'$）。

【2】流動性の罠のケース

しかし，流動性の罠の状態のケースでは，LM曲線は**図表5－42**のように水平となり，金融政策でLMが右シフトしてLM'となっても，交点はEのままで，利子率も国民所得も変化せず，金融政策は無効となります。これは，流動性の罠の状態はすでに利子率は最低限の水準ですから，貨幣供給量を増やしても利子率が下落せず，投資が増加しないので，国民所得も増加しないのです。

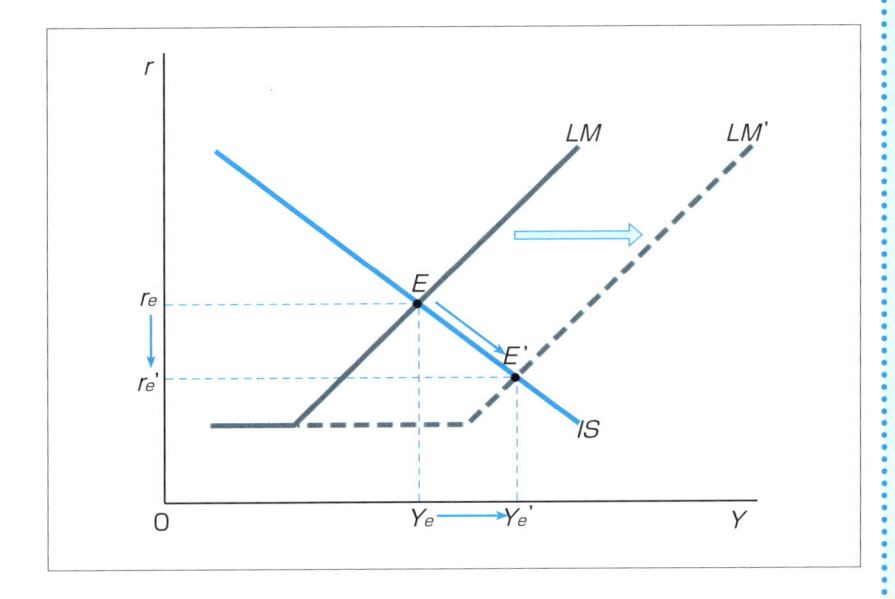

●図表5－41●
金融政策の効果－1
（通常のケース）

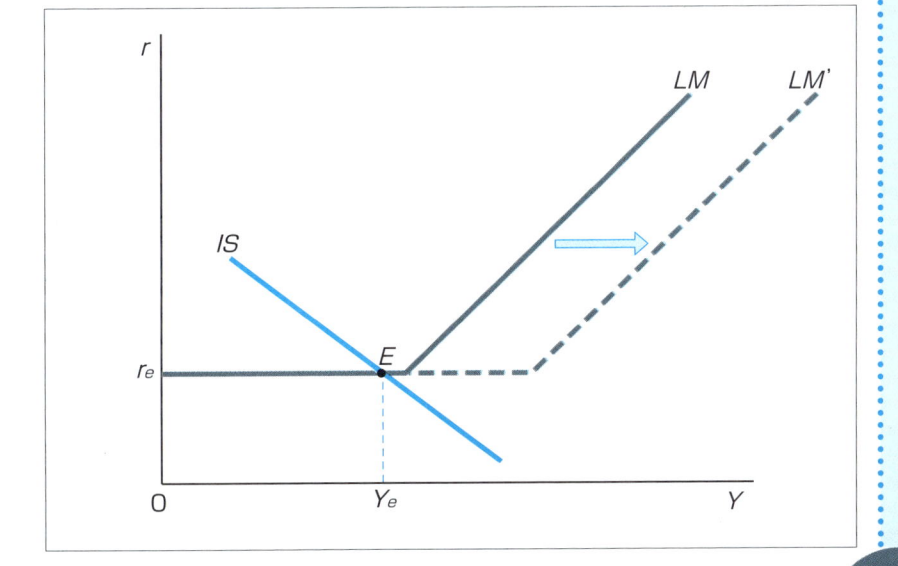

●図表5－42●
金融政策の効果－2
（流動性の罠のケース）

【3】投資が利子非弾力的なケース

また，投資が利子非弾力的なケースでは，IS曲線が**図表5－43**のように垂直となり，金融政策でLMが右シフトすると，利子率は下落します（$r_e \to r_e'$）が，国民所得はY_eのままです。つまり，金融政策は無効となります。このケースでは，貨幣供給量の増加（M）により，利子率は下落するのですが，投資が利子非弾力的なので投資が増加しないので，国民所得も増加しないのです。

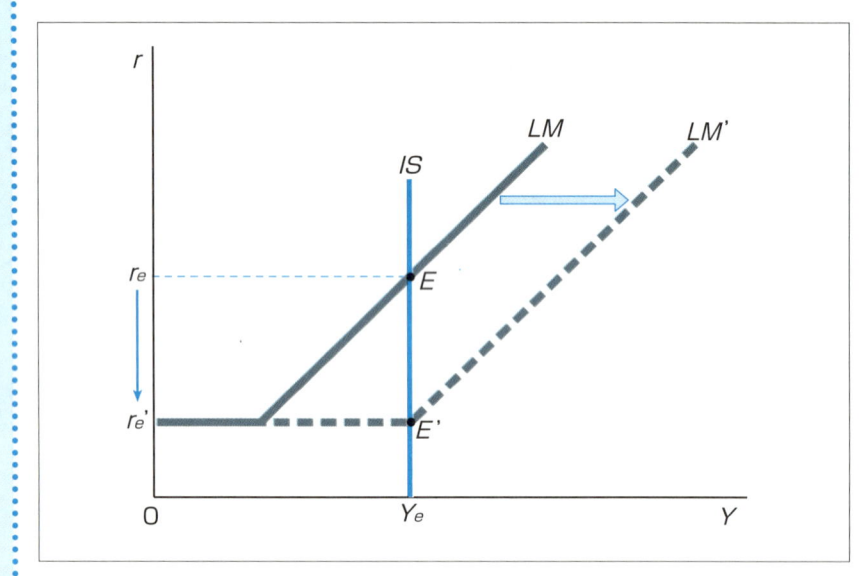

●図表5－43●
金融政策の効果－3
（投資が利子非弾力的）

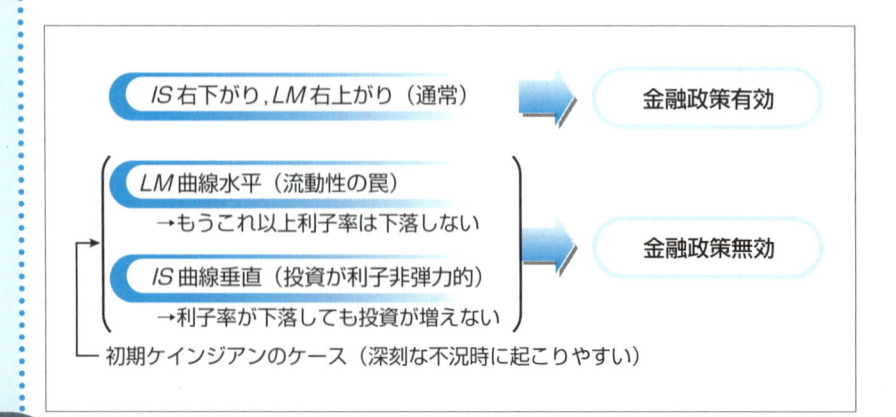

●図表5－44●
金融政策の効果（整理表）

- IS右下がり，LM右上がり（通常） ⇒ 金融政策有効
- LM曲線水平（流動性の罠）
  →もうこれ以上利子率は下落しない
- IS曲線垂直（投資が利子非弾力的）
  →利子率が下落しても投資が増えない
  ⇒ 金融政策無効
- 初期ケインジアンのケース（深刻な不況時に起こりやすい）

第Ⅴ部の確認テスト

確認テストは，答えが合っていたかどうかということよりも，確実に理解することが重要ですから，以下の手順で行ってください。

1. まず，問題を解いてください。
2. わからない部分，あるいは自信がない部分の本文を参照して復習してください。
3. 答えをチェックしてください。（→P246）
4. 間違えがあれば，本文を参照し，なぜ間違えたかをチェックしてください。
5. 間違いた部分を本文の余白に記入しておき，次回以降は間違えないようにしてください。こうしておけばこの本があなたのサブノートになります。

【要約問題】

1. マクロ経済では大きく（①　）市場，（②　）市場，（③　）市場の3つの市場がありますが，（④　）の考案したIS-LM分析では（①　）市場と（②　）市場だけを分析し，（⑤　）を一定と仮定することによって（③　）市場を分析せず，（⑥　）の仮定によって海外部門は分析しません。この理論では（①　）市場，（②　）市場の同時均衡を考えますが，（①　）市場では国民所得が決まり，（②　）市場では利子率が決まるので，国民所得と利子率の同時決定となります。通常，縦軸に利子率，横軸に国民所得の平面に，（①　）市場の均衡を示す（⑦　）曲線と（②　）市場の均衡を示す（⑧　）曲線を描きます。

2. IS曲線は通常（⑨　）下がりです。なぜなら，下に利子率が低下すると（⑩　）が増加し有効需要（財の需要）が増加する結果，右に国民所得が増加して財市場が均衡するからです。しかし，投資が（⑪　）な場合には，下に利子率が低下しても（⑩　）は増えないため，国民所得はそのままで財市場は均衡するので，IS曲線は（⑫　）となります。政府支出を増加させると，財市場が超過需要となり，超過需要がなくなるまで国民所得が増えることから，IS曲線は右シフトします。

　一方，LM曲線は通常（⑬　）下がりです。なぜなら，右に国民所得が増加すると（⑭　）が増加し貨幣市場が（⑮　）となる結果，上に利子率が上昇して貨幣市場が均衡するからです。しかし，（⑯　）の場合には，これ以上利子率が低下しないので，LM曲線は最低限の利子率の水準で（⑰　）となります。貨幣供給量を増加させると，貨幣市場が超過供給となってしまうため，利子率が低下することによって再び貨幣市場は均衡します。したがって，LM曲線は下シフトします。ただし，（⑯　）のときの利子率よりは下へはシフトしません。

3．政府支出増加によりIS曲線は右シフトします。今，IS曲線は右（⑱　）がり，LM曲線は右（⑲　）がりという通常のケースを前提とすると，IS曲線の右シフトによって，均衡での利子率は（⑳　）します。その結果，利子率が一定である（㉑　）モデルに比べて，利子率（⑳　）によって投資が（㉒　）する分だけ国民所得増加の効果は（㉓　）くなります。このような現象を（㉔　）とよびます。

4．初期ケインジアンは深刻な不況を前提としており，貨幣市場では（㉕　），財市場では（㉖　）の状態を前提とします。（㉕　）のときLM曲線は（㉗　）となり，（㉖　）のときIS曲線は（㉘　）となります。このような状況で拡張的金融政策を行ってLM曲線を（㉙　）シフトさせると，まず，LM曲線が（㉗　）なので均衡利子率は（㉚　）せず，かつ，IS曲線が（㉘　）なので，仮に利子率が（㉚　）したとしても（㉛　）が増加せず，均衡国民所得が増加しないことになります。

　初期ケインジアンのケースで財政政策を行いIS曲線を（㉜　）シフトさせると，LM曲線が（㉗　）であることより利子率は（㉝　）せず，また，仮に利子率が（㉝　）しても，IS曲線が（㉘　）であるために（㉛　）が減少せず国民所得は減りません。つまり，財政政策の副作用である（㉞　）効果がないので財政政策の効果は大きくなります。

　以上のようにして初期ケインジアンは金融政策の無効と財政政策の有効性を主張しました。

　これに対し，古典派の（㉟　）は，不況期には（㊱　）が下落することによって（㊲　）が増加し，（㊲　）は人々の資産であるのでその資産の増加は（㊳　）の増加をもたらし有効需要が増加する結果，経済は安定に向かうはずだと考えました。このような効果を（㉟　）効果と呼びます。

【実戦問題1】
　下図は，IS-LM曲線を描いたものである。I～IVのそれぞれの領域において，生産物市場と貨幣市場はどのような状態にあるか。適切なものを選べ。

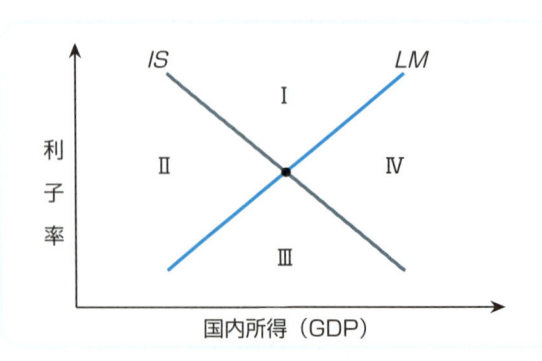

ア Ⅰの領域では，生産物市場と貨幣市場はともに超過需要，Ⅲの領域では，生産物市場と貨幣市場はともに超過供給。

イ Ⅰの領域では，生産物市場，貨幣市場ともに超過需要，Ⅳの領域では，生産物市場は超過供給，貨幣市場は超過需要。

ウ Ⅱの領域では，生産物市場は超過需要，貨幣市場は超過供給，Ⅲの領域では，生産物市場と貨幣市場はともに超過供給。

エ Ⅱの領域では，生産物市場は超過供給，貨幣市場は超過需要，Ⅳの領域では，生産物市場は超過供給，貨幣市場は超過需要。

オ Ⅲの領域では，生産物市場と貨幣市場はともに超過需要，Ⅳの領域では，生産物市場は超過供給，貨幣市場は超過需要。

（中小企業診断士一次一部修正）

ヒント1：生産物市場とは財市場と同じ意味。
ヒント2：P210　図表5−6より IS 曲線上にない点では財市場がどのような状態になっているかを確認しよう。
ヒント3：P221　図表5−23より LM 曲線上にない点では貨幣市場がどのような状態になっているか確認しよう。

【実戦問題2】

縦軸に利子率，横軸に国民所得をとったときの IS 曲線，LM 曲線に関する記述として，妥当なのはどれか。

1. IS-LM分析は，IS曲線とLM曲線を用いてケインズ理論の枠組みを説明するもので，サミュエルソンの著書「経済分析の基礎」において初めて示された。

2. 財政支出を減少させると，IS曲線は右方にシフトするので，利子率は上昇し，国民所得は減少する。

3. 貨幣供給量を増加させると，LM曲線は左方にシフトするので，利子率は下落し，国民所得は減少する。

4. 流動性のわなの状態の場合，IS曲線は水平となり，財政支出を増加させても国民所得は増加しない。

5. 貨幣需要の利子弾力性がゼロの場合，LM曲線は垂直となり，財政支出を増加させても国民所得は増加しない。

（東京都庁Ⅰ類）

●マクロ編

確認テスト解答

第Ⅰ部 （P 65－P 66）

【要約問題】
①定義 ②仮定 ③モデル（または，理論モデル）④関数 ⑤グラフ ⑥価格 ⑦需要量 ⑧需要曲線 ⑨供給量 ⑩供給曲線 ⑪超過供給 ⑫超過需要 ⑬経済の基本問題 ⑭市場 ⑮計画経済 ⑯情報 ⑰勤労意欲 ⑱ミクロ ⑲価格 ⑳賃金率 ㉑労働需要 ㉒供給（または，労働供給）㉓非自発 ㉔マクロ ㉕有効需要 ㉖期待 ㉗投資 ㉘政府支出（財政支出，政府購入）

【実戦問題】　正解 オ
　その財の価格に変化による需要量の変化は，まさに需要曲線が意味することであり，それは需要曲線上の移動となります。

第Ⅱ部 （P 99－P 101）

【要約問題】
①GDP ②固定資本減耗（減価償却）③市場価格 ④付加価値 ⑤フロー ⑥，⑦帰属家賃，農家の自家消費 ⑧公共サービス ⑨二重計算（重複計上）⑩国民総 ⑪国内総 ⑫国民総所得 ⑬海外からの要素所得の受取 ⑭海外への要素所得の支払い ⑮要素費用表示 ⑯固定資本減耗（減価償却）⑰国民純 ⑱間接税 ⑲補助金 ⑳市場 ㉑物価（指数）㉒ラスパイレス ㉓パーシェ ㉔GDPデフレータ ㉕名目 ㉖実質 ㉗三面等価 ㉘生産 ㉙支出 ㉚分配 ㉛固定資本減耗（減価償却）㉜間接税 ㉝補助金 ㉞在庫品増加 ㉟，㊱国内貯蓄超過（貯蓄－投資），財政収支（租税－政府支出）㊲，㊳，㊴ 消費，投資，政府支出

【実戦問題 1】　正解 A
　国内総生産は生産者が誰であれ日本国内において生産した付加価値を合計するので，米国資本の企業であっても日本での生産活動は日本の国内総生産に計上されます。

> **ベーシック・ワード 米国資本，日本資本**
>
> 　米国資本の企業は，株主の多数が米国企業，あるいは米国国民である企業をいいます。たとえば，日本IBMは米国IBM社が株主ですから米国資本です。しかし，日本IBMは日本企業として登録され，1年以上日本に居住（存在）するのですから国民経済計算上は日本国民とみなされ，その生産した付加価値は日本の国民総所得（GNI），日本の国民総生産（GNP）に含まれますから注意が必要です。
>
> 　一方，日本資本の企業は，株主の多数が日本企業，あるいは日本国民である企業をいいます。たとえば，タイ三井物産は日本の三井物産が株主ですから日本資本です。しかし，タイ三井物産はタイ企業として登録され，国民経済計算上はタイ国民とみなされ，その生産した付加価値は日本ではなくタイの国民総所得（GNI），タイの国民総生産（GNP）に含まれますから注意が必要です。

【実戦問題2】　正解　1

　選択肢1は説明していませんからわからなかったと思いますが，選択肢2から5が誤りとわかれば，正解は1と消去法でわかります。

1. ○　三面等価の原則では生産面と支出面は常に等しくなりますが，これは，超過供給は在庫増加という形で生産した企業が支出したという統計上の調整（いんちき）をするからであって，現実経済において供給と需要が常に等しいかということとは関係ありません。この生産面が支出面と統計上常に等しい関係は投資と貯蓄が統計上常に等しいという形に変形できます。

　それでは，「財の供給（Y^s）と需要（Y^D）の関係」と「貯蓄と投資の関係」を説明しましょう。今，政府と海外のない単純な経済を考えます。すると，

　財の需要（Y^D）＝消費（C）＋投資（I）　…①

となります。一方，企業は売るために生産しているので，売りたい量である財の供給（Y^s）は生産した量である国民所得（Y）と同じですから，

　$Y^s = Y$　…②

　また，所得（Y）は消費（C）と貯蓄（S）を合計したものなので，

　$Y = C + S$　…③

となります。

　②，③より，

　$Y^s = Y = C + S$　…④

となります。ここで，

　$Y^s = Y^D$

は④よりY^sを$C+S$で置き換えて，①よりY^Dを$C+I$で置き換えると，

$$Y^S = Y^D$$

　$C+S=C+I$ となります。右辺，左辺から C を引くと，
　　$S=I$

となり，財の供給と財の需要が等しければ，貯蓄と投資が等しいことがわかります。

　また，財の供給の方が需要より大きいとき，

$$Y^S > Y^D$$

　$C+S>C+I$ となります。右辺，左辺から C を引くと，
　　$S>I$

となり，**財の供給が財の需要より大きければ（超過供給があれば），貯蓄が投資より超過供給の分だけ大きいことがわかります。**

　ところが，統計上は三面等価の原則がありますから，分配面と所得と，支出面の所得は必ず等しくなります。なぜなら，超過供給の分は，在庫品増加という形で支出面の国民所得に加えるからです。しかも，ここでは，在庫品増加を投資に加えるという計算方法を取ると，現実の経済では超過供給であり，

　　$S>I$（需要 Y^D の構成要素としての I で在庫品増加は含まない投資）

であっても，投資に超過供給分の在庫品増加を加えますから，

　　$S=I'$（支出面の国民所得の投資で在庫品増加を含んだもの）となります。このように，**現実の供給と需要が一致せず，貯蓄と投資も一致しなくても，統計（国民経済計算）上は**，売れ残ったものは在庫品増加として作った企業が買ったと考えることによって，**常に供給と需要は等しくなり，その結果，貯蓄と投資も常に等しくなります。**これを数式で表せば，

　　$S \equiv I'$（支出面の国民所得の投資で在庫品増加を含んだもの）

となります。

　　したがって，選択枝1は正しい記述となります。

2．× 「生産額」ではなく「付加価値」の合計。
3．× 政府サービスは市場取引されていなくても，要素費用表示（かかった費用で計算）し国民所得勘定の生産活動に含めます。なお，国民所得勘定とは，GDP，GNI，NI などの国民経済計算全体のことを意味します。
4．× 国民総生産から資本減耗を控除した（差し引いた）ものを国民純生産といい，国民総生産から間接税を控除し，補助金を加算したものを国民所得といいます。
5．× GNP デフレータが1.5ということは物価が1.5倍になり同じ生産量であり実質 GNP が同じであっても名目 GNP は1.5倍になってしまいますから，実質 GNP を計算するためには名目 GNP100 を物価指数1.5で割る必要があります。したがって，実質ＧＮＰ＝100÷1.5＝66.66…となります。

【実戦問題3】 正解 4

まず，問題文の数字からGDPが計算できます。次に，NIはGNPから計算できるので，まず，GDPよりGNPを計算し，GNPから間接税と補助金を調整しNIを求めます。

GDP ≡ 民間消費支出＋政府最終消費支出＋国内総固定＋輸出－輸入＝920
　　　　600　　　　　　　100　　　　　　資本形成180　160　120

次に，GNI（GNP）≡ GDP＋海外からの所得受取－海外への所得支払い＝920
　　　　　　　　　　920　　　0　　　　　　　　　　0

NI ≡ GNI－固定資本減耗－間接税＋補助金＝790
　　　920　　80　　　　　90　　40

第Ⅲ部　（P 141－P 143）

【要約問題】

①財　②資産（貨幣）　③労働　④サミュエルソン　⑤，⑥利子率，物価　⑦ケインズ　⑧$C=a+bY$　⑨輸出　⑩輸入　⑪国民所得　⑫$C+I+G+EX-IM$　⑬在庫品増加　⑭財の供給　⑮財の需要　⑯国民所得（国内総生産）　⑰45度（あるいは1）　⑱小さ　⑲，⑳需要，供給　㉑超過供給　㉒超過需要　㉓物価　㉔失業　㉕投資乗数　㉖政府支出乗数　㉗租税乗数　㉘$\frac{1}{1-b}$　㉙$\frac{1}{1-b}$　㉚$-\frac{b}{1-b}$　㉛均衡予算乗数　㉜1

【実戦問題1】 正解 5

インフレ・ギャップ，デフレ・ギャップは完全雇用国民所得（Y_F）のときの財の需要と供給の差です。問題文の$Y=C+I+G$は$Y^S=Y$，$Y^D=C+I+G$を意味しますから，$Y=Y_F=120$のとき，$Y^S=Y=120$，$Y^D=C+I+G=0.8(Y-T)+I+G$。

ここで，問題文より，$Y=Y_F=120$，$I=20$，$G=10$，さらに，均衡財政より$T=G=10$とわかるので代入すると，$Y^D=0.8(120-10)+20+10=118$となります。

以上より，$Y^S=120$，$Y^D=118$なので2だけ超過供給であり，デフレ・ギャップとわかります。

【実戦問題2】 正解 5

$Y=C+I+G$に問題文の$C=0.5(Y-T)$，$I=30$，$G=20$，を代入し，$Y=0.5(Y-T)+30+20$。さらに，$T=0.2Y$を代入し，

$Y=0.5(Y-0.2Y)+10+30+20=0.4Y+60$

$0.6Y=60$

$Y=\frac{60}{0.6}=100$

●マクロ編

> 🔑 **キーポイント　$Y = C + I + G$ という式の意味** 🔑
>
> 　択一試験でも論文試験でも，問題文に経済モデルを表す式として $Y = C + I + G$ という式が頻繁に出てきます。これは，45度線分析においては「国民所得（Y）は財市場の需要と供給が等しくなるように決まる」という国民所得の決定条件を式にしたものです。左辺の Y は $Y = Y^S$ ですから，Y^S（供給）を意味し，右辺の $C + I + G$ は需要（Y^D）を意味します。
> 　ですから，国民所得（Y）を求めるときには，$Y = C + I + G$ の式に問題文にある C，I，G の具体的値や式を代入して求めます。

【実戦問題3】　正解　1

$Y = C + I + G$ に $C = a + b(Y - T)$ を代入し，

$Y = a + b(Y - T) + I + G = a + bY - bT + I + G$

乗数を求めるために，この式を $Y = \sim$ の形にすると

$Y - bY = a - bT + I + G$

$(1 - b)Y = a - bT + I + G$

$$Y = \frac{1}{1-b}a - \frac{b}{1-b}T + \frac{1}{1-b}I + \frac{1}{1-b}G$$

となり，租税乗数 $= \frac{-b}{1-b}$，政府支出乗数 $= \frac{1}{1-b}$ とわかります。

　次に，政府支出の増加と同額の増税を実施した場合（ケース1）を具体的に，1兆円の政府支出増加と1兆円の増税を行ったとき1兆円の何倍の国民所得（Y）の増加となるかを考えましょう。1兆円の政府支出増加は政府支出乗数 $= \frac{1}{1-b}$ ですので，$\frac{+1}{1-b}$ 兆円国民所得が変化（増加）します。そして，1兆円の増税は租税乗数 $= \frac{-b}{1-b}$ なので，$\frac{-b}{1-b}$ 兆円国民所得が変化します。政府支出増加と増税の効果の合計の効果は，$\frac{1}{1-b} + \frac{-b}{1-b} = \frac{1-b}{1-b} = 1$ となり，国民所得は1兆円増加します。

　今度は，政府支出の減少と同額の減税を実施した場合（ケース2）を具体的に，1兆円の政府支出減少と1兆円の減税を行ったとき1兆円の何倍の国民所得（Y）の変化となるかを考えましょう。1兆円の政府支出減少は政府支出乗数 $= \frac{1}{1-b}$ ですので，$\frac{1}{1-b} \times (-1) = \frac{-1}{1-b}$ 兆円国民所得が変化します。そして，1兆円の減税は租税乗数 $= \frac{-b}{1-b}$ なので，$\frac{-b}{1-b} \times (-1) = \frac{+b}{1-b}$ 兆円国民所得が変化します。したがって，政府支出減少と減税の効果の合計の効果は，$\frac{-1}{1-b} + \frac{+b}{1-b} = \frac{-1+b}{1-b} = \frac{-(1-b)}{1-b} = -1$ となり，国民所得は1兆円減少します。

第Ⅳ部　（P 200–P 203）

【要約問題】

①財　②資産（貨幣）　③労働　④ケインズ　⑤国民所得　⑥物価　⑦流動性　⑧⑨需要（量），供給（量）　⑩超過供給　⑪下落　⑫増加　⑬超過需要　⑭上昇　⑮減少　⑯，⑰，⑱交換媒介，価値尺度，価値保蔵　⑲⑳現金，要求払い預金　㉑定期性預金（準通貨）　㉒譲渡性預金（CD）　㉓M_2＋CD　㉔郵便貯金　㉕　M_3＋CD　㉖，㉗取引，予備的　㉘投機的　㉙国民所得　㉚利子率　㉛債券価格　㉜下落　㉝貨幣　㉞（投資の）限界効率　㉟利子率　㊱投資関数　㊲投資曲線　㊳右　㊴アニマル・スピリッツ　㊵発券　㊶銀行　㊷政府　㊸金融政策　㊹現金　㊺日銀準備金（日銀預け金）　㊻ハイパワード・マネー（ベースマネー，マネタリー・ベース）　㊼預金　㊽貨幣乗数　㊾$\frac{1+cc}{cc+re}$　㊿低下　(51)公開市場操作　(52)日銀貸付　(53)法定準備率操作（支払準備率操作）　(54)公定歩合操作（基準貸付利率操作）　(55)規制金利　(56)アナウンスメント効果　(57)利子率　(58)投資　(59)購入　(60)公開市場操作　(61)買いオペレーション（買いオペ）　(62)日銀貸付　(63)法定準備率　(64)流動性の罠　(65)無限大　(66)投資が利子非弾力的（投資の利子弾力性が0）　(67)ケインズ　(68)物価水準　(69)，(70)貨幣ベール観，古典派の二分法　(71)，(72)貯蓄，投資　(73)財　(74)$M=kPY$（M：名目貨幣供給量，k：定数，P：物価，Y：国民所得）　(75)，(76)k，Y　(77)M　(78)P　(79)貨幣数量

【実戦問題1】　正解 4

1．×　「銀行の銀行」であり国庫金を取り扱う「政府の銀行」である部分は正しいのですが，日本銀行は政府から独立した特殊法人ですから，国営銀行（国が経営する銀行）という表現は日銀の独立性と矛盾する記述だとわかります。また，日本銀行は政府機関ではないので日本銀行職員は国家公務員ではありません。

2．×　発行紙幣量（ハイパワード・マネー）調整以外にも法定準備率操作（支払準備率操作）もあります。

3．日本銀行が国債を購入する買いオペレーションも実施できます。

4．○　日本銀行の独立性より，公定歩合操作（基準貸付利率操作）などの金融政策には政府の了解は不要であることが予想できます。金融政策は政策委員会で多数決で決定されますが，この部分は知らなければ予想できません。他のすべての選択肢が矛盾を含むことより，この選択肢が正しいのであろうと予想できます。

5．×　閣議とは内閣（行政府）における大臣による会議のことです。日本銀行の独立性を考えれば，法定準備率操作（支払準備率操作）に閣議が必要という記述は矛盾します。

●マクロ編

【実戦問題2】 3

問題文の数値を貨幣乗数に当てはめると，

$$貨幣乗数\ m = \frac{1+\dfrac{C}{D}}{\dfrac{C}{D}+\dfrac{R}{D}} = \frac{1+0.08}{0.08+0.02} = \frac{1.08}{0.1} = 10.8$$

となり，貨幣乗数は10.8となるので，1兆円のハイパワード・マネー増加は10.8倍の10.8兆円の貨幣量増加となります。

第V部 （P 237−P 239）

【要約問題】

①財　②資産（貨幣）　③労働　④ヒックス　⑤物価　⑥閉鎖経済　⑦IS　⑧LM　⑨右　⑩投資　⑪利子非弾力的　⑫垂直　⑬左　⑭貨幣の取引需要（貨幣需要）　⑮超過需要　⑯流動性の罠　⑰水平　⑱下　⑲上　⑳上昇　㉑45度線　㉒減少　㉓小さ　㉔クラウディング・アウト　㉕流動性の罠　㉖投資が利子非弾力的　㉗水平　㉘垂直　㉙右　㉚下落　㉛投資　㉜右　㉝上昇　㉞クラウディング・アウト　㉟ピグー　㊱物価　㊲実質貨幣残高（実質貨幣供給量）　㊳消費

【実戦問題1】　正解 オ

まず，財市場について考えましょう。IS曲線より下側（Ⅱ，Ⅲ）の領域は，財市場が均衡するIS曲線より下側，つまり，利子率が低いので投資が多く需要が多い結果超過需要となっています。別の見方をすれば，IS曲線より下側は左側ともいえるので，左，つまり，国民所得（Y）が少ないと$Y = Y^s$より財の供給（Y^s）が少ない結果超過需要となっていると考えることもできます。

反対に，IS曲線より上側（Ⅰ，Ⅳ）の領域は，財市場が均衡するIS曲線より上側，つまり，利子率が高いので投資が少なく需要が少ない結果超過供給となっています。別の見方をすれば，IS曲線より上側は右側ともいえるので，右，つまり，国民所得（Y）が多い$Y = Y^s$より財の供給（Y^s）が多い結果超過供給となっていると考えることもできます。

次に，貨幣市場について考えましょう。

LM曲線より上側（Ⅰ，Ⅱ）の領域は，貨幣市場が均衡するLM曲線より左側，つまり，国民所得が小さいので貨幣の取引需要が少ない結果超過供給となっています。別の見方をすれば，LM曲線より左側は上側ともいえるので，上，つまり，利子率が高いと貨幣の資産需要（L_2）が少ない結果超過供給なっていると考えることもできます。

反対に，貨幣市場が均衡するLM曲線より右側，つまり，国民所得が大き

いので貨幣の取引需要が大きい結果超過需要となっています。別の見方をすれば，LM曲線より右は下側ともいえるので，下，つまり，利子率が低いと貨幣の資産需要（L_2）が大きい結果超過需要となっていると考えることもできます。

以上を整理すると領域Ⅰ～Ⅳの財市場，貨幣市場の状態は以下のように整理できます。

したがって，正解はオとなります。

	財市場	貨幣市場
Ⅰ	超過供給	超過供給
Ⅱ	超過需要	超過供給
Ⅲ	超過需要	超過需要
Ⅳ	超過供給	超過需要

【実戦問題2】　正解 5

1．×　IS-LM分析はヒックスが考案しました。サミュエルソンが考案したのは45度線分析。
2．×　財政支出を「減少」ではなく「増加」させるとIS曲線は右シフトします。また，ケインズ派の通常のケース（IS曲線右下がり，LM曲線右上がり）では国民所得は増加します。
3．×　貨幣供給量を増加させるとLM曲線は「左方」ではなく「右方（下）」シフトし，国民所得は増加します。
4．×　流動性の罠の状態では「IS曲線」ではなく「LM曲線」が水平となります。
5．○　1から4が明らかに誤りなので，5が正解とわかります。また，貨幣需要の利子弾力性が無限大のときにLM曲線が水平なので，貨幣需要の

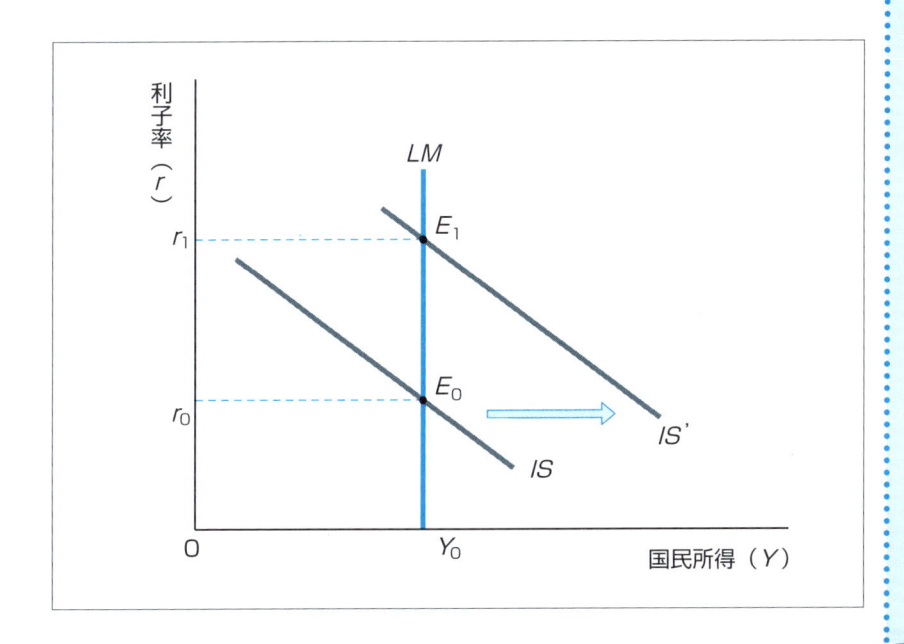

利子弾力性が 0 という逆のケースでは LM 曲線は垂直になるというのは正しいのではないかと予想することができます（詳しくは〈Ⅲ〉上級マクロで学習します）。次に、LM が垂直なときには、財政支出を増加させて IS 曲線を右シフトさせると、経済は点 E_0 から点 E_1 となり、利子率は r_0 から r_1 へと上昇しますが、国民所得（Y）は Y_0 のまま増加しません。

おわりに

　本書の作成に際しては，北は釧路，札幌から，南は福岡，佐賀，鹿児島まで，大学や早稲田セミナー各校において私が担当した講義の中での学生の皆さんの声をできるだけ反映するように心掛けました。また，アメリカでMBA勉強中の方やタイに留学中の方など，海外を含め多くの読者からも貴重なご意見をいただきました。中央経済社の納見伸之氏には，企画・編集の両方の分野で，私のわがままな意向を最大限取り入れていただくと共に，本作りのプロとして貴重なアドバイスをくださいました。妻の雅紀は，本書の企画，構成段階から次々と斬新なアイデアを与えてくれると共に，私の悪文をすべて丹念にチェックして，読みやすい文章に変えてくれました。他にも，多数の方のご協力をいただき，本書を作成することができました。お力添えいただいた皆様に心より感謝いたします。

　また，私は本書作成に必要な知識を，過去に読んだ多数の文献から得ています。それらすべてをここで挙げることはいたしませんが，本書作成に際して，参考とした文献およびインターネットサイトを感謝の意をこめて下記に掲げます。

2007年7月吉日

石川　秀樹

『雇用・利子および貨幣の一般理論』J.M.ケインズ著，塩野谷祐一訳，東洋経済新報社，1983年

『ケインズ—時代と経済学』吉川　洋著，筑摩書房（ちくま新書），1995年

『国富論1～4』アダム スミス著，水田　洋監訳，杉山忠平訳，岩波書店（岩波文庫），2000-2001年

『大恐慌を見た経済学者11人はどう生きたか』R.E.パーカー著，宮川重義訳，中央経済社，2005年

『昭和恐慌の研究』岩田規久男編著，東洋経済新報社，2005年

『入門マクロ経済学』嶋村紘輝他著，中央経済社，1999年

『公認会計士受験テキスト　マクロ経済学』佐野晋一著，早稲田経営出版，1999年

『スティグリッツ入門経済学（第3版）』J.E.スティグリッツ，C.E.ウォルシュ著，藪下史郎他訳，東洋経済新報社，2005年

『入門マクロ経済学（第5版）』中谷　巌著，日本評論社，2007年

『基礎からわかるマクロ経済学（第2版）』家森信善著，中央経済社，2007年

『広辞苑（第5版）』新村　出編，岩波書店，1998年

日本銀行のサイト　http://www.boj.or.jp/

内閣府経済社会総合研究所のサイト　http://www.esri.go.jp/

アメリカ合衆国商務省のサイト　http://www.stat-usa.gov/

索　　引

【あ　行】

IRR	169
IS-LM 分析	207, 231, 232
IS 曲線	207, 208, 210, 230
IS バランス論	88
アナウンスメント効果	187
アニマル・スピリッツ	173
安価な政府	26
安定的	117
市場(いちば)	25
インフレ・ギャップ	121
売り上げ	76
売りオペレーション（売りオペ）	185
営業余剰	81
NI	80, 82, 85
NNI	80
NNW	83
NNP	79
NDP	79
M_3（エムスリー）	151
M_3＋CD	151
M_2（エムツー）	150
M_2＋CD	150
M_1（エムワン）	149
LM 曲線	207, 219, 229
欧州中央銀行	178
大蔵省（財務省）	150
卸売り	97
卸売物価指数	96

【か　行】

買いオペレーション（買いオペ）	185
海外からの要素所得の受取	79
海外への要素所得の支払い	79
階級闘争	27
外需	90
回復	138
開放経済	206
開放体系	206
価格の調整機能	26
拡張的金融政策	190, 224
確定利子率	153
加重平均	92
寡占企業	60
価値尺度機能	149
価値保蔵機能	149
仮定	10, 12
貨幣	147, 176, 179, 183
貨幣供給曲線	191
貨幣経済	148, 177, 198
貨幣市場	155, 199
貨幣需要	158, 161, 219
貨幣需要曲線	192
貨幣乗数	183, 188, 190, 191
貨幣数量説	198
貨幣賃金率	45
貨幣の3機能	147
貨幣の定義	147
貨幣ベール観	196, 198
株式投資	44
環境・経済統合勘定	84
環境保護サービスの供給・使用表	84
関数	16, 207
間接税	74, 81, 85
完全雇用	41, 42
完全雇用国民所得	119
完全雇用 GDP	42, 176
企業家精神	173
企業所得	81
基準貸付率	185, 187
基準割引率	187
規制金利	186
帰属家賃	75
基礎消費	108
既発債	152
規範経済学	9
逆説	37

●マクロ編

キャッシュ・フロー ……………………… 153, 168
狭義の貨幣 ……………………………………… 149
供給曲線 ………………………………………… 18
共産主義 ………………………………………… 28
曲線上の移動 …………………………………… 21
曲線のシフト …………………………………… 21
銀行の銀行 …………………………………… 177
均衡予算 ……………………………………… 135
均衡予算乗数 …………………………… 135, 137
金融監督庁 …………………………………… 150
金融緩和策 …………………………… 190, 224
金融政策 ……………………… 185, 224, 234
金融庁 ………………………………………… 150
金融引き締め策 ……………………………… 188
金利の自由化 ………………………………… 186
クラウディング・アウト ……………… 231, 232
グラフ ………………………………………… 16
グリーンGDP ………………………………… 84
Gross ………………………………………… 73
計画経済 ………………………………… 28, 30
景気過熱 ……………………………………… 188
景気循環 ……………………………………… 137
景気対策としての金融政策 ………………… 176
経済 …………………………………………… 8
経済安定化政策 ……………………………… 43
経済学 ………………………………………… 8
経済学の思考パターン ……………………… 9
経済政策論争 ……………………………… 54, 56
経済成長 ……………………………………… 138
経済大国 ……………………………………… 83
経済の基本問題 ……………………………… 23
ケインズ, ジョン・メイナード …… 39, 43, 45, 46, 48
ケインズ型消費関数 ……………… 107, 108, 109
ケインズ型貯蓄関数 ………………………… 110
ケインズ経済学のミクロ的基礎 …………… 58
ケインズ派 ……… 37, 49, 50, 51, 53, 58, 59, 156, 199
ケインズ理論 ………………………… 44, 47, 48, 53
限界効率表（曲線） …………… 170, 171, 172, 175
限界効率理論 ………………………… 111, 166, 170, 208
限界消費性向 ………………………………… 108
限界貯蓄性向 ………………………………… 110
減価償却 ………………………………… 71, 73
現金 …………………………………… 179, 182, 183
現金残高方程式 ……………………………… 198

現金預金比率 ………………………………… 183
現在価値 ……………………………………… 167
現実妥当性 ……………………………… 12, 13, 54
現代（近代）経済学 ………………………… 23
ケンブリッジ交換方程式 …………………… 198
公害 …………………………………………… 75
公開市場操作 …………………………… 181, 185
交換仲介機能 ………………………………… 148
交換媒介機能 …………………………… 148, 149
広義の国民所得 ……………………………… 70
好況期 …………………………………… 49, 55, 173
公共サービス ………………………………… 76
工場閉鎖 ……………………………………… 50
合成の誤謬 ……………………………… 36, 46
公定歩合 ………………………………… 185, 187
公定歩合操作 …………………………… 183, 186
恒等式 ………………………………………… 74
高度経済成長 ………………………………… 83
小売 …………………………………………… 97
効率的 ………………………………………… 4
効率的賃金仮説 ……………………………… 61
効率的福祉国家 ……………………………… 32
合理的期待形成学派 ………………………… 56
国債 …………………………………………… 152
告知効果 ……………………………………… 187
国内純生産 ……………………………… 73, 79, 80
国内総支出 ……………………………… 86, 87, 107
国内総生産 …………………… 35, 70, 76, 80, 105
国富論 ………………………………………… 38
国民 …………………………………………… 77
国民経済計算 ………………………………… 35
国民純生産 …………………………………… 79
国民純福祉 …………………………………… 83
国民所得 ………………………………… 35, 70, 80
国民総所得 …………………………………… 80
国民総支出 ……………………………… 86, 107
国民総生産 …………………………………… 70, 77
固定資本減耗 …………………………… 71, 73, 85
古典派 ………………… 38, 50, 51, 58, 59, 196, 199
古典派の2分法 ……………………………… 198
誤謬 …………………………………………… 36
雇用削減 ……………………………………… 50
雇用者報酬 …………………………………… 81
雇用・利子および貨幣の一般理論 ………… 43, 45

索　引

混合経済	30
混合所得	81

【さ　行】

サービス	25
財	25
財貨	25
債券	147, 152, 153
債券価格	153
債券市場	155
在庫品増加	107
財産所得	81
最終生産物	76
財政	88
財政均衡主義	48
財政政策	214
サミュエルソン，ポール	55, 121
産業の空洞化	31
産出額	76
三面等価の原則	85, 87
GNI	80, 85
GNE	86
GNP	77, 79
GNP デフレータ	93, 96, 97
CD	150
GDP	35, 70, 79
資源	24
資源の相対的稀少性	24
資産需要	159, 198
支出面の国民所得	86
市場	25
市場価格表示	74
市場経済	25
市場経済体制	25
市中銀行	178
市中金融機関	178, 181
実質貨幣供給量	157
実質 GNP	92, 97
実質賃金率	45
実証経済学	9
実物資本	196
指数	92
自動安定化装置	137
地主	74
自発的失業	41
支払準備率	179, 181
支払準備率操作	185
資本	24, 26, 27
資本家	26, 74
資本主義	26
社会主義	27, 28
自由金利	187
自由放任	38
収支	89
修正資本主義	29, 31
自由放任主義	26
主婦の家事労働	75
需要曲線	18
償還日	152
乗数効果	124, 128, 132
消費	9, 106, 107
消費者物価指数	96
消費の理論	9, 18, 107
商品	25
情報化社会	33
将来価値	167
初期ケインジアン	233
諸国民の富	38
新古典派	39
新古典派総合	121
真性インフレーション	122
真の豊かさ	83
新発債	152
垂直な IS 曲線	211
垂直な投資曲線	212, 216
水平な LM 曲線	222, 223
スタグフレーション	58
ストック	71
スミス，アダム	38
生産額	76
生産の理論	19
生産物	25
生産面の国民所得	85
生産要素	24
セイの法則	42, 196
政府系金融機関	178
政府支出	106, 111, 214
政府支出乗数	127, 137

政府消費……………………………………106, 111
政府投資……………………………………106, 111
政府の銀行………………………………………177
世界大恐慌…………………………………………43
節約の逆説…………………………………………37
狭い意味の国民所得………………………………80
総供給…………………………………………105, 113
総供給（量）………………………………………35
総需要…………………………………………106, 113
総需要（量）………………………………………35
租税関数…………………………………………134
租税乗数……………………………………130, 136

【た　行】

耐久消費財…………………………………………10
短期プライムレート……………………………186
小さな政府……………………………………26, 29
知識経済……………………………………………33
中央銀行……………………………………176, 198
中間生産物…………………………………………76
中古市場……………………………………………73
超過供給…………………………………19, 40, 117
超過需要…………………………………19, 40, 117
直接税………………………………………………82
貯蓄…………………………………………………72
貯蓄残高……………………………………………72
貯蓄のパラドックス………………………………37
賃金率………………………………………………41
定額税……………………………………………134
定期性預金………………………………………150
定期預金証書……………………………………150
帝国主義……………………………………………26
デフレ・ギャップ………………………………119
デルタ……………………………………………108
投機…………………………………………147, 159
投機的動機………………………………………158
投機的動機の貨幣需要…………………………158
当座預金…………………………………………149
投資…………………………………10, 44, 107, 166
投資が利子非弾力的…………194, 212, 232, 236
投資曲線…………………173, 175, 189, 191, 195, 212
投資乗数……………………………………123, 137
投資の限界効率……………………………169, 194
投資の限界効率表（曲線）……………………170
投資の利子感応度………………………………194
投資の利子弾力性………………………………194
投資の利子弾力性がゼロ………………………194
土地…………………………………………………24
ドラッカー，ピーター……………………………33
取引需要……………………………158, 198, 219, 224
取引的動機………………………………………158
取引的動機による貨幣需要……………………158

【な　行】

内需…………………………………………………90
内需拡大論…………………………………………90
内部収益率………………………………………169
National Income……………………………………80
20世紀的資本主義…………………………………29
日銀貸付……………………………………181, 185
日銀準備金……………………………179, 182, 183
日本銀行（日銀）…………………………150, 178
日本銀行券………………………………………178
Net……………………………………………………73
農家の自家消費……………………………………75
ノルマ………………………………………………31

【は　行】

パーシェ指数………………………………………94
ハイエク……………………………………………48
ハーベイ・ロードの前提…………………………49
ハイパワード・マネー………180, 182, 188, 190
発券銀行…………………………………………176
バブル期……………………………………………73
パラドックス………………………………………37
ピグー効果………………………………………233
非自発的失業………………………………………41
ヒックス…………………………………………207
表…………………………………………………16
ビルトイン・スタビライザー…………………137
比例税……………………………………………134
付加価値……………………………………………71, 77
不況期………………………49, 54, 173, 193, 211, 222
普通預金…………………………………………149
物価……………………………………………58, 91, 199
物価指数……………………………………………92
物価水準…………………………………………199
物価の安定………………………………………177

物々交換経済 …………………………………… 148
フロー ……………………………………………… 71
分配面の国民所得 ………………………………… 85
平均消費性向 …………………………………… 109
平均貯蓄性向 …………………………………… 110
米国連邦準備銀行 ……………………………… 178
閉鎖経済 ………………………………………… 206
閉鎖体系 ………………………………………… 206
ベースマネー …………………………………… 180
法定準備率 ……………………………………… 179
法定準備率操作 ………………………………… 185
補助金 ………………………………… 74, 83, 85
ポスト資本主義社会 ……………………………… 34

【ま 行】

マクロ経済学 ……………………………… 34, 52, 58
摩擦的失業 ………………………………………… 41
マネーゲーム …………………………………… 199
マネタリスト ……………………………………… 56
マネタリー・ベース …………………………… 180
マルクス …………………………………………… 23
マルクス経済学 ……………………………… 23, 28
見えざる手 ………………………………………… 38
右下がりのIS曲線 ……………………………… 210
ミクロ経済学 ……………………………… 34, 52, 58
民間金融機関 …………………………………… 178
民間在庫品増加 …………………………………… 87
民間消費 …………………………………………… 87
民間投資 …………………………………………… 87
無形財 ……………………………………………… 25
無差別曲線理論 …………………………………… 18
名目GNP ………………………………………… 92, 97
名目賃金率 ………………………………………… 45
名目貨幣供給量 ………………………………… 157
メニューコスト理論 ……………………………… 60
モデル …………………………………………… 9, 13

【や 行】

夜警国家観 ………………………………………… 26

有形財 ……………………………………………… 25
有効需要 …………………………………………… 44
有効需要の原理 ………………………………… 118
郵貯シフト ……………………………………… 151
輸出 ……………………………………… 106, 111
輸出乗数 ………………………………………… 137
豊かさ ……………………………………………… 83
輸入 ……………………………………… 106, 111
要求払い預金 …………………………………… 149
要素所得 …………………………………………… 79
要素費用表示 ………………………………… 74, 76, 81
要素費用表示の国民所得 ………………………… 81
預金 ……………………………………………… 183
預金創造 ………………………………………… 182
欲望の二重の一致 ……………………………… 148
予備的動機 ……………………………………… 158
予備的動機による貨幣需 ……………………… 158
45度線分析 ……………………… 104, 109, 208, 231

【ら 行】

ラスパイレス指数 ………………………………… 93
リカード, デイビット ……………………………… 39
利子 ……………………………………… 156, 196
利子率 …………………………………… 162, 196
リストラ …………………………………………… 50
流動性 …………………………………………… 156
流動性選好理論 …………………… 156, 187, 188, 219
流動性の罠 …… 161, 164, 192, 223, 228, 229, 233, 235
累進課税 ………………………………………… 135
レッセ・フェール ……………………………… 26, 38
レンタル価格 …………………………… 156, 197
労働 ……………………………………………… 24
労働者 …………………………………… 26, 74, 80

【わ 行】

割引現在価値 …………………………………… 167
ワルラスの法則 ………………………………… 155

《著者略歴》

石川　秀樹　（いしかわ　ひでき）

サイバー大学IT総合学部　専任教授（経済系科目担当）

　上智大学法学部国際関係法学科卒業。筑波大学ビジネス科学研究科経営システム科学専攻修了，修士（経営学）。新日本製鉄株式会社資金部，鋼管輸出部を経て，石川経済分析を設立。2005-6年英国外務省チーブニングスカラーとしてInstitute of Education, Univereity Collegt Londonに留学。SBI大学院大学経営管理研究科准教授，教授を経て，現職。

　三重県庁アセスメント外部委員(2006年)，日本経営品質賞 審査員 (2004年〜2008年)，三重県経営品質賞 審査員 (2004年〜2008年)，地域活性学会監事 (2016年〜現在)。

著書

『試験攻略　経済学入門塾』シリーズ（中央経済社）
『6色蛍光ペンでわかる経済』（ダイヤモンド社）
『これ以上やさしく書けない経済のしくみ』（ＰＨＰ研究所）
『名フレーズでわかる「勝者のロジック」』（共著，講談社）など

試験攻略
新・経済学入門塾〈Ⅰ〉マクロ編

2000年 4 月10日	第 1 版第 1 刷発行
2006年11月20日	第 1 版第88刷発行
2007年 8 月20日	第 2 版第 1 刷発行
2019年 4 月15日	第 2 版第55刷発行

著者　石　川　秀　樹
発行者　山　本　継
発行所　㈱中央経済社
発売元　㈱中央経済グループ
　　　　パブリッシング

〒101-0051 東京都千代田区神田神保町1-31-2
電　話　03（3293）3371（編集代表）
　　　　03（3293）3381（営業代表）
http://www.chuokeizai.co.jp/
製版／㈲イー・アール・シー
印刷／三英印刷㈱
製本／誠製本㈱

©2007
Printed in Japan

※頁の「欠落」や「順序違い」などがありましたらお取り替えいたしますので発売元までご送付ください。（送料小社負担）
ISBN 978-4-502-65820-4　C1333

JCOPY〈出版者著作権管理機構委託出版物〉本書を無断で複写複製（コピー）することは，著作権法上の例外を除き，禁じられています。本書をコピーされる場合は事前に出版者著作権管理機構（JCOPY）の許諾を受けてください。
JCOPY〈http://www.jcopy.or.jp　eメール：info@jcopy.or.jp　電話：03-3513-6969〉

「なるほど」と体感できる「超」人気講義を再現！

試験攻略 新経済学入門塾

経済学テキストのトップを走り続ける入門塾がパワーアップ！！

石川秀樹［著］

- Ⅰ マクロ編
- Ⅱ ミクロ編 
- Ⅲ 上級マクロ編 
- Ⅳ 上級ミクロ編 
- Ⅴ 論文マスター編 
- Ⅵ 計算マスター編
- Ⅶ 難関論点クリア編 〈新登場〉

公務員・外交官・公認会計士・中小企業診断士・不動産鑑定士・証券アナリスト…
20万人を超える読者から，「合格しました！」と喜びの声が続々と到着しています。

中央経済社